예수의 생애

에르네스뜨 르낭 지음 / 최명관 옮김

창
Chang
Books

국립중앙도서관 출판시도서목록(CIP)

예수의 생애 / 에르네스뜨 르낭 지음 ; 최명관 옮김.
-- 개정판. -- 서울 : 창, 2010   p. ;   cm

원표제: Vie de Jésus
원저자: Ernest Renan
프랑스어 원작을 한국어로 번역
ISBN 978-89-7453-156-0 04100 : ₩14000
예수 그리스도 생애[--生涯]
232.8-KDC5
232.9-DDC21   CIP2010001378

헌 사

1861년 9월 24일, 뷔블로스[1]에서 세상을 떠난 누님
앙리에뜨[2]의 순결한 영(靈) 앞에

　누님! 지금은 누님이 쉬시는 하나님의 품속에서, 기억하고 계시는지요? 저 가지르[3]에서의 긴 긴 날들을. 거기서 누님과 단 둘이서 찾아간 여러 고장에서 얻은 영감으로 이 책을 썼지요. 당신은 내 곁에서 잠잠히 한 장 한 장 다시 읽어가며 또 원고가 되는 대로 정서(淨書)해주고 계셨지요. 그럴 때면 우리들 발아래엔 바다와 마을과 골짜기와 산들이 펼쳐져 있었지요. 따가운 햇볕이 물러가고 무수한 별이 나타나게 되면, 당신의 섬세하고 날카로운 질문과 조심성 있는 의문은 나로 하여금 우리가 함께 생각한 숭고한 대상으로 되돌아가게 했지요. 어느 날엔가 당신은 말씀하셨지요. 무엇보다도 이 책은

---

1) 뷔블로스(Byblos) : 초대 페니키아(Phenicia)의 종교 도시. 현재는 레바논(Lebanon)의 주바일(Jubayl). 르낭은 1860년 10월부터 다음해 10월까지 프랑스 제국이 파견한 시리아 지역 발굴단을 인솔하고 페니키아의 고적을 발굴하는 동시에 성지 팔레스티나도 답사하였다.
2) 르낭의 누님 앙리에뜨 르낭(Henriette Renan)은 에르네스뜨 르낭보다 12살 위였다. 평생 그 위대한 동생을 사랑하고, 정성껏 시중들었다. 1860년 10월 21일에 동생과 함께 시리아에서의 발굴을 위한 여행길에 올라, 함께 일하던 중 이듬해 9월 24일 남매가 다 열병(말라리아였다고 전함)에 걸려, 다음 날 새벽, 불행하게도 앙리에뜨만 세상을 떠났다.
3) Ghazir: 베이루트 북쪽 얼마 멀지 않은 곳에 있는 고지. 바다가 또한 멀지 않다.

당신과 함께 지은 것이고, 또 당신의 마음을 따른 것이기에 이 책을 사랑하게 될 것이라고. 가끔 당신은 이 책이 천박한 사람들로부터 편협한 비판을 받을 것을 염려하셨지만, 참된 신앙심이 있는 사람들은 결국 이 책을 좋게 여기리라고 언제나 굳게 믿고 계셨지요. 이렇듯 흐뭇한 생각과 연구에 한참 몰두하고 있을 때 죽음이 그 날개로 우리 두 사람을 모두 때려 눕혔지요. 열병이 우리를 동시에 잠들게 했어요. 깨어난 것은 나 혼자 만이었어요! 당신은 지금 성지 뷔블로스에 가까운 그리고 고대의 신비교(神秘敎)를 받들던 아낙네들이 와서 눈물을 떨어뜨리던, 신성한 개울에 가까운 아도니스의 땅에 잠들어 계십니다. 오! 어진 영(靈)이시여, 나에게, 당신이 사랑하신 이 나에게 계시해주셔요. 죽음을 지배하여 죽음을 두려워하게 하지 않고 오히려 사랑하게까지 하는 저 진리들을.

옮긴이의 머리말

　이 책은 에르네스뜨 르낭(Ernest Renan)의 *Vie de Jésus* (『예수의 생애』)를, 1949년에 깔망·레뷔(Calmann-Lévy)사가 간행한 『에르네스뜨 르낭 전집』 결정판에 의하여 옮긴 것이다.
　에르네스뜨 르낭은 1823년 2월 23일, 브르따아뉴 지방 북부에 있는 트레기에(Tréguier)라는 곳에서 태어났다. 일찍이 부친을 여의고, 모친이 식료잡화점을 경영하여 조촐하게 생계를 이어갔다. 누님 앙리에뜨(Henriette)는 학교 선생으로 일하면서 집안 일을 도왔다. 씩씩하고 보기 드문 지능을 가진 그녀는 르낭의 학업과 사색의 귀한 반려가 되었다. 르낭은 어려서 고향에 있는 학교에 다닐 때부터 그 뛰어난 재질이 선생들의 눈에 띄었다. 누님의 도움으로 빠리에 있는 쌩-니꼴라(Saint-Nicolas) 소(小) 신학교에 입학하여, 종교 서적 뿐만 아니라, 고전도 배우게 되어, 아름다운 문학에 눈을 뜨기도 했다.
　1841년에서 1843년까지는 이씨(Issy) 신학교에서 철학을 공부하고, 1843년 10월부터는 쌩-쉴뻬스(Saint-Sulpice) 신학교에서 신학을 공부했다. 이 시기에 그는 또한 히브리어와 갈대아 및 시리아 등 근동 지방의 여러 언어를 공부했고, 이 신학교에서 히브리어를 가르치기도 했다. 그러나 이때부터 그의 관심은 『성서』 해석 쪽으로 기울어져갔다. 과학적인 엄밀성을 가지고 『성서』를 해석하는 일을 시작한 것이다. 그는 이 신학교에서 학문적인 만족을 얻지 못했다. 그는 『성서』에도 모순과 착오와 잘못된 데가 있다는 것, 특히 처음의 세 『복음서』가 많은 점에서 서로 일치하지 않고 있다는 것, 『이사야 서』의 둘째 부분은 이사야가 쓴 것으로 되어 있지만, 사실은 그렇지 않다는 것, 『다니엘 서』는 정통파에서 인정하고 있는 시기보다 몇 세기나 뒤에 나왔다는 것, 『모세 5경』은 결코 모세가 쓴 것이 아니라는 것을 이미 발견하고 있었다. 이리하여 학문의 자유를 위하여 쌩-쉴삐스 신학교를 떠나 가톨릭교와 결별하게 되었다. 1845년 10월 6일 마음을 굳힌 날, 누님 앙리에뜨가 생활을 돌봐주겠다고 제안하고, 사상과 양심의 자유를 지켜가도록 격려해주었다. 이것은 참으로 갸륵한 일이었다.

물론, 성직(聖職)의 소명(召命)을 버리고, 종교사와 언어사 연구에 몸바치기로 했으나, 그의 성실하고 순수한 신앙이 동요한 것은 아니었다. 그의 사색은 일생 동안 순수한 인류의 종교 즉 모든 인간의 심성(心性)이 고결해지는 순수한 휴머니즘의 종교를 지향하며 희구하고 있었다. 그의 두뇌는 어디까지나 과학적으로 움직였으나, 그의 심정은 어디까지나 종교적이었다.

『르낭의 생애와 업적』이라는 제목으로 르낭의 전기를 쓴 네덜란드 사람 요한네스 띠일로이(Johannes Tielrooy)는 "르낭의 정신 생활 전체는 근저에서 그리스 사상과 유대-그리스도교적 사상의 대화였다."고 말하고 있다. 이성의 요구와 심정의 요구 사이에는 간혹 갈등이 없지 않았으나, 또한 끝내 아름다운 조화를 이루어내고 있었다. 1890년에 간행되었지만 사실은 1848년의 사상을 기록한 『과학의 미래』(*L'avenir de la science*)에는 그의 이상주의적 신앙이 표명되어 있다.

그는 꼴래쥬 드 프랑스(Collège de France) 등에서 계속하여 철학 · 종교사 · 고대어(古代語)를 연구하였다. 1849년에서 1861년 사이에는 이탈리아로 가서 학술 조사에 종사했으며, 또 시리아 지방에 있는 페니키아의 고적을 답사했다. 이탈리아에서 발견한 여러 문서는 「아베로에스와 아베로에스주의」(Averroès et l'Averroisme)라는 논문의 토대가 되었는데, 그는 이 논문으로 문학박사 학위를 받았다.

이 역서의 원문인 Vie de Jésus는 페니키아 고적 답사의 한 결실이다. 르낭은 예수를 지극히 사랑하고 사모하였다. 그는 이 고적을 답사하기 위해 팔레스티나에 가게 된 것을 좋은 기회로 삼아 주님이 사신 곳을 두루 살폈다. 주님이 지나갔으리라 생각되는 곳, 쉬셨으리라 여겨지는 곳을 모두 찾아갔다. 그 지방의 풍경이 그로 하여금 주님의 언행의 이유를 납득케 하였다. 그의 눈앞에는 제5의 복음서가 전개되는 것이었다. 르낭의 『예수의 생애』는 정녕 현대의 과학적 교양을 지닌 사람들을 위한 제5 복음서이다.

르낭의 명성은 그의 여러 학문적 업적과 『르뷔 데 되 몽드』(Revue des Deux Mondes) 같은 잡지에 실린 현실 문제에 관한 그의 많은 훌륭한 글로 말미암아 차츰 절정에 도달해갔다. 시리아에서의 고적 답사를 마치고 돌아온 후, 1862년 1월 11일, 그는 꼴래쥬 드 프랑스의 히브리어 · 갈대아어 · 시리아어 교수로 임명되었다. 이 자리는 그가 오래 바라던 것이요, 학문하는 이로서는 영광스러운 자리였다. 열심히 공부한 보람이 있어 꿈이 실현되었던 것이다. 그러나 그의 기쁨은 잠깐이었다. 취임식에서 「문명의 역사에서의 셈족의 역할에 관하여」라는 제목으로 개강 연설을 하게 되어 있었다. 이 소식은 빠리로부터 전 세계에 전해지고, 모든 큰 신문에 보도되었다.

취임식장은 그의 사상에 공명하는 사람들과 또 그를 사탄으로 보고 흠잡으려는 사람들로 꽉 찼다. 르낭은 조용히 얘기해 갔다. 그러나 그의 적들은 그가 읽은 글의 한 구절을 가지고 말썽을 일으켰다. 그 구절은 다음과 같은 것이었다: "하나의 비길 데 없는 인간이—여기서는 모든 것이 실증적 과학의 관점에서 판단되어야 하지만, 그는 너무나 위대하기 때문에, 나는 그의 업적의 비상한 특성에 감동하여 그를 '하나님'이라 부르는 사람들에게 반대할 생각이 없습니다마는—하여간 이 사람이 유대교를 개혁하였습니다. 그 개혁은 너무나 심원하고 너무나 개성적인 것이었기 때문에, 정녕 그것은 만물의 창조였습니다." 이 구절이 트집잡혀, 르낭의 취임은 보류되었고, 1870년에야 그 직위를 회복했다.

교수의 일을 하지 못하는 동안 그는 저술에 전념하였다. 그리하여 그가 이미 성지에서 그 전체를 구상했던『예수의 생애』가 1863년 6월 24일에 나왔다. 이 책은 그의 웅대한 저작인『그리스도교 기원사(起源史)』(*Histoire des Origines du Christianisme*)의 첫째 권이다.『그리스도교 기원사』는『예수의 생애』를 제1권으로 하고,『사도들』·『성 바울』·『적 그리스도』·『복음서와 둘째 그리스도교도 세대』·『그리스도 교회』·『마르쿠스 아우렐리우스와 고대 세계의 종말』그리고『총 색인』까지 모두 8권으로 이루어져 있다. 그는 이 저작을 1881년까지 계속하여 완결하였다. 이 저작은『이스라엘 민족사』와 더불어 르낭의 필생의 2대 역작이다. 그는 이 저작들과 또 이 밖의 여러 논문들로 인해 역사가로서 또 사상가로서 국내외에 명성을 떨쳤고, 그는 영광 속에서 1892년 10월 2일, 세상을 떠났다. 그가 마지막 남긴 말은 "나는 인류와 더불어 그리고 미래의 교회와 더불어 한 몸이 되어 죽노라."였다고 한다.

『예수의 생애』가 나오자, 세상은 격찬과 매도(罵倒)의 소리로 들끓었다. 그 출판은 즉각 굉장한 성공을 거두었다. 간행된 지 4개월 안에 6만 부가 팔렸고, 1년 반도 안 되는 동안에 11개 국어로 번역

되었다. 르낭은 〈예수의 참된 제자〉라고 그가 부른 가난한 사람들을 위하여 『예수』란 제목으로 염가판을 내었는데, 이 판은 어마어마한 부수가 나갔다 한다. 1863년과 1864년 2년 동안에만 찬반 논문이 80편이나 나왔다. 이만한 성공을 거둔 데에는 반드시 그만한 이유가 있었다. 나는 무엇보다도 르낭의 이 『예수의 생애』가 마음이 열려 있는 독자들에게 감동을 주었기 때문이라고 생각한다. 나는 일찍이 60여 년 전에 이 책을 일본어 번역으로 읽고 몇몇 구절에서는 감격의 눈물을 흘린 적이 있었다. 그 후, 늘 언젠가는 번역해 보리라고 생각하곤 했다. 학문적 진리에 대한 르낭의 성실한 태도와 인간 예수에 대한 극진한 사랑이 이 『예수의 생애』의 구절 구절에 흘러 넘치고 있어, 우리의 마음을 사로잡고, 순수한 신앙으로 인도해준다. 르낭에게는 모든 종교의 본질이 교리에 있는 것이 아니고, 신자의 마음의 움직임에 있다. 가장 귀한 것은 신조가 아니다. 제도도 아니다. 예수의 인격이야말로 그리스도교 역사의 열쇠였다. 르낭은 예수가 죽은 후에도 그를 사랑하는 제자들을 만들었다고 하는 것이 예수가 하신 일의 본질적 성격이라고 말하고 있다. 르낭의 『예수의 생애』는 우리로 하여금 예수를 사랑할 줄 알게 해준다. 르낭은 또한 예수를 열렬히 사랑한 사람이었다. 예수에 대한 사랑이 그리스도교 신앙의 본질이라고 르낭은 생각했다. 그러니 르낭의 글에는 감격이 있고, 이 감격이 독자의 마음속에서도 메아리치는 것이다.

    그리스도교 기원의 역사에 관련하여 성지 주변의 지리와 방언에 깊은 연구를 쌓아, 해박하고도 정확한 지식을 구사하고 있는 것도 고마운 일이거니와, 워낙 2천 여년 전의 사실들을 되살리는 일인지라, 상상이 없을 수 없는데, 르낭의 상상력에는 예술적 시정(詩情)이 넘쳐흘러, 그가 그린 예수의 생애에는 일관성 있는 전체적 생명이 흐르고 있다. 게다가 그의 문체는 빅또오르 위고(Victor Hugo)를 방불케 하는 웅변이다. 그의 사상의 깊음과 그의 문장의 음악적 효과가 우리의 마음을 완전히 사로잡는다.

띠일로이는 르낭의 『예수의 생애』가 하나의 소설이로되, 열정적 애착심을 일으키는 소설이라고 말하고 있다. 또한 훌륭한 연구 업적과 많은 숭고한 광경과 웅변적인 시를 내포하고 있다고도 말하고 있다. 르낭의 『예수의 생애』는 과연 시적이다. 상상력의 아름다운 창작이기도 하다. 그러나 그저 소설로만 보아 넘길 수 없는 역사적 진리를 내포하고 있다. 그렇지 않으면, 르낭의 많은 노고(勞苦)어린 현지 답사가 무의미한 것이 되겠기에 말이다. 그런데 이 현지 답사와 치밀한 연구는 르낭으로 하여금 예수의 모습을 마치 살아 있는 양 생생하게 우리 눈앞에 재현해주게 한 것이 아닌가!

슈바이처 박사는 르낭이 예수에게서 신성함을 빼앗고 감상적인 인물로 만들어버리고 말았다고 평하고 있다. 이 평은, 일리가 있기는 하나, 전적으로 옳다고는 할 수 없다고 생각된다. 물론, 르낭의 상상력이 예수의 참된 모습을 잘못 포착한 점도 있을 것이다. 그러나 르낭은 예수의 모습을 우리들에게 납득이 가도록 전체적으로 일관되게 그 생애를 그렸다. 사실, 예수의 전기다운 전기로는 르낭의 이 『예수의 생애』가 처음이요, 또 으뜸가는 것이라 하겠다. 물론 르낭 이후, 성지에 관한 역사학적·지리학적 연구에는 많은 진전이 있어, 르낭의 기술 가운데 수정되어야 할 것도 적지 않을 줄 안다. 그러나 이 『예수의 생애』는 위에서 말한 여러 특색 때문에 영원한 생명을 지녀가리라 생각된다.

연세대학교에서 동양사를 강의하신 민영규 교수가 이 변변치 못한 역서에 대한 긴 서평을 써주셨다. 1967년 12월 11일자 『연세춘추』에 실린 장문의 글을 권말에 실었다. 민 교수에게 깊이 감사하는 바이다.

옮긴이가 이 책을 처음으로 옮겨 간행한 것은 1967년에 훈복문화사(訓福文化社, 발행인 金錫秀)에 의해서였다. 이번에 새로 간행한 이 책의 입력, 편집, 교정을 맡아 수고해 준 최선혜 박사, 숭실대 철학과의 신하령 박사와 윤은주 선생, 조교 여러분께 깊이 감사하는 바이다.

2003년 10월 9일

경기도 군포시 우거(寓居)에서

옮긴이 적음

附記 : 이 책의 제목에 「신판」이란 말을 더한 것은 지은이가 새 판본을 간행했다는 게 아니고, 옮긴이가 1967년에 옮긴 책을 처음 간행할 때에 원서에 있는 13판 머리말과 참고문헌을 넣지 않았던 것을 이번에 넣은 때문이다. 이 책은 매도나 격찬을 들을 만큼 문제가 많았지만, 예수가 살던 고장, 예수가 걸어가던 곳, 쉬던 물가, 그리고 그가 살던 고장의 지리와 주변의 역사 등 우리에게 많은 것을 알게 해 준다. 우리는 이 책에서 예수의 숨결을 들을 수 있다. 또 이 책을 통하여 예수를 사랑할 줄도 알게 된다; 아, 사랑하게 된다!

차 례

- ◆ 헌 사 ·· 3
- ◆ 옮긴이의 머리말 ·· 5
- ◆ 제13판 머리말 ·· 15
- ◆ 서 론 - 주로 이 전기의 근본 사료에 관해 논함 ············ 45

제 1장 세계 역사에서 예수의 위치 ································· 91
제 2장 예수의 어린 시절 ·· 105
제 3장 예수가 받은 교육 ·· 111
제 4장 예수의 발전을 둘러싸고 있던 사상계(思想界) ······ 121
제 5장 예수의 최초의 훈계의 말씀들 - 아버지인 하나님과
        순수한 종교에 관한 그의 사상 ― 최초의 제자들 ·········· 139
제 6장 침례자 요한 ― 예수께서 요한에게로 여행하여
        유대 광야에 머무심 - 요한에게 침례를 받으심 ············ 155
제 7장 하나님의 나라에 관한 예수의 사상의 발전 ········· 167
제 8장 가버나움에서의 예수 ··· 179
제 9장 예수의 제자들 ··· 191
제 10장 호반에서의 설교 ·· 203
제 11장 가난한 사람들이 차지할 것으로 생각된 하나님의 나라 ······ 213

제 12장 요한이 옥에서 예수에게 사자를 보냄
　　　　 ― 요한의 죽음 ― 요한파와 예수의 관계 ·············· 225
제 13장 예루살렘에 대한 최초의 시도 ································· 233
제 14장 예수와 이교도 및 사마리아인과의 관계 ················ 245
제 15장 예수에 관한 전설의 시작
　　　　 ― 자신의 초자연적 역할에 대해 스스로 품고 있던 생각 ··· 253
제 16장 기　적 ·· 265
제 17장 하나님의 나라에 관한 예수의 사상의 결정적 형식 ······· 277
제 18장 예수가 세운 것 ·· 291
제 19장 차츰 더해 가는 열정과 흥분 ································· 303
제 20장 예수에 대한 반대 ·· 313
제 21장 예수의 마지막 예루살렘 여행 ······························· 323
제 22장 예수의 적들의 간계(奸計) ···································· 337
제 23장 예수의 마지막 주간 ··· 345
제 24장 예수의 체포와 고소 ··· 361
제 25장 예수의 죽음 ··· 377
제 26장 무덤 속의 예수 ·· 385
제 27장 예수의 적들의 운명 ··· 391
제 28장 예수의 사업의 본질적 성격 ··································· 395

◆ 부　록 : 민영규 ― 르낭의『예수의 생애』와 그 국역판 ·········· 409
◆ 부　록 : 예수님의 생애와 선교·예수님 시대의 예루살렘 ········· 411

제13판 머리말

　이 저작의 지금까지 나온 판본(版本)들은 아주 사소한 점들만 조금씩 달랐다. 하지만 이 제13판은 아주 세심하게 다시 보고 수정한 것이다. 이 책이 처음 나온 후 지금까지 14년 동안 나는 끊임없이 이 책을 개선하려고 힘썼다. 이 책에 가해진 수많은 비평은 몇 가지 점에서 나의 이 노력을 수월케 해주었다. 나는 문제 삼을 만한 비평들을 모두 읽었다. 사람들의 비평 속에 들어있는 모욕과 중상이, 그 속에 포함된 훌륭한 고찰들로부터 좋은 점들을 본받는 것을 방해하는 일은 한번도 없었다고 나는 양심적으로 단언할 수 있다. 나는 모든 것을 숙고하고 모든 것을 검증했다. 어떤 경우에는 너무 자신만만하게 그리고 내 과오들을 마치 확증된 것처럼 제시한 몇몇 비난에 대하여 공평하게 문제 삼지 않는다고 이상하게 여기는 사람도 간혹 있었지만, 나는 그 비난들을 무시한 것이 아니라, 받아들일 수 없었던 것이다. 이런 경우, 나는 보통 내 견해를 바꿀 수 없게 하는 원전(原典)이나 그 밖의 고찰들을 주(註)로 넣었다. 아니면 문구를 조금 고쳐 반대자들의 오해가 어디에 있는지 지적하려고 힘썼다. 이 주는 간결하고 가장 비중 있는 사료(史料)를 밝혀두는 데 그치는 것이지만, 학식 있는 독자에게 이 책의 글을 엮어 가는 데 있어 나를 이끌어간 생각들을 보여주는 데는 충분할 것이다.

나에 대한 모든 비난에 대하여 내 입장을 자세히 밝히려면 이 책의 세 배 내지 네 배의 책을 써야 했을 것이다. 또 이미 충분히 알 만한 것들을 되풀이해야만 했을 것이다. 또 종교상의 논쟁을 벌여야 했겠으나, 이것은 내가 절대로 하지 않기로 마음먹고 있는 일이다. 또 나 자신에 관하여 말해야만 했겠으나, 이것은 내가 결코 하지 않는 일이다. 나는 진리를 탐구하는 사람들에게 내 생각을 내어놓기 위하여 글을 쓴다. 자기들의 믿음을 두둔하기 때문에 내가 무식한 사람이요, 그릇된 생각을 가진 사람이요, 또 옳지 않은 신앙을 품고 있는 사람이라고 말하고 싶어하는 사람들에 관해서 말하건대, 나로서는 그들의 견해를 고칠 생각이 없다. 만일 이 의견이 어떤 경건한 사람들의 마음의 안식에 필요하다면, 나로서는 그들의 미망(迷妄)을 깨뜨리는 것을 정말 주저할 것이다.

　내가 논쟁을 붙였는지는 모르겠지만, 그렇다고 하면, 물론 그것은 대부분의 경우 역사적 비평과는 아무 상관도 없는 점들에 관한 것이었다. 나에 대한 반론들은 서로 대립하는 두 파로부터 나왔다. 그 중 하나는 초자연적인 것[1]을 믿지 않는, 따라서 거룩한 책들의 영감도 믿지 않는 자유사상가들, 즉 합리주의자와도 뜻이 썩 잘 맞을 만한 교리관(敎理觀)에 도달한 프로테스탄트 자유주의 학파의 신학자들이 나에게 가한 것들이다. 이 반대자들과 나는, 이를테면 서로 같은 터전에 서 있다. 곧 우리는 동일 원리들로부터 출발하며, 또 역사, 언어학, 고고학의 모든 문제를 다룰 때 따르는 규칙들을 따르면서 서로 토론할 수 있다.

　가톨릭이건 프로테스탄트건, 초자연적인 것을 믿으며 또 『구약성

---

1) 이 "특수한 초자연적인 것"이라는 말로 내가 늘 의미하는 것은 어떤 특별한 목적을 위한 신의 개입, 즉 기적이지, "일반적인 초자연적인 것", 즉 우주 속에 감추어져 있는 영혼, 이상, 세계의 모든 운동의 원천 및 목적인(目的因)이 아니다.

서』와 『신약성서』의 신성함을 믿는 정통파 신학자들이 내 책에 대해 가한 반박들에 관해서 말하면, 그것들은 모두 근본적 오해를 내포하고 있다. 만일 기적이 어떤 현실성을 가지고 있다고 한다면, 내 책은 오류투성이일 따름이다. 만일 『복음서』가 영감에 의한 책이요, 따라서 처음부터 끝까지 글자 하나하나가 그대로 참된 것이라고 한다면 내가 마치 화성학자(和聲學者)들처럼 네 『복음서』의 토막 난 단편들을 모조리 모아 나열하는 데 만족하지 않은 것이 큰 잘못이었을 것이다. 스스로 그렇게 했더라면 아주 장황하고 모순으로 가득 찬 책이 되었을 것이다. 하지만 반대로, 기적이란 것이 인정될 수 없는 것이라면, 기적에 관한 이야기들을 포함하고 있는 책들을 가상(假想)이 섞인 이야기책들로, 부정확한 점들과 잘못된 점들과 조직적 당파심이 가득 찬 전설들로 보는 것은 옳은 일이었다고 하겠다. 만일 『복음서』들이 다른 책들과 마찬가지 책이라고 하면, 그리스어 학자나 아라비아어 학자나 인도어 학자가 자신들이 연구하는 전설적 문헌들을 다루는 것과 똑같은 태도로 내가 『복음서』들을 다루는 것도 옳은 일이었겠다. 비평의 입장에서 보면, 잘못이 하나도 없는 원전이란 있을 수 없다. 비평의 첫째 원칙은 그가 연구하는 원전들 속에 잘못된 점이 있을 수 있다는 것을 인정하는 것이다. 나는 회의론이라는 비난을 받기에는 거리가 먼 입장에 있고, 오히려 온건한 비평가의 한 사람으로 여겨져야만 한다. 왜냐하면 혼합된 것이 많아 근거가 박약하게 된 문서들을 몽땅 물리치는 대신, 오히려 나는 그것들 가운데서 조금이라도 사실에 가까운 것들을 찾아내어 그것들로부터 역사적인 것을 끌어내보려고 애썼기 때문이다.

또 이렇게 문제를 제기하는 것은 하나의 부당전제(不當前提)를 내포하기 때문에 자세하게 증명해야 할 것을 아 프리오리(a priori, 경험하지 않고도 아는 것)하게 가정하는 것이라고 말해서는 안 된다.

즉 『복음서』들에서 이야기하고 있는 기적들이 전혀 현실성을 가지고 있지 않다는 것, 『복음서』들이 신의 참여로 쓴 책들이 아니라는 것을 말이다. 우리에게 이 두 가지 부정은 해석의 결과가 아니다. 그것들은 해석에 앞서는 것들이다. 그것들은 한번도 부인당한 일이 없는 경험의 열매이다. 기적들이란 절대로 생길 수 없는 것들 가운데 하나이다. 오직 쉽게 믿는 사람들만이 그것들을 믿는다. 단 한 가지 기적도 그것을 입증할 수 있는 증인이 없었다. 한 권의 책을 저술하거나 어떤 사건이 일어나는 데에 신이 특별히 간섭한다는 것은 한번도 증명된 적이 없는 일이다. 초자연적인 것을 인정하는 것만으로 우리는 과학의 테두리 밖에 있게 되며, 또 전혀 과학적 성격을 띠지 못한 설명, 즉 천문학자, 물리학자, 화학자, 지질학자, 생리학자 그리고 역사가가 없어도 할 수 있는 설명을 인정하고 있는 것이다. 우리는 반인반마(半人半馬)의 괴물이나 말 몸뚱이에 독수리 머리와 날개가 달린 괴물이 실제로 있다는 것을 믿을 수 없는 것과 똑같은 이유에서 초자연적인 것을 배제한다. 그 이유는 아무도 그런 것을 본 적이 없기 때문이다. 『복음서』 기자들이 이야기하고 있는 기적들을 내가 물리치는 것은 절대적으로 신용할 만한 가치가 그들에게 없다는 것이 미리부터 나에게 증명된 때문이 아니다. 오히려 그들이 기적들을 이야기하고 있기 때문에 나는 다음과 같이 말하는 것이다. "『복음서』들은 전설이다. 그 속에는 역사가 있을 수 있으나, 확실히 그 속에 있는 것 전부가 역사적인 것은 아니다."

그러므로 정통파와 초자연적인 것을 부인하는 합리주의자는 이러한 문제들에서 피차 크게 도움이 될 수 없다. 정통파 신학자들의 눈에는 『복음서』들과 이 밖의 『성서』에 들어 있는 책들에는 잘못된 점이 하나도 없기 때문에 그것들은 다른 책들과는 비교할 수 없는 것이요, 가장 훌륭한 역사서보다도 더 역사적으로 확실한 책이다. 이와 반대로 합리주의자에게는 『복음서』도 비평의 공통적 규칙이 적용되어야 할 글이다. 『복음서』에 관하여 우리는 아라비아어 학자가 『코란』이나 『하디트(Hadith)』를 대할 때와 같은, 또 인도어 학자가 『베다』와 그 밖의 불교 서적들을 대할 때와 같은 입장에 있다. 아라비아어 학자들은 『코란』을 잘못이 절대로 있을 수 없는 것으로 보는가? 그들이 이슬람교의 기원을 신학자들과는 다르게 이야기한다고 해서 그들이 역사를 날조한다는 비난을 받는가? 인도어 학자가 『랄리타비스타라(Lalitavistara)』를 하나의 전기(傳記)로 보는가?

 서로 상반되는 원리에서 출발하면서 어떻게 서로 빛을 던져 줄 수 있는가? 비평의 모든 규칙은 검토될 문서가 상대적 가치밖에 지니고 있지 않다는 것, 그 문서가 잘못된 것일 수도 있다는 것, 보다 나은 문서에 의해 고쳐질 수도 있다는 것을 전제한다. 과거가 우리에게 남겨 준 모든 책이 사람들이 지은 것임을 믿는 까닭에 원문들이 서로 모순 되어 좀더 권위 있는 증거들에 의하여 정식으로 부인된 것들을 내세울 때, 교단 밖의 학자는 주저 없이 이런 일을 불합리하거나 부조리한 것들이나 그 원문들 탓으로 돌린다. 반대로 정통파는 자신의 거룩한 책들 속에는 잘못도 없고 모순도 없다고 미리부터 확신하고 있기 때문에, 난점에서 빠져 나오기 위하여 가장 가망 없는 편법을 휘두른다. 정통파의 해석은 온갖 기묘한 것들의 무더기이다. 하나의 기묘한 해석은 그것만으로는 참일 수 있다. 그러나 기묘한 해석이 수없이 합쳐질 때 그것들이 동시에 참일 수는 없다. 만일 타키투스(Tacitus)나 폴리비오스(Polybios)의 책 속에 퀴리노(Quirinius)와 튜다(Theudas)에 관하여 누가가 저지르고 있는 것과 같은 성질의 오류가 있다고 하면, 우리는 타키투스와 폴리비오스가 잘못을 저지르고 있다고 말할 것이다. 그리스나 라틴 문학을 문제 삼을 때에는 우리가 하지 않을 추론들, 부아쏘나드(Boissonade)나 심지어 롤

랭(Rollin) 같은 사람조차 꿈에도 생각 못할 가설들을 우리는 『성서』 기자를 변호할 때에는 그럴법한 것으로 여긴다. 그러므로 정통파는 자신들이 신성하게 여기는 문서들을 합리주의자가 한마디 한마디 따르지 않기 때문에 역사를 바꾸고 있다고 비난할 때 부당전제의 오류를 범하고 있는 것이다. 어떤 글이 씌어졌다고 해서 그 글이 곧 참된 것이라고 할 수는 없다. 마호메트의 기적들은 예수의 기적들 못지않게 잘 기술되어 있고, 또 확실히 마호메트에 관한 아라비아의 전기들, 가령 이븐-히샴(Ibn-Hischam)의 전기는 『복음서』보다도 훨씬 더 역사적인 성격을 띠고 있다. 그렇다고 해서 우리가 마호메트의 기적을 인정하는가? 이븐-히샴이 하는 말을 버려야 할 이유가 없을 때 우리는 어느 정도 확신하고 그의 말을 따른다. 그러나 그가 우리에게 전혀 믿을 수 없는 일들을 이야기할 때에는 그의 말을 버리는 것은 어려운 일이 아니다. 사실 만일 석가모니에 관한 전기가 네 개가 있고, 그것들이 부분적으로 전설적이고, 또 네 『복음서』들만큼 서로 맞지 않는 데가 여러 군데 있는데, 어떤 학자가 석가모니에 관한 그 네 이야기에서 모순점들을 없애려 하면, 이 학자가 원문들을 마구 뜯어고치고 있다고 비난할 사람은 없을 것이다. 그가 서로 맞지 않는 구절들을 조화시키고 절충시켜 불가능한 것을 전혀 내포하지 않은 일종의 절충적인 이야기를 찾아 서로 대립되는 증언들의 균형을 잡으며 가능한 한 증언들이 무시되지 않도록 하면, 오히려 잘한 일이라 칭찬을 할 것이다. 이렇게 한 후에 불교도들이 그것은 거짓이요 역사의 왜곡이라고 떠든다면, 다음과 같이 대답할 권리가 있다. "여기서는 역사가 문제되고 있지 않다. 그리고 설사 우리가 당신네들의 원문에서 가끔 벗어난다 해도, 그것은 원문 탓이다. 그 원문들 속에는 믿을 수 없는 것들과 또 서로 모순되는 것들이 있다."

이와 비슷한 문제에 관한 모든 논의의 밑바닥에는 초자연적인 것에 관한 문제가 있다. 만일 기적이 정말로 있고, 어떤 책들이 정말 영감을 받아 씌어진 것이라고 한다면, 우리의 방법은 아주 잘못된 것이라 하겠다. 만일 기적과 그 책들의 영감이 현실성 없는 믿음이라고 하면, 우리의 방법은 옳은 것이다. 그런데 초자연적인 것에 관한 문제는 아주 확실하게 해결되어 있다. 실험적인 증거를 전혀 제공하지 않는 것은 믿을 필요가 전혀 없다는 단 한 가지 이유만으로, 우리가 기적을 믿지 않는 것은 우리가 유령이나 귀신이나 요술이나 점성술을 믿지 않는 것과 같다. 별들이 인간의 일에 영향을 끼친다는 것을 부인하기 위해서 점성술사의 장황한 추론들을 일일이 논박할 필요가 있는가? 없다. 아무도 그러한 영향을 확인해 본 적이 없다는 아주 부정적이긴 하지만 최선의 직접적 증거 못지않게 확실히 드러내어 주는 이 경험으로 충분하다.

　신학자들이 학문에 여러 가지 기여를 했음을 부인해서는 안 될 것이다. 이 전기의 사료로 이용한 원전들 가운데에는 정통파들이 연구하고 편성한 것이 적지 않다. 비평은 본래 자유주의 신학자들의 일이었다. 그러나 나는 신학자는 절대로 역사가가 될 수 없다고 말하고 싶다. 역사는 그 본질에 있어 이해관계를 떠난 것이다. 역사가가 배려하는 것은 오직 한 가지밖에 없다. 곧 기술(技術, Art)과 진실이다(이 두 가지는 서로 뗄 수 없는 것이다. 기술은 진실한 것의 가장 내밀한 법칙들의 비밀을 간직하고 있으니까). 신학자는 한 가지 관심을 가지고 있는데, 그것은 교리이다. 이 교리를 줄일 데까지 줄여라. 그래도 기술자와 비평가에게는 견딜 수 없을 만큼 무거운 짐이 된다. 정통파 신학자는 새장에 갇혀 있는 새와 같다. 그가 할 수 있는 모든 운동이 금지되고 있다. 자유주의 신학자는 날개깃이 몇 개 꺾인 새다. 그는 자기 자신의 주인인 것처럼 보인다. 그러나 사실은 날려고 하는 순간까지만 자기 자신의 주인이다. 날려고 하자마자 그는 하늘의 아들이 아님이 드러난다. 이것을 좀더 대담하게 말해 보기로 하자. 그리스도교의 기원에 관한 연구를 추켜올리려고도 깎아내리려고도 하지 않으며, 또 교리를 변호하거나 뒤집어엎으려고도 하지 않는 그리스어 학자들, 아라비아어 학자들, 산스크리트 학자들, 즉 신학 전체와 아무 상관도 없는 사람들의 방법에 따라 종교적 이해관계를 떠나 순전히 세속적인 정신을 지니게 될 때에만 경전적인 말을 할 것이다. 나는 밤낮으로 이런 문제들에 대해 숙고했다고 감히 말한다. 이성의 본질 자체를 이루는 편견들 이외에 달리 아무 편견이 없을지라도 말썽이 많게 마련이다. 그 모든 문제 중 제일 중대한 것은 『넷째 복음서』의 역사적 가치에 관한 것이다. 이런 문제들에 대해서 견해를 바꾼 적이 없는 사람들은 그것에 관한 모든 난점을 충분히 깨닫지 못했다고 생각된다. 이 『복음서』에 대한 견해는 대체로 네 가지로 나눌 수 있는데, 다음과 같이 요약할 수 있다.

첫째 견해 : "『넷째 복음서』는 세베대의 아들 사도 요한이 쓴 것이다. 이 『복음서』에 있는 사실들은 모두 정말로 있었던 일이다. 저자가 예수의 입에서 나온 것이라고 전하는 말들은 정말로 예수가 한 말이다." 이것은 정통파의 견해이다. 합리주의적 비평의 관점에서 볼 때 이것은 전혀 지지할 수 없는 것이다.

둘째 견해 : "『넷째 복음서』는 요한의 제자들이 엮고 손질한 것이라고 할 수 있으나 결국 사도 요한에게서 나온 것이다. 이 『복음서』에서 말하고 있는 사실들은 예수에 관한 직접적인 전승(傳承)들이다. 그 이야기들은 흔히 저자가 자유롭게 꾸민 것이지만, 어디까지나 그가 생각한 예수의 정신을 나타내고 있을 따름이다." 이것은 에발트(Ewald)의 견해요, 또 어떤 점에서는 뤼케(Lücke), 바이쎄(Weisse), 로이스(Reuss)의 견해이다. 이것은 또한 내가 이 책 제1판에서 채택했던 견해이다.

셋째 견해 : "『넷째 복음서』는 사도 요한의 저작이 아니다. 서기 100년 경에 그의 제자들 가운데 어떤 사람이 요한이 지었다고 주장한 것이다. 그 이야기들은 가상적(假想的)인 것이다. 그러나 사건들을 이야기하고 있는 부분들은 귀중한 전승을 포함하고 있으며, 또 그 일부는 사도 요한에게서 나왔다." 이것은 바이츠죄커(Weizsoecker), 미셸 니콜라(Michel Nicolas)의 견해이다. 이것은 내가 지금 품고 있는 견해이다.

넷째 견해 : "『넷째 복음서』는 어느 의미에서나 사도 요한에게서 나온 것이 아니다. 그것은 전하고 있는 사실로 보나 이야기들로 보나 역사책이 아니다. 그것은 상상의 작품이요, 어떤 부분은 우의적(愚意的)인 것으로서 서기 150년 경에 나타난 것이다. 저자는 이 책에서 예수의 생애를 있는 그대로 이야기하려 하지 않았고, 다만 자신이 예수에 대해서 형성했던 관념만을 내세우려 했다." 조금씩 차이는 있었지만, 대체로 이런 것이 바우어(Baur), 슈베글러(Schwegler), 슈트라우스(Strauss), 첼러(Zeller), 폴크마르(Volkmar), 힐겐펠트(Hilgenfeld), 솅켈(Schenkel), 숄텐(Scholten), 레비유(Réville)의 견해이다.

나는 이런 극단적인 견해에는 결코 가담할 수 없다. 나는 언제나 『넷째 복음서』가 사도 요한과 실제로 관련이 있고, 또 1세기 말경에 저술되었다고 믿고 있다. 하지만 제1판의 몇 군데에서는 그 진짜 저자가 요한이라는 생각에 너무 기울어져 있었음을 고백한다. 그때 내 주장의 기초가 되었던 몇 가지 논거의 입증력은 이제 와서는 보잘 것 없다고 생각된다. 나는 이제는 성 유스티노스가『넷째 복음서』를 『공관(共觀) 복음서』와 마찬가지로 사도들의 수기(手記) 가운데 하나로 보았다고는 믿지 않는다. 사도 요한과 뚜렷이 구별되는 인물로 프레스뷔테로스 요아네스(Presbyteros Joannes), 즉 장로 요한이라는 사람이 정말 있었다는 것은 나에게는 매우 의심스러워 보인다. 세베대의 아들 요한이 이 책을 썼으리라는 견해를 받아들인 적은 한번도 없었으나 가끔 그럴지도 모르겠다고 생각한 적이 있었는데, 이제는 도저히 그럴 수 없다고 여겨 배제하기로 한다. 끝으로, 나는 사도 시대 이래로 어떤 위작(僞作)을 어떤 사도가 지은 것으로 본 적이 있었다는 가정에 대해 몹시 언짢게 여겼지만, 이제는 그것이 내 잘못이었음을 잘 안다. 『베드로 후서』도 『넷째 복음서』만큼 중요하지는 못하지만, 이러한 사정이 있었다고 생각되는 책이다. 베드로가 그 편지를 썼다는 것은 아무도 근거 있게 주장할 수 없는 일이다. 하지만 여기서 제일 중요한 문제는 이런 데 있지 않다. 여기서 가장 중요한 것은 예수의 전기를 쓰려 할 때 『넷째 복음서』를 어떻게 이용하는 것이 좋은지 아는 일이다. 나는 어디까지나 이 『복음서』가 근본적으로 『공관 복음서』들에 못지 않고, 때로는 그 이상의 가치를 지니고 있다고 생각한다. 이런 생각이 어떻게 형성되었는가 하는 것이 매우 중요하므로 나는 권말(卷末) 부록을 붙여 이 문제를 다루었다. 서론 가운데 『넷째 복음서』에 대한 비평에 관한 부분은 완전히 다시 손질해 썼다.

또한 이야기를 해 나아가는 가운데 이 책의 많은 부분이 다음과 같은 경과로 수정되었다. 『넷째 복음서』가 사도 요한 혹은 『복음서』의 사건을 목격한 사람이 지은 것이라는 견해를 다소라도 비쳤던 구절은 모두 삭제하였다. 세베대의 아들 요한의 개인적 특성을 묘사하면서, 나는 마가가 본 무뚝뚝한 보아네르게스(Boanerges), 혹은 『계시록』을 쓴 무서운 환상가를 눈앞에 그려보았으면 보았지, 사랑의 복음을 쓴 그지없이 온화한 저 신비가를 생각해 보지는 않았다. 『넷째 복음서』가 우리에게 전해 주는 몇 가지 사소한 일에 대해서 나는 지금 그다지 자신 있게 주장하지는 못한다. 이 『복음서』에 나오는 말씀들을 인용하는 것은 매우 조심했던 일이었는데, 이번에는 인용을 더욱 줄였다. 나는 성령의 약속에 관한 대목에서 사도라 자칭하는 저자의 말을 너무 그대로 따랐다. 또한 예수가 죽은 날짜에 대해 『넷째 복음서』가 『공관 복음서』들과 일치하지 않는데, 이 점에서 나는 이제 『넷째 복음서』가 옳다고 확신할 수 없다. 반면에 최후의 만찬이 있었던 장소에 관해서는 내 견해를 그대로 고수한다. 예수가 마지막 날 저녁 성찬 예식의 법을 세웠다는 『공관 복음서』들의 이야기는 기적 비슷한 것과도 같은, 도저히 그럴법하지 않은 것을 내포하고 있다고 생각된다. 내 생각으로는 이것은 나중에 집어넣은 것이요, 또 추억의 어떤 환상으로 말미암은 것이다.

『공관 복음서』들에 대한 비판적 검토를 통해 내 견해를 근본적으로 고친 것은 없다. 다만 몇 가지 점에 대해서 완전을 기했고, 또 정확하게 했을 따름이다. 특히 누가에 관한 부분에서 그러했다. 리사니아에 관해서는, 내가 페니키아 답사대(踏査隊)를 위해서 발벡(Baalbek)에 있는 제노도르(Zenodore)의 비명(碑銘)을 연구한 결과, 유능한 비평가들이 생각하는 것만큼 이『복음서』 기자가 아주 중대한 과오를 범했다고는 믿지 않게 되었다. 이와 반대로 퀴리노에 관해서는 몸젠(Mommsen)의 최후의 학술 보고가 『셋째 복음서』에 반대되는 방향으로 문제를 깨끗이 해결해주었다. 마가의『복음서』는 더욱 더『공관 복음서』의 이야기 중 가장 원초적이고 가장 권위 있는 원문이라고 여겨진다.

외경(外經)들에 관한 대목은 좀 더 부연했다. 체리아니(Ceriani)가 간행한 중요한 원전들은 유익하게 이용되었다. 『에녹 서』에 대해서는 많이 주저했다. 나는 이 책 전체를 예수 이후의 것으로 믿는 바이세와 폴크마르, 그뢰츠(Groetz)의 견해가 옳다고 보지 않는다. 이 책의 제일 중요한 부분, 즉 제37장에서 제71장에 이르는 부분에 관해서는, 이 부분을 예수 이후의 것으로 보는 힐겐펠트, 콜라니(Colani)

의 주장과 예수 이전의 것으로 보는 호프만(Hoffmann), 딜만(Dillmann), 쾨스틀린(Koestlin), 에발트, 뤽케, 바이츠죄커의 견해 중 어느 것을 취해야 할지 감히 결정을 짓지 못했다. 가장 중요한 부분인 이 글의 그리스어 원문이 발견되면 얼마나 좋을까! 왠지 이 희망이 헛되지 않을 것만 같다. 어쨌든 나는 위에 언급한 여러 장(章)이 알려 주는 것을 좀 의심스런 마음으로 살폈다. 이와 반대로,『공관복음서』들의 마지막 장에 포함된 예수의 말씀과 에녹이 썼다고 전하는『외경』의 특이한 관계를 분명히 밝혔다. 이 관계는 또한 성 바나바가 쓴 것으로 되어 있는 편지의 완전한 그리스어 원문이 발견되어 분명해진 것이며, 또 바이츠죄커가 훌륭하게 지적한 바 있는 것이기도 하다.『넷째 에스더 서』에 관해서 폴크마르가 얻은 확실한 연구 결과들은 에발트의 것들과 거의 일치하는데, 이것들 역시 참작하였다.『탈무드』로부터는 새로이 많은 인용을 했다. 엣세네파에 대해서는 좀 더 많은 지면을 할애했다.

  참고서 목록을 붙이지 않아 가끔 오해를 샀다. 나는 내가 독일의 대가(大家)들 전체로부터 얻은 것이나 그 중 한 사람 한 사람으로부터 얻은 것에 대해 충분히 높이 평가하면서 분명히 밝혔다. 거기에 대해서 침묵을 지킨다고 해도 은혜를 모른다는 비난을 받을 리는 없겠지만 말이다. 참고 문헌 목록이란 완전한 것이 아니면 소용이 없다. 그런데 독일학계는『복음서』비판 분야에서 대단한 활동을 전개한 바 있으므로, 만일 이 책에서 취급된 문제들에 관계된 저작을 모두 들어 말해야만 한다면 주(註) 분량이 세 배로 늘었을 것이고, 또 내 글의 성격도 달라졌을 것이다. 우리는 모든 것을 동시에 할 수는 없다. 그러므로 나는 가장 비중 있는 학자들만을 들어 말하기로 원칙을 세웠다. 그 수만 해도 무척 많아졌다.

  이야기 줄거리는 별로 바꾸지 않았다. 초대교회의 본질인 재산 공유의 정신에 대해 너무 강한 표현을 썼던 것을 조금 부드럽게 했다. 예수와 관계된 인물들 가운데, 『복음서』에는 이름이 나오지 않지만, 믿을 만한 증거를 통해서 우리에게 알려져 있는 몇몇 사람은 받아들였다. 베드로의 이름에 관해서는 조금 수정하였다. 또 알페오의 아들 레위, 그리고 사도 마태와 그의 관계에 대해서는 또 다른 가정을 채택하였다. 나사로에 관해서는 이제는 주저 없이 슈트라우스, 바우어, 첼러, 숄텐의 훌륭한 설(說)에 동조한다. 그들의 설에 의하면, 『누가』의 비유에 나오는 불쌍한 거지와 『요한』에서 부활한 것으로 되어 있는 사람이 동일인이라는 것이다. 하지만 내가 이 거지와 문둥이 시몬을 결부시킴으로써 이 거지에게 어느 정도 실재성을 부여하고 있음을 독자들은 보게 될 것이다. 나는 또 예수가 최후의 여러 날 했다고 전해지며 1세기에 퍼진 글들의 인용으로 보이는 교훈의 말씀에 대한 슈트라우스의 가정도 채택한다. 예수의 공적(公的) 생활 기간에 관한 원문들에 대해서는 좀 더 정확하게 논할 수 있었다. 벳파게와 달마누타의 지형론은 수정되었다. 골고다에 관한 문제는 보귀에(Vogue)의 저서를 따라 고쳐 썼다. 식물학사(植物學史)에 아주 정통한 어떤 분은 갈릴리 과수원에서 그 지방에 1800년 전부터 있었던 나무들과 그 후 이식(移植)된 나무들을 분간하는 법을 가르쳐 주었다. 또 십자가에 달린 사람들이 마신 음료에 대해서 연구한 것을 나에게 편지로 알려 준 사람이 있었는데, 나는 이 연구를 내 글 속에 포함시켰다. 예수의 마지막 여러 시간에 관한 이야기에서, 대체로 나는 너무 역사적인 일로 볼 수도 있게 한 표현을 좀 누그러뜨렸다. 이런 것이야말로 슈트라우스가 잘 하는 설명이 적용되기 가장 좋은 것이요, 또 도처에 교리적이고 상징적인 의도가 드러나는 것이다.

이미 말한 바 있지만 여기서 다시 거듭하여 말하려고 하는 것이

역자주) 프랑스 독자를 위한 문헌에 관하여 언급한 몇 줄은 삭제한다.

있다. 이 예수의 생애를 저술하면서 확실한 것만을 가지고 앞으로 나아가고자 애쓰는 사람은 어느 선에서 멈추는 데 만족해야 할 것이다. 예수는 정말 이 세상에 존재하였다. 그는 갈릴리의 나사렛 사람이었다. 그는 매력 있게 설교했고, 제자들의 기억 속에 여러 잠언(箴言)을 남겼는데, 이 잠언들은 그들의 가슴 속에 깊이 아로새겨졌다. 제자들 가운데 으뜸가는 두 제자는 게바와 세베대의 아들 요한이었다. 그는 정통파 유대인들의 증오를 샀고, 유대인들은 당시 유대의 총독 빌라도를 통해 마침내 그를 죽였다. 그는 예루살렘 성문 밖에서 십자가에 못 박혀 죽었다. 얼마 안 가서 사람들은 그가 다시 살아났다고 믿었다. 이런 것은 우리가 확실하게 알고 있는 것들이다. 설사 『복음서』가 없거나 거짓이라 하더라도 이것들은 확실한 일들이다. 이것들은 거짓이 아님이 확실한, 그리고 이론(異論)의 여지가 없는 날짜로 된 원문들, 가령 분명히 성 바울이 쓴 편지들, 『히브리서』, 『계시록』 그리고 그 밖에 누구나 인정하는 원문들에 의하여 우리가 확실히 알고 있는 사실들이다. 이런 사실들 이외의 것에 대해서는 의심의 여지가 있다. 그의 가족은 어떠했는가? 〈주님의 형제〉라고 되어 있는 야고보, 즉 예수가 죽은 후 중요한 역할을 맡은 야고보와 그 가족과의 관계는 어떤 것이었는가? 예수는 정말 침례자 요한과 여러 관계를 가졌으며, 또 제자들 가운데 가장 유명한 사람들이 그의 파(派)에 속하기 전에는 이 침례자의 파에 속했는가? 그의 메시아 사상은 어떤 것이었는가? 그는 자기 자신을 메시아로 보았는가? 그의 계시록적 사상은 어떤 것이었는가? 그는 자기가 〈사람의 아들〉로서 구름을 타고 나타나리라고 믿었는가? 그는 자기가 기적을 행한다고 상상했는가? 생존시부터 사람들은 그가 기적을 행했다고 생각했는가? 그에 관한 전설은 그의 주위에서 시작되었고 또 그가 알고 있었는가? 그의 도덕적 성격은 어떤 것이었는가? 이교도가 하나님의 나라에 들어갈 수 있다는 것에 대해서 그는 어떻게 생각하였는가? 그는 야고보처럼 순수한 유대인이었는가, 아니면 그가 세운 교회의 가장 성급한 일부 사람들이 후일 그렇게 한 것처럼 유대교에서 완전히 갈라져 나왔는가? 그의 사상의 발전 순서는 어떠했는가? 의심할 여지 없는 것만을 역사에서 원하는 사람들은 이 모든 문제에 침묵을 지켜야만 했다. 이 문제들을 푸는 데 『복음서』는 그리 확실치 못한 증거이다. 그것들은 가끔 상반되는 설을 내세우고 있고, 또 그것들에 나타난 예수의 모습이 편집자들의 교리적 관점에 따라 고쳐지고 있기 때문이다. 나로서는 이런 경우에 사실이 이러하지 않았을까 제안하는 의미에서 추측이 허용될 수 있다고 본다. 원문들은 역사적 사건들을 말하는 것이 아니기 때문에 확실성을 주지 않는다. 그러나 그것들은 무엇인가를 준다. 맹목적 신뢰를 가지고 그것들을 따를 필요는 없다. 그것들이 내놓는 증거를 무턱대고 경멸하면서 버려서도 안 된다. 그것들이 감추고 있는 것을 찾아내려고 애써야 할 것이다. 그러나 그것을 찾았다고 절대적으로 확신하는 일이 있어서는 안 될 것이다.

　이상한 일이다! 이 모든 점에 대하여 가장 회의적인 해결책을 제시하고 있는 것은 자유주의 신학 진영이다. 그리스도교에 대한 그들의 재치 있는 변호는 그리스도교 탄생의 역사적 상황 속에 빈 자리를 만들어 놓는 것이 좋다고 여기기에 이르렀다. 한 때 그리스도교를 변호하는 토대였던 기적들, 메시아적 예언들은 그들에게는 방해물이 되었다. 이제는 그런 것들을 피하려 하고 있다. 이 신학 진영에 속하는 사람들 가운데는 뛰어난 비평가와 고매한 사상가들이 적지 않지만, 그들의 말을 듣건대, 예수는 전혀 기적을 행할 생각이 없었다. 또 그는 자기가 메시아라고 생각하지도 않았다고 한다. 종말의 대재앙들에 관해서 그가 말했다고 되어 있는 계시록적 이야기들은 그가 생각한 적이 없는 것이었다는 것이다. 전설을 그토록 열심히 고수하려 했고 예수의 말씀을 모으는 데 그토록 열심이었던 파피아스(Papias)가 열광적인 지복천년설(至福千年說) 신자였건, 『복음서』 기자들 가운데 제일 먼저이고 가장 권위 있는 마가가 다른 것은 거의 모두 제쳐놓고 기적들에 골몰하였건, 이런 것은 전혀 문제 삼지도 않는다. 이렇게 예수의 역할을 축소시켜 놓고 보니, 그의 참 모습을 말하는 것이 아주 어려울 수밖에 없다. 그러한 가정에서, 그가 사형 선고를 받은 것은 그를 메시아적 및 계시록적 운동의 우두머리가 되게 한 운수(運數)였다는 것 외에는 다른 의미가 없다. 예수가 십자가에 못 박힌 것은 그의 도덕적 교훈 때문이요, 또 산상 설교 때문인가? 결코 그렇지는 않다. 격률(格率)들은 오래 전부터 유대교회당에서 흔히 들을 수 있었던 것들이다. 이런 것들을 되풀이했다고 해서 사람을 죽이는 일은 한번도 없었다. 만일 예수가 죽임을 당했다고 하면, 그가 그것 이상의 말을 했기 때문이다. 이러한 논쟁들에 말려들었던 어떤 학자는 최근 나에게 보낸 편지 끝머리에서 다음과 같이 말한 바 있다. "예전에는 무슨 짓을 해서라도 예수가 하나님이라는 것을 증명해야 했습니다만, 현대의 프로테스탄트 신학 진영에서는 그가 인간에 지나지 않았다는 것뿐만 아니라, 또한 그 자신이 언제나 자기를 인간으로 보았다는 것을 증명하는 것이 문제입니다. 그들은 예수를 양식(良識) 있는 사람으로, 무엇보다도 아주 실제적인 사람으로 보이게 하려고 애쓰고 있습니다. 그들은 현대 신학의 생각을 따라 멋대로 그의 모습을 뜯어고치고 있습니다. 나는 이렇게 하는 것이 역사적 진실에 맞지 않으며, 이 역사적 진실의 본질적인 측면을 소홀히 하는 것임을 당신과 함께 믿고 있습니다."

이런 경향은 그리스도교 내부에서 이미 여러 차례 논리적으로 산출된 바 있었다. 마르키온(Marcion)은 무엇을 원했던가? 2세기의 그노시스파는 무엇을 원했던가? 어떤 전기(傳記)의 실질적 상황이 그 속의 자세한 점들과 맞지 않으면 그 상황들을 회피한다. 바우어와 슈트라우스는 철학적 필요에 순종하고 있다. 인류를 통하여 스스로를 전개해 가는 신적 정신(神的 精神, éon divin)은 일화적 사건들과는 아무 상관도 없으며, 어떤 개인의 특수한 생애와도 아무 상관이 없다. 숄텐과 솅켈은 예수라는 사람이 역사상 실재했다는 것을 확실한 일로 본다. 그러나 그들이 생각하는 역사적 예수는 메시아도 아니요, 예언자도 아니요, 유대인도 아니다. 그들에 의하면, 예수가 원한 것이 무엇인지 알 수 없다고 한다. 또 예수의 생애도, 그 죽음도 알 길이 없다고 한다. 그들의 예수는 하나의 독특한 영(éon)이요, 쉽게 알 수 없고 만져 볼 수도 없는 존재이다. 순수한 역사는 이런 존재들을 알지 못한다. 순수한 역사는 주어진 두 가지 사실들 위에 세워지지 않으면 안 된다. 두 가지 요인이라고 해도 좋을 것이다. 첫째는 주어진 어떤 세기에 그리고 어떤 나라에서 인간 정신의 일반적 상태이고, 둘째는 일반적 원인들과 결합하여 역사의 흐름을 결정하는 개별적 사건들이다. 우연한 사건들을 가지고 역사를 설명하는 것은 순전히 철학적 원리들을 가지고 역사를 설명하는 것과 마찬가지로 잘못이다. 이 두 가지 설명은 서로 뒷받침해주고 서로 보충하여 완전케 하지 않으면 안 된다. 예수와 사도들의 역사는 무엇보다도 여러 가지 사상과 감정의 크나큰 혼합의 역사여야 한다. 그러나 이것만으로는 충분하지 않다. 그 사상과 감정에는 무수한 우연과 무수히 많은 기이(奇異)한 일들과 무수히 많은 사소한 일들이 섞여 있다. 오늘날 이 우연들과 이 기이한 일들과 이 사소한 일들을 정확하게 이야기한다는 것은 불가능하다. 여기에 관해서 전설이 우리에게 말해 주고 있는 것은 참일 수도 있지만, 또한 참이 아닐 수도 있다. 내 생각에 가장 좋은 방법은 될수록 제일 오래된 맨 처음 이야기들을 따르면서, 그 속에서 도저히 있을 수 없는 것들을 피하며, 어디에서나 의심스러운 것들을 떼어내고, 이것들을 사건이 전개될 수 있는 여러 가지 형태의 추측들로서 제시하는 것이다. 나는 성 바울의 회심(回心)이 『사도행전』에서 이야기하고 있는 것처럼 일어났는지 아주 굳게 확신할 수는 없다. 그러나 그것은 그 이야기에서 그다지 멀지 않은 형태로 일어난 일이다. 다시 살아난 예수의 환상(幻想)을 그가 보았고, 또 이것이 그의 생애에 아주 새로운 방향을 제시해주었다고 성 바울 자신이 말해 주고 있으니 말이다. 나는 오순절(五旬節)날 성령이 내렸다는 『사도행전』의 이야기가 정말로 역사적인 것인지는 확실히 알지 못한다. 그러나 불로 주는 침례에 관하여 널리 퍼져 있던 여러 관념으로 미루어 보건대 나는 시나이산에서와 같이 번개가 큰 역할을 한다는 착각이 사도들의 서클 안에 있었다고 믿는다. 마찬가지로 부활한 예수를 보았다는 것도 강렬하고 이미 한 곳으로 쏠려 있던 상상을 통해서 해석된 우연한 사건들의 우연한 원인 때문이었다.

    만일 자유주의 신학자들이 이런 설명을 싫어한다면, 그것은 그들이 그리스도교를 다른 종교 운동에도 공통되는 법칙들에 복종케 하려 하지 않기 때문이다. 또한 그것은 아마도 그들이 영적 생활의 이치를 충분히 알지 못하기 때문일 것이다. 그런 착각이 큰 역할을 하지 않는 종교 운동이란 하나도 없다. 그런 착각은 프로테스탄트의 경건파나 몰몬교나 가톨릭교의 수도원 같은 공동체에는 언제나 있는 것이라고 말할 수도 있다. 마음이 흥분 상태에 있는 이런 작은 세계에서는 감격하여 하나님의 손가락을 보는 것 같은 어떤 사소한 사건에 이어 개종하는 일이 드물지 않다. 이러한 사건들은 언제나 어떤 유치한 것을 내포하고 있으므로 신자들은 그런 사건들을 숨긴다. 이것은 하늘과 그들 사이의 비밀이다. 어떤 우연은 냉철한 마음이나 방심(放心)한 사람에게는 아무 것도 아니지만, 마음이 한 곳으로 쏠린 사람에게는 신적 징조이다. 성 바울이나 성 이그나시우스 데 로욜라(Ignatius de Loyola)를 완전히 변화시킨, 혹은 이들의 활동에 새로운 방향을 준 것이 어떤 구체적인 우연한 사건이라고 말하는 것은 확실히 부정확한 일이다. 번갯불로 치는 사건을 준비한 것은 이런 사람들의 강렬한 성격의 내적 움직임이다. 그러나 마침내 번갯불이 치게 된 것은 외부의 어떤 원인에 의해 결정된 것이다. 뿐만 아니라, 이 모든 현상은 우리의 정신 상태와 전혀 다른 정신 상태에 잘 어울린다. 대부분의 행동에 있어서, 옛날 사람들은 전날 밤에 꾼 꿈이라든가, 처음 눈에 띈 우연한 대상에서 끌어낸 추론(推論)이라든가, 자기가 들었다고 믿은 소리라든가의 지배를 받았다. 새의 비상, 공기의 흐름, 편두통 같은 것이 세계의 운명을 결정한 일이 한두 번이 아니었다. 성실하고 완전을 기하려면 이런 것을 말해야 한다. 그리고 그다지 확실하지 못한 문헌들이 이런 사건들을 이야기해줄 때에는 묵살해야 한다. 역사에는 세세한 점들에서는 확실한 것이 하나도 없다. 하지만 세세한 점들은 언제나 어떤 의의를 가지고 있다. 역사가의 재능은 절반 밖에 참되지 않은 것들을 가지고 하나의 참된 전체를 만드는 데 있다.

그러므로 역사에서는 사건들을 구식(舊式) 합리주의자나 파울로스(Paulos)의 제자가 되지 않고서도 특수한 사건들을 이야기 속에 넣을 수 있다. 파울로스는 가능하면 기적을 취급하지 않고 전설들에 대한 『성서』의 이야기를 문제 삼지 않으려 한 나머지, 아주 자연스럽게 이런 것들을 설명하느라 오히려 왜곡한 신학자이다. 그러면서 파울로스는 『성서』의 권위를 전적으로 인정하노라 했고 또 『성서』를 기록한 사람들의 참 사상을 파악했노라고 했다. 나는 세속적 비평가다. 나는 초자연적인 이야기는 어느 것이나 글자 그대로 참은 아니라고 믿는다. 나는 초자연적인 이야기가 백 개 있으면 그 중 여든 개는 전적으로 일반 대중의 상상에서 생겼다고 생각한다. 하지만 나는 극히 드물기는 해도, 어떤 경우에는 전설이 상상에 의해서 변형된 현실적 사실로부터 나온다는 것을 인정한다. 『복음서』들과 『사도행전』에 나오는 많은 초자연적 사실 가운데 대여섯 개에 대해서 어떻게 착각이 생길 수 있었는지를 밝혀 보려고 시도했다. 신학자란 언제나 체계적인 법이다. 신학자는 오직 하나의 설명이 『성서』의 처음에서 끝까지 적용되기를 원한다. 비평가는 온갖 설명이 시도되어야 한다고 믿는다. 혹은 그 모든 설명 하나 하나의 가능성을 줄곧 증명해 보여주어야 한다고 믿는다. 어떤 설명이 우리 비위에 맞지 않는다고 해서 그것이 곧 그 설명을 버리는 이유가 될 수는 절대로 없다. 세계는 지옥과 같으면서 동시에 신적(神的)이기도 한 희극이요, 솜씨 좋은 무용합창대 감독이 이끄는 신기한 윤무(輪舞)이다. 거기서는 선과 악, 추한 것과 아름다운 것이 저들에게 배정된 줄에 서서 어떤 신비스러운 목적을 향하여 전진하고 있다. 역사를 읽으면서 우리가 때로 감격하거나 반감을 느끼고, 슬퍼지거나 위로받는 일이 없다고 하면, 그 역사는 역사가 아니다.

역사가의 첫째 임무는 그가 이야기하는 사실이 일어난 곳의 환경을 잘 묘사하는 일이다. 그런데 종교의 기원의 역사는 우리를 여인들, 아이들, 그리고 열렬한 사람들, 혹은 길 잃은 사람들의 세계로 데려다 놓는다. 이런 사실을 실증적 정신을 가진 사람들 한가운데 갖다 놓고 보면 부조리하고 이해가 되지 않는다. 그래서 영국처럼 아주 합리적인 나라에서는 이런 일들을 이해할 수가 없다. 셜록(Sherlock)이나 길버트 웨스트(Gilbert West)가 부활에 관하여 논한 것이나, 리틀턴(Littleton)이 성 바울의 회심에 관하여 논한 것은 한때 매우 유명했던 주장들이지만, 이것들의 결함은 그 추론에 있지

제13판 머리말 **35**

않다. 그 추론은 아주 견실하다. 여기서 문제는 환경의 다양성을 정당하게 평가하고 있는가 하는 점이다. 우리가 분명히 알고 있는 종교적 시도들은 모두 숭고함과 기이함의 이상한 혼합을 보여 준다. 지금 살아남아 있는 신봉자들이 매우 순수하고 솔직한 태도로 간행한 초기 생 시모니즘의 기본적 저작을 읽어 보라.[3] 역겨운 사람들이 등장하고, 싱거운 호언장담이 있지만, 민중 속의 남자나 여자가 처음으로 자기에게 찾아든 따스한 광선 아래 마음이 활짝 열리는 것을 순진하게 고백하는 대목에 이르면, 얼마나 매력 있고, 얼마나 성실한가! 아주 어리석은 일들 속에 말로는 형용할 수 없는 아름다운 것들이 섞여 있는 경우는 비일비재하다. 큰 불과 그 불을 일으킨 원인 사이의 균형과 비례를 찾을 필요는 없다. 살레트 마을의 신앙심은 우리 세기의 큰 종교적 사건 가운데 하나이다. 샤르트르(Chartres)와 라옹(Laon)의 아주 훌륭한 바실리카 양식의 성당들도 마찬가지 착각들 위에 세워졌다. 성체 축제일은 신앙심 강한 여인이 늘 믿는 마음으로 기도하던 중에 조그마한 금이 간 보름달을 본 데서 비롯되었다. 사기꾼들 주위에서 생긴 운동으로 성실성이 충만해진 경우도 얼마든지 있다. 안티오키아에서 성창(聖槍)을 발견했다는 것은 속임수가 분명한데, 가끔 십자군의 운명을 결정지었다. 몰몬교는 그 기원이 아주 창피한 것이지만, 용기와 헌신을 불러일으켰다. 드루이드교파의 종교는 상상이 섞인 부조리한 것들로 짜여져 있지만, 열렬한 신자가 또한 없지 않다. 이슬람교는 세계 역사의 두 번째로 큰 사건인데, 아미나의 아들이 간질병 환자가 아니었던들 아예 존재하지도 않았을 것이다. 온화하고 청정무구(淸淨無垢)한 아씨지의 성 프란체스코는 형제 엘리야가 없었던들 성공하지 못했을 것이다. 인간이란 정신이 극히 연약하기 때문에 가장 순수한 것이 어떤 불순한 세력과 협동하

---

3) *Œuvres de Saint-Simon et l'Enfantin*, Paris, Dentu, 1865-1866.

지 않을 수 없다.

　이러한 비상한 사건들은 우리들 이상의 것이면서 동시에 우리들 이하의 것이기도 한데, 이런 사건들에다 우리의 세심한 구별이나 냉철하고 명석한 두뇌에서 나온 추리를 적용하지 않도록 유의하자. 그렇게 하면 어떤 이는 예수를 현인(賢人)으로 보려 할 것이고, 어떤 이는 철학자로 보려 할 것이고, 또 어떤 이는 애국자로, 혹은 착한 사람으로, 혹은 모랄리스뜨로, 혹은 성인(聖人)으로 보려 할 것이다. 그는 이것들 중 어느 것도 아니었다. 그는 사람들의 마음을 사로잡은 사람이었다. 과거를 우리 멋대로 뜯어고치지 말자. 아시아가 유럽이라고 믿지는 말자. 가령, 유럽에서 미친 사람은 사회에서 버림받은 존재이다. 그를 몹시 괴롭히지 않고는 다시 사회에 넣어 주지 않는 것이 보통이다. 옛날 정신병자 수용소에서 행해진 끔찍한 여러 가지 처우는 스콜라 철학 및 데까르뜨 철학의 당연한 귀결이었다. 동양에서 미친 사람은 오히려 특권적인 존재이다. 그는 최고 회의 같은 데에 참석하며, 아무도 감히 그를 말리려 하지 않는다. 사람들은 그의 말에 귀 기울이고 그와 의논한다. 사람들은 그가 신에게 가장 가까운 존재라고 믿는다. 그의 개인적 이성이 사라지고 이제는 그가 신의 이성에 참여하고 있다고 상상하니 말이다. 추론이 전혀 없는 미묘한 농담에 의하여 다시 일어서는 정신이란 아시아에는 없다. 이슬람교의 교육을 받으면서 자란 어떤 사람이 나에게 다음과 같은 이야기를 해주었다. 몇 해 전 메디나에 있는 마호메트의 무덤을 급히 보수할 일이 생겨 석공들을 부르고, 이 무서운 곳에 내려가는 사람은 다시 올라올 때 머리가 잘릴 것이라고 일러주었다. 그러나 그 석공 가운데 한 사람이 자진해서 그 일을 맡고 무덤에 내려가 보수 공사를 하고는 목이 잘리는 것을 감수했다는 것이다. 나에게 이 말을 해준 그 사람은 이런 말도 했다. "그럴 수밖에 없었지요. 사람들은 그

곳이 바로 그런 곳이라고 생각하고 있는 거예요. 그렇지 않다는 것을 말해 주는 사람이 꼭 있어야 되겠어요."

흐려진 의식(意識)은 맑은 양식(良識)을 가질 수 없다. 그런데 흐려진 의식은 반드시 무엇인가를 힘차게 세워놓는 법이다. 나는 한 폭의 그림을 그리고자 했다. 빛깔들이 자연에서처럼 섞여 있는 그림을 말이다. 그런데 자연은 흡사 인류와도 같다. 즉 위대한 동시에 유치하기도 하다. 거기에서는 신적 본능이 무수히 많은 기이한 일들을 꿰뚫고 확고한 걸음으로 그 길을 개척해 나아가고 있다. 이 그림에 그늘이 없다고 하면, 그것은 잘못된 증거다. 문서들의 상태는 어떤 경우에 착각이 스스로를 의식했는지를 알려 주지 않는다. 우리는 다만 때로 착각이 스스로를 의식하고 있었다고 말할 수 있을 따름이다. 여러 해 동안 기적을 행하는 사람으로 행세하면, 대중에게 강요당하여 꼼짝없이 대중이 원하는 대로 해주어야 할 때가 적지 않았다. 생존시부터 어떤 전설을 갖고 있는 사람은 전설에 꼼짝없이 끌려간다. 사람들은 처음에는 소박함과 경신(輕信)과 절대적 순진성에서 출발한다. 그러나 마침내는 온갖 장애에 부닥치고, 그러고 나서 실패한 신적 능력을 지탱하려는 절망적 수단들을 통해서 이 장애로부터 빠져 나온다. 사람들은 서두른다. 하나님이 자신을 더 나타내신다고 해서 하나님께서 하시는 일이 소용없게 되도록 내버려두어도 되는가? 쟌느 다르끄(Jeanne d'Arc)는 여러 차례 필요에 따라 하나님이 말씀하시게 하지 않았던가? 만일 그녀가 샤를르 7세에게 은밀하게 자신의 속생각을 털어놓았다는 이야기가 어느 정도 사실이라면, 이 순진한 처녀가 은밀한 가운데 깨달은 것을 초자연적 직관으로 말미암아 얻은 것으로서 제시했다는 것은 부인하기 어려운 일이다. 종교사를 서술하면서 이런 가정(假定)들에다가 비스듬하게나마 어떤 광선을 대어 살펴보지 않는다면 그것만으로도 완전하다고 할 수 없다. 그러므로 진정한 또는 그럴법한 또는 가능한 모든 상황이 내 이야기에 들어와야만 했다. 개연성(蓋然性)의 뉘앙스를 띠고서 말이다. 이러한 역사에서는 확실히 있었던 일 뿐만 아니라 또한 정말 있을 법한 일도 말해야만 했다. 나는 공평한 태도로 내 주제를 다루려 했지만, 그러자니 자연히 억측 같은 것도 거부해 버릴 수가 없었다. 심지어 엉뚱한 억측도 말이다. 사실 지나간 일들 가운데는 엉뚱한 일이 많았다. 나는 처음부터 끝까지 똑같은 방법을 한결같이 따랐다. 나는 원전들이 나에게 시사한 좋은 인상들을 말했다. 그러나 한편 나쁜 인상들에 대해서 침묵을 지킬 수는 없었다. 나는 사람들이 어느 정도의 기만(欺瞞)을 종교사에 불가결한 요소로 보게 될 날에도 내 책이 가치를 지니게 되기를 바랐다. 내 주인공을 아름답고 매력 있는 존재가 되게 해야만 했다(사실이 또 그러했다). 그런 행위들 가운데는 현대적 관점에서 보아 거북한 것이 더러 있기는 했어도 말이다. 어떤 사람들은 내가 생생하고 인간적이고 또 가능한 이야기를 꾸미려고 애썼다고 찬사를 보냈다. 만일 내 이야기가 그리스도교의 기원을 절대로 흠 없는 것으로 제시했다고 하면 과연 이런 찬사를 받을 만한 것이었을까? 그렇게 하는 것은 기적 가운데 가장 큰 기적을 인정하는 것이 되고 말았을 것이다. 그렇게 해서 나오는 결과는 다시없이 차가운 그림이었을 것이다. 흠이 없었는데 내가 일부러 흠을 몇 개 생각해 내어야만 했다고 말하지 않겠다. 적어도 나는 원전 하나 하나가 그윽한, 혹은 조화를 이루지 못한 색조를 드러내게 해야만 했다. 만일 괴테(Goethe)가 살아 있다면 이렇게 조심스럽게 일하는 것을 좋게 여기리라 생각한다. 이 위대한 사람은 내가 하늘에 속하는 초상화를 그리는 것을 결코 용서하지 않았을 것이다. 사실 현실에서는 그것을 볼 때 우리의 마음을 상하게 하는 일들이 일어나니 말이다.

이와 같은 어려움은 사도들의 역사를 쓰는 데서도 나타난다. 그 역사는 그것대로 역시 감탄할 만한 것이다. 방언(方言)의 은사(恩賜)를 성 바울의 확실한 원문이 증명하고 있지만, 이것처럼 엉뚱한 일이 또 어디 있는가? 자유주의 신학자들은 예수의 시체가 없어진 것이 그의 부활에 대한 믿음의 기초 가운데 하나였음을 인정한다. 만일 당시의 그리스도교도의 의식이 이중(二重)이어서, 그 의식의 한쪽이 다른 한쪽의 환상을 창조하지 않았다면, 이것은 무엇을 의미하는가? 만일 그 시체를 치운 바로 그 제자들이 "그가 살아나셨다!"라고 외치면서 그 마을에서 그런 소문을 퍼뜨렸다고 하면 그들은 사기꾼이었다고 하겠다. 그러나 분명히 이 두 가지 일은 같은 제자들이 한 것이 아니다. 어떤 기적에 대한 믿음이 사람들 사이에 확고히 자리 잡으려면, 누군가 처음에 소문을 낸 사람이 있어야만 한다. 그러나 흔히 그 사람은 주인공이 아니다. 주인공의 역할은 사람들이 그에 대해서 만드는 평판에 어긋나는 소리를 하지 않는 데 국한된다. 뿐만 아니라, 설사 그가 그런 소리를 한다 해도 아무 소용이 없다. 대중의 의견이 그보다 더 강하다. 살레트의 기적에서는, 그것이 꾸민 이야기라는 생각이 분명히 사람들의 마음속에 있었다. 그러나 그것이 종교에 도움이 된다는 생각이 모든 것을 누르고 그것을 확립시켰다. 많은 사람들이 다 같이 참여하는 기만은 무의식적인 것이 되거나, 오히려 기만이기를 그치고 하나의 오해가 된다. 이런 경우, 아무도 고의로 속이지는 않는다. 모든 사람이 모르고 속이는 것이다. 예전에 사람들은 전설마다 속는 사람들과 속이는 사람들이 있다고 생각했다. 우리가 보기에는 어떤 전설을 함께 만들어 내는 사람들은 속는 자인 동시에 속이는 자이기도 하다. 다시 말하면, 기적에는 세 가지 조건이 있다. 첫째, 누구나가 가볍게 믿을 것, 둘째, 어떤 사람들의 마음속에 남의 환심을 사려는 생각이 얼마간 있을 것, 셋째, 그것을 꾸며내는 데 있어 제일 중요했던 사람이 아무 말 않고 동의할 것. 18세기의 당돌한 설명들에 대한 반동으로 원인 없는 결과를 인정하는 가정에 빠지지는 말자. 전설은 저 혼자 생기지는 않는다. 그것이 생기도록 사람들이 돕는다. 전설의 이 거점들은 아주 약한 것이 보통이다. 눈덩어리를 만드는 것은 대중의 상상이다. 하지만 맨 처음에 알맹이가 하나 있었다. 예수의 두 족보를 만든 두 사람은 그 족보가 아주 정확하고 틀림없는 것은 아님을 잘 알고 있었다. 위경(僞經)의 여러 책들, 즉 다니엘, 에녹, 에스더의 자칭 계시록들은 굳은 확신을 가진 사람들의 것이다. 그런데 이 책들의 저자들은 자기들이 다니엘도 아니요, 에녹도 아니요, 에스더도 아님을 잘 알고 있었다. 테클라(Thecla)에 관한 소설을 지은 아시아의 사제는 자신이 바울을 사랑한 때문에 그것을 지었노라고 말하였다. 확실히 제1급 인물이었던 『넷째 복음서』의 기자에 대해서도 이렇게 말해야 할 것이다. 종교사 속에 있는 착각을 한쪽 문으로 몰아내어 보라. 다른 문으로 다시 들어오게 마련이다. 요컨대, 과거에 있었던 위대한 일들 가운데 전적으로 시인할 만한 것은 거의 없다. 프랑스가 여러 세기에 걸친 배신들에 의하여 세워졌다고 해서 우리가 프랑스인이기를 그치겠는가? 프랑스 대혁명이 무수한 범죄를 저질렀다고 해서 우리는 그 혁명의 좋은 결과들로부터 이익을 얻기를 거부하겠는가?

오직 과학만이 순수하다. 이것은 과학이 실천적인 것을 전혀 가지고 있지 않기 때문이다. 과학은 사람들을 문제삼지 않는다. 선전(宣傳)이 과학을 건드리지 못한다. 과학의 의무는 증명하는 것이지, 설득하거나 회심케 하는 것이 아니다. 어떤 정리를 발견한 사람은 자신의 증명을 이해할 수 있는 사람들에게 그 증명을 공표(公表)한다. 그는 그 정리가 진리임을 알지 못하는 사람들로 하여금 그 진리를 채택하게 하기 위하여 강단에 올라 떠들어대지도 않으며 야단스런 몸짓을 하지도 않으며 그럴싸한 웅변을 늘어놓지도 않는다. 사실, 열광에도 성실성이 없지 않다. 그러나 그것은 유치한 성실성이다. 그것은 학식 있는 사람의 반성을 거친 깊이있는 성실성이 아니다. 무식한 사람은 옳지 않은 논거들에 넘어가고 만다. 만일 라플라스(Laplace)가 일반 대중으로 하여금 자신의 세계관을 받아들이게 해야만 했다면, 그저 수학적 증명들만 일삼고 있을 수는 없었을 것이다. 리트레(Littré)는 그가 자신의 스승으로 보는 사람의 생애에 관한 책을 저술하면서, 이 사람을 도무지 사랑할 만한 사람이 못 되어 보이게 하는 것까지도 다 내어놓고 말할 만큼 성실성을 지킬 수가 있었다. 이런 일은 종교사에서도 예가 없는 바 아니다. 다만 과학만이 순수한 진리를 찾는다. 오직 과학만이 진리의 정당한 근거들을 제공하며 확신시키는 수단들을 사용함에 있어 엄격한 비판을 가한다. 분명히 과학이 지금까지 사람들에게 영향을 끼치지 못한 이유가 여기에 있다. 아마 미래에는 사람들이 잘 교육받게 되리라고 기대되는데, 그때에는 잘 연역된 증명만을 받아들일 것이다. 그러나 이런 원칙들을 따라 과거의 위인들을 판단한다는 것은 도저히 공정한 일이라 할 수 없다. 무력한 존재로 그냥 주저앉기를 거부하며 인류를 그 여러 약점과 함께 받아들이는 성질을 타고난 사람들이 간혹 있다. 공상과 무리 없이는 이루어질 수 없었던 위대한 일들이 적지 않았다. 만일, 내일 수육(受肉)한 이상(理想)이 사람들에게 와서 다스리려고 나선다면, 그는 그저 속고 싶어 하는 어리석음과 그저 굴복하려는 옹졸함에 직면하게 될 것이다. 나무랄 데 없는 유일한 사람은 참된 것만을 찾으려는 관조자(觀照者), 참된 것이 승리를 거두게 하거나 그것을 무엇에 이용하려는 생각 없이 찾는 사람이다.

    도덕은 역사가 아니다. 그림을 그리고 이야기를 하는 것은 무엇인가를 시인하는 것이 아니다. 번데기의 변화를 기술(記述)하는 자연

과학자는 그 번데기를 좋지 않게 말하지도 않으며 찬양하지도 않는다. 그는 번데기가 그 껍질을 벗어버린다고 해서 은혜를 모른다고 비난하지도 않는다. 날개를 가지게 된다고 해서 경솔하다고 보지도 않는다. 드넓은 하늘을 향하여 날아오르려 한다고 해서 어리석다고 나무라지도 않는다. 우리는 참과 아름다움의 열렬한 벗이 되면서도 사람들의 여러 가지 순진함에 어울려 들어갈 수도 있다. 오직 이상만이 흠이 없다. 우리의 행복은 우리 조상들이 많은 눈물과 피를 흘린 대가이다. 경건한 심령들이 오늘날 제단 아래서 그윽한 위안을 맛볼 수 있게 된 데에는 여러 세기에 걸친 거만한 구속, 사제정치(司祭政治)의 밀의(密議), 쇠몽둥이, 화형대가 있어야만 했다. 아주 큰 제도에 경의를 표해야 한다고 해서 역사의 성실성을 희생시킬 필요는 조금도 없다. 전에는 선량한 프랑스인이기 위해서는 클로비스(Clovis)의 비둘기, 쌩-드니(Saint-Denis)의 국보급 골동품들, 옛 프랑스 왕기(王旗)의 공덕(功德)들, 쟌느 다르끄의 초자연적 사명을 믿어야만 했다. 또 프랑스는 모든 나라 가운데 첫째가는 나라요, 프랑스의 국왕은 다른 모든 나라의 국왕들보다 우월하며, 하나님은 이 프랑스 왕국을 아주 특별히 사랑하시며 항상 보호하는 데 마음을 쓰신다고 믿어야만 했다. 오늘날 우리는 하나님이 모든 왕국, 모든 제국, 모든 공화국을 똑같이 보호하신다는 것을 알고 있다. 우리는 프랑스의 많은 왕들이 한심한 사람들이었음을 시인한다. 우리는 프랑스의 국민성이 여러 가지 결점을 가지고 있음을 잘 알고 있다. 우리는 외국에서 들어온 것들 가운데 많은 것을 높이 평가하고 찬양한다. 그렇다고 해서 우리가 덜 선량한 사람인가? 도리어 더 훌륭한 애국자라 할 수 있다. 우리의 결점에 눈을 감지 않고 오히려 고치려고 애쓰며, 외국 것을 덮어놓고 헐뜯지 않고 오히려 그 가운데서 좋은 것을 본받으려 하니 말이다. 우리는 다 같은 그리스도교도이다. 중세의 왕위에 대해서, 루이 14세에 대해서, 프랑스 대혁명에 대해서, 프랑스 제국에 대해서 불만스럽게 말하는 사람은 좋지 못한 취미를 드러내고 있다고 하겠다. 자기가 그 한 부분인 그리스도교와 그 교회에 대하여 따뜻하게 말하지 않는 사람은 망은의 죄를 짓고 있다. 그러나 우리가 우리의 조상을 알고 우리의 근원을 아는 일이 진리에 대해 눈을 감는 데까지 이를 필요는 조금도 없다. 어떤 사람이 정부가 인간 속에 있는 서로 모순 되는 요구들을 만족시켜 주지 못한다고 비판했다고 해서 그에게 그 정부를 존중하는 마음이 반드시 없는 것도 아니요, 또 종교가 그 모든 초자연적 신앙에 대해서 과학이 퍼붓는 맹렬한 이론(異論)들에 꼼짝 못한다고 말한다고 해서 그가 그 종교에 대해 경의를 품지 않는 것도 아니다. 정부는 어떤 사회적 요구에는 응하지만 다른 어떤 사회적 요구에는 응하지 못하기 때문에 그것들을 세워주고 또 그것들의 힘이 되었던 바로 그 원인들에 의하여 전복된다. 이성의 요구들을 희생시켜 가면서 다만 심정의 여러 가지 갈망에만 응함으로써 하나 하나 사라져 간다. 지금까지 그 어떤 힘도 이성을 질식시켜 죽이지는 못했으니 말이다.

한편, 이성이 종교를 질식시켜 죽이는 날에는 이성에도 불행이 닥쳐올 것이다. 우리의 이 지구는 어떤 심원한 일을 하고 있다. 그 일의 어느 부분과 어느 부분이 쓸데없는 것이라고 경솔하게 말하지 말자. 이쪽의 어떤 장치가 얼핏 보아 다른 장치들의 회전에 방해만 된다고 해서 그것을 제거해 버리자고 말하지는 말자. 빗나가는 법이 없는 하나의 본능을 준 자연은 인간성 속에 불필요한 것은 하나도 주지 않았다. 그 여러 기관(器官)을 보고 우리는 그 운명을 대담하게 결론지을 수 있다. "에스트 데우스 인 노비스(Est Deus in nobis, 우리들 속에는 하나님이 계신다)." 나는 감히 말하거니와, 종교가 무한한 것을 증명하려 하고 규정하려 하고 수육(受肉)시키려 들면 그릇된 종교가 되게 마련이지만, 무한한 것을 긍정할 때 옳은 종교가 된다. 종교가 이 긍정에 섞어 넣는 가장 중대한 과오는 종교가 선언하는 진리의 가치에 비길 바가 못 된다. 소박한 사람들 가운데 가장 나중에 가는 사람이라 할지라도 심정(心情)의 종교를 실천하기만 하면 모든 것을 우연과 유한한 것으로 설명할 수 있다고 믿는 유물론자들보다 사물들의 실상에 더 밝을 것이다.

서 론
주로 이 전기의 근본 사료에 관해 논함

〈그리스도교의 기원〉의 역사는 모름지기 이 종교가 처음 시작된 때부터 그 존재가 모든 사람의 눈에 하나의 공적(公的)이고, 주지(周知)되고 명백한 사실이 된 시기에 이르는 희미한, 아니 오히려 지하에 숨었다고 할 수 있는 전 기간을 포함하는 것이어야 할 것이다. 그러한 역사는 네 부분으로 구성될 것이다. 오늘 내가 세상에 내어놓는 제1부는 이 새 종교의 출발점을 이루었던 사실 자체를 다룬다. 그것은 전적으로 시조(始祖)의 숭고한 인격으로 가득 차 있다. 제2부는 사도들과 그 직접적 제자들을, 좀더 정확히 말한다면, 그리스도교의 맨 처음 두 세대에 그 종교 사상이 겪은 변혁들을 다루게 될 것이다. 나는 이 부분을 100년 경, 즉 예수의 마지막 남은 벗들이 죽고, 『신약성서』의 모든 책이 대체로 오늘 우리들이 읽는 바와 같은 모습을 이루게 된 시기에서 끝맺을 것이다. 제3부는 안토니누스(Antoninus)가(家) 치하의 그리스도교의 형편을 밝힐 것이다. 여기서는 그리스도교가 천천히 발전해가고 제국에 대하여 거의 영구적인 전쟁을 해나아가는 것을 보게 될 것이다. 이 제국은 당시 행정적으로 최고도로 완전한 단계에 도달해 있었고 또 철학자들의 통치를 받고 있었는데, 마침 이 새로 생긴 종파가 제국을 완강히 부인하고 쉴 새 없이 침식해 들어오는 비밀의 신정정치(神政政治) 사회라는 것을 보고 더불어 싸운다. 이 제3부는 2세기 전체를 포함하게 된다. 끝으로 제4부는 시리아의 여러 황제 때부터 그리스도교가 성취한 결정적 진보를 밝힐 것이다. 여기서는 안토니누스가의 지혜로운 전성기가 무너지고, 고대 문명이 걷잡을 수 없이 퇴폐하게 되고, 그리스도교가 이 문명의 붕괴를 이용하고, 시리아가 온 서유럽을 정복하고, 그리하여 예수가 신들 및 아시아의 신격화(神格化)된 현인들과 더불어 이제는 철학과 순전히 세속적인 국가만으로는 만족하지 않게 된 사회를 점거하게 되는 것을 보게 될 것이다. 지중해 연안에 정착한 종족들의 종교 사상이 큰 변화를 맞이하는 것도 바로 이 때이고, 동방의 여러 종교가 도처에서 세력을 떨치는 것도 바로 이 때이며, 또 많은 사람을 거느리는 하나의 교회가 된 그리스도교가 지복천년의 꿈을 완전히 잊어버리고, 유대교와의 마지막 연줄을 끊어 버리고, 그리하여 그리스와 라틴 세계로 완전히 넘어 들어가는 것도 바로 이 때이다. 3세기의 여러 투쟁과 문학적 사업은 이미 세상에 드러내 놓고 행해지게 되었는데, 이것들에 대해서는 대체적 윤곽만 그려보려 한다. 국가 안의 어떠한 지위에도 종교가 관여하지 못하도록 하는 낡은 방침으로 되돌아가려는 제국의 최후의 노력인 4세기 초의 박해에 대해서는 더 간추려 이야기하려 한다. 끝으로 콘스탄티누스 밑에서 그 역할이 뒤바뀌어, 가장 자유롭고 가장 자연스러웠던 종교 운동에서 이제는 국가에 예속되어 도리어 자신이 박해를 가하는 하나의 공적(公的) 종교가 되는 정책의 변화에 대해서는 예상하는 데 그치기로 한다.

이렇게 원대한 계획을 다 이룰 만큼 충분한 수명과 힘을 내가 가질 수 있을 것인지는 잘 모르겠다. 예수의 생애를 쓴 다음에, 내가 알고 있는 대로 사도들의 역사, 예수가 죽은 다음의 여러 주간 동안의 그리스도교도의 의식 상태, 부활에 관한 일련의 전설의 형성, 예루살렘 교회의 처음의 행동들, 성 바울의 생애, 네로 시대의 위기, 『계시록』의 출현, 예루살렘의 멸망, 바타네아에서의 히브리적 그리스도교의 건설, 『복음서』들의 편찬, 소아시아의 큰 종파들의 기원을 이야기할 수 있다면 나는 만족하겠다. 이 놀라운 1세기에 비할 때 모든 것은 그 빛을 잃는다. 역사에 있어서는 극히 보기 드문 기이한 일이거니와, 80년에서 150년에 이르는 동안보다는 50년에서 75년에 이르는 동안에 그리스도교 세계에서 일어난 일을 우리는 더 잘 알고 있다. 이 저작의 계획은 논란이 많은 점들에 대한 긴 비판적 논문들을 본문에서 소개하지 못하게 했다. 줄곧 주(註)를 붙여 갔기 때문에 독자는 원저(原著)에 나아가 이 책 본문의 모든 명제를 검증해볼 수 있을 것이다. 이 주들은 근본적 문헌에서 직접 인용하는 데 엄히 국한되었다. 즉, 내가 이 책에서 내린 모든 단언과 추측을 밑받침해 주는 원저의 구절들을 지시하기만 했다. 이런 사실의 연구에 익숙하지 못한 사람들을 위해서는 그 밖의 더 나은 설명이 필요할 줄 안다. 그러나 나는 이미 만들어진 것, 그리고 매우 잘 만들어진 것을 다시 만드는 버릇을 가지고 있지 않다. 프랑스어로 된 책들만을 아래에 적어 보겠는데, 대체로 훌륭한 책들을 될 수 있는 대로 구하여 잘 참고하는 사람은 내가 간단히 적을 수밖에 없었던 많은 점이 그 책들에 자세히 설명된 것을 볼 수 있을 것이다.

- 로테르담의 왈론 교회 목사 알베르 레비유(M. Albert Réville) 저, 『성 마태복음서의 비판적 연구(*Études critiques sur l'Évangile de Saint Matthieu*)』, 1862
- 스트라스부르 대학 신학부 및 프로테스탄트 신학교 교수 로이스(M. Reuss) 저, 『사도 시대의 그리스도교 신학사(*Histoire de la Théologie chrétienne au Siècle apostolique*)』, 1860, 『그리스도

교회 경전사(*Histoire du Canon des Écritures saintes dans l'Église chrétienne*)』, 1863
· 몽토방 대학 프로테스탄트 신학부 교수 미셸 니콜라(Michel Nicolas) 저,『기원전 2세기 동안의 유대인의 종교적 교설(敎說)들(*Des Doctrines religieuses des Juifs pendant les deux Siècles antérieurs à l'Ère chrétienne*)』, 1860,『성서(신약성서)의 비판적 연구(*Études critiques sur la Bible*)』, Nouveau Testament, 1864
· 슈트라우스 박사(le Dr. Strauss) 저, 학사원 회원 리트레(M. Littré) 역,『예수의 생애(*Vie de Jésus*)』, 2ᵉéd. 1856
· 슈트라우스 박사 저, 네프처(Nefftzer)·돌피스(Dollfus) 공역,『신판(新版) 예수의 생애(*Nouvelle Vie de Jésus*)』, 1864
· 퀴스타브 디크탈(M. Gustave d'Eichtal) 저,『복음서들(*Les Evangiles*)』, 제1부 :『처음 세 복음서의 비판적 및 비교 검토,(*Examen critique et comparatif des trois premiers Évangilesl*)』, 1863
· 스트라스부르 대학 신학부 및 프로테스탄트 신학교 교수 콜라니(T. Colani) 저,『예수 그리스도와 그 당시의 메시아 신앙(*Jésus Christ et les Croyances messianiques de son temps*)』, 1864
· 스탑(A. Stap) 저,『그리스도교의 기원에 관한 역사적 및 비판적 연구(*Études historiques et critiques sur les Origines du Christianime*)』, 1866
· 랭테르 드 리솔(Rinter de Liessol) 저,『복음적 전기의 연구(*Études sur la Biographie évangélique*)』, 1854
· 콜라니의 주간(主幹) 아래 간행된『그리스도교 신학 및 철학 평론』1850년에서 1857년까지의 것 — 이것에 이어 나온『신학 평론』1858년에서 1862년까지의 것 —『신학 평론』제3집(1863

년 이후의 것)

　특히,『복음서』의 원문에 대한 자세한 비평은 슈트라우스에 의하여 더 이상 바랄 것이 없을 정도로 잘 행해진 바 있다. 슈트라우스는 무엇보다도『복음서』들의 편찬에 관한 이론에서 문제가 있고, 또 내가 보기에는 신학적 측면을 너무 많이 다루고 역사적 측면을 너무 소홀히 하는 과오를 범하고 있기는 하지만, 많은 자세한 점에 있어서 나를 인도해 준 동기들을 이해하려면, 가끔 좀 너무 세밀하나 시종 정확한 판단을 내리고 있는 이 저서의 논의를 따르는 것이 절대로 필요하다. 이 책은 나의 박식한 동료 리트레에 의하여 아주 잘 번역된 바 있다.
　옛날의 사료(史料)에 있어서는, 우리에게 정보를 제공해주는 것을 하나도 소홀히 하지 않았다고 나는 믿는다. 예수와 그가 살았던 시대에 관해서는 산재해 있는 많은 사료들 말고도 다섯 개의 큰 저작집이 있다. 그것은『복음서』들, 그리고『신약성서』전부,『구약성서 위경(僞經)』이라고 하는 저작들, 필론(Philon)의 저작들, 요세푸스(Josephus)의 저작들,『탈무드』등이다. 필론의 저술들은 예수 당시에 큰 종교 문제에 골몰해 있던 사람 가운데서 발효(醱酵)하고 있던 사상을 우리에게 보여 주는 점에서 다시없이 소중한 것이다. 사실, 필론은 예수와는 아주 다른 유대교 지역에 살았다. 그러나 예수와 마찬가지로 그도 예루살렘을 지배하고 있던 바리새적 정신에서는 아주 멀리 벗어나 있었다. 필론은 정녕 예수의 형이었다. 나사렛의 예언자가 활동의 절정에 있었을 때 그는 62세였고, 또 그보다 적어도 10년은 더 살았다. 인생의 우연이 그를 갈릴리로 데려가지 않은 것은 얼마나 안타까운 일인가! 그 무엇인들 그가 우리에게 알려 주지 않았으랴!

요세푸스는 특히 이교도들을 위하여 저술하고 있는데, 그의 문체에는 필론에게서 보는 바와 같은 성실성이 없다. 예수와 침례자 요한과 가울론 사람 유다에 대한 그의 짤막한 서술들은 무미건조하고 색채가 없다. 깊이 유대적인 성격과 정신을 띤 이 운동들을 그리스인들과 로마인들이 알아들을 수 있도록 제시하려 하고 있는 느낌이 든다. 나는 예수에 관한 구절은, 전체적으로 보아, 확실히 그의 것이라고 믿는다. 이 구절은 아주 요세푸스다운 것이요, 또 이 역사가가 예수에 관한 언급을 했다고 하면 또한 그와 똑같이 그에 관해서 말해야만 했다. 다만 어떤 그리스도교도가 그 작품을 손질하여, 모독에 가까운 말[1] 몇 마디를 보태어 모독이 아니게 하고, 또 아마 몇몇 표현을 삭제하거나 수정하고 있는 듯싶다. 요세푸스의 문학적 운명이 그리스도교도들에 의해서 만들어졌고, 이 그리스도교도들은 그의 저술들을 자신들의 성스러운 역사에 없어서는 안 될 중요한 문서로 채택했음을 잊어서는 안 된다. 아마도 2세기에 그리스도교의 사상을 따라 개정된 판(版)이 퍼졌던 것 같다. 하여간, 우리가 지금 문제 삼고 있는 주제에 대해서 요세푸스의 여러 책들이 무한한 흥미를 자아내는 것은 그것들이 그 시대를 강렬한 빛으로 비추고 있기 때문이다. 이 유대인 역사가 덕택에 헤롯, 헤로디아, 안티파스, 빌립보, 안나, 가야바, 빌라도가 이를테면 우리가 손으로 만져 볼 수 있을 만큼 생생한 현실성을 띠고 우리 앞에 있는 것을 볼 수 있다.

『구약성서 위경(僞經)』, 특히 여예언자들의 시가(詩歌) 중 유대인에 관한 부분, 『에녹 서』, 『모세 승천기』, 『넷째 에스더 서』, 『바울 계시록』은 역시 진정한 위경인 『다니엘 서』와 함께 메시아 이론의 발전사를 이해하는 데, 그리고 하나님의 나라에 대한 예수의 사상의 이해하는 데 가장 중요한 것이다. 특히 『에녹 서』와 『모세 승천기』는

---

[1] "만일 그를 인간이라 부를 수 있다면."

서론 **51**

예수 주변에서 열심히 읽혔던 것이다.『공관 복음서』들에서는 예수가 한 것으로 되어 있는 몇 가지 말이, 성 바르나바가 썼다고 전하는 편지에서는 ― (에녹이 말한 바와 같이) 에녹이 한 말로 되어 있다. 이 장로가 지은 것으로 되어 있는 이 책의 여러 부분의 연대를 결정하기는 매우 어렵다. 그 여러 부분의 어느 것이나 확실히 기원전 150년 이전의 것은 아니다. 또 그 중 어떤 것들은 어떤 그리스도교도가 쓴 것으로 볼 수 있다. 〈비유들〉이라는 제목이 붙은 교훈이 들어 있는 제37장에서 제71장에 이르는 부분은 그리스도교도의 작품으로 여겨지고 있다. 그러나 이에 대한 증거는 없다. 아마 이 부분만이 변경된 것 같다. 이 밖에 여기저기에 그리스도교도들이 덧붙이고 수정해 놓은 것을 볼 수 있다.

　이와 비슷하게 여예언자들의 시가집도 여러 부분을 구별해서 보아야 한다. 그러나 이것들을 구별하는 것은 훨씬 쉬운 일이다. 가장 오래된 부분은 제3편 제5가(歌) 97-817행에 들어 있는 시이다. 이것은 기원전 약 140년경의 것으로 보인다.『넷째 에스더 서』에 관해서는 이 계시록이 97년에 지어졌다는 데 대체로 의견이 일치하고 있다.『바울 계시록』은 에스더의 계시록과 비슷한 데가 많으며, 거기서도『에녹 서』에서처럼 예수가 한 것으로 되어 있는 말을 몇 가지 볼 수 있다.『다니엘 서』에 관해서는 그 저술에 쓰인 두 가지 언어의 성격, 그리스어 낱말들의 사용, 안티오코스 에피파네스(Antiochos Epiphanes)의 시대까지 이르는 사건들에 대한 명확하고 단호하고 날짜를 적은 보고(報告), 옛 바빌로니아에 대한 부정확한 묘사, 포로 시대의 글들을 전혀 상기시켜 주지 않고 오히려 많은 유사점에 있어서 셀레우코스(Seleukos) 왕조 시대의 여러 가지 신앙과 풍속과 상상력의 활동에 호응하는 이 책의 일반적 색채, 그 여러 환상의 계시록적 형식, 히브리의 경전에서 예언자들의 계열에 끼지 못하고 있는 이 책의 위치, 『집회서』 제49장에 다니엘의 지위가 지적되어 있는 성 싶은데 그 찬사 속에 다니엘의 이름이 빠져 있는 것, 그리고 이 밖에 수백 가지로 번역된 바 있는 많은 증거로 미루어, 이 책이 안티오코스의 박해로 말미암아 유대인들 사이에 일어난 엄청난 열광의 소산임은 의심의 여지가 없다. 이 책을 옛 예언자 문학의 하나로 볼 수는 없다. 오히려 뒤이어 나온 여예언자들의 갖가지 시가, 『에녹서』, 『모세 승천기』, 『요한 계시록』, 『이사야 승천기』, 『넷째 에스더서』와 같은 종류의 글의 최초의 모범으로서, 계시 문학의 첫 자리를 차지한다.

그리스도교의 기원의 역사에서, 『탈무드』는 지금까지 너무 등한시되었다. 나는 가이거(Geiger)와 마찬가지로 생각하는데, 예수를 낳은 환경이 참으로 어떠했는지를 알려면, 다시없이 무의미한 스콜라주의 속에 귀중한 정보가 무척 많이 섞여 있는 이 이상야릇한 편찬물을 들여다보아야 한다. 그리스도교 신학과 유대교 신학은 대체로 나란히 진전되었기 때문에 그 중 어느 하나의 역사는 다른 하나의 역사 없이는 잘 이해될 수 없다. 더군다나 『복음서』들의 무수한 구석구석의 내용에 대해서는 그 주석을 찾아볼 수 있다. 이 점에 관해서는 라이트풋(Lightfoot), 쇠트겐(Schoettgen), 북스토르프(Buxtorf), 오토(Otho), 라틴어로 된 방대한 집록(集錄)이 이미 많은 정보를 소장하고 있었다. 나는 내가 인용한 글들을 하나도 남김없이 반드시 원전에서 확인하였다. 『탈무드』 문학에 매우 밝은 유대인 학자 노이바우어(Neubauer)가 이 부분에서 내 작업에 협력을 아끼지 않은 덕택에 나는 앞으로 더욱 나아갈 수가 있었고, 또 내 주제의 몇몇 부분을 여러 번 새로 비교함으로써 더욱 잘 밝힐 수 있었다. 『탈무드』의 편찬은 대체로 200년에서 500년에 이르는 동안에 이루어졌으므로, 그 여러 시기를 구별하는 것은 여기서 매우 중요하다. 우리는 이 방면의 현재의 연구 상태에 근거하여 가능한 한 정확하게 구별 지으려 하였다. 그 편찬 날짜가 더러는 아주 가까운 과거의 것이기 때문에, 어떤 문서가 쓰인 시기만으로 그것에 가치를 부여하는 습관이 붙은 사람들은 어느 정도 의심하고 염려할지도 모른다. 그러나 그런 염려는 여기서는 쓸데없는 일이다. 하스몬가(家) 시대로부터 2세기에 이르는 시기에 유대인들의 교육은 주로 구두(口頭)로 이루어졌다. 이런 종류의 지적(知的) 상태를 사람들이 글을 많이 쓰는 시대의 습관에 따라 판단해서는 안 된다. 『베다』, 호메로스의 시, 아라비아의 옛 시들은 여러 세기 동안 암기를 통해서 보존되었는데, 그러면서도 이 글들은 매우 확고하고 매우 미묘한 형식을 보여 주고 있다. 이와 반대로 『탈무드』에서 형식은 아무 가치도 지니고 있지 않다. 또 성 유다의 『미슈나(Mischna)』는 다른 모든 것을 잊어버리게 했는데, 이 『미슈나』 이전에 이미 여러 차례 편찬의 기도가 있었고, 그 시작은 아마 사람들이 흔히 생각하고 있는 것보다도 훨씬 더 오랜 옛날에 있었을 것이다. 『탈무드』는 강의 노트와 같은 양식으로 되어 있다. 아마도 편찬자들이 여러 세대 동안에 서로 다른 여러 종파에서 누적된 막대한 양의 글을 몇몇 제목 아래 분류하기만 한 것이 아닌가 싶다.

이제 우리로서 더 말해야 할 것은 그리스도교의 시조의 전기들로 여겨짐으로써 으레 예수전(傳)에서 1위를 차지해야 할 사료들에 관한 것이다. 『복음서』들의 편찬에 관한 완전한 논문은 그것만으로도 하나의 저작이 될 것이다. 지난 30년 동안 이 문제를 다룬 훌륭한 저작들이 나온 덕택에 전에는 손댈 수가 없다고 생각된 문제 하나가, 아직도 불확실한 점이 많이 남아 있는 것은 사실이나, 역사학의 요구들을 전적으로 충족시켜 주는 쪽으로 해결되었다. 『복음서』들의 편찬은 1세기 후반의 일로서 그리스도교의 장래를 위해서는 가장 중요한 사실들 가운데 하나이므로, 나중에 이 문제를 다시 살펴보게 될 것이다. 지금 여기서는 다만 이 문제의 오직 한 면, 즉 우리의 이야기를 확실한 것이 되게 하는 데 불가결한 한 면만을 문제 삼으려 한다. 사도 시대를 묘사하는 일에 속하는 것은 모두 제쳐놓고, 우리는 다만 합리적 원리들을 따라 엮어지는 역사에서 『복음서』들이 사실(史實)로서 제공하는 것들이 어느 정도 사용될 수 있는가 탐구하려 한다.

『복음서』들이 부분적으로는 전설이라 함은 명백한 일이다. 기적과 초자연적인 일들이 그 속에 가득 담겨 있으니 말이다. 그러나 전설이라고 해서 다 같은 것은 아니다. 아씨지의 『성 프란체스코의 생애』에도 도처에 초자연적인 일이 말해지고 있으나 아무도 그 주요한 특징을 의심하지 않는다. 이와 반대로, 아무도 『타아나의 아폴로니오스 전』을 신용하려고는 하지 않는다. 이 전기가 주인공보다 훨씬 뒤에, 그리고 순전히 소설처럼 씌어졌기 때문이다. 어느 시기에 누구의 손으로 어떤 형편으로 『복음서』들이 편찬되었는가? 여기에 주요한 문제가 있다. 그리고 『복음서』들을 어느 정도 신뢰할 수 있는가에 대해서 형성해야 할 의견은 이 문제에 달려 있다.

네 『복음서』들은 각기 사도의 역사에서 혹은 『복음서』의 이야기 자체에서 찾아볼 수 있는 인물의 이름을 맨 첫머리에 내놓고 있다. 이 표제(表題)들이 정확하다면 『복음서』들이 부분적으로는 전설적이라고 해도 높은 가치를 지닌 것임은 분명한 일이다. 왜냐하면 그것들은 우리로 하여금 예수의 사후(死後) 반세기까지 거슬러 올라가게 하고, 또 두 『복음서』의 경우에는 예수의 행위들을 직접 목격한 사람들에게까지 거슬러 올라가게 하기 때문이다.

누가에 대해서는 의심할 여지가 전혀 없다. 누가의 『복음서』는 이전의 문서들에 기초를 두고 사건 순으로 엮어져 있다.[2] 그것은 선택하고 자르고 결합시킬 줄 아는 사람의 작품이다. 이『복음서』의 저자는 확실히『사도행전』의 저자와 같은 사람이다.[3] 그런데『사도행전』의 저자는 성 바울의 동역자로 보이며, 또 이 칭호는 누가에게 아주 적합하다.[4] 이 추론에 대해서 하나 이상의 이론(異論)이 있을 수 있다는 것을 나는 안다. 그러나 적어도 한 가지만은 의심의 여지가 없다. 그것은『셋째 복음서』와『사도행전』의 저자가 사도들의 제2세대의 사람이라는 것인데, 우리의 목적을 위해서는 이것으로 족하다. 뿐만 아니라, 이『복음서』의 연대는 그 책 자체에서 도출된 고찰들을 통해 매우 정확하게 결정될 수 있다.『누가』제21장은 다른 장들로부터 분리될 수 없는데, 이 장은 확실히 예루살렘 공략 이후에, 그러나 아주 오랜 뒤가 아닌 때에 쓰인 것이다.[5] 그러므로 우리는 여기서 견고한 기반 위에 서 있다. 왜냐하면 여기서는 전부가 한 사람의 손으로 이루어지고 가장 완전한 통일성을 지니고 있는 한 저작이 문제되고 있기 때문이다.

   마태와 마가의 두『복음서』는 개인적 특징을 거의 지니고 있지 않다. 이것들은 비개인적 편찬물이고, 저자는 자취를 자주 감추고 있다. 이런 종류의 저작 첫머리에 적힌 고유 명사는 대수롭지 않은 것이다. 뿐만 아니라, 여기서는 누가의 경우에서처럼 추론할 수가 없다.『마태』제24장,『마가』제13장 등에 나오는 연대도 이 저작 전체에 그대로 적용될 수는 없다. 이 두 저작은 시기와 출처가 서로 크게 다른 부분들로 구성되어 있다. 대체로『셋째 복음서』는 처음의 두『복음서』보다 나중의 것으로 보이며, 또 훨씬 더 잘 편집된 것으로 보인다. 그렇다고 해서 누가가 저술하던 당시, 마가와 마태의 두『복음

---

2)『누가』1:1-4.
3)『사도행전』1:1.
4)『골로새』4:14;『빌레몬』24;『디모데 전서』4:11.
5) 9:20;24:28;29-32절.

서』가 현재와 같은 상태로 있었다고 결론지을 수는 없다. 사실, 마가와 마태가 지었다는 이 두 『복음서』는, 감히 말한다면, 오랫동안 완성되지 못하고 가필(加筆)할 수 있는 상태로 있었다. 이 점에 관해서는 2세기 전반의 중요한 증거가 하나 있다. 그것은 히에라폴리스(Hierapolis)의 주교(主敎) 파피아스(Papias)의 증언인데, 이 사람은 성실한 사람이면서 전승을 소중히 여기는 사람이었고, 또 예수에 관한 것을 평생 주의해서 모은 사람이었다. 파피아스는 그와 같은 문제에는 책으로 된 것보다 오히려 구전(口傳)을 택한다고 언명하고 나서, 그리스도의 행위와 말씀에 관해 기록한 두 책에 대해 언급하고 있다. 첫째, 사도 베드로의 대변자인 마가의 저술은 짧고 불완전하고 연대순으로 되어 있지 않은 것인데, 이야기들과 강론들을 포함하고 있고, 사도 베드로가 알려 준 것들과 그의 추억들을 엮은 것이다. 둘째, 마태가 히브리어로 쓴 어록은 "각자가 할 수 있는 대로 번역했던" 것이다. 이 두 기술(記述)이 오늘날 『마태』, 『마가』라고 불리는 두 책 전체의 모습에 아주 잘 어울리는 것임은 확실하다. 이 두 책 중에서 첫째 것은 강론들이 긴 것이 특징이고, 둘째 것은 무엇보다도 일화적(逸話的)이고, 사소한 일들에 관해서 첫째 것보다 훨씬 더 정확하고, 무미건조할 정도로 간략하고, 강론들이 적고, 구성이 그리 탄탄하지 않다. 하지만 우리가 오늘날 읽는 것과 같은 이 두 저작이 파피아스가 읽은 것과 아주 비슷한 것이라고는 주장할 수 없다. 그 이유는, 첫째, 파피아스가 말하고 있는 마태의 저술은 오직 히브리어 강론들만으로 되어 있는데, 그 번역은 여러 가지 것이 유포되어 있었고, 둘째, 마가의 저술과 마태의 저술은 파피아스에게는 특성이 뚜렷이 다르고, 일치점이 하나도 없고, 또 이로 미루어 서로 다른 언어로 편찬된 것으로 보인다. 그런데 오늘날의 원문에서는 『마태』와 『마가』가 아주 길고 또 완전히 일치하고 있는 부분들에서 평행선을 긋다시피 하고 있으니 결국 편찬자가 전자를 보았거나 또는 이 두 편찬자가 같은 원문을 베꼈다고 상상해야 할 형편이다. 가장 사실에 맞는 듯 싶은 것은 마태의 것이나 마가의 것이나 그 본래의 편찬물을 우리가 가지고 있지 않고, 또 우리의 처음 두 『복음서』는 한쪽 원문의 결함을 다른 쪽 원문으로 보충하려 하면서 배열하고 정리한 것이라는 점이다. 사실, 양자는 각기 완전한 사본(寫本)이 되기를 원했다. 자신의 사본 속에 강론밖에 없는 것은 이야기가 들어가기를 원했고, 또 이와 반대로 이야기밖에 없는 것은 강론이 들어가기를 원했다. 이리하여 『마태』는 마가의 일화들을 거의 전부 자기 속에 넣었고, 또 『마가』는 오늘날 마태의 〈로기아〉의 특질을 많이 지니고 있다. 뿐만 아니라 이 양자는 각기 그 주변에서 존속해 가던 구전에서 많은 것을 끌어들였다. 이 구전은 『복음서』들만을 끌어들이기에는 너무 많아서, 『사도행전』과 가장 오랜 교부(敎父)들은 예수의 말임이 틀림없어 보이지만 우리가 가지고 있는 『복음서』들에는 없는, 예수의 말이 많이 인용되어 있다.

 이러한 분석을 더 밀고 나가, 한편으로는 마태가 쓴 대로의 〈로기아〉를, 또 한편으로는 마가의 붓에서 나온 원래의 이야기를 어느 정도 재건해 보려는 것은 우리가 지금 여기서 가지고 있는 목적을 위해서는 별로 중요한 일이 못 된다. 〈로기아〉는 『첫째 복음서』의 많은 부분을 차지하고 있는 예수의 위대한 강론의 말씀으로 우리에게 분명히 제시되어 있다. 이 말씀들을 다른 부분들로부터 떼어놓고 보면, 그것만으로 꽤 완전한 하나의 전체가 된다. 마가의 원래의 이야기들에 관해서 말하면, 그 원문이 때로는 『첫째 복음서』에, 또 때로는 『둘째 복음서』에 들어 있지만, 『둘째 복음서』에 들어 있는 경우가 제일 많다. 다시 말하면, 『공관 복음서』들에서 예수의 생애의 체계는 두 근본 사료에 기초를 두고 있다. 첫째는 사도 마태가 수집한 예수의 말씀들이고, 둘째는 마가가 베드로의 회상을 따라 적은 것으로 일화들과 개인적 교훈들을 모은 것이다. 처음의 두『복음서』에는 출처가 다른 여러 가지 정보가 섞여 있어서, 이 두 사료가 아직도 있다고 말할 수 있다. 그러므로 이 두『복음서』가『마태』와『마가』라는 표제를 가지고 있는 것은 까닭 없는 일이 아니다.

하여튼 의심할 여지없이 확실한 것은, 아주 일찍부터 사람들이 예수의 말씀을 아람어로 적었다는 것, 그리고 또 일찍부터 그의 놀라운 행위를 글로 적었다는 것이다. 그때에는 원문이 교리적으로 결정되지도 않았고, 또 교정되어 있지도 않았다. 우리에게까지 전해진『복음서』외에도, 남 못지않게 목격자들의 구전을 전한다고 주장하는 다른『복음서』가 여럿 있었다.[6] 사람들은 이런 저술을 별로 중시하지 않았다. 그리고 파피아스 같은 보수주의자들도 2세기 전반이었기 때문에 아직도 구전을 더 중시하고 있었다. 그때 사람들은 세상이 마지막에 가까웠다고 믿고 있었기 때문에, 앞날을 위해서 책을 만들어내는 일에는 별로 마음을 쓰지 않았다. 오직 한 가지 중요한 것은, 오래지 않아 구름을 타고 오시는 것을 다시 보게 되리라 기대하던 그 분의 모습을 마음속에 간직하는 것이었다. 이런 까닭에『복음서』들의 원문은 백 년 가까이 별로 권위를 발휘하지 못했다. 사람들은 조금도 주저 없이 여러 구절을 삽입하기도 하고, 이야기들을 여러 가지 모양으로 결합시키기도 하고, 또 어떤 이야기를 다른 이야기로 보충하여 완전한 것이 되게 하기도 했다. 한 권의 책밖에 가지고 있지 않는 가엾은 사람은 자신의 심금을 울리는 것을 모두 그 속에 포함시키고자 한다. 사람들은 이 조그마한 책들을 서로 빌려주었다. 그리고는 각자 자신의 사본 난외(欄外)에 다른 책에서 보고 감동한 말들과 비유들을 옮겨 적었다. 이리하여 드러나지 않으면서도

---

6)『누가』1:1-2.

전적으로 민중 가운데에서 만들어진 것으로부터 세상에서 가장 아름다운 것이 나왔다. 그 어느 편찬도 절대의 가치를 지니고 있지는 않았다. 로마의 클레멘스(Clemens)가 썼다고 전하는 두 편지는 예수의 여러 가지 말씀을 인용하고 있는데, 그것은 다른 데서 볼 수 있는 것과 간혹 큰 차이가 있다. 유스티노스(Justinos)는 자신이 〈사도들의 수기(手記)〉라 불렀던 것을 자주 전거(典據)로 삼았는데, 그가 읽은 『복음서』들의 기록 상태는 우리가 지금 가지고 있는 것과는 조금 달랐다. 그는 『복음서』들의 기록을 원문 그대로 인증(引證) 하는 데는 전혀 마음을 쓰고 있지 않다. 에비온 종파에서 흘러나온 의(擬)클레멘스 설교집에 들어 있는 『복음서』 인용도 동일한 성격을 보여주고 있다. 정신이 전부였고, 글자는 아무 것도 아니었다. 사도나 그에 못지않은 사람의 이름을 내건 원문이 결정적 권위를 가지게 되고 율법의 힘을 지니게 된 것은 2세기 후반에 들어 구전이 쇠미(衰微)해진 때였다. 그렇지만 이 때만 해도 자유로운 편찬이 절대적으로 금지되지는 않았다. 사람들은 『누가』를 모범으로 삼아 계속하여 더 오래된 원문들을 여러 가지로 달리 혼합하면서 각자 자신의 『복음서』를 만들었다.

  뛰어난 시조가 낳은, 그리고 그 시조보다도 더 오래 남아 있었던 강렬한 인상들이 여전히 가득 차 있는 처음 두 그리스도교도 세대의 감동적인 추억과 소박한 이야기들로 이렇게 엮어진 기록의 가치를 누가 인정하지 않으랴? 여기서 문제 삼고 있는 두 『복음서』는 예수와 가장 가깝게 사귄 그리스도교도 가족의 줄기에서 생긴 듯싶다는 것을 덧붙여 두기로 한다. 마태의 이름을 내걸고 있는 원문이 맨 마지막으로 편찬된 곳은 팔레스티나 동북방에 위치한 지방 가운데 하나인 가울론, 하우란, 바타네아 같은 곳이었던 것으로 보인다. 이 지방에는 로마인들이 전쟁을 하던 시기에 많은 그리스도교도들이 피난 와 있었고, 2세기에도 예수의 친족이 더러 있었고, 또 갈릴리로 향하는 맨 처음의 길이 다른 어느 곳에서보다도 더 오래 보존되어 있었다.

지금까지 우리는 『공관 복음서』들이라는 세 『복음서』에 대해서만 말했다. 이제 남은 것은 넷째 것, 즉 요한의 이름이 붙어 있는 『복음서』이다. 이것에 관해서는 문제가 어렵다. 요한의 가장 가까운 제자 폴뤼카르포스(Polycarpos)는 빌립보인들에게 보낸 편지에서 『공관 복음서』들을 자주 인용하고 있는데, 『넷째 복음서』에 대해서는 한 마디도 비치지 않고 있다. 파피아스도 역시 요한의 교파와 긴밀하게 연결되어 있었고, 설사 에이레나이오스(Eirenaios)가 생각하는 것처럼 요한의 설교를 직접 듣지는 않았다 하더라도 요한의 직계 제자들과 많이 사귄 사람이요, 또 예수에 관해서 구전된 모든 이야기를 열심히 모은 사람인데, 사도 요한이 쓴 『예수전』에 관해서는 한 마디도 언급하지 않고 있다. 만일 그런 언급이 그의 저작 속에 있다고 하면, 사도 시대의 문학사에 도움이 되는 것을 모두 자신의 저서 속에서 지적하고 있는 에우세비오스(Eusebios)가 그것에 대해 말하지 않았을 리가 없다. 유스티노스는 『넷째 복음서』를 알고 있었던 것 같다. 그러나 이것을 사도 요한의 저작으로는 보지 않았던 것이 확실하다. 왜냐하면 이 사도를 『계시록』의 저자로 명백히 지목하고 있는 그가 〈사도들의 수기〉에서 뽑아 낸 예수에 관한 많은 논거 속에서 『넷째 복음서』는 조금도 고려하고 있지 않기 때문이다. 더구나, 『공관 복음서』들과 『넷째 복음서』가 서로 다를 때는 언제나 『넷째 복음서』와 전혀 상반되는 견해를 채택하고 있다. 『넷째 복음서』의 교회적 경향이 놀랄 만큼 유스티노스에게 어울리는 것이고 보면 이것은 더욱 뜻밖의 일이다.

의(擬) 클레멘스 설교집에 대해서도 이와 같이 말해야 할 것이다.

서론 61

　이 책에 인용된 예수의 말씀은 『공관 복음서』형(型)이다. 두세 군데에 『넷째 복음서』에서 따온 것이 있는 것으로 보인다. 그러나 확실히 이 설교집의 저자는 이 『복음서』에 사도의 권위를 부여하고 있지 않다. 많은 점에서 그가 이 『복음서』를 명백한 태도로 반박하고 있으니 말이다. 마르키온(Marcion) 역시 이 『복음서』를 알지 못했거나 혹은 계시된 책으로서의 가치를 전혀 인정하지 않았던 것 같다. 이 『복음서』는 마르키온의 사상과는 아주 잘 맞아 들어가는 것이므로, 그가 이 『복음서』를 알고 있었다면 당장 채택했을 것이며, 또 이상적 『복음서』를 만들려면 누가의 『복음서』 수정판을 만들어야 한다고 믿지는 않았을 것이 틀림없다. 끝으로 야고보의 『복음서』 서화(序話), 이스라엘 사람 토마스의 『복음서』 같은, 2세기의 것으로 볼 수 있는 전외(典外)의 『복음서』들은 『공관 복음서』들을 바탕으로 하여 수식을 더하고 있으나, 요한의 『복음서』는 고려하고 있지 않다.

　『넷째 복음서』 자체를 읽을 때 생기는 여러 가지 내용적 곤란들도 이에 못지않게 크다. 어찌하여 정확한, 그리고 때로는 목격한 것을 말하고 있는 듯싶은 정보 곁에, 『마태』에서 볼 수 있는 말씀과는 전혀 다른 말씀이 있는가? 어찌하여 이 『복음서』는 비유의 말씀이나 악귀를 내쫓은 일을 하나도 제시하지 않고 있는가? 어떤 점에서는 『공관 복음서』들에서보다 더 잘되고 더 정확한 것으로 보이는, 예수의 생애에 대한 개관 곁에, 편찬자로 하여금 고유한 교리적 관심을 느끼게 하는 묘한 구절들, 예수와는 거의 아무 상관도 없는 사상들, 그리고 때로는 이야기하고 있는 사람의 성실성에 대해서 조심하게 하는 징후들이 있는 것은 어떻게 설명할 것인가? 끝으로, 더할 나위 없이 순수하고 정당하고 참으로 『복음서』다운 견해들 곁에 한 열렬한 신도가 적어 넣은 것이라고 보고 싶은 오점(汚點)들이 있는 것은 어찌된 일인가? 『공관 복음서』들에서 그 유례를 찾아 볼 수 없는 추상적인 형이상학적 교훈을 그리스어로 쓸 수 있었던 사람이 과연 세베대의 아들이요 야고보의 동생인(이 야고보는 『넷째 복음서』에서 단 한 번도 문제되지 않고 있다) 요한인가? 본질적으로 유대교화(化)하고 있는 『계시록』의 저자가 몇 해 안 가서 이렇게도 그 문체와 그 사상을 탈각할 수 있었을까? 바울의 어느 저작보다도 더 유대교에 대해서 적의를 품고 있는 저작, '유대인'이라는 말이 '예수의 원수'와 거의 다름없는 의미를 지니고 있는 저작을 과연 할례(割禮)[7]의 사도가 지을 수 있었을까? 유대인의 유월절을 지키자고 열렬히 주장하는 사람들이 그들의 의견에 찬성하는 실례로 끌어 대고 있는 사람이 과연 〈유대인의 축제들〉이나 〈유대인의 유월절〉[8]을 일종의 모멸(侮蔑)을 가지고 말할 수 있었을까? 이것들은 모두 중요한 문제이다. 그리고 나로서는 『넷째 복음서』가 그 옛날 갈릴리의 어부였던 사람의 붓으로 쓰였다고는 도저히 생각할 수 없다. 그러나 결국 이 『복음서』가 1세기 말경이나 2세기 초에 요한과 연결되어 있던 소아시아의 여러 종파 가운데 하나에서 나왔다는 것, 그것이 예수의 생애에 대한 하나의 전기를 내어놓고 있는데, 이 전기가 높이 평가될 만하고 또 때로는 다른 것들보다 더 잘 되었다고 볼 수 있다는 것 ― 이것은 여러 가지 외적 증거들로 보나 문제되고 있는 이 사료를 검토해 보나 대체로 확실한 사실이라고 하겠다.

그리고 첫째로, 170년경에 『넷째 복음서』가 존재했다는 데 대해서는 아무도 의심치 않는다. 이즈음 뤼쿠스(Lycus) 강가에 있는 라오디게아에서는 유월절에 관한 논쟁이 터졌는데, 거기서 이 복음서가 결정적 역할을 맡고 있다. 아폴리나리스(Apollinaris), 아테나고라스(Athenagoras), 폴뤼에라테스(Polyerates), 빈(Wien)과 리옹의 교회로

---

[7] 『갈라디아 서』 2:9.
[8] 『요한』 2:6 ; 13:5 ; 1:6 ; 4:11 ; 55 ; 19:42.

보낸 편지의 필자는 요한의 것으로 여겨진 저작에 대해 오래지 않아 정통이 된 의견을 내어놓고 있다. 안티오키아의 테오필로스(Theophilos, 180년경)는 사도 요한이 그 저자라고 단언하고 있다. 에이레나이오스와 무라토리(Muratori)의 경전은 우리의 이 『복음서』의 완전한 승리, 다시는 거기에 대해 의심이 생기지 않을 승리를 확인하고 있다.

그러나 만일 170년경에 『넷째 복음서』가 사도 요한의 저작으로서 큰 권위를 갖추고 출현했다고 하면, 그때 그것이 하룻밤 사이에 생기지 않았다는 것은 분명하지 않을까? 디오게네스에게 편지를 쓴 타티아노스(Tatianos)는 확실히 이 『복음서』를 사용하고 있는 것 같다. 그노시스파에서, 특히 발렌티노스(Valentinos)의 체계나 몽타누스파나 알로고스파의 논쟁에 있어서 이 『복음서』의 역할도 상당히 주목할 만하고, 또 2세기 후반에 들어서자 이 『복음서』가 모든 논쟁에 말려들어가 교리의 발전에 초석이 되고 있음을 보여 준다. 요한의 교파는 2세기 동안의 족적(足跡)을 가장 잘 더듬어 볼 수 있는 교파인데, 에이레나이오스는 요한의 교파에서 나온 사람이요, 또 그와 사도 요한 사이에는 폴뤼카르포스밖에 없었다. 그런데 에이레나이오스는 『넷째 복음서』가 정말로 요한의 것이라는 데 대해 조금도 의심하지 않고 있다. 덧붙이건대, 성 요한이 쓴 것으로 되어 있는 첫째 편지는 어느 모로 보나 『넷째 복음서』의 기자와 동일인의 것이다. 그런데 이 편지는 폴리카르포스가 알고 있었던 것으로 보인다. 이 편지는 파피아스가 인용한 바 있다고 전한다. 에이레나이오스는 이 편지를 요한의 것으로 알고 있었다.

이제 그 작품 자체를 읽고 거기서 빛을 찾아본다고 하면, 무엇보다도 먼저 우리는 저자가 줄곧 목격자로서 말하고 있음을 주목하게 된다. 그는 사도 요한으로 통하려 하고 있다. 어떻든 그가 사도 요한에게 유리하게 쓰고 있음은 분명하다. 글귀마다 세베대의 아들의 권위를 강조하며, 이 세베대의 아들이 가장 예수의 마음에 들었고, 또 제자들 가운데 가장 명민(明敏)한 사람이었다는 것[9]을 증명해 보이려는 의도가 드러나 있다. 또 모든 중대한 장면에서(최후의 만찬, 갈보리산, 무덤 등에서) 그가 첫째 자리를 차지했다는 것을 나타내려 하고 있다. 요한과 베드로는 좀 경쟁하는 듯싶은 점이 없지는 않았지만 대체로는 형제와도 같은 우애의 관계였다.[10] 하지만 반대로 요한은 유다를 증오하였는데,[11] 아마도 유다가 배신하기 전부터 가졌던 증오가 간간이 배어 있었기 때문인 것 같다. 우리는 가끔 다음과 같이 믿고 싶어진다. 즉, 한편으로는 요한이 노년에 당시 유포되고 있던 여러 복음서의 이야기를 읽고 그 속에 여러 가지 부정확한 것이 있음을 발견했고, 또 한편으로는 그리스도의 전기 속에서 자신에게 합당한 중요한 지위가 주어져 있지 않는 것을 보고 언짢게 여겼다고. 그래서 그는 남보다 더 잘 알고 있는 것을 이야기하기 시작했는데, 이것은 베드로에 관해서만 말하고 있는 경우에 그가 베드로와 함께 있었거나 혹은 베드로에 앞서 있었다는 것을 보여주려는 의도에서였다고.[12] 이미 예수 생존시부터 이 가벼운 질투의 감정은 세베대의 아들들과 다른 제자들 사이에 있었다. 형 야고보가 죽은 후 요한은 누구나가 인정하는 이 두 제자만이 간직하고 있던 마음속 깊은 추억의 유일한 보존자가 되어 있었다. 이 추억은 요한의 주위에서 보존될 수 있었고, 또 당시는 문학적 성실성이라는 관념이 우리들의 그것과 많이 달랐던 때문에 그의 한 제자가, 좀더 적절하게 말한다

---

9) 『요한』 13:23 이하;18:15-16;17:26;20:2 이하;21:7;20 이하.
10) 『요한』 18:15-16;20:2-6;21:15-19.
11) 『요한』 6:65;12:6;13:21 이하.
12) 『요한』 18:15 이하와 『마태』 26:5를, 『요한』 20:2-6을, 『마가』 16:7을 비교할 것.

면, 일찌감치 1세기말부터 소아시아에서 그리스도의 사상을 깊이 변화시키기 시작하고 있었던,[13] 이 반(反)그노시스적이었던 그의 많은 신봉자들 가운데 한 사람이, 사도 요한을 위하여 붓을 들고 이 사도의 『복음서』의 자유로운 편찬자가 되려했다고 볼 수 있지 않을까 한다. 이 사람이 요한의 이름으로 이야기한다는 것은 베드로의 둘째 편지의 경건한 기자가 베드로의 이름으로 편지를 쓰는 것 못지않게 조금도 어려운 일이 아니었을 것이 틀림없다. 그는 예수가 사랑한 사도와 똑같은 처지에 섬으로써, 이 사도의 모든 감정, 심지어 그의 사소한 점들까지 자신의 것으로 삼았다. 그래서 이 가명(假名)의 기자는 자기가 목격자들[14] 가운데 살아남은 유일한 사람임을 상기시키려고 줄곧 주의를 기울이고 있고, 또 자기만이 알 수 있었던 사정을 이야기하면서 기뻐하고 있다. 그러므로 또한 주석자의 주해(註解)와도 같은 자질구레한 점들에 대한 자세한 표현들이 많이 있다. 가령, "여섯 시였다", "방이었다", "그 종의 이름은 마코스였다", "날이 추워서 저들은 숯불을 피워 놓고 불을 쬐고 있었다", "이 속옷은 좋지 않은 것이었다" 같은 것이 그것이다. 그 중 어떤 것들은 별로 가치가 없는 것들이다.[15] 또한 끝으로, 저작이 전체적으로 무질서하게 구성되어 있고, 운필(運筆)이 불규칙하며, 처음 여러 장은 맥락이 닿지 않고, 또 이 『복음서』를 역사적 가치가 없는 한 신학 논문일 뿐이라고 가정한다면 도저히 설명할 길이 없지만, 때로는 놀랄 만큼 선명한가 하면 때로는 이상하게 변질되고 있는 추억들을 품고 있어서, 말한 사람과는 다른 노인이 편찬한 것이라고 해야 납득할 수 있는 필치(筆致)가 수두룩하다.

사실, 『요한』에서는, 가장 중요한 것을 하나 구별해내야 한다. 이

---

13) 『골로새』 특히 2:8;18;『디모데 전서』 1:4;6:20;『디모데 후서』 2:18.
14) 『요한』 1:14;19:35;21:24 이하;『요한 I서』, 1:3;5와 비교할 것.
15) 1:40;2:6;4:52;5:5;9;6:9;19;21:11.

『복음서』는 한편으로는『공관 복음서』들과는 크게 다른 예수전의 구상(構想)을 우리에게 보여 주고 있다. 그리고 한편으로는 예수가 한 것으로 되어 있는 말씀의 어조와 화법과 태도와 교리가『공관 복음서』들에서 전개되고 있는 〈로기아〉와는 전혀 공통점이 없다. 이 두 번째 관계에 있어서는, 그 차이가 아주 크기 때문에 그 중 하나를 택하고 다른 하나를 깨끗이 버리지 않으면 안 될 정도이다. 만일 예수가, 마태가 전하고 있는 것처럼 말했다고 하면, 요한이 전하고 있는 것처럼은 말할 수 없었을 것이다. 이 두 권 가운데 어느 것을 택할 것인가 주저한 비평가는 이전에 한 사람도 없었고, 또 앞으로도 없을 것이다.『공관 복음서』들의 소박하고 공평하고 몰개성적인 어조와는 아주 달리,『요한』은 끊임없이 변명자의 염려, 한 종파에 속하는 사람의 저의(底意), 한 가지 주장을 내세우고 반대자들을 설복하려는 의도를 보여 주고 있다.[16] 예수가 그의 신적 사업을 수립한 것은 덕성(德性)에는 별로 호소하지 않고, 알아듣기 힘든 말을 까다롭게 늘어놓음으로써 한 것이 아니었다. 설사 파피아스가 마태는 예수의 말씀을 그 본래의 언어로 적지 않았다고 우리에게 일러주지 않더라도,『공관 복음서』들 속에 들어 있는 그 말씀의 자연스러움, 말로는 다 표현할 수 없는 진리성, 비길 데 없는 매력, 그 말씀의 깊이, 히브리적인 어조, 그 당시 유대인 학자들의 문장과의 유사성, 갈릴리의 자연과의 완전한 조화 — 이 모든 특징은『요한』에 있는 말씀을 채우고 있는 애매한 그노시스설(說) 및 까다로운 형이상학과 비교해 볼 때, 무척 두드러지게 드러난다고 하겠다. 그렇다고 해서『요한』에 있는 말씀 속에 감탄할 만한 빛, 정말 예수에게서 나온 특성이 없다는 것은 아니다.[17] 그러나 이 말씀들의 신비적 어조는『공관 복음서』

---

16) 예컨대, 9장, 10장.
17) 예컨대, 4:1 이하;15:12 이하.

들을 따라서 상상해 볼 수 있는 예수의 웅변의 성질과는 전혀 일치하지 않는다. 하나의 새로운 정신이 숨쉬고 있었던 것이다. 그노시스설은 이미 시작되고 있었다. 하나님 나라의 갈릴리 시대는 끝나 있었다. 그리스도가 쉽게 오시리라는 희망은 먼 뒷날로 미루어지고 있다. 사람들은 이제 무미건조한 형이상학 속으로, 어둠침침한 추상적 교리 속으로 발을 들여놓고 있다. 예수의 정신은 거기에 없다. 그리고 만일 세베대의 아들이 정말 이 책을 지었다고 하면, 이 책을 쓸 때에 그는 겐네사렛호(湖)와 그 호숫가에서 그가 들은 아름다운 말씀들을 거의 모두 잊어버렸다고 상상해야 할 것이다.

뿐만 아니라,『넷째 복음서』가 전하는 이야기들이 있던 어떤 교리들에 예수의 권위를 입히려 한 글이었음을 잘 입증해주는 한 가지 사정은, 그 이야기들이 씌어졌을 당시의 소아시아의 지적 상태와 완전히 조화를 이루고 있다는 것이다. 소아시아는 당시 이상한 절충주의적(折衷主義的) 철학 운동의 무대였다. 그노시스설의 모든 발단이 이미 거기에 있었다. 요한의 동시대 인물이었던 케린토스(Cerinthos)는 말하기를, 크리스토스라 하는 영(靈)이 세례를 통하여 예수라는 사람과 하나가 되었다가 십자가 위에서 이 사람으로부터 떠났다고 하였다. 요한의 제자들 가운데 어떤 이들이 이런 이상한 소리의 원천에서 물을 마셨던 것 같다. 사도 요한 자신은 이와 비슷한 영향을 받지 않았다고, 또 성 바울에게서 일어난, 그리고 거기에 대해서 주로『골로새 서』가 입증하고 있는 변화와 비슷한 어떤 것이 그에게는 일어나지 않았다고 단언할 수 있는가?[18] 도저히 단언할 수 없다. 68년(『계시록』이 나온 해)의 위기와 70년(예루살렘이 멸망한 해)의 위기가 있은 후, 열렬하고 감동하기 쉬운 마음의 소유자였던 노사도(老使徒)가 〈사람의 아들〉이 쉬 구름을 타고 나타나리라는 신앙에서

---

18)『골로새』1: 13 이하와『데살로니가』를 비교할 것.

깨어나 자기 주위에서 발견한 그리고 그 대부분이 몇몇 그리스도교의 교리와 썩 잘 융합한 사상 쪽으로 기울어져 갔다는 것은 충분히 있을 수 있는 일이다. 그는 아주 자연스러운 경향을 따라서 이 새로운 사상들을 예수의 것이라고 한 것에 지나지 않았다. 우리의 추억은 다른 모든 것과 함께 변모해 간다. 우리가 알고 있던 인물의 관념은 우리와 함께 변한다. 요한은 예수를 진리의 화신(化神)으로 보고 있었기 때문에, 자신이 진리로 보게 된 것을 또한 쉽사리 예수의 것으로 볼 수 있었다.

하지만 요한은 이렇게 하는 데 전혀 관계하지 않았다. 변경이 가해진 것은 그를 통해서라기보다는 오히려 사후(死後)에 주위 사람들로 말미암은 것이었다는 것이 훨씬 더 진상에 가깝다. 이 사도가 긴 노년기에 마침내 아주 쇠약한 상태에 이르러서 이를테면 주위의 사람들이 마음대로 해버린 것이 아닌가 싶다. 그리고 한 비서가 이 상태를 이용하여 제 나름으로, 모든 사람이 특별히 '장로'(소 프로스뷔테로스)라고 부른 사람으로 하여금 이야기하게 한 것이 아닌가 한다. 『넷째 복음서』의 어떤 부분은 나중에 덧붙여진 것이다.[19] 제21장은 전부가 다 그렇게 덧붙여진 것이다. 여기서 기자는 사도 베드로가 죽은 후 그에게 경의를 표하고 또 요한 자신이 죽은 후 사람들이 요한에 가하려 했거나 이미 가하고 있던 반박에 답변하려는 듯이 보인다(5 : 21-23). 이밖에도 곳곳에 삭제와 수정의 흔적이 있다.[20] 이 책은 누구에게나 요한의 작품으로 여겨지지 않았기 때문에 50년 동안 세상에 드러나지 않고 있었다. 사람들은 차츰 이 책에 익숙하게 되고 마침내는 그것을 받아들였다. 정전(正典)이 되기 전에도 많은 사람들이 이 책을 그다지 큰 권위는 없어도 매우 유익한 책으로 사

---

19) 20:30-31은 분명히 예전 것의 결론이다.
20) 4:2(3:22와 비교할 것);7:22;12:33. 이것들은 21:19를 쓴 사람이 쓴 것 같다.

용했던 것 같다. 한편 이 책은 그보다 훨씬 더 널리 알려져 있던 『공관 복음서』들과 모순 되는 점들이 있었기 때문에, 사람들이 상상하고 있던 바와 같은 예수의 생애를 주조하는 것은 오랫동안 고려되지 못했다.

이렇게 보면 유스티노스의 저작이나 의(擬) 클레멘스 설교집에 나타나는 묘한 모순이 무슨 까닭인지 이해할 수 있다. 이 책들에서는 『넷째 복음서』의 흔적을 찾아볼 수 있지만, 확실히 이 『복음서』가 『공관 복음서』들과 동등하게 다루어지고 있지는 않다. 그래서 또한 180년경 까지는 솔직하게 거기서 인용하지 않고 넌지시 암시하고 있는 글들이 있다. 끝으로, 또한 그런 까닭에 『넷째 복음서』가 2세기에 아시아의 교회 운동에서 서서히 나타나, 처음에는 그노시스파에 의해 채택되고, 유월절에 관한 논쟁에서 보는 바와 같이 정통 교회에서는 아주 일부 사람들의 신용밖에 얻지 못하다가, 나중에 널리 일반적으로 인정받게 된 듯 싶은 특수한 사정이 있다. 가끔 이런 생각이 든다. ─ 파피아스가 예수의 생애에 관한 정확한 정보를 다른 사람들이 예수의 것이라고 하는 긴 말씀들과 이상한 교훈들에 대립시켰을 때, 사실은 『넷째 복음서』를 염두에 두고 있었다. 파피아스와 낡은 유대적 그리스도교도의 일파는 그런 신기한 것들을 아주 못마땅하게 여겼을 것이다. 처음에는 이교도적이었던 책이 정통교회의 문을 뚫고 들어가 거기서 신앙의 규준(規準)이 된 예는 이것만이 아닐 것이다.

내가 적어도 한 가지 아주 사실에 가깝다고 보는 것은 이 책이 백년 전, 즉 『공관 복음서』들이 아직 충분히 정경(正經)이 되지 않은 시기에 씌었다는 점이다. 이 시기를 지나면 저자가 그렇게까지 〈사도들의 수기〉 테두리를 벗어나고 있는 것을 이해할 길이 없다. 유스티노스에게는 그리고 아마도 파피아스에게도 『공관 복음서』의 테두리가 예수의 생애의 유일한 참된 윤곽을 구성한다. 어떤 위작자(僞作者)가 120년이나 130년경에 상상 섞인 『복음서』를 썼다고 하면, 전외(典外)의 『복음서』들이 그런 것과 마찬가지로, 유포되고 있던 이야기를 제 나름으로 취급했을 것이요, 세상에서 예수의 생애의 중요한 줄거리라고 보고 있던 것들을 온통 뒤집지는 않았을 것이다. 이것은 아주 사실이어서 2세기 후반에 들어서면서부터 이 모순들은 알로고스파의 저술가들 사이에 심각한 난점이 되어 있고, 또 『넷째 복음서』의 옹호자들로 하여금 매우 엉뚱한 해답을 생각해내지 않을 수 없게 하고 있다. 『넷째 복음서』의 기자가 이 『복음서』를 쓸 때 『공관 복음서』들 중 어느 하나라도 참고했다는 증거는 전혀 없다.[21] 그리스도의 수난에 관한 그의 이야기가 다른 세 『복음서』의 그것과 놀랄 정도로 비슷한 것은 이미 당시부터 수난에 대해서는 최후의 만찬에 대해서와 마찬가지로[22] 대체로 정해진 이야기가 있었고, 사람들이 이것을 암기하고 있었다고 상상하게 한다.

  오랜 세월이 지난 지금에 와서 이 모든 특이한 문제를 풀어헤친다는 것은 불가능한 일이다. 그리고 만일 희미한 길로 즐겨 들어선 일이 한두 번이 아니었던 이 신비스러운 에베소파의 비밀 속으로 우리가 뚫고 들어갈 수 있다면, 분명 우리는 뜻밖의 일을 많이 발견하게 될 것이다. 그러나 하나의 주요한 경험으로서 다음과 같은 일을 들 수 있다. 『복음서』들의 상대적 가치에 관한 일정한 이론 없이 그저 주제의 감정을 따르기만 하면서 예수의 전기를 쓰기 시작하는 사람은 누구나 많은 경우에 『공관 복음서』들의 서술보다 『넷째 복음서』의 서술을 택하게 될 것이다. 특히 예수의 생애의 마지막 여러 달은

---

21) 『마가』 2:9와 『요한』 5:8:9;『마가』 6:37과 『요한』 6:7;『마가』 14:4와 『요한』 12:5 사이의 일치는 좀 특이하지만, 기억이라는 것으로써 충분히 설명된다.
22) 『고린도 전서』 11:23 이하.

이 『복음서』가 아니고는 알 길이 없고, 또 『공관 복음서』들에서는 이해되지 않는 수난의 모습도[23] 『넷째 복음서』의 이야기에서는 그럴듯하게 보이고 또 사실 그랬으리라고 생각하게 된다. 하지만 나는 누가 예수의 전기를 쓰든 자칭 요한이라는 사람이 예수에게 돌리고 있는 말씀들을 가지고 쓴다면 무슨 의미 있는 것이 나오리라고는 도저히 생각할 수 없다. 끊임없이 자기를 내세우고 자기를 증명하는 그 방식, 그칠 줄 모르는 논변, 소박한 데가 없는 연출(演出), 기적마다에 따르는 긴 추론(推論)들, 그렇게도 자주 그릇되고 고르지 않은 어조로 된 딱딱하고 서투른 교훈의 말씀들[24]은 『공관 복음서』들에 나오는 예수의 교훈의 핵심을 이루고 있는 향긋한 문장들과 비교해 볼 때, 지각 있는 사람이면 도저히 견딜 수 없는 것들이다. 이것들은 분명히 부자연스러운 작품이요,[25] 마치 플라톤의 『대화편』들이 소크라테스의 담론(談論)을 전해 주듯 예수의 교훈을 우리에게 보여 준다. 이것은 이를테면 주어진 주제에 대하여 자기 혼자서 즉흥적으로 연주하는 음악가의 변주곡과도 같다. 이런 경우 그 주제는 어느 정도 진정한 것이 아니어서는 안 된다. 그러나 연주에 있어서는 예술가의 환상이 자유자재로 활동한다. 거기에는 부자연스럽게 나아가는 데가 있고 수사(修辭)가 있고 꾸민 데가 있다.[26] 예수의 용어(用語)는 지금 우리가 여기서 논하고 있는 작품 속에는 다시 나타나 있지 않다는 것을 덧붙여 두기로 하자. 주님께서 그렇게도 자주 쓰시던[27] 〈하나님의 나라〉라는 표현은 단 한 번밖에 나타나지 않는다.[28] 대신 『넷

---

23) 예컨대, 유다의 배신을 알려 주는 것.
24) 예컨대, 2:25;3:32;33 및 7, 8, 9장의 긴 논의들.
25) 가끔 저자는 설교를 집어넣기 위한 핑계를 찾고 있는 인상을 준다(3, 5, 8, 13장 이하).
26) 예컨대, 17장.
27) 『공관 복음서』들 외에도, 『사도행전』, 성 바울의 『편지들』, 『계시록』도 이를 입증한다.

째 복음서』가 예수에게 돌리고 있는 강론의 문체(文體)는 같은『복음서』에서 사건들을 이야기하고 있는 부분들의 문체 및 요한의 것으로 되어 있는 편지들의 문체와 다시없이 완전한 유사성을 보여 주고 있다. 이 강론 말씀들을 적으면서『넷째 복음서』의 기자가 자신의 기억을 더듬은 것이 아니라 무척 단조로운 자신의 사상의 움직임을 따랐음을 알 수 있다. 거기에는 아주 새롭고 신비스러운 언어가 전개되고 있다. 이 언어는 '세상', '진리', '생명', '빛', '암흑' 같은 말을 자주 쓰는 것이 특징이며, 또『공관 복음서』들의 언어라기보다는 오히려『지혜서』의 언어, 필론의 언어, 발렌티노파의 언어라 할 수 있는 것이다. 만일 예수가 조금도 히브리적인 데도 없고 유대적인 데도 없는 이런 말투로 한번이라도 말한 적이 있다고 하면, 어떻게 청중 가운데서 오직 한 사람만이 이 비밀을 그렇게 잘 지킬 수 있었단 말인가?

뿐만 아니라, 문학의 역사도 우리가 지금 말한 역사적 현상과 비슷한 데가 있고, 또 이 현상을 설명하는 데 도움이 되는 한 예를 제공해주고 있다. 소크라테스는 예수처럼 책을 쓰지 않았는데, 그의 제자들 가운데 두 사람 크세노폰과 플라톤을 통해서 우리에게 알려져 있다. 이 두 제자들 중 크세노폰은 그 글이 맑고 투명하고 비개인적인 점에서『공관 복음서』들과 비슷하고, 플라톤은 그 힘찬 개성이『넷째 복음서』의 기자를 생각나게 한다. 소크라테스의 교훈을 서술하기 위해서는 플라톤의『대화』들을 따를 것인가, 그렇지 않으면 크세노폰의『담론』을 따를 것인가? 이 점에 대해서는 조금도 의심의 여지가 없다.『담론』만 따르고,『대화』들을 소홀히 하는 것이 좋은 비평이 될 수 있을까? 누가 감히 이런 주장을 하랴?

『넷째 복음서』가 누구의 손으로 되었는가 하는 실질적인 물음에

---

28)『요한』3:3;5.

의사 표시를 하지 않는다 하더라도, 또 그것이 세베대의 아들의 손에 의해 된 것이 아니라는 것에 설득당했다 하더라도, 이 저작이 『요한에 의한 복음서』라고 불릴 만한 몇 가지 자격을 갖추고 있다는 것은 인정할 수 있다. 내 생각으로는, 『넷째 복음서』의 이야기 줄거리는 바로 요한의 주위 사람들이 알고 있던 바와 같은 예수의 생애이다. 내 견해로는, 이 일파가 자신들의 추억을 가지고 『공관 복음서』들을 만들어 낸 집단보다 교조(敎祖)의 생애의 갖가지 외면적 사정을 더 잘 알고 있었다고 덧붙여 두고 싶다. 이 일파는 특히 예수의 예루살렘 체류에 관해서는 다른 교회가 알지 못했던 사실들을 알고 있었다. 아마도 사도 요한과 다른 인물이 아닌 프레스뷔테로스 요아네스(Presbyteros Joannes), 즉 '장로 요한'은 마가의 이야기를 불완전하고 무질서한 것으로 보고 있었을 것이다. 그는 이 마가의 이야기의 여러 결점을 설명하기 위한 하나의 체계까지도 가지고 있었다. 뿐만 아니라 누가의 몇몇 구절에 담겨 있는 요한의 여러 전승의 메아리라고 할 만한 것들은 『넷째 복음서』에 의하여 보존된 전승이 다른 그리스도교도들에게 전혀 알려져 있지 않았던 것이 아니었음을 증명해주고 있다.

내가 이 예수의 이야기를 써 나아가면서 예수의 생애에 대해서 가지고 있는 안내서 가운데 이것이나 저것을 택하게 된 동기를 아는 데에는 이상의 설명으로 족하리라 생각한다. 요컨대, 나는 네 정경(正經)『복음서』를 진정하고도 중요한 문헌으로 인정한다. 그것들은 모두 예수가 죽고 난 다음 세기에 이룩된 것이지만, 그 역사적 가치는 서로 크게 다르다. 마태의 것은 분명히 예수의 말씀에 관해서는 다른 어느 것보다도 신용할 만한 가치가 있다. 거기에는 〈로기아〉가 있고, 예수의 교훈의 생생하고 선명한 추억에서 지어진 각서(覺書) 자체가 있다. 온화하면서 동시에 무서운 일종의 번득임, 감히 말한다면, 신적인 힘이 그 말씀들에 특별히 주의하게 하고, 문맥에서 그 말씀들을 뚜렷이 드러내 보이고, 비평가로 하여금 쉽사리 알아볼 수 있게 해주고 있다. 『복음서』의 이야기를 가지고 정확한 저술을 해보려는 사람은 이 점에서 뛰어난 시금석(試金石)을 가지고 있는 셈이다. 진정한 예수의 말씀들이 이를테면 저절로 흘러나오고 있다. 신빙성이 서로 다른 여러 전승의 혼돈 속에서 이 진정한 예수의 말씀들에 부딪치자마자 우리는 그 말씀들이 진동함을 느낀다. 그 말씀들은 저절로 생긴 것처럼 나타나서 스스로 그 이야기 속에 자리 잡고 그리고는 거기서 비길 데 없는 돋을새김이 된다.

『첫째 복음서』에서 이 맨 처음 핵심의 둘레에 모여 있는 서사(敍事) 부분은 그 핵심만큼 권위를 가지고 있지는 않다. 거기에는 그리스도교도의 제2세대의 신심(信心)에서 나온, 윤곽이 매우 희미한 전설이 많이 있다.[29] 마태가 마가와 공유하고 있는 이야기에는 잘못 베낀 데가 여러 군데 있어서 팔레스티나에 관한 지식이 신통치 못했음을 보여 주고 있다.[30] 삽화들 가운데에는 두 번 되풀이되어 있는 것들이 많고, 어떤 인물은 중복되고 있는데 이것은 서로 다른 여러 자료가 사용되었고 또 서투르게 혼합되었다는 증거이다.[31] 마가의 『복음서』는 훨씬 더 견실하고 정확하며 나중에 보태 넣은 것이 적다. 그것은 세 『복음서』 가운데 가장 오래고 가장 원본적(原本的)인 것이요,[32] 또 후세의 상황들이 가장 적게 삽입된 것이다. 마가의 자세한 내용들에는 다른 『복음서』 기자에게서는 찾아볼 수 없는 선명함이 있다. 그는 예수의 어떤 말을, 즐겨 시리아·갈대아어로 보고하고 있

---

29) 특히 1, 2장. 또 『마가』와 비교하면서 27:3 이하:19:51-53:60:28:2 이하 참조.
30) 『마태』 15:39를 『마가』 8:10과 비교할 것.
31) 『마태』 9:27-31 및 20:29-34를 『마가』 8:22-26 및 10:46-52와, 『마태』 8:28-34를 『마가』 5:1-20과, 『마태』 12:38 이하를 『마태』 16:1 이하와, 『마태』 9:34 이하를 『마태』 12:24 이하와 비교할 것.
32) 예컨대, 『마가』 15:23을 『마태』 27:34와 비교할 것.

다.³³⁾ 그의 『복음서』에는 의심할 여지없이 한 목격자로부터 나온 세밀한 관찰이 가득 차 있다. 예수를 따랐음이 분명하고 예수를 사랑하고 아주 가까이에서 바라보고 또 그에 대해서 생생한 기억을 가지고 있던 이 목격자가 파피아스가 말하고 있는 것처럼 사도 베드로 자신이었다는 데 대해서는 전혀 이론의 여지가 없다.

누가의 저작에 관해서 말하자면, 그 역사적 가치는 분명히 훨씬 적다. 그것은 이차적인 문헌이다. 그 서사는 훨씬 더 성숙되어 있다. 거기서 예수의 말씀은 좀더 반성되어 있고, 또 좀더 잘 구성되어 있다. 어떤 문장들은 지나친 데까지 나아가 잘못을 저지르고 있다.³⁴⁾ 팔레스티나의 외부에서 확실히 예루살렘 공략 후에 쓴 것이기 때문에,³⁵⁾ 기자는 여러 장소를 다른 두 『공관 복음서』보다 훨씬 부정확하게 지적하고 있다. 그는 너무 지나치게 성전(聖殿)을 예배드리러 가는 기도소(祈禱所)로 생각하고 있다.³⁶⁾ 헤롯당(黨)에 관해서는 아무 말도 하지 않고 있다. 서로 다른 여러 이야기를 일치시키느라고 세부적인 일들을 흐릿하게 하고 있다.³⁷⁾ 난처하게 된 구절들을, 예수의 신성에 관해서 그의 주위 사람들이 가지게 된 좀더 열렬한 관념을 따라 부드럽게 하고 있다.³⁸⁾ 놀라운 일을 과장하고 있다.³⁹⁾ 연대⁴⁰⁾와 지형⁴¹⁾에 관해서 오류를 범하고 있다. 히브리어 해설을 생략하고 있

---

33) 예컨대, 『마가』 5:41;7:34;14:36;15:34. 『마태』는 이 특성을 한 번만 보여 주고 있다(27:46).
34) 『누가』 14:26. 사도직(使徒職)의 규칙들은(10:4:7) 거기서 특별히 앙양된 성격을 띠고 있다.
35) 19:41;43-44;21:9;20:23:29.
36) 2:37;18:10 이하;24:53.
37) 4:16.
38) 3:23.
39) 4:14;22:43:44.
40) 퀴리노의 호구 조사, 투다의 반란에 관하여, 그리고 아마도 리사이아를 언급하는 데서 이 마지막 것에 관해서는 이 『복음서』 기자의 정확성이 옹호될 수 있다.

고,[42] 히브리어를 잘 모르는 것으로 보이며, 가끔 예수의 말들을 선불리 정정하고 있다.[43] 우리는 그가 편찬하는 작가, 즉 증인들을 직접 보지는 못했고 다만 원전들을 가지고 저술하되 그것들을 일치시키기 위해서는 서슴없이 마구 뜯어고치는 사람이라고 느껴진다. 누가는 마가의 맨 처음 이야기와 마태의 〈로기아〉를 읽고 참고했을 것으로 짐작된다. 그러나 그는 아주 자유롭게 이것들을 다루고 있다. 그리하여 두 개의 일화(逸話)나 두 개의 비유를 함께 섞어 하나로 만들고 있는가 하면,[44] 때로는 한 개의 일화나 비유를 분해하여 둘로 만들고 있다.[45] 그는 사료(史料)들을 자신의 고유한 정신에 따라 해석하고 있다. 그리하여 그에게는 마태나 마가가 가지고 있는 절대적 엄정성이 없다. 우리는 그의 취미와 특수한 경향에 대해 몇 가지 확실한 말을 할 수 있다. 즉, "그는 매우 엄격한 신자이다.[46] 그는 또 예수가 유대인의 모든 규례(規例)를 따랐음을 애써 말하고 있다.[47] 그는 또 민주주의자요 열렬한 에비온파이다. 즉, 재산에 대해서 아주 반대하며 가난한 사람들의 복수가 바야흐로 있게 되리라는 것을 확신하고 있다.[48] 그는 죄인의 회심, 미천한 자의 높임을 드러내는 모

---

41) 『누가』 24:13. 『누가』 1:39도 잘못된 듯싶다.
42) 『누가』 1:31을 『마태』 1:21과, 『누가』 20:46을 『마태』 23:7-8과 비교할 것. 그는 아바(abba), 랍비(rabbi), 코르보나(corbona), 코르반(corban), 라카(raca), 보아네르게스(boanernes)라는 낱말들을 피하고 있다.
43) 예컨대, 『마태』 11:19가 『누가』 7:35로 되어 있다.
44) 예컨대, 19:12-27에서는 금화(金貨)에 관한 비유들이 반란을 일으키는 신하들에 관한 비유들과 함께 복잡하게 되어 있다(12, 14, 15, 27절).
45) 베다니에서의 식사에 관하여 두 개의 이야기를 만들고 있다(7:36-48 및 10:38-42). 설교에 대해서는 이렇게 하고 있어서, 『마태』 23은 『누가』 11:39 이하와 20:46-47에 다시 나타난다.
46) 『누가』 23:56;24:53;『사도행전』 1:12.
47) 2:21;22;39;41;42. 이것은 에비온파의 특징이다.
48) 부자와 나사로에 관한 비유, 또 6:20 이하;24 이하;10:7;12:13 이하;16 전부;22:35;『사도행전』 2:44-45;5:1 이하 참조.

든 삽화를 무엇보다도 좋아하고 있다.⁴⁹⁾ 가끔 오래된 전승을 뜯어 고쳐 이런 성격을 띠게 하고 있다.⁵⁰⁾ 그는 예수의 유년 시절에 관한 전설들을 자신의 책 첫머리에 넣고 있는데, 이것들은 정경 외의 『복음서』들의 본질적 특색인 기다란 부연(敷衍), 송가(頌歌), 관례적 서술 방식으로 되어 있다. 끝으로, 그는 예수의 최후의 때에 관한 이야기 속에 아늑한 정감이 넘치는 몇몇 장면과 희한한 아름다움을 지닌 예수의 어떤 말을 집어넣고 있는데,⁵¹⁾ 이것들은 사실(史實)에 좀더 가까운 이야기에서는 찾아볼 수 없는 것들이요, 또 전설을 더욱 꾸민 것이라 생각되는 것들이다. 누가는 아마도 이것들을 특별히 신앙심을 불러일으키려고 좀더 새로운 어느 편찬물에서 빌려 왔을 것이다.

이런 성질의 사료에 대해서는 자연히 매우 신중한 태도를 취해야만 했다. 그것을 소홀히 하는 것은 무작정 그것을 사용하는 것 못지 않게 비평적인 일이 못 되었다. 누가는 현재 우리가 가지고 있지 않은 원본을 보고 있었다. 그는 『복음서』기자라기보다는 오히려 예수의 전기작자(傳記作者)요, 조화자(調和者)요, 마르키온이나 타테아노스 식의 수정자(修正者)다. 그러나 그는 1세기의 전기 작자요, 신운(神韻) 풍기는 예술가로서, 훨씬 더 오래된 사료에서 얻은 정보와는 상관없이 다른 두 『공관 복음서』에서는 볼 수 없는 유려(流麗)한 필치와 전체적 영감과 부조(浮彫)로써 교조(敎祖)의 성격을 우리에게 보여 주고 있다. 그의 『복음서』는 읽어서 가장 매력을 느끼는 『복음

---

49) 예컨대, 발에 기름을 붓는 아낙네, 삭개오, 착한 도둑, 바리새인과 세리의 비유, 방탕한 자식.
50) 예컨대, 발에 기름을 붓는 여인은 그에게서 회심하는 죄 많은 여인이 된다.
51) 예루살렘을 향하여 우시는 예수, 피땀, 거룩한 여인들의 만남, 착한 도둑 등. 예루살렘의 여인들에 대한 말(23:28-29)은 70년의 예루살렘 포위 후에야 이해될 수 있었다.

서』다. 왜냐하면, 공통된 바탕의 비길 데 없는 아름다움에다가, 다시 묘사의 효과를 비상하게 높여주는 기교와 편성(編成)을 첨가하면서도 그 묘사의 진실성을 크게 손상시키지는 않고 있으니 말이다.

결국, 『공관 복음서』의 편찬은 세 단계를 지녔다고 말할 수 있다. 첫째는 근본 사료적 상태(마태의 〈로기아〉, 마가의 〈레크텐타에 프라크텐타〉, 즉 이야기와 강론), 즉 현존하지 않는 맨 처음의 편찬물이다. 둘째는 단순한 혼합의 상태이다. ― 여기서는 근본 사료가 아무런 구성의 노력 없이, 작자의 개인적 견해가 조금도 들어가지 않고 혼합되어 있다(현존하는 마태와 마가의 『복음서』). 셋째는 결합의 상태, 즉 의욕적·반성적 편찬의 상태이다. ― 여기서는 서로 다른 여러 설을 조화시키려는 노력을 느낄 수 있다(누가의 『복음서』, 마르키온, 타티아노스 등의 『복음서』). 이미 말한 바와 같이 요한의 『복음서』는 전혀 차원이 다른 아주 독자적인 저술이다.

내가 외경(外經)의 『복음서』들은 전혀 사용하지 않았음을 주의해 주기 바란다. 이 저작들은 결코 정경의 『복음서』들과 동등하게 볼 수 있는 것이 아니다. 그것들은 평범하고 유치한 부연물로서, 대체로 정경을 기초로 삼았으나 가치 있는 것이라고는 아무 것도 보탠 것이 없는 것들이다. 이와 반대로, 나는 히브리인들에 의한 『복음서』에 이집트인들에 의한 『복음서』, 유스티노스, 마르키온, 타티아노스가 지었다는 여러 『복음서』 같은, 옛날에는 정경과 나란히 존재했으나 지금은 소실된 낡은 『복음서』들의 단편으로서 교부들에 의하여 보존된 것을 되살려 수록하는 데 매우 주의를 기울였다. 처음에 든 두 『복음서』는 마태의 〈로기아〉와 마찬가지로 아람어로 편술되었고, 이 사도가 지은 것으로 되어 있는 『복음서』는 글을 좀 달리 꾸민 것으로 여겨졌던 것 같으며, 또 에비오님(ebionim), 즉 시리아 ― 갈대아의 습속(習俗)을 지켰고, 어떤 점에서는 예수의 가계를 계승한 것으로 보이는 바타네아(Batanea)의 여러 작은 그리스도 교단의 『복음서』인

점에서 특히 중요하다. 그러나 비평적 권위에 있어서는, 현재 남아 있는 상태에서는 이 『복음서』들이 우리가 현재 가지고 있는 『마태』보다는 못한 것임을 인정하지 않으면 안 된다.

『복음서』들에 대해서 내가 부여한 가치의 종류를 이해하리라 생각한다. 그것들은 수에토니우스(Suetonius)의 방식을 따른 전기도 아니요, 필로스트라토스(Philostratos)식의 가공적 전기도 아니다. 그것들은 전설적.전기이다. 나는 이것들을 성인들에 관한 전설, 플로티노스전(傳), 프로클로스전(傳), 이시도루스전(傳), 그 밖에 역사적 진실과 덕의 모범을 보여 주려는 의도가 여러 가지 모양으로 결합되어 있는 이와 동일한 종류의 다른 저작들과 아주 비슷한 것이라고 보고 싶다. 민중의 손으로 된 모든 저술의 특징 가운데 하나인 부정확성이 거기서는 특별히 두드러지게 느껴진다. 15년이나 20년 전에 제정 시대의 서너 명의 병사가 각자 자신의 기억을 더듬어 나폴레옹의 전기를 쓰기 시작했다고 가정하자. 그들의 글이 무수한 오류와 심한 불일치를 보여 줄 것은 뻔한 일이다. 그들 가운데 한 사람은 와그람(Wagram)을 마렝고(Marengo) 앞에 둘 것이요, 다른 한 사람은 나폴레옹이 로베스피에르의 정부를 튈르리 궁전에서 쫓아냈다고 서슴없이 쓸 것이요, 세 번째 사람은 제일 중요한 원정(遠征)을 생략하기도 할 것이다. 그러나 이 서투른 글들로부터는 한 가지 고도의 진실성을 지닌 것들이 나올 것이 확실하다. 그것은 다름 아니라, 이 영웅의 성격, 그가 주위 사람들에게 준 인상이다. 이런 의미에서, 그와 같은 민중의 역사는 장중한 관제(官製) 역사보다 훨씬 더 가치가 있다. 『복음서』들에 관해서도 이와 같이 말할 수 있을 것이다. 『복음서』 기자들은 오로지 주님의 뛰어난 성품, 그 기적들, 그 교훈을 여실하게 드러내는 데에만 주의하는 가운데 예수의 정신 자체가 아닌 모든 것에 대해서는 무관심을 보여 주고 있다. 때와 장소와 인물들에 관한 모순이 대수롭지 않은 것으로 여겨졌다. 왜냐하면, 예수의 말씀에는 고도의 영감이 있다고 보았지만, 이런 영감이 편술자(編述者)들에게도 있다고는 전혀 생각지 않았기 때문이다. 이 편술자들은 자기 자신을 한갓 서기에 지나지 않는다고 보았으며, 그리고는 오직 한 가지 일만을 고수했다. 그것은 곧 자기가 알고 있는 것은 하나도 빼지 않는다는 것이었다.

물론, 그런 회상들에는 선입견적 관념들이 섞여 들어가지 않을 수 없었다. 많은 이야기, 특히 두 이야기는 예수의 모습의 몇 가지 특징을 좀더 생생하게 드러내기 위하여 고안되고 있다. 이 모습 자체는 날마다 변화를 겪었다. 만일 예수가 그러한 역할을 수행하고서도 신속하게 변모되지 않았더라면 이것은 역사상 유일한 현실일 것이다. 알렉산드로스 대왕의 전설은 전우(戰友)들 세대가 다 지나기 전에 생겼고, 아씨지의 성 프란체스코의 전설은 그 생전부터 시작되었다. 이와 같은 급속한 변모 작업이 예수의 사후 20년 내지 30년 안에 행해져서 그의 전기에다 이상적 전설의 절대적 성격을 부여했다. 죽음은 가장 완전한 사람을 완전하게 한다. 그리하여 그를 사랑한 사람들에게 그가 아무 흠 없는 이가 되게 한다. 뿐만 아니라, 사람들은 주님의 모습을 묘사하고 싶어 하는 동시에, 또한 주님을 증명하고 싶어 했다. 그에게서 메시아에 관한 것으로 여겨진 예언들이 성취되었다는 것을 증명하기 위해 많은 일화가 고안되었다. 그러나 이와 같은 것의 중요성을 부인해서는 안 되지만 그렇다고 해서 그것들이 모든 것을 설명하는 것은 아니다. 그 당시 유대인의 어느 저작에도 메시아가 성취할 일련의 예언이 정확하게 적혀 있지는 않다. 『복음서』 기자들이 내놓은 메시아에 관한 암시들은 아주 미묘하고 완곡한 것이어서, 이 모든 것이 결국 일반적으로 인정된 어떤 교리에 호응하는 것이었다고는 믿을 수 없다. 사람들은 때로는 이렇게 추론했다.

"메시아는 반드시 그런 일을 하시는 거다. 그런데 예수는 메시아다. 그러므로 예수는 그런 일을 하신 것이다." 또 때로는 거꾸로 이렇게 추론하기도 했다. "그런 일이 예수에게 생겼다. 그런데 예수는 메시아다. 그러므로 그런 일은 반드시 메시아에게 생겨야만 했다."[52] 그 풍부함과 무한한 변화로써 모든 체계를 무력하게 만드는 민중의 이 심원한 감정의 창조물들의 짜임새를 분석할 때 너무 단순한 설명은 언제나 그릇된 것이 될 수밖에 없다.

 이러한 사료들을 가지고 확실한 것만을 제시하려면 대체적인 윤곽만으로 만족해야 한다는 것은 두말할 필요도 없는 일이다. 거의 모든 고대사(古代史)에서는, 이것들보다 훨씬 덜 전설적인 역사에서도, 세부에 들어가 보면 의심할 것이 끝이 없다. 동일한 사실에 대해서 두 가지 이야기가 있을 때, 그 두 이야기가 일치하는 일은 극히 드물다. 그러므로 한 가지 이야기밖에 없을 때 아주 갈피를 잡지 못하는 것이 아닐까? 역사가들이 인증(引證)하는 일화들, 강론들, 유명한 말들 가운데에는 엄격하게 말해서 진정한 것이라곤 하나도 없다. 그 빠른 말들을 정확하게 받아 쓴 속기자(速記者)가 있었던가? 역사상의 인물들의 몸짓, 태도, 감정을 기록하기 위하여 연대기자(年代記者)가 언제나 현장에 있었던가? 자신과 동시대의 이러이러한 사실이 어떻게 진행되었는지 진상을 파악하려고 애써도 도저히 성공할 수는 없을 것이다. 동일한 사건에 대해서 목격자들이 만드는 두 이야기는 워낙 서로 다르다. 그렇다고 해서 그 이야기들의 모든 색채를 버리고 그 사실들에 대한 전반적 기술만 할 것인가? 그것은 역사를 없애 버리는 것이리라. 사실, 그대로 듣고 그대로 암기한 몇몇 짧은 훈계의 말씀이외에는 마태가 전하는 교훈의 말씀치고 예수가 말씀하신 그대로인 것은 하나도 없다고 나는 믿는다. 오늘날 속기한 조

---

52) 예컨대, 『복음서』 19 : 23 : 24.

서(調書)나 의사록(議事錄)도 발언자의 말대로 되기가 쉽지 않은 일이다. 나는 예수 수난에 관한 저 경탄할 만한 이야기 속에 "대체로 그럴 수 있다"고 할 수 있는 것이 허다하게 들어 있음을 기꺼이 인정한다. 하지만 예수의 강론의 모습을 그토록 생생히 전해주는 설교들을 빼고, 다만 요세푸스나 타키투스처럼 "그는 사제들의 선동으로 말미암아 빌라도의 명령으로 사형을 받았다"고만 말해서야 예수의 전기가 될 수 있을까? 내 생각으로는, 이것은 원문이 우리에게 제공하는 여러 자세한 점들을 인정함으로써 빠지기 쉬운 부정확성보다 더 나쁜 부정확성이다. 이 자세한 점들은 글자 그대로 진실한 것은 아니다. 그러나 보다 우월한 의미에서 진실하다. 즉, 그것들은 풍부한 표현과 호소력을 지니게 되고 하나의 사상으로까지 높여진 진리라는 의미에서, 있는 그대로의 사실보다 더 진실하다. 대부분이 전설적인 이야기들을 내가 대단히 신용했다고 생각하는 사람들은 내가 방금 마친 고찰을 참작해주기 바란다. 물적으로 확실한 것만을 다룬다고 하면, 알렉산드로스의 전기는 어떤 것이 되고 말 것인가? 부분적으로 잘못된 전승도 역사가 소홀히 할 수 없는 진실을 어느 정도 간직하고 있다. 슈프렝거(Sprenger)가 마호메트의 전기를 쓰면서, 『하디트(Hadith)』, 즉 이 예언자에 관한 구전(口傳)을 많이 참작하고, 또 이 사료를 통해서만 알려져 있는 말들을 원문 그대로 이 영웅이 한 것이라고 다룬 데에 대해 아무도 그를 비난하지는 않았다. 그런데 마호메트에 관한 전승들은 『복음서』들을 구성하는 강론들과 이야기들보다 더 나은 역사적 성격을 가지고 있지 않다. 그것들은 회교 기원 50년에서 140년 사이에 쓰였다. 그리스도교 탄생 직전과 직후 시대의 여러 유대교파의 역사를 쓰는 사람들은 『미슈나』와 『게마라』에서 힐렌(Hilen)이나 샴마이(Schammai)나 가말리엘(Gamaliel)에게 돌리고 있는 잠언들을 조금도 의심 없이 이들의 것으로 받아들일 것이다. 이 큰 편찬물들이 이 학자들보다 수백 년 후에 편찬된 것이기는 해도 말이다.

    이와는 반대로, 역사가 우리에게 전해진 사료를 아무 해석을 섞지 않고 재생시킴으로써 성립되는 것이어야 한다고 믿는 사람들에게는, 이러한 주제에서는 그렇게 하는 것이 허용될 수 없음을 고찰해 주기 바란다. 네 개의 주요 사료는 명백히 서로 모순 되고 있고, 게다가 요세푸스는 가끔 이것들을 정정하고 있다. 결국 선택이 필요하다. 한 사건이 동시에 두 가지 모습으로 일어날 수 없고 불합리하게 일어날 수도 없다고 주장하는 것은 역사에 〈아 프리오리〉한 철학을 덮어씌우는 것은 아니다. 동일한 사실에 대하여 서로 다른 이야기가 많이 있다고 해서, 경신(輕信)으로 말미암아 이 모든 이야기에 가공적 상황이 섞여 들어갔다고 해서, 역사가는 그 사실이 거짓이라고 결론지어서는 안 된다. 도리어 그런 경우에는 조심스럽게 원문을 따져 보고, 귀납법을 가지고 연구해 나아가지 않으면 안 된다. 특별히 이 원리를 적용해야 할 일련의 이야기가 있는데, 그것은 곧 초자연적인 이야기들이다. 이 이야기들을 설명하려 하거나 혹은 전설로 환원(還元)시키려는 것은 사실을 이론의 이름으로 훼손하는 것이 아니다. 그것은 그 사실들의 관찰 자체로부터 출발하는 것이다. 옛날 이야기에 그득히 들어 있는 기적들은 그 어느 것이나 과학적 조건들에서 일어나지는 않았다. 단 한 번도 부인 당한 일이 없는 관찰에 의하건대, 기적이란 사람들이 그것을 믿는 시대와 지방에서만, 그리고 그것을 잘 믿는 정신 상태를 가진 사람들 앞에서만 일어난다는 것을 알 수 있다. 한 사실의 기적적 성격을 검증할 능력을 가진 사람들이 모인 앞에서는 아무런 기적도 일어나지 않았다. 민중도 상류 사회의 사람들도 이러한 능력을 가지고 있지 않다. 그만한 일을 하는 데는 깊은 주의, 그리고 과학적 탐구의 오랜 습관이 있어야만 한다. 오늘날 우리는 거의 모든 세상 사람들이 어수룩한 요술과 유치한 환상에 속아 넘어가는 것을 보지 않았던가? 여러 작은 마을의 사람 전체에 의하여 증명된 기적적 사실들이 좀더 엄밀한 조사 결과로 비난할 만한 사실들이 되었다. 현대의 기적 치고 어느 하나도 검토를 견디어 내지 못한다는 것이 명백한 마당에, 민중들이 모인 데서 행해진 과거의 모든 기적도 우리가 그것을 세밀하게 비판할 수 있었다고 하면 역시 착각이었음을 드러내는 일이 있을 수 있지 않을까?

그러므로 우리가 역사로부터 기적을 추방하는 것은 그 어떠한 철학에 의해서가 아니고, 하나의 항구 불변하는 경험에 의해서다. 우리는 "기적은 불가능하다"고 말하지 않는다. 다만 "지금까지 확인된 기적은 없었다"고 말할 따름이다. 가까운 장래에 기적을 행하는 자가 나타나 논의할 가치가 있을 만큼 확고한 증거를 제시하고, 죽은 사람을 다시 살릴 수 있다고 주장한다고 가정해 보자. 그런 경우 사람들은 어떻게 할까? 생리학자, 물리학자, 화학자, 역사적 비평에 경험이 많은 사람들로 조사단이 구성될 것이다. 이 조사단은 시체를 선정하고, 그 사망이 정말 사실임을 확인하고, 실험이 행해질 방을 지정하고, 조금도 의혹이 생기지 않도록 필요한 모든 조처를 강구할 것이다. 만일 이런 조건 아래서 다시 살아나는 일이 일어났다면, 그것은 거의 확실성에 가까운 개연성(蓋然性)을 획득했다고 하겠다. 하지만, 실험이란 언제나 되풀이될 수 있는 것이어야만 하기 때문에, 즉 한 번 한 것은 두 번 다시 할 수 있는 것이어야 하기 때문에, 그리고 기적의 세계에서는 쉽고 어렵고는 문제가 될 수 없는 것이기 때문에, 그 기적을 행하는 사람은 다른 상황 아래서 다른 시체에 대해서 그리고 다른 환경 속에서 그 놀라운 행위를 다시 하도록 초청될 것이다. 만일 번번이 그 기적이 성공한다면, 두 가지가 증명되는 셈이다. 첫째, 세계 안에 초자연적 사실들이 생긴다는 것. 둘째, 기적을 낳는 능력은 어떤 특수한 사람들에게 속하거나 위임되어 있다는 것. 그러나 기적이 이러한 조건들 아래서는 한번도 일어난 적이 없다는 것, 지금까지 언제나 기적을 행하는 사람은 실험의 주체를 선정하고 환경을 선정하고 민중을 선정했다는 것, 뿐만 아니라 대개의 경우 민중 자체가 큰 사건이나 위대한 인물에서 어떤 신적인 것을 보고 싶어 하는 간절한 욕구에서 나중에 기적 운운하는 전설을 지어낸다는 것을 누가 모르랴? 그러므로 초자연적인 이야기는 도대체 받아들여질 수 없으며, 거기에는 언제나 경신과 기만이 들어 있다. 역사가의 의무는 그것을 해석하고 그 어느 부분에 진실이 있고 어느 부분에 숨길 수 있는 허위가 들어 있는가를 찾아내는 것이라는 이 역사 비평의 원칙을 우리는 새 세상이 오는 그날까지 지켜 나아갈 것이다.

　이상과 같은 것들이 이 책을 쓰면서 내가 따른 규칙들이다. 원전을 읽고, 다시 나는 빛의 큰 원천을 추가할 수 있었다. 즉, 사건들이 일어난 장소들을 직접 볼 수 있었다. 1860년과 1861년에 나는 고대 페니키아의 답사를 목적으로 하는 학술 조사단을 인솔하고 지도했는데, 이 조사의 임무로 인하여 갈릴리 변두리 지역에 머무르면서 자주 그곳을 여행할 기회를 얻었다. 나는 『복음서』에서 말하는 지역을 종횡으로 찾아 다녔다. 즉 예루살렘, 헤브론 및 사마리아를 방문하였다. 예수의 역사에서 중요한 지역으로서 내가 가보지 않은 곳은 거의 한 군데도 없었다. 그리하여 멀리서 보면 실재하지 않는 세계의 구름 속에 떠다니는 듯싶은 그 모든 역사가 하나의 실체성, 하나의 견고성을 얻어 나를 놀라게 하였다. 원문들과 그 여러 장소의 뚜렷한 일치, 복음적 이상과 그 보금자리였던 고장의 경치의 놀랄 만한 조화는 나에게는 하나의 계시였다. 나는 여러 조각으로 찢긴, 그러나 너끈히 읽어 낼 수 있는 『다섯째 복음서』를 눈앞에 보았다. 그리고 그때 이후 마태와 마가의 이야기를 통하여 결코 존재하지 않았다고 할 수도 있는 추상적 존재 대신에 경탄할 만한 한 인간의 모습이 살아서 움직이는 것을 보았다. 여름 동안 휴식을 좀 취하기 위해서 레바논에 있는 가지르 고지(高地)에 올라가게 되었으므로, 나는 내 머리에 떠오른 심상(心像)을 급히 소묘해 보았다. 이 전기는 그 결과 생긴 것이다. 냉혹한 시련이 닥쳐와 내 출발을 재촉했을 때, 내가 더 쓸 것은 몇 페이지 되지 않았다. 그러므로 이 책은 예수가 나서 생활한 고장에서 아주 가까운 곳에서 쓰인 것이다. 나는 1861년 10월 귀국하였다. 『예수의 생애』 초판은 1863년에 나왔다.

나는 저 레바논의 가톨릭교도의 조그마한 집에서 대여섯 권의 책을 주위에 놓고 급히 쓴 초고를 세밀한 점에서 보충하고 검토하는 일을 끊임없이 해 왔다.

내 저술이 이렇게 해서 전기의 색채를 띠게 된 것을 유감스럽게 생각할 사람이 아마 많이 있을지도 모른다. 처음에 내가 그리스도교의 기원의 역사를 쓰려고 생각했을 때 만들고 싶었던 것은 사실 사람들이 거의 등장하지 않는 교리사(敎理史)였다. 예수의 이름은 거의 나오지 않았을 것이며, 다만 그의 이름 아래 생긴 사상들이 어떻게 배태되고 세계를 뒤덮게 되었는가를 특별히 문제 삼았을 것이다. 그러나 그 후, 나는 역사란 것이 한갓 추상의 활동이 아니요, 거기 나오는 인물들이 교리보다도 더 중요하다는 것을 깨달았다. 종교 개혁을 이룩한 것은 의롭다 함을 얻는 일이나 속죄에 관한 어떤 이론이 아니다. 그것은 루터요, 칼뱅이다. 조로아스터교, 그리스 문화, 유대교가 온갖 모양으로 결합될 수 있었다 하더라도, 또 부활과 '말씀'에 관한 교리가 여러 세기를 두고 발전해 갈 수 있었다 하더라도, 그리스도교라 불리는 이 풍요하고 독특하고 위대한 사실을 낳지는 못했을 것이다. 이 사실은 예수, 성 바울, 그리고 사도들이 만든 것이다.

예수, 성 바울, 사도들의 역사를 쓰는 것이 곧 그리스도교의 기원의 역사를 쓰는 것이다. 이 사람들 이전의 운동들은 물론 이들에 앞섰던 사람들과 관계가 없을 수 없었던 이 비범한 사람들을 설명하는 데 도움이 되는 한에서만 우리의 주제 속으로 들어온다.

과거의 숭고한 사람들을 되살려 보려는 이와 같은 노력에는 얼마간 예측과 추측이 허용되지 않으면 안 된다. 한 위대한 생애는 조그마한 사실들을 그저 모음으로써는 이루어질 수 없는 하나의 유기적 전체다. 깊은 감정이 전체를 포옹하고 일관하지 않으면 안 된다. 이와 같은 주제(主題)에서 예술론은 좋은 안내자이다. 그리고 괴테 같은 사람의 뛰어난 솜씨는 바로 여기서 발휘될 장소를 얻을 것이다. 예술 창조의 본질적 조건은 모든 부분이 서로 호응하고 서로 억제하는 하나의 살아 있는 체계를 형성하는 것이다. 이 책과 같은 종류의 역사에서는, 원문들을 논리적이고 사실 같아 보이고 또 엉뚱한 소리가 전혀 없는 이야기가 되도록 결합시키는 데 성공했다는 것이 진실을 파악하고 있다는 큰 증거다. 생명, 유기체들의 발전, 그리고 뉘앙스의 쇠퇴 — 이런 것들의 내면적 법칙이 쉴 새 없이 고려되지 않으면 안 된다. 왜냐하면 재현해야 할 것은 입증이 불가능한 물적(物的) 사정이 아니라 역사의 혼 그 자체이고, 추구해야 할 것은 세부적인 사실들의 조그마한 확실성이 아니라 전체적 감정의 정확성이요 색채의 진실성이기 때문이다. 고전적 서술의 규칙들로부터 나오는 필치마다 조심하여야 한다고 경계한다. 왜냐하면 이야기해야 할 사실은 사물들의 필연성에 일치하는 자연적이고 조화로운 것이었기 때문이다. 만일 이야기를 통해서 그 사실로 하여금 이러한 것이 되게 하는 데 성공하지 못한다면, 그것은 분명히 그 사실을 올바로 보는 데 이르지 못한 탓이다. 페이디아스의 미네르바를 문헌에 의거하여 복원(復元)하면서 윤기 없고 조화되지 않고 부자연스러운 전체를 만들어냈다고 가정해 보자. 그것에 대해서 내려야 할 결론은 무엇인가? 오직 한 가지, 즉 원문들은 감식(鑑識)에 의한 해석을 요하는 것이요, 서로 접근시켜 모두가 잘 어우러져 하나의 전체가 될 때까지 곱게 절충시켜야 한다는 것이다. 이렇게 하면 그리스의 조상(彫像)을 옛날 것과 조금도 다름없이 그대로 만들었다고 할 수 있는가? 그렇지는 않다. 그러나 적어도 엉뚱한 것은 되지 않을 것이다. 그리고 그 작품의 일반적 정신, 그 작품이 가질 수 있었던 여러 존재 방식 가운데 하나는 나타낼 수 있을 것이다.

살아있는 유기체라는 감정, 이것을 나는 이야기의 전체 구성에서 서슴없이 안내자로 삼았다. 복음서들을 읽어보기만 하면 그 기자들이 머리 속에 예수의 생애에 대한 아주 정당한 초안(草案)을 가지고 있으면서도 아주 엄정하게 연대순을 따르지는 않았음을 잘 알 수 있다. 뿐만 아니라, 파피아스도 이것을 분명히 우리에게 가르쳐 주고 있고, 또 사도 요한에게서 나온 듯이 보이는 증언을 가지고 자신의 견해를 뒷받침하고 있다. '그때에', '그 후에', '그러고 나서', '…이 생겼다' 등등의 표현은 여러 다른 이야기를 서로 연결시키기 위해 만든 단순한 가교(架橋)다. 『복음서』들이 우리에게 제공하는 모든 정보와 전승들을 주어진 그대로 무질서한 상태로 내버려두고서는 예수의 전기를 썼다고 할 수 없다. 이것은 마치 어떤 유명한 사람의 청년·장년·노년 시대의 편지들과 일화들을 마구 섞어가면서 제시한다 하더라도 그것으로 그 사람의 전기를 썼다고 할 수 없는 것과 같다. 마호메트의 생애의 여러 시기의 글들을 더없이 어수선하게 뒤섞어 제공해주는 『코란』도 그 비밀을 영리한 비평에 넘겨주었다. 즉, 이 글들이 지어진 연대순서가 거의 확실하게 발견된 것이다. 이러한 재배열은 『복음서』들에 대해서는 훨씬 더 어렵다. 예수의 공적 생활은 이슬람교 시조의 생애보다 짧고 사건도 적으니 말이다. 하지만

이 미로에서 길을 안내해 줄 실을 찾으려는 시도가 근거 없는 장난 이라는 비난을 받지는 않을 것이다. 다음과 같은 우리의 상정(想定) 은 가설의 지나친 남용이라 할 수 없다. 즉, "한 종교의 시조는 맨 처음에는 그 시대에 이미 유포되어 있는 도덕적 경구(警句)들과 유행하고 있는 의식들을 채택한다. 좀더 성숙하여 자신의 사상을 충분히 소유하게 되면, 그는 조용한 시적(詩的)인, 모든 논쟁에서 멀리 떠난, 순수한 감정처럼 상쾌하고 자유스러운 웅변을 즐긴다. 차츰 열광하고, 반박 앞에서 격앙하고, 마침내는 논전(論戰)하고 통렬하게 욕하기에 이른다."『코란』에서는 이런 여러 시기를 뚜렷이 구별할 수 있다. 극히 섬세한 솜씨로『공관 복음서』들이 채택한 순서에서도 이와 비슷한 진행을 예상하고 있다.『마태』를 주의해서 읽어보면, 예수의 교훈 말씀들의 배치에서 우리가 방금 지적한 것과 매우 비슷한 점진(漸進)을 발견할 수 있다. 물론 예수의 사상의 발전을 밝혀야 할 경우에, 우리가 쓰고 있는 어구가 매우 조심스러운 것임을 독자는 잘 알게 될 것이다. 독자가 원한다면, 심원하고 복잡한 사상을 질서 있게 서술하기 위해 이 책을 그렇게 여러 장으로 나눌 수밖에 없었던 때문이라고 생각해도 좋다.

만일 주제에 대한 사랑이 주제의 이해에 도움이 될 수 있다면, 이 조건이 나에게 없지 않다는 것도 알아주었으면 한다. 한 종교의 역사를 쓰는 데에는 첫째로, 그 종교를 믿어 본 일이 있어야 한다(그렇지 않으면, 어째서 그 종교가 사람들의 마음을 끌고 만족시켰는지 이해하지 못할 것이다). 둘째로, 절대적으로는 믿지 않는 것이 필요하다. 절대적 신앙은 공정한 역사와 양립할 수 없으니 말이다. 그러나 사랑은 신앙이 없이도 가능하다. 사람들의 숭배를 얻고 있는 형상(形象)들의 그 어느 것에도 매이지 않으려는 나머지 그것들이 지니고 있는 좋은 것과 아름다운 것을 맛보기를 단념하는 사람은 없다. 덧없는 이 세상에 나타나는 그 어느 것도 신성(神性)을 다 드러내지는 못한다. 하나님은 예수 이전에도 자신을 나타내셨다. 하나님은 또한 예수 이후에도 자신을 드러내실 것이다. 무척 고르지 않고 광대하며 자연적일수록 더욱 숭고한, 인간의 마음속에 깊이 감추어진 하나님의 여러 현현(顯現)은 모두 동일한 질서에 속한다. 그러므로 예수는 오직 제자라고 자칭하는 사람들에게만 속하지는 않는다. 그는 인간의 심정을 지니고 있는 사람들의 공통의 명예다. 그의 영광은 역사 밖으로 나가 홀로 서 있는 데서 성립하지 않는다. 예수 없이는 역사를 이해할 수 없다는 것을 증명해 보임으로써 우리는 그에게 좀더 참된 예배를 드리게 될 것이다.

제1장 세계 역사에서의 예수의 위치

　세계 역사에서 가장 중대한 사건은 인류의 가장 고상한 일부가 이교(異敎)라는 막연한 명칭 아래 포섭되는 여러 고대 종교로부터 유일신·삼위일체·하나님의 아들의 수육(受肉, incarnation)에 기초를 둔 종교로 나아간 변혁이다. 이 전환이 이루어지는 데에는 일천 년 가까운 세월이 필요했다. 새 종교 자체만 해도 그것이 형성되는 데에는 적어도 삼백 년이 걸렸다. 그러나 이 변혁은 아구스도(아우구스투스, Augustus) 및 디베료(티베리우스, Tiberius) 치하에서 발생한 한 사건으로부터 비롯되었다. 그 즈음 뛰어난 한 사람이 살고 있었다. 그는 대담한 독창성과 또 그가 불어넣은 사랑에 의하여 인류의 미래의 신앙의 대상을 창조하고 또 그 출발점을 세워놓았다.

　인간은 스스로를 동물과 구별한 순간부터 종교적이었다. 즉, 자연 속에서 현실 너머의 것을 보았고, 자기 자신을 위해서는 죽음 저편의 것을 보았다. 이 감정은 수 천 년 동안 아주 이상하게 방황하였다. 많은 종족에게 그것은 오늘날 오세아니아의 일부에서 아직도 볼 수 있는 마술사에 대한 신앙을 조금도 넘어서지 못하고 있었다. 어떤 민족에게는 종교적 감정이 멕시코의 고대 종교의 특징을 이루는 한심스러운 살육의 정경으로 타락하고 있다. 그 밖의 다른 나라, 특히 아프리카에서는 배물교(拜物敎), 즉 초자연적 능력을 가지고 있다고 여겨진 물질적 대상에 대한 숭배를 조금도 넘어서지 못했다. 때때로 가장 야비한 사람을 본래의 사람됨보다 높이 끌어 올려주는 사랑의 본능이 가끔은 타락과 잔인함으로 변하는 것처럼, 오랫동안 종교의 이 숭고한 능력도 인류로부터 근절해야 할 병독(病毒)인 양, 또 현자들이 없애려고 애써야 할 여러 가지 과오와 범죄의 원인인 양 보이기도 했다.

　아주 먼 옛날부터 중국, 바빌로니아, 이집트에서 발달한 빛나는 문명들은 종교로 하여금 몇 가지 진보를 하게 했다. 중국은 일찍이 일종의 평범한 양식(良識)에 도달했는데, 이 양식은 여러 가지 과오에 빠지는 것을 막아주었다. 중국은 종교적 정신의 여러 가지 이익도 폐해도 알지 못하였다. 하여간 중국은 이 방면에서는 인류의 큰 조류의 방향에 아무런 영향도 끼치지 못했다. 바빌로니아 및 시리아의 종교는 기묘한 육욕의 바탕을 벗어나 본 적이 한번도 없었다. 이 종교들은 4세기와 5세기에 멸망할 때까지 내내 부도덕한 종교였다. 다만 일종의 시적(詩的) 직관 덕택에 신적 세계에 대한 환한 전망이 간혹 열리기도 했다. 이집트는 일종의 명백한 배물교임에도 불구하고, 일찍부터 형이상학적 교리와 고상한 상징주의를 가질 수 있었다. 그러나 세련된 신학의 해석이라 할 수 있는 이런 것들이 본래부터 있었던 것이 아님은 의심할 여지가 없는 일이다. 인간은 명료한 관념을 가지고 있으면서도 그 관념을 여러 상징으로 감싸기를 좋아한 적은 한번도 없었다. 사람들이 여러 가지 관념들을 그 의미가 상실된 신비스런 낡은 상징적 비유의 그늘에서 찾는 것은 대개 오랜 반성 이후의 일이요, 또 인간의 정신이 부조리한 것을 그대로 둘 수밖에 없기 때문이다. 물론 인류의 신앙은 이집트로부터 온 것이 아니다. 이집트와 시리아로부터 많은 변화를 거쳐 그리스도교 속에 들어

온 여러 요소는 별 의미 없는 외면적 형식이거나, 아무리 순화된 종교일지라도 남아 있게 마련인 찌꺼기들이다. 여기서 우리가 논하고 있는 여러 종교의 큰 결점은 그 미신적 성격이다. 그것들이 세계에 던진 것은 수백만의 호신부(護身符)와 석부(石符)였다. 여러 세기에 걸친 전제주의에 의한 억압과 개인의 자유를 거의 전적으로 빼앗은 제도에 젖은 민족들로부터는 도대체 위대한 도덕 사상은 하나도 나올 수 없었다.

심혼(心魂)의 시·신앙·자유·정직·헌신은 어떤 의미에서는 인류를 만든 두 위대한 종족, 즉 인도-유럽 종족 및 셈족과 더불어 세계에 나타난다. 인도-유럽 종족의 최초의 여러 종교적 직관은 본질적으로 자연주의적인 것이었다. 그러나 그것은 심원하고 정신적인 자연주의이고, 인간이 자연을 다정하게 포옹함이며, 무한한 감정에 넘쳐 있는 아늑한 시였다. 요컨대, 그것은 게르만족과 켈트족의 천재, 즉 셰익스피어와 괴테가 훨씬 나중에 표현해야만 했던 모든 것의 원리였다. 그것은 반성된 종교와 반성된 도덕에서 온 것이 아니라 우수(憂愁)와 자애(慈愛)와 상상에서 온 것이었다. 그것은 무엇보다도 종교와 도덕의 본질적 조건을 이루는 진지함에서 온 것이었다. 하지만 인류의 신앙은 거기서 나올 수 없었다. 왜냐하면, 이 낡은 종교들은 다신교에서 벗어나기가 매우 힘들었고, 또 아직 명확한 신조에 도달하지 못했기 때문이다. 바라문교(婆羅門敎)는 인도가 가지고 있는 듯이 보이는 보존력(保存力)의 놀라운 특권 덕택으로 오늘날까지 명맥을 유지할 수 있었을 따름이다. 서방으로 진출하려는 불교의 모든 기도는 실패하였다. 고대 고을 지방의 드루이드교[1]는 세계적인

---

1) 드루이드(Druid):고을 지방의 사제. 그 교도들은 삼림 속에서 살았으며, 영혼 불멸·윤회 같은 종교적·철학적 교리를 가지고 있었다. 또 여러 신을 믿으며, 어떤 식물에는 신비스러운 힘이 있다고 믿었는데, 정치적 사회적으로 영향을 끼쳤다.

범위에 미치지 못하고 끝내 자신들만의 민족적 형태를 벗어나지 못했다. 그리스인의 여러 개혁기도, 오르페우스교, 여러 신비교는 영혼에 견실한 자양분을 주기에 부족했다. 페르시아만이 일신교에 가깝고 학적(學的)으로 조직된 교리적 종교를 만들어내는 데 성공했다. 그러나 그 조직 자체는 다른 것을 모방하거나 다른 것에서 얻어온 것이었을 가능성이 크다. 어떻든 페르시아는 세계를 개종시키지는 못했다. 도리어 이 나라는 이슬람교에 의하여 선포된 유일신의 깃발이 국경에 나타나는 것을 보고서는 개종하고 말았다.

인류의 종교를 만든 영광을 차지한 것은 셈족이다. 역사의 경계를 멀리 넘은 곳에, 이미 부패한 세계의 무질서에 물들지 않은 천막 아래서, 유목민 베두인족의 족장은 세계적 신앙을 준비하고 있었다. 시리아의 여러 육욕적 종교에 대한 강한 반감, 아주 간략한 의식, 사원이 전혀 없는 것, 우상이 별로 의미 없는 테라핌(*theraphim*)[2]으로 해소되고 있는 것 — 여기에 그 우월성이 있다. 유목민인 셈족의 모든 부족 가운데, 이스라엘의 아들들의 부족들은 이미 웅대한 운명을 짊어지도록 정해져 있었다. 고대 이집트와의 여러 가지 관계는 헤아리기 어려울 만큼 넓은 범위에 걸쳐 여러 가지 것을 따오게 했으나, 결국은 우상 숭배에 대한 반발만 더했을 따름이었다. 아주 오랜 옛날에 여러 장의 석판에 기록된 그리고 그들이 자기네의 위대한 해방자 모세에게서 연원(淵源)하는 것이라고 본 율법, 즉 『토오라(*Thora*)』는 이미 일신교의 법전이었고, 또 이집트와 갈대아의 여러 제도에 비하면, 사회적 평등과 도덕성의 새싹이 힘차게 나고 있다. 스핑크스가 없이고, 채를 끼우는 고리가 양편에 달린, 운반할 수 있는 궤짝이 그들의 종교 용구의 전부였다. 그 속에는 이 민족의 거룩한 기물(器

---

[2] 옛날 유대인 및 그 밖의 셈족이 집안을 지켜주는 신의 상징으로 만든 작은 우상. 단수는 theraph.

物)들, 여러 가지 유물들과 기록 그리고 끝으로, 늘 펴 있으나 신중하게 기입하곤 한 이 부족의 『문서』³⁾가 함께 들어 있었다. 이 궤짝의 채를 메며 운반 가능한 궤짝들을 보관하는 책임을 맡은 가족은 이 문서 곁에서 관장하기 때문에 일찌감치 세력을 가지게 되었다. 하지만 미래를 결정하는 제도는 여기서 오지는 않았다. 히브리의 사제는 고대의 다른 사제들과 크게 다르지 않았다. 여러 신정적(神政的) 민족들 가운데서 이스라엘을 본질적으로 구별 짓는 특징은 이스라엘에서는 사제들이 언제나 개인적 영감을 따르고 있었다는 것이었다. 이 유목민의 각 부족은 그 사제들 외에 나비(*nabi*), 즉 예언자를 가지고 있었다. 이를테면 이들은 이 지상에 살아 있는 신이므로, 고도의 현명한 통찰이 없이는 해결할 수 없는 어려운 문제가 생기면 그들에게 물어보는 것이었다. 이스라엘의 나비들은 여러 그룹 혹은 종파를 이루면서 큰 우월성을 가지고 있었다. 고대에 민주적 정신의 옹호자요, 부자들의 적으로서 모든 정치적 조직에 반대하고, 또 다른 민족들이 걸어간 길로 이스라엘이 들어서는 것을 반대했던 그들은 유대 민족의 종교적 탁월성을 보장한 진정한 역군이었다. 일찍부터 그들은 무한한 희망을 표명하고 있었고, 또 그 백성들이 어떤 점에서는 정략 상 졸렬한 그들의 권고에 희생되어 앗시리아(수리아)의 세력에 짓밟혔을 때, 무한한 강토를 다스리는 나라가 유대에게 유보되어 있으며, 언젠가는 예루살렘이 전 세계의 수도가 될 것이며, 전 인류가 유대인이 되리라고 선언하였다. 예루살렘은 그 사원과 더불어 그곳을 향하여 전 인류가 달려갈 산정(山頂)의 도읍인 양, 거기로부터 온 세계의 율법이 나올 신비의 땅인 양, 거기서 인류가 이스라엘에 의하여 평화를 얻어 에덴의 기쁨을 되찾게 될 이상적 통치의 중심인 양 그들에게는 생각되었다.⁴⁾

---

3) 『사무엘 상』 10:25.

순교를 찬양하고 〈간고(艱苦)를 많이 겪은 자〉의 힘을 송축하는 낯선 말이 이미 들려오고 있었다. 예레미야처럼 예루살렘의 거리거리를 피로 물들인 저 숭고한 수난자들 가운데 어떤 이를 주제로 하여 영감을 받은 어떤 사람은 〈하나님의 종〉의 고통과 승리를 노래하는 송가(頌歌)를 지었다. 거기에는 이스라엘 정신의 예언적인 힘이 모두 응집되어 있는 듯했다. "그는 주 앞에서 자라나기를 연한 순 같고 마른 땅에서 나온 줄기 같아서 고운 모양도 없고 풍채도 없은즉 우리의 보기에 흠모할만한 아름다운 것이 없도다. 그는 멸시를 받아서 사람에게 싫어버린 바 되었으며 간고를 많이 겪었으며 질고를 아는 자라. 마치 사람들에게 얼굴을 가리우고 보지 않음을 받는 자 같아서 멸시를 당하였고 우리도 그를 귀히 여기지 아니하였도다. 그는 실로 우리의 질고를 지고 우리의 슬픔을 당하였거늘 우리는 생각하기를, 그는 징벌을 받아서 하나님에게 맞으며 고난을 당한다 하였노라. 그가 찔림은 우리의 허물을 인함이요, 그가 상함은 우리의 죄악을 인함이라 그가 징계를 받음으로 우리가 평화를 누리고 그가 채찍에 맞음으로 우리가 나음을 입었도다. 우리는 다 양 같아서 그릇 행하여 각기 제 길로 갔거늘 여호와께서는 우리 무리의 죄악을 그에게 담당시키셨도다. 그가 곤욕을 당하여 괴로울 때에도 그 입을 열지 아니하였음이여, 마치 도수장으로 끌려가는 어린 양과 털 깎는 자 앞에 잠잠한 양 같이 그 입을 열지 아니하였도다. 그의 무덤은 악인의 무덤으로 여겨지며, 그의 죽음은 불경건한 자의 죽음으로 여겨지고 있도다. 그러나 그가 자기의 생명을 바치게 되는 날부터는 무수한 후계자가 나는 것을 볼 것이요, 또 여호와께서 기뻐하시는 것이 그의 손에서 번성하리로다."

이와 동시에 『토오라』에는 몇 가지 심원한 변경이 가해졌다. 모세

---

4) 『이사야』 2:1-4, 그리고 특히 40장 이하; 60장 이하;『마가』 4:1 이하, 40장에서 시작되는 『이사야』의 둘째 부분은 이사야의 것이 아님을 상기해야 한다.

의 참 율법을 보여준다고 주장하는 『신명기』와 같은 새로운 원문들이 나와서 옛 유목민들의 정신과는 아주 다른 정신을 실제로 낳았다. 대단한 열광이 이 정신의 두드러진 특색이었다. 광포한 신자들은 여호와의 종교에서 떠나는 모든 것에 대하여 끊임없이 난폭한 행위를 선동하였다. 종교적 범죄에는 사형을 명하는 피의 법전이 만들어졌다. 신앙심은 거의 언제나 격렬함과 온화함이라는 이상한 대립물을 가져다준다. 사제들의 시대의 어수룩한 소박성에는 없었던 이 열정은 지금까지 세계가 들어보지 못한 감격적인 설교와 부드러운 권유의 어조를 불러일으켰고, 사회 문제로 향하는 강한 경향이 이미 느껴졌다. 유토피아, 곧 완전한 사회에 대한 꿈이 법전 속에 자리 잡고 들어섰다. 그리하여 족장 시대의 도덕과 열렬한 신앙의 혼합, 맨 처음의 여러 직관과 히스기야·여호수아·예레미야 같은 사람들의 마음속에 가득 찼던 세련된 신앙의 혼합인 『모세 오경』이 오늘날 우리가 보는 바와 같은 모습을 띠게 되고, 여러 세기 동안 민족정신의 절대적 규준이 된 것이다.

이 위대한 책이 한 번 지어지자, 유대 민족의 역사는 거역하기 힘든 힘에 끌려 전개되어간다. 서아시아에서 연달아 일어난 큰 제국들은 지상의 왕국을 세우려는 유대 민족의 모든 희망을 부수어 버리고, 일종의 음침한 정열을 지닌 종교적 몽상 속으로 이 민족을 내던진다. 이 민족은 민족적 왕조나 정치적 독립에는 별로 마음을 쓰지 않고, 자신들의 종교를 마음대로 신봉하고 그 관례를 따르도록 내버려두는 모든 통치를 받아들인다. 이후 이스라엘은 종교적 열심만을 자신의 방향으로 삼고, 유일신의 적만을 적으로 삼고, 그 율법만을 조국으로 삼게 된다.

그리고 이 율법은 전적으로 사회적이고 도덕적이었다. 그것은 현재의 삶의 높은 이상을 품은, 그리고 그 이상을 실현하기 위한 가장 좋은 수단을 발견하기 위한, 가장 좋은 수단을 발견했다고 믿은 사람들이 지은 것이었다. 『토오라』를 잘 믿으면 반드시 완전한 행복을 얻을 수 있다는 것이 모든 사람이 확신하는 바였다. 이 『토오라』는 추상적인 법 이외에는 전혀 문제 삼지 않고 개인의 도덕이나 도덕에 관한 문제는 거들떠보지 않는 그리스나 로마의 법률들과는 어떤 공통점도 가지고 있지 않았다. 우리는 이미 유대인의 율법에서 나올 여러 가지 결과가 정치적 차원의 것이 아니라 사회적 차원의 것이며, 이 민족이 힘써 세우려는 것은 세속적 공화국이 아니라 하나님의 나라이며, 한 민족이나 한 조국이 아니라 하나의 전 세계적 제도라는 것을 짐작할 수 있다.

허다한 과오를 저지르면서도 이스라엘은 이 천직을 훌륭하게 지켜 나아갔다. 율법에 대한 열정으로 불타는 에스라·느헤미야·오니아스·마카바이가(家)[5]의 사람들 같은 사람들이 연이어 나와서 옛 제도를 수호한다. 이스라엘은 그 백성이 성도(聖徒)들이요, 하나님께 선택되고 계약에 의하여 하나님께 연결되어 있는 종족이라는 생각이 더욱 더 공고하게 뿌리박는다. 하나의 크나큰 기대가 사람들의 마음을 채운다. 고대 인도-유럽인 모두 이 세상의 처음에 낙원이 있었다고 여겼다. 모든 시인들은 사라진 황금시대를 생각하며 눈물지었다. 이스라엘은 황금시대를 미래에 두었다. 종교적 심혼(心魂)의 영원한 노래인 『시편』은 이 앙양된 경건한 마음에서 우러나와 절묘하고 애수(哀愁)어린 가락을 읊는다. 이스라엘은 진정으로 그리고 빼어나게 하나님의 백성이 된다. 한편, 주위에서는 이교(異敎)들이 페르시아와 바빌로니아에서는 공공연한 협잡으로, 이집트와 시리아에서는 몽매한 우상 숭배로, 그리스와 라틴 세계에서는 여러 가지

---

[5] 마카바이(Macchabees) : 형제는 모두 일곱이다. 그들은 시리아 왕 안티오코스 에피파네스 치하에서 그들의 모친과 함께 종교적 반란을 일으키고 순교했다(기원전 168년).

허식으로 더욱 더 타락해간다. 기원 후 여러 세기 동안 그리스도교 순교자들이 행한 것, 박해하는 정통주의에 희생된 사람들이 오늘날까지 그리스도교 자체 안에서 행한 것을 유대인들은 기원 전 두 세기 동안에 행하였다. 그들은 미신과 종교적 물질주의에 힘차게 항거하였다. 결국 가장 대립되는 여러 결과를 낳은 비상한 사상운동이 이 시기에 그들을 가장 두드러지고 독창적인 민족이 되게 하고 있었다. 그들이 지중해 연안에 분산되어 있었던 것 그리고 팔레스티나 밖에서는 그리스어가 쓰이고 있었던 것은 여러 작은 민족들로 갈라져 있던 고대 사회에서는 선례를 볼 수 없는 여러 가지 포교 방도를 마련해주었다.

마카바이 가문의 시대까지 유대교는 언젠가는 인류의 종교가 되리라고 줄곧 언명해오기는 했으나, 고대의 다른 모든 종교의 특징을 역시 지니고 있었다. 즉 유대교도 가족과 부족의 종교였다. 이스라엘 백성은 자기네 종교가 제일 좋은 종교라고 생각했으며, 이방의 신들에 대해서는 경멸하면서 말하였다. 그러나 그들은 또 참 하나님의 종교는 오직 자신들을 위해서만 만들어졌다고 믿었다. 유대인의 가족의 일원이 될 때 여호와의 종교를 신봉하는 것이 되었다.[6] 단순히 이것뿐이었다. 이스라엘 사람 치고 이방인을 아브라함의 자손들의 세습 재산인 이 종교로 개종시키려는 생각을 가져본 사람은 한 사람도 없었다. 에스라와 느헤미아 이후 경건한 정신의 발전으로 좀더 경건하고 좀더 논리적인 생각을 가지게 했다. 유대교는 하나의 절대적 태도를 가진 참된 종교가 되었다. 유대교는 입교하고자 하는 사람에게는 입교할 권리를 주었다.[7] 얼마 안 가서 될수록 많은 사람을 이 종교에 입교시키는 것이 경건한 일이 되었다.[8] 물론 침례자 요

---

6) 『룻』 1:16.
7) 『에스더』 9 :27.

한・예수・성 바울로 하여금 민족이라는 좁은 관념을 넘어서게 한 너그러운 감정은 아직 존재하지 않았다. 이상하게도 모순된 일이거니와, 이 개종자(유대교로 귀의한 사람)들은 그다지 중요하게 여겨지지 않았고 오히려 경멸적인 대우를 받았다. 그러나 하나의 뛰어난 종교의 관념, 세상에는 종교보다, 피보다, 법률보다 우월한 그 무엇이 있다는 관념, 사도들과 순교자들을 배출한 관념이 세워졌다. 이방인은 아무리 이 세상의 복을 많이 타고났다 하더라도 불쌍한 존재라는 이방인에 대한 깊은 연민은 이후 모든 유대인의 감정이 되었다. 이 민족의 지도자들은 확고부동한 정신의 모범을 보여주기 위한 일련의 전설(다니엘과 그 동료 마카바이 가문의 모친과 그 일곱 아들,[9] 알렉산드리아의 경마장에 관한 이야기)에 의하여 무엇보다도 먼저 덕이란 이미 정해진 종교 제도에 대한 열광적 애착에서 성립한다는 사상을 주입하려고 애쓰고 있다.

  이 사상은 안티오코스 에피파네스의 박해로 말미암아 거의 격정과 광란이 되었다. 이것은 이보다 230년 후에 네로 치하에서 일어난 일과 매우 흡사한 것이었다. 분노와 절망은 신자들을 환상과 꿈의 세계로 몰아넣었다. 『다니엘 서』가 출현했다. 그것은 마치 예언의 부활과도 같았다. 그러나 그것은 옛날의 예언과는 아주 다른 형식을 취하고 있었고, 또 세계의 운명에 대해 훨씬 더 넓은 전망을 가지고 있었다. 『다니엘 서』는 이를테면 메시아에 대한 여러 가지 희망의 결정적 표현이었다. 메시아는 이제 다윗이나 솔로몬 같은 왕도 아니고, 신정자(神政者)이자 모세의 율법의 준행자(遵行者)인 퀴로스[10]와 같은 존재도 아니었다. 그는 구름 속에 나타나는 〈사람의 아들〉,[11] 즉

---

8) 『마태』 23:15.
9) 『마카바이 하』 12장.
10) 퀴로스(Kyros): 페르시아의 왕. 페르시아 제국의 창건자.
11) 『다니엘』 7:13 이하.

사람의 모습을 취하고 세계를 심판하며 황금시대에 다스릴 초자연적 존재였다. 오르무즈드[12]의 치세를 준비할 임무를 맡고 장차 올 대예언자인 페르시아의 소시오슈(sosiosh)가 아마 이 새로운 이상적 인물에 몇 가지 특징을 제공하고 있는 것이 아닌가 싶다. 하여간, 『다니엘 서』의 미지의 저자는 세계를 변혁시키게 될 종교적 사건에 결정적 영향을 끼쳤다. 그는 새로운 메시아 신앙을 등장시켰고, 또 그 여러 가지 술어를 지어냈다. 우리는 예수가 침례자 요한에 관하여 한 말을 이 사람에게 적용할 수 있다. ─ "그에게 이르기까지는 예언자들, 그로부터는 하나님의 나라." 몇 해 안 가서 똑같은 사상이 족장 에녹의 이름으로 다시 나왔다. 계시파와 직접적 관계를 가지고 있었던 것으로 보이는 엣세네파[13]는 거의 같은 시대에 생겨나서, 인류의 교육을 위하여 얼마 안 가서 세워지게 된 위대한 규율의 최초의 윤곽 같은 것을 보여주었다.

그러나 아주 깊이 종교적이요 열정적이었던 이 운동이 그리스도교 내부에서 터진 모든 투쟁에서 그랬던 것처럼 특수한 교리들을 그 원동력으로 가지고 있었다고 생각해서는 안 된다. 이 시기의 유대인은 신학자 같은 데가 가장 적은 사람들이었다. 그들은 신의 본질에 대하여 사색하지 않았다. 천사·인간의 숙명·신의 위격(位格) 같은 것에 대한 신앙은 이미 그 새싹이 엿보이고 있었으나 아직은 자유로운 신앙이었으며, 각자가 자신의 정신의 경향에 따라 몰두하기는 했으나 대부분의 사람들이 별로 들어본 일이 없는 명상이었다. 가장

---

12) 오르무즈드(Ormuzd) : 조로아스터교의 최고신으로서, 선의 주재자·세계의 창조자·인류의 보호자. 조로아스터교의 경전인 『아베스타』의 기록에 사용된 언어인 젠드어(Zend)로는 아우라 마즈다(Ahoura-mazda).
13) 엣세네파(Esseniens, 戒行敎派) : 마카바이가 형제들 당시에 있었던 한 유대교파. 기원전 2세기에서 기원후 2세기까지 팔레스티나의 유대인들 가운데 존속했는데, 고행으로 유명했다. 이들은 도시에서 멀리 떨어진 곳에 살았고, 또 결혼하지 않는 것이 보통이었다.

정통적인 사람들도 이 모든 특수한 상상에는 관여하지 않았고, 그저 모세의 단순한 율법에만 집착하였다. 정통주의의 그리스도교가 (가톨릭) 교회에 내맡긴 바와 같은 교리의 권세는 당시에는 전혀 존재하지 않았다. 교회의 역사를 저 끝없는 논쟁의 역사가 되게 한 정의에 대한 열의가 시작된 것은 3세기 초엽 그리스도교가 변증법과 형이상학에 미친, 논변하기를 좋아하는 사람들의 수중에 들어간 다음부터의 일이다. 유대인들 간에도 논쟁은 있었다. 열렬한 당파들은 거의 모든 문제를 제기하고 서로 대립하는 해답들을 가지고 떠들어댔다. 그러나 『탈무드』[14]에 그 주요한 특색이 보존되어 있는 이 논쟁들 속에는 사변적이고 신학적인 말은 단 한 마디도 없다. 율법은 공의(公義)를 드러내는 것이며, 또 잘 지키면 행복을 주는 것이므로 율법을 지키고 유지해간다는 것이 유대교의 전부다. 어떤 신조도 없고, 어떤 이론적 신경(信經)도 없다. 가장 대담한 아라비아 철학자였던 모세 마이모니데스[15]는 교회법에 아주 밝은 학자였기 때문에 유대 교회의 권위자가 될 수 있었다.

하스몬가(家)[16]의 마지막 여러 대의 통치와 헤롯의 통치 기간에 열광은 더욱 부풀어 올랐다. 이 기간에는 일련의 종교 운동이 연달아 일어나고 있었다. 권력이 세속화하고 불신자들의 수중으로 넘어갈수록 유대 민족은 더욱 더 이 지상의 것을 위해서는 살지 않게 되고, 또 그들 가운데서 작용하고 있던 이상한 힘에 끌려들게 되었다. 세계는 여러 가지 다른 구경거리에 정신이 팔려 망각된 이 동방의

---

14) 본래의 뜻은 〈가르침〉. 모세의 율법을 해석한 랍비들의 말을 모은 책. 구전한 것들을 법전화한 『미슈나』와 그 주석인 『게마라(Gemara)』의 두 부분으로 구분된다.
15) 모세 마이모니데스(Moses Maimnides, 1135년-1204년) : 코르도바 출신의 유대인 의사·신학자·철학자. 신앙과 이성의 일치, 『성서』와 아리스토텔레스 철학의 일치를 증명하려 했다.
16) 혹은 아스몬(Asmon)가 : 마카바이 형제들 가문의 이름.

구석에서 무슨 일이 일어나고 있는지 전혀 알지 못하였다. 자신의 시대가 어떻게 돌아가고 있는지 잘 알고 있던 사람들은 그래도 좀더 잘 깨닫고 있기는 했다. 민감하고 총명한 베르길리우스[17]는 마치 은밀한 반향이 아닐까 싶을 정도로 제2의 이사야에 호응하고 있는 듯싶다. 그리하여 한 아기의 탄생은 그를 전 우주적인 신생의 꿈속으로 던지고 있다. 이 꿈은 세간에서 흔히 볼 수 있는 것이었고 또 마치 일종의 문학 같은 것을 형성하고 있어서 사람들은 이것을 여예언자들의 신탁이라 불렀다. 바로 얼마 전 이룩된 로마 제국의 건설이 상상력을 부풀리고 있었다. 이제 이 제국이 맞이한 큰 평화 시대와 오랜 동안에 걸친 혁명 후에 사람들이 갖게 된 우울한 감수성의 인상은 도처에서 한없는 희망을 불타오르게 했다.

유대에서는 기대가 극에 다다르고 있었다. 경건한 사람들 — 전설에서는 예수를 팔에 안았다고 전하는 늙은 시므온, 파누엘의 딸이요 또 여예언자로 여겨졌던 안나[18]도 이들 가운데에 넣고 있다 — 은 하나님의 은혜를 받아 이스라엘의 희망이 성취되는 것을 보지 않고는 세상을 떠나지 않도록 금식하고 기도하면서 일생 동안 성전 주변에서 지내고 있었다. 사람들은 하나의 힘찬 부화(孵化)를, 미지의 어떤 것이 가까이 옴을 느끼고 있었다.

분명한 전망들과 꿈들의 뒤섞임, 실의와 희망의 엇갈림, 더러운 현실로 말미암아 끊임없이 짓눌려온 갈망들은 전 세계의 깨달은 자들이 하나님의 아들이라는 칭호를 바친 비길 데 없는 인간에게서 마침내 그 해석자를 찾았다. 〈하나님의 아들〉이라는 칭호는 아주 정당한 것이었다. 왜냐하면 그는 종교로 하여금 다른 어떤 전진과도 비교할

---

17) 베르길리우스(Vergilius Maro, 기원전 70년 - 기원후 19년): 로마의 시인. 영어로는 버질(Virgil).
18) 『누가』 2:25 이하.

수 없고 또 아마 앞으로도 비교할 것이 없을 일보 전진을 하게 했기 때문이다.

제2장 예수의 어린 시절

예수는 갈릴리의 조그마한 마을 나사렛에서 태어났다.[1] 이 마을은 그 이전에는 전혀 알려져 있지 않았다. 예수는 일생 동안 나사렛 사람[2]이라 불렸다. 그가 베들레헴에서 태어났다는 전설은 심한 왜곡을 통해서 만들어진 것이다. 나중에[3] 우리는 이렇게 상정(想定)하게 된 동기를, 또 이러한 상정을 메시아로서의 예수의 역할에 돌림으로써 어쩔 수 없이 따라오게 된 것을 살펴볼 것이다.[4] 우리는 그가 태어난 날을 정확히 알지 못한다. 아마도 아구스도의 치세 중, 로마력(曆) 750년경이 아니었던가 한다.[5] 즉, 문명한 모든 나라 사람들이 그의 탄생일이라고 생각하는 날로부터 시작하는 1년보다 몇 해 전이다.

그에게 주어진 예수라는 이름은 여호수아의 한 변형이다. 그것은 매우 흔한 이름이었다. 그러나 사람들은 나중에 이 이름에서 신비스러운 일들과 구세주의 역할에 대한 암시를 찾았다.[6] 모든 신비가가

---

1) 『마태』 13:54 이하;『마가』 6:1 이하;『요한』 1:45-46.
2) 『마태』 26:71;『마가』 1:24;14:67;『누가』 18:37;24:19;『요한』 19:19;『사도행전』 2:22;3:6;10:38.
3) 이 책 제15장.
4) 『마태』 2:1 이하;『누가』 2:1 이하.
5) 『마태』 2:1;19:22;『누가』 1:5.
6) 『마태』 1:21;『누가』 1:31.

그러하듯 아마 예수 자신도 여기에 대해서는 자랑스럽게 생각하고 있었을 것이다. 이와 같이 아무 저의 없이 한 아기에게 주어진 이름이 역사상의 큰 천직을 가리킨 일은 한두 번이 아니었다. 열성적인 사람들은 결코 자신에 관한 일에서 우연만을 보고 그치지는 않는다. 만사가 자신을 위하여 하나님께서 작정하신 것이라 여기고, 또 가장 사소한 일에서도 지극히 높은 의지의 표시를 본다.

갈릴리 주민들은 그 이름이 보여주는 바와 같이 인종 혼합이 아주 심했다.[7] 예수 당시 이 지방 주민들 가운데는 유대인이 아닌 사람들(페니키아인, 시리아인, 아라비아인 심지어 그리스인)이 많이 있었다. 이렇게 여러 인종이 섞인 고장에서 유대교로의 개종은 결코 드문 일이 아니었다. 그러므로 여기서 종족 문제를 제기하여, 인류에게서 피의 차별을 제거하는 데 가장 큰 공헌을 한 사람의 혈관 속에 어떤 피가 흐르고 있었는가를 찾는다는 것은 불가능한 일이다.

그는 평민 계급 출신이었다. 그의 부친 요셉과 모친 마리아는 자기 손으로 일해서 먹고사는 중류 계급의 사람들이었다.[8] 근동(近東) 지방에서는 흔히 볼 수 있는 것으로서, 그 형편은 유복하지도 곤궁하지도 않은 편이었다. 이런 지방에서는 생활이 극히 단순하기 때문에 우리나라(프랑스를 뜻함)에서와 같이 생활을 안락하고 쾌적하게 해주는 것들이 필요 없고, 부자의 특권이 거의 쓸데없으며, 또 누구나 가난하게 산다. 한편, 예술에 대한 취미나 물질적 생활을 우아하게 하는 데 도움이 되는 것들에 대한 취미가 전혀 없으므로 부족한 것 하나 없는 사람의 집도 매우 초라해 보인다. 이슬람교가 성지 도처에 끌어들인 더럽고 역겨운 것들을 제외하면, 나사렛 마을은 예수 당시에도 아마 오늘날과 별로 다름이 없었으리라. 우리는 돌이 많은

---

7) 갈릴리의 원명인 '겔릴 하고임 Gelil Haggoyim'은 '이방인들의 모임'이라는 뜻이다.
8) 『마태』 13:55 ; 『마가』 6:3 ; 『요한』 6:42.

골목길이나 오막살이집들을 갈라놓는 여러 갈래 길에서 어릴 적 그가 놀았던 길거리를 본다. 요셉의 집은 문으로 들어오는 광선으로 방을 밝히며, 작업장·부엌·침실을 겸하며, 가구라고는 돗자리 하나, 땅바닥에 까는 방석 몇 개, 질항아리 한두 개, 그리고 채색한 뒤주 하나밖에 없는, 보잘 것 없는 가게 방과 무척 비슷했을 것이 분명하다.

그 가족은 한 번의 결혼에서인지 여러 번의 결혼에서인지는 모르지만 어쨌든 숫자가 많았다. 예수에게는 형제자매가 있었는데,[9] 그 중에 그가 맏이였던 것 같다.[10] 동생들과 누이들은 여태껏 분명히 알려지지 않고 있다. 그의 동생이라 하여 이름이 나온 네 사람 ─그 중 적어도 야고보는 그리스도교 발전 초창기에 중요한 인물이 되었는데 ─은 사실 그의 사촌형제들이었다. 사실 마리아에게는 마리아라는 같은 이름의 동생이 있었는데,[11] 이 동생은 알패오 혹은 글레오파(이 두 이름은 동일 인물을 가리키는 것으로 보인다)라는 사람의 아내요, 또 예수의 최초의 제자들 가운데 중요한 역할을 한 여러 사람의 어머니였다. 예수의 친동생들은 예수를 반대했지만,[12] 이 사촌형제들은 젊은 스승을 열심히 섬겨, 〈주님의 형제〉라는 칭호를 얻었다. 예수의 친동생들은 그의 모친과 마찬가지로 그가 죽은 후에야 비로소 널리 알려졌다.[13] 그래도 그들은 사촌형제들만큼은 존경을 받지 못하였다. 이 사촌형제들의 회심(回心)은 좀더 자발적이었고, 또 그들의 성격은 좀더 독창성을 지니고 있었던 것 같다. 예수의 친동생

---

9) 『마태』1:25;12:46 이하;13:55 이하;『마가』3:31 이하;『누가』2:7;8:19 이하;
  『요한』2:12;7:3;5:10;『사도행전』1:14.
10) 『마태』1:25;『누가』11:7.
11) 『요한』19:25.
12) 『요한』7:3 이하.
13) 『사도행전』1:14.

들의 이름은 알려져 있지 않았다. 그래서 복음서 기자가 나사렛 사람들에게 예수의 친동생들의 이름을 불러대게 했을 때, 그들의 머리에 먼저 떠오른 것은 글레오파의 아들들의 이름이었다.

예수의 누이동생들은 나사렛에서 시집갔고,[14] 예수는 그곳에서 어린 시절의 여러 해를 보냈다. 나사렛은 에스드렐론의 평야를 북쪽에서 가로막는 일군(一群)의 산꼭대기를 향하여 크게 열려 있는 땅 틈바구니에 자리 잡고 있는 조그마한 마을이었다. 인구는 현재 3천 내지 4천 명인데, 별로 변동이 없었으리라 생각된다. 겨울에는 한기(寒氣)가 심하나, 건강에 매우 적합하다. 나사렛은 당시 유대인 촌락이 모두 그랬듯이 멋없이 지은 오막살이집들이 밀집한 곳으로서 셈족 지방 마을들이 보여주는 메마르고 가난한 모습이었을 것이 확실하다. 집들은 오늘날 레바논의 가장 풍요한 지역을 덮고 있는, 그리고 포도나무와 무화과나무에 섞여 그다지 상쾌하지 않은, 안이고 밖이고 가릴 것 없이 우아한 데라고는 없는 저 돌 입방체와 별로 다르지 않았으리라 생각된다. 하지만 주변은 아늑하고 아름다워 세계 어디를 가도 여기만큼 절대의 행복을 꿈꾸기에 알맞은 곳은 없다. 오늘날도 나사렛은 쾌적한 체류지요, 아마도 팔레스티나에서는 유례가 없는 황폐의 한가운데서 마음을 무겁게 내리누르는 중압감으로부터 조금이나마 벗어나게 해주는 듯한 느낌을 주는 유일한 장소일 것이다. 주민들은 친절하고 상냥하며, 정원에는 시원스런 녹색이 감돈다. 순교자 안토니누스는 6세기 말 이 주변의 풍요한 모습을 매력 있게 묘사하고 천국에 견주었다. 서쪽의 몇몇 골짜기는 그의 묘사가 정확함을 충분히 증명해주고 있다. 옛날 이 조그마한 마을의 생활과 즐거움의 중심이었던 샘은 지금은 허물어져 있다. 금이 가서 터진 물길에는 이제 흐린 물밖에 없다. 그러나 저녁이면 거기 모여드는 아

---

14) 『마태』 18:56; 『마가』 6:3.

낙네들의 아름다움, 6세기에 이미 주목된 바 있고 동정녀 마리아의 타고난 아름다움이 그랬으리라 생각되는 저 아름다움은 놀라울 정도로 잘 보존되어 있다. 애달픈 표정이 넘쳐흐르면서 아주 우아한 시리아형(型)의 아름다움이다. 마리아가 거의 매일 거기 나왔고, 이름이 알려지지 않은 같은 또래의 여자들 틈에 끼어 물을 긷고 항아리를 이고 돌아가곤 했다는 것은 조금도 의심할 여지가 없다. 순교자 안토니누스는 유대 여자들이 다른 곳에서는 그리스도교도들을 향하여 경멸의 눈길을 보냈지만, 여기서는 아주 따뜻한 호의를 베푼다는 것에 주의하고 있다. 오늘날도 나사렛에서는 여러 가지 종교적 증오심이 딴 곳보다는 치열하지 않다.

이 마을은 안계(眼界)가 좁다. 그러나 조금만 높은 데 올라가, 제일 높은 집들이 내려다보이고 미풍이 줄곧 불어오는 언덕에 다다르면 전망은 놀랍도록 훌륭하다. 서쪽에는 가르멜산의 아름다운 선들이 펼쳐지다가 바다 속으로 뛰어드는 듯이 보이는 절벽으로 끝나고 있다. 그리고는 마게도[15]를 굽어보는 한 쌍의 봉우리, 족장 시대의 여러 성지가 있는 세겜 지방의 산들, 쉴렘과 엔도르[16]의 사랑스러운 혹은 무서운 추억들을 간직하면서 아름다운 한 무리를 이루고 있는 길보아의 언덕들, 옛날 사람들이 유방에 비긴 둥그스름한 다볼산이 펼쳐진다. 쉴렘산과 다볼산 사이의 계곡을 통하여 요단강 유역과 베레아의 고원이 희미하게 보이는데, 이 고원은 동쪽에 한 줄기 연속선을 긋고 있다. 북쪽에는 사페드의 산들이 바다 쪽으로 경사진 채 성 쟌느 다르끄[17]의 거리를 가리고 있으나, 하이파만의 모습이 뚜렷

---

15) 마게도(Mageddo) : 팔레스티나의 옛 도읍. Esdraclon 평야의 남쪽에 있다.
16) 엔도르(Endor) : 팔레스티나의 한 도읍. 다볼(Thabor)산의 남쪽에 있는데, 유명한 무녀(巫女)가 이곳에 살았다고 한다.
17) 성 쟌느 다르끄(Saint Jeanne d'Arc) : 오늘날의 Acco. 옛날에는 Ptolemais라고도 불렸다. 이스라엘 서북방의 항구로서, 십자군이 이곳을 '성 쟌느 다르끄'라고

이 보인다. 이와 같은 것이 예수의 안계였다. 이 매력 있는 하늘과 땅, 하나님 나라의 요람이 여러 해 동안 그의 세계였다. 그의 생활도 그가 유년 시절에 친근했던 이 지역에서 떠나는 일이 거의 없었다. 왜냐하면 이곳을 벗어나면, 북쪽에는 헤르몬산의 산허리에 이방인들의 세계에 가장 멀리 내민 가이사랴 빌립보의 끝이 멀리 보이고, 남쪽에는 벌써 웃음기를 덜 띤 사마리아의 산들 뒤로 건조와 죽음의 열풍이 태워버린 듯한 말라빠진 유대 땅이 예감되기 때문이다.

만일 세계가 그리스도교를 그냥 신봉하되 그 기원에 대한 존경을 일으키는 것에 대하여 가장 옳은 관념을 가지게 되고서, 그 옛날 몽매했던 시대의 신앙에 결부된 애매하고 저속한 성소(聖所)를 진정한 성지로 옮기려 한다면, 그 성전을 지을 곳은 바로 이 나사렛의 언덕 위다. 그리스도교가 세상에 나왔고 그 시조의 활동이 빛을 발했던 중심지인 바로 여기에 모든 그리스도교가 기도드릴 수 있는 큰 교회를 세워야 할 것이다. 또한 여기서, 즉 목수 요셉과 자신의 고향인 골짜기의 안계 밖으로 나간 적이 없는 잊혀진 수천의 나사렛 사람들이 잠들고 있는 바로 이 땅 위에서, 철인(哲人)은 다른 어느 곳에서보다도 더 잘 인간의 일들의 흐름을 묵상할 수 있고, 그 일들이 우리의 가장 귀한 본능에 입히는 실패에 대해서 위안을 얻을 수 있고, 세계가 무수한 과오를 저지르면서도 또 이 세상의 모든 일이 허무함에도 불구하고 추구하는 숭고한 목적에 대해서 확신을 가질 수 있을 것이다.

불렀다.

제3장 예수가 받은 교육

 웃음을 머금은 듯하면서도 웅대한 이 자연이 예수가 배운 것 전부였다. 그는 자라면서 읽기와 쓰기를 배웠다.[1] 그 방법은 아이에게 책을 한 권 주고 다른 아이들과 함께 박자를 붙여가며 읽게 하고 또 암기할 때까지 되풀이하게 하는 동양식 방법이었을 것이 확실하다. 하지만 그가 히브리 글들을 그 원어(原語)로 잘 이해했다는 것은 의심스러운 일이다. 전기 작가들은 그가 사용한 히브리 글들을 아람어로 번역하여 인용하고 있다.[2] 해석에서 그가 취한 원칙은 그 제자들을 통하여 추측할 수 있는 한, 그 당시 흔히 취해졌던 그리고 『타르굼밈』[3]과 『미드라쉼』[4]의 정신을 이루고 있던 원칙과 무척 비슷한 것이었다.
 작은 유대 마을의 서당 훈장들은 하잔(hazzan), 즉 회당의 일을 맡아보는 사람이었다. 예수는 율법학자들, 즉 소페림(soferim)이 가르치는 상급 학교에는 다니지 않았다(나사렛에는 아마 이런 학교가 없었을 것이다). 그리고 그는 세상 사람들의 속된 눈에 지식인의 권위

---

1) 『요한』 8:6.
2) 『마태』 27:46; 『마가』 12:34.
3) 타르굼밈(Targummim): 『구약성서』의 여러 책을 아람어로 번역한 것이다.
4) 미드라쉼(Midraschim): 『구약성서』의 여러 책을 설명한 것이다.

로 비치는 저 칭호들을 하나도 가지고 있지 않았다.[5] 하지만 예수가 이른바 무학자(無學者)였다고 상상하는 것은 큰 잘못일 것이다. 근래의 학교 교육은 그것을 받은 사람과 받지 않은 사람 사이에 개인의 가치에 대하여 깊은 차별을 두지만, 먼 옛날 동방에서는 그렇지 않았다. 우리 사회에서는 우리의 생활이 고립되어 있고 또 아주 개인주의적이기 때문에 학교에 다니지 못한 사람은 언제까지나 무식한 상태로 머물러 있지만, 정신적 교양과 특히 시대의 일반적 정신이 사람들 사이의 끊임없는 접촉에 의하여 전달되는 동방 사회에서는 그렇지 않았다. 아라비아 사람들은 선생이라는 것을 한번도 가져 본 적이 없으면서 가끔 아주 뛰어난 사람이 적지 않게 있었다. 이것은 천막이 언제나 열려 있는 학원이어서, 거기서 교양이 높은 사람들을 만남으로써 큰 지적 문학적 운동이 일어났기 때문이다. 동방에서는 우아한 몸가짐이나 섬세한 마음은 우리의 이른바 교육과는 공통점이 전혀 없는 것이다. 학교 교육을 받은 사람들이야말로 도리어 아는 체하고 버릇없는 자로 취급된다. 이런 사회에서는 우리 사회에서 못난 놈으로 취급받게 하는 무지가 오히려 위대한 사업과 위대한 독창성의 조건이다.

  예수는 그리스어를 몰랐으리라 생각된다. 이 언어는 유대에서 정치에 관여하는 계급들 외에는, 그리고 가이사랴 같은 이방인이 사는 도시들에서밖에는 거의 쓰이지 않았다. 예수가 쓰던 언어는 당시 팔레스티나에서 쓰이던, 히브리말이 섞인 시리아의 방언이었다.[6] 더군다나 그는 그리스 문화를 전혀 알지 못했다. 이 문화는 팔레스티나의 학자들에 의하여 금지되어 있었는데, 이 학자들은 〈돼지를 치는 자〉와 〈자기 자식에게 그리스 문화를 가르치는 자〉를 똑같이 저주하

---

5) 『마태』 13:54 이하;『요한』 7:15.
6) 『마태』 27:46;『마가』 3:17;4:41;7:34;14:36;15:34.

고 있었다. 하여간, 그리스 문화는 나사렛 같은 작은 마을에는 침투하지 못하였다. 그러나 학자들의 맹렬한 배척에도 불구하고 몇몇 유대인들이 이미 헬레니즘 문화를 받아들였던 것은 사실이다. 헬레니즘과 유대이즘을 결합시키려는 시도를 약 200년 전부터 계속해온 이집트의 유대인 학파를 제쳐놓더라도, 한 유대인, 곧 다메섹의 니콜라스는 이미 당시 가장 뛰어나고 가장 유식하고 또한 가장 중요한 인물들 중의 한 사람이 되어 있었다. 그 후 얼마 안 가서 요세푸스[7]는 완전히 그리스화한 또 하나의 실례가 되었다. 그러나 니콜라스는 혈통상으로만 유대인일 따름이었다. 그리고 요세푸스도 자신이 동시대 사람들 중 하나의 예외였다고 언명하고 있다. 또 이집트의 이교파는 온통 『탈무드』나 유대인의 전승에서 전혀 언급되지 않을 정도로 예루살렘에서 이탈해 있었다. 확실한 것은 예루살렘에서는 그리스어가 극히 적게만 학습되었고, 그리스 문물의 연구가 극히 위험하고 심지어 천하다고까지 여겨졌으며, 기껏해야 부녀자들의 장신구의 대용밖에는 안 된다고 공언되었던 일이다. 율법 연구만이 고상하고 점잖은 사람에게 합당한 것으로 여겨지고 있었다. "아이들에게 〈그리스의 지혜〉를 가르치기에 적합한 시간이 언제냐?"라는 질문을 받은 어떤 학식 많은 랍비는 이렇게 대답하였다. "율법에 〈너는 밤낮으로 율법을 공부하라〉고 했으니, 낮도 밤도 아닌 때이니라."

그러므로 헬레니즘 사상의 요소는 직접으로나 간접으로나 하나도 예수에게까지 이르지는 못하였다. 그는 유대교 이외에는 아무 것도 아는 것이 없었다. 그의 정신은 폭넓고 다양한 문화가 언제나 약하게 만드는 저 순진한 솔직성을 보전하고 있었다. 그는 유대교 내부에 있으면서도, 그의 노력과 가끔 평행하는 여러 가지 많은 노력을

---

7) 플라비우스 요세푸스(Flavius Josephus, 37년-95년):예루살렘 태생의 유대인 역사가. 『고대 유대사』를 저술하였다.

끝내 알지 못하면서 지냈다. 한편으로는 엣세네파나 테라페우트파[8]의 금욕주의가 그에게 직접적 영향을 끼치지 않았던 것 같다. 다른 한편으로는 알렉산드리아의 유대교파가 시도한 종교철학상의 훌륭한 논문들(그의 동시대인인 필론[9]이 이 논문들의 능숙한 해석자였다)을 그는 몰랐다. 그와 필론 사이에 자주 찾아볼 수 있는 유사점, 즉 하나님의 사랑과 인애(仁愛)와 하나님 안에서의 쉼에 관한 훌륭한 가르침은 『복음서』와 이 저명한 알렉산드리아의 사상가의 저술 사이에 마치 산울림과도 같이 호응하고 있는데, 이 유사점들은 그 시대의 요구가 교양 있는 모든 사람의 정신 속에 불어넣은 공통의 경향에서 오고 있다.

다행히 그는 더 나아가 예루살렘에서 가르치고 있던, 그리고 얼마 안 가서 『탈무드』의 내용을 이루게 된 기묘한 스콜라 철학을 배우지 않았다. 몇몇 바리새인들이 이미 이 철학을 갈릴리에 들여오기는 했으나, 그는 이들과 사귀지 않았고, 또 얼마 후에 이 멍청한 결의론(決疑論)을 접했을 때에도 그저 혐오감을 품었을 따름이었다. 하지만 그가 힐렐의 사상은 모르지 않았다고 상정(想定)할 수 있다. 힐렐은 그보다 50년 전에 그의 잠언(箴言)과 아주 비슷한 잠언을 말한 바 있었다. 힐렐은 꿋꿋하게 가난을 견디어낸 점에서, 그 성격이 온유한 점에서, 위선자와 사제들에게 반대하고 있는 점에서 예수의 선생이었다. 만일 예수에게서 보는 바와 같은 그토록 높은 독창성에 대해서 〈선생〉이라는 말을 써도 좋다면 말이다.

『구약성서』를 읽고 그는 더 많은 감명을 받았다. 이 경전은 두 주요 부분, 즉 오늘날 우리가 알고 있는 바와 같은 율법 즉 『모세 오

---

8) 테라페우트(therapeutes) : 엣세네파의 한 지파(支派).
9) 필론(Philon, 기원전 20년- 기원후 54년) : 알렉산드리아 태생의 유대인으로 그리스의 철학자. 플라톤과 『성서』의 사상을 혼합한 그의 철학은 네오-플라토니즘과 그리스도교 문학에 적지 않은 영향을 끼쳤다.

경』과 여러 예언서로 되어 있었다. 원대한 비유적 해석이 이 모든 책에 통용되었고, 또 그 속에는 없지만 당시의 시대적 갈망에 호응하는 것을 그 속에서 끄집어내려 했다. 이 나라의 옛 법률이 아니라, 오히려 경건한 임금들 시대의 부자연스러운 법률들과 경건한 기만을 대표하고 있던 유토피아의 율법은, 이 민족이 독립을 잃은 후, 미묘한 해석들에 대한 지칠 줄 모르는 주제가 되어 있었다. 예언서들과 『시편』에 관해서 말하면, 사람들은 좀 신비스러운 글귀는 거의 모두 메시아를 두고 한 말이라고 확신하고 있었고, 또 민족의 희망을 실현시켜줄 사람이 어떤 유형의 사람인가를 미리부터 거기서 찾았다. 예수는 이 여러 비유적 해석에 세상의 모든 사람과 마찬가지로 흥미를 가지고 있었다. 그러나 성서의 진정한 시(詩)는 예루살렘의 유치한 해석자들에게는 문제되지 않았지만, 그의 아름다운 자질 앞에서는 스스로를 활짝 드러냈다. 율법은 그에게 별로 매력이 없었던 것 같다. 그는 좀 더 잘 만들 수 있다고 믿었던 것이다. 그러나 『시편』의 종교적인 시(詩)는 그의 서정적 정신과 놀랄 만큼 일치했다. 이 장엄한 찬가들은 일생 동안 그의 마음의 양식이요 기둥이 되었다. 예언자들, 특히 이사야와 포로 시대의 그 계승자들은 미래에 대한 빛나는 꿈, 격렬한 웅변, 마음을 사로잡는 비유가 섞인 풍자와 더불어 그의 스승이 되었다. 그는 또한 정경(正經) 이외의 저작들, 즉 그 저자들이 아주 오래된 저작에만 인정하였던 권위를 자신들에게도 주기 위하여 예언자나 족장의 이름 아래 자신을 감추고 있는, 당시로 보아 어느 정도 근대적인 책들을 틀림없이 많이 읽었을 것이다. 『다니엘 서』는 특히 그를 크게 감동시켰다.[10] 안티오코스 에피파네스 시대의 한 열광적인 시인이 고대의 한 현인의 이름으로 쓴[11]

---

10) 『마태』 24:15; 『마가』 13:14.
11) 다니엘의 전설은 이미 기원전 7세기에 형성되어 있었다(『에스겔』 14:14 이하; 28:3).

이 책은 바로 당시의 시대 정신의 요약이었다. 그 저자는 역사철학의 진정한 창시자인데, 감히 세계의 움직임과 제국들의 흥망성쇠 속에서 유대민족의 운명에 속한 기능을 본 최초의 인물이었다. 예수는 일찍이 소년 시절부터 이 여러 높은 희망을 마음 속에 간직하고 있었다. 아마 그는 또 당시 성서의 여러 책과 동등하게 존중된 『에녹서』와 민중의 상상 속에 아주 큰 운동을 불러일으키고 있던 그와 같은 종류의 다른 책들도 읽었을 것이다. 그 온갖 영광과 공포를 가지고 강림하는 메시아, 하나 하나 차례로 멸망하는 나라들, 하늘과 땅의 큰 변동, 이것들은 자주 그의 상상의 자양분이 되었다. 그리고 이 변혁들이 임박하고 있는 것으로 생각되었고, 또 많은 사람들이 그 시기를 산정(算定)하는 데 힘쓰고 있었던 터이므로, 그러한 환상들로 우리를 몰아넣는 초자연적 세계가 그에게는 처음부터 완전히 자연스럽고 단순한 것이었다.

그가 세계의 일반적 상태를 알지 못하고 있었다는 것은 가장 진정한 그의 말씀이라 할 수 있는 그의 모든 말씀의 어느 구석에서나 찾아볼 수 있다. 지상에서는 아직 여러 나라가 나뉘어 서로 전쟁하고 있는 것으로 그에게는 보였다. 그는 〈로마의 평화(Pax Romana)〉도, 바야흐로 그의 세기에 시작된 사회의 새로운 상태도 알지 못하고 있었던 것 같다. 그는 로마 제국의 권세에 대해서도 정확한 관념을 전혀 가지고 있지 않았다. 오직 가이사[12]라는 이름만이 그에게까지 도달해 있었다. 그는 갈릴리와 그 근처의 디베이라・율리아・디오가이사랴에 헤롯 왕가가 화려한 궁전들을 지어, 이 화려한 건축물들로써 로마 문명에 대한 그들의 찬양과 아구스도가(家) 사람들에 대한 헌신을 나타내려고 애쓰는 것을 보았다. 그런데 이 아구스도가(家) 사람들의 이름은 운명의 장난으로 좀 기묘하게 바뀌어 오늘날 베두인

---

12) 가이사(Caesar, Julius), 영어로는 '씨이저'.

제3장 예수가 받은 교육 **117**

족속의 비참한 촌락들을 가리키는 데 쓰이고 있다. 그는 또 헤롯 대왕이 세상에 과시하려고 세운 도읍 세바스테도 보았으리라 생각된다. 이 도읍의 폐허를 보면, 마치 장치할 자리에 놓기만 하면 되는 기계처럼, 이 도읍이 다 만들어져 거기에 운반된 것처럼 보인다. 배에 실어 유대 땅에 운반된 이 허식의 건축, 전부 똑같은 굵기를 가진 수백 개의 원주(圓柱), 좀 싱거운 〈리볼리〉가(家)의 장식, 이것이 바로 그가 "세상 나라들의 그 모든 영광"이라 부른 것이었다. 그러나 속이 빈 이 호사스럽고 행정적이며 관공서적인 예술은 그에게 불쾌감을 주었다. 그가 사랑한 것은 오막살이집들, 바위를 깎아내 만든 타작마당과 착유장(搾油場), 우물, 무덤, 무화과나무, 올리브나무가 뒤섞여 있는 갈릴리 마을이었다. 그는 언제나 자연 곁에 머물렀다. 왕들의 궁정은 좋은 옷을 입은 사람들이 있는 곳으로 보였다.[13] 왕들과 권세 있는 사람들에 관해서 말하는 그의 이야기에 재미있고 기묘한 점이 많은 것은[14] 그가 세계를 자신의 소박한 프리즘을 통해서 보는 젊은 시골 청년처럼 밖에는 귀족 사회를 생각하지 못했다는 증거다.

  그는 모든 철학의 토대가 되며 또 근대 과학이 높이 평가한 그리스 과학에 의하여 창조된 새로운 사상, 즉 옛날 사람들의 소박한 신앙으로 우주를 지배한다고 생각한 초자연적인 힘을 배제하려는 사상은 더군다나 몰랐다. 그보다 약 1세기 앞서 루크레티우스는 자연의 일반적 질서의 부동성(不動性)을 경탄할 만하게 표명한 바 있었다. 기적의 부정, 즉 이 세상의 모든 것은 초월적 존재들의 사적(私的) 간섭이 전혀 관여하지 않는 법칙들에 의하여 생긴다는 사상은 그리스 과학을 받아들인 모든 나라의 큰 학파가 으레 가졌던 것이었

---

13) 『마태』11:8.
14) 예컨대, 『마태』22:2 이하.

다. 아마 바빌로니아와 페르시아도 이 사상을 모르지는 않았을 것이다. 예수는 이 진보에 관해서 아무 것도 몰랐다. 실증적 과학의 원리가 이미 선포되어 있던 시기에 태어나긴 했으나, 그는 전적으로 초자연적인 세계 속에서 살았다. 아마 유대인들이 이때만큼 경이적인 일에 대한 갈망에 사로잡혔던 적은 없지 않았나 싶다. 큰 지적 중심 속에서 생활했고, 아주 완전한 교육을 받은 필론도 공상적이고 질이 낮은 과학을 가졌을 따름이었다.

이 점에 있어 예수는 자신의 동포들과 조금도 다를 바가 없었다. 그는 귀신을 믿고, 이것을 일종의 악령이라 보았으며,[15] 또 세상의 모든 사람들과 마찬가지로 모든 신경통은 마귀의 소행이요 마귀가 환자의 마음에 들어가서 그를 움직이는 것이라 생각했다. 경이적인 일은 그에게는 예외적인 것이 아니었다. 오히려 그것은 정상적인 상태였다. 불가능한 일들을 곁들인 초자연적인 것이라는 관념은 자연에 관한 실험적 과학이 탄생하는 날 비로소 나타난다. 물리학이라는 관념을 전혀 모르고 기도함으로써 구름의 운행을 변경시키며 병이나 심지어 죽음도 막을 수 있다고 믿는 사람은 기적을 조금도 특별한 것이라고 보지 않는다. 그에게는 세상에서 일어나는 모든 일이 신의 자유로운 의지의 결과이기 때문이다. 이와 같은 것이 언제나 예수의 지적(知的) 상태였다. 그러나 그의 심령 속에서는 이러한 믿음이 속인이 도달한 결과와는 정반대의 결과를 낳았다. 속인에게는 하나님의 특별한 활동에 대한 신앙이 우매한 경신(輕信)과 사기꾼의 여러 가지 속임수를 가져왔다. 그에게는 이 신앙이 인간과 하나님의 친밀한 관계에 대한 깊은 생각과 결부되어 있었고, 또 인간의 능력에 대한 지나친 신념과 결부되어 있었다. 이 지나친 신념은 그의 힘의 원천이 된 아름다운 과오였다. 왜냐하면 이 과오는 언젠가는 물

---

15) 『마태』 6:13.

리학자와 화학자의 눈에는 결함으로 여겨질 터이지만, 당시의 그에게는 그 이전이나 그 이후 아무도 구사하지 못한 힘을 주었기 때문이다.

그의 독특한 성격은 일찍부터 드러났다. 전설은 그가 어릴 적부터 부모의 권위에 항거하고 있었으며 또 자신의 천직을 수행하기 위해서 세상의 일반적인 길을 떠나고 있었음을 즐겨 이야기하고 있다.[16] 적어도 그에게 친족관계가 대수로운 것이 아니었음은 확실하다. 그의 가족은 그를 사랑하지 않았던 것 같고,[17] 또 가끔 그는 자기 가족에게 까다로웠던 것을 볼 수 있다.[18] 예수는 한 사상에 열중하는 사람이 다 그렇듯이 혈연을 별로 중시하지 않게 되었다. 이런 사람들이 인정하는 유일한 연줄은 사상의 연줄이다. 그는 손을 내밀어 제자들을 가리키면서 말씀하셨다. "누가 내 어머니이며 내 형제들이냐? 바로 이 사람들이 내 어머니이며 내 형제들이다. 하늘에 계신 내 아버지의 뜻을 실천하는 사람이면 누구나 다 내 형제요 자매요 어머니이다."[19] 단순한 사람들은 그를 이와 같이 이해하지는 않았다. 어느 날 한 여인이 그의 곁을 지나면서 "당신을 낳아서 젖을 먹인 여인은 얼마나 행복합니까!"라고 말했다.[20] 그러자 그는 "하나님의 말씀을 듣고 그 말씀을 지키는 사람들이 오히려 행복하다."라고 외쳤다. 이윽고 그는 자연에 대해서 대담하게 반항하면서 더욱 깊이 나아가지 않으면 안 되었다. 그리고 우리는 그가 인간적인 모든 것, 혈연·사랑·조국을 발아래 뭉개 버리고, 오로지 선(善)과 진(眞)의 절대적 형상으로 자신에게 나타난 사상을 위해서만 영혼과 마음을 지켜 가는 것을 보게 될 것이다.

---

16) 『누가』 2:42 이하.
17) 『마태』 13:57;『마가』 6:4;『요한』 7:3 이하.
18) 『마태』 12:48;『마가』 3:33;『누가』 7:21;『요한』 2:4.
19) 『마태』 12:48-50.
20) 『누가』 11:27 이하.

제4장 예수의 발전을 둘러싸고 있던 사상계

　차가워진 지구는 거기에 차 있던 불이 꺼졌기 때문에 이제는 태초의 창조의 현상들을 이해하는 수단이 되지 못하는 것과 마찬가지로, 인류의 운명을 결정한 창조 시대의 변혁들에 우리의 소심한 분석법을 적용하게 될 때에는 아무리 깊이 숙고한 설명이라도 어딘가 부족한 점이 있게 마련이다. 예수는 공적인 생활의 승부가 솔직하게 행해지고 인간 활동의 내기가 백배로 되어 있던 시대에 살았다. 이런 시대에는 모든 위대한 역할이 죽음을 초래한다. 왜냐하면 그러한 활동들은 자유를 예상하며, 또 방어 수단이 없어 무서운 보복을 받지 않을 수 없기 때문이다. 지금은 사람들이 조금 걸고 조금 얻는다. 인간이 영웅적으로 활동하던 시기에 사람들은 전부를 걸고 전부를 얻는다. 선인들과 악인들, 혹은 적어도 스스로 그렇게 믿고 남들도 그렇게 보는 사람들은 서로 대립하는 무리를 형성한다. 그들은 사형대(死刑臺)를 거쳐 신으로 받들어지기에 이른다. 그들의 성격은 두드러진 특징들을 가지고 있어서 인류의 기억 속에서 영원한 전형으로 아로새겨진다. 프랑스 혁명 이외에, 인류가 보류하면서 간직하고 있고 또 인류가 격정과 위험의 시기에만 보여주는 저 감춰진 힘을 발휘하고 힘을 발전시키는 데 있어, 예수를 만들어 낸 역사적 환경만큼 적합한 환경은 없었다.

만일 세계의 통치가 한낱 사변적 문제요, 또 가장 위대한 철학자야말로 동포들에게 저들이 믿어야 할 것을 일러주는 데 가장 적합한 사람이라고 한다면, 종교라 불리는 저 도덕상·교리상의 큰 강령들은 조용한 생활과 성찰에서 나왔을 것이다. 그러나 사실은 그렇지 않다. 석가모니를 제외하고는, 종교의 위대한 시조들은 형이상학자가 아니었다. 순수한 사색에서 나온 불교가 아시아의 절반을 정복한 것도 전적으로 정치적이고 도덕적인 이유에서였다. 셈족의 여러 종교에 관해서 말하면, 이것들 역시 철학적인 것과는 거리가 먼 것이다. 모세와 마호메트는 사색하는 사람들이 아니었다. 그들은 행동하는 사람들이었다. 그들은 동포들과 동시대인들에게 행동을 보여줌으로써 인류를 지배한 것이다. 마찬가지로, 예수도 제법 잘 구성된 체계를 가진 신학자도 철학자도 아니었다. 예수의 제자가 되는 데에는 무슨 서식(書式)에 서명할 필요도 없었고, 무슨 신조를 고백할 필요도 없었다. 오직 필요한 한 가지는 그를 떠나지 않는 것, 그를 사랑하는 것이었다. 그는 하나님에 관하여 논하는 일이 한번도 없었다. 이것은 그가 하나님을 직접 자기 속에서 느끼고 있었기 때문이다. 그리스도교가 3세기 이후로 부딪히게 된 복잡다단한 형이상학의 암초는 결코 이 시조가 만든 것이 아니다. 예수에게는 교리도 없었고, 체계도 없었다. 그는 하나의 확고한 개인적 결심을 품고 있었다. 이 결심은 그 강렬함에 있어 세상의 다른 어떤 의지도 능가하며, 지금도 인류의 운명을 인도해 가고 있다.

　유대 민족은 바빌로니아에 포로로 잡혀갔던 때로부터 중세에 이르기까지 줄곧 아주 긴장된 정세 속에 있었다는 유리한 조건을 가지고 있었다. 민족정신을 간직한 사람들이 이 오랜 기간을 통하여 강렬한 열정에 움직여 글을 써 간 이유가 바로 여기에 있다. 이 열정은 그들로 하여금 때로는 이성을 뛰어 넘게 하고, 때로는 이성에 미치

제4장 예수의 발전을 둘러싸고 있던 사상계 123

지 못하게 하여, 중용의 길에 서는 일이 극히 드물었다. 지금까지 인간이 이토록 필사적으로 또 서슴지 않고 극단에까지 나아간 용기를 가지고 미래와 자신의 운명을 파악한 적은 한번도 없었다. 유대 사상가들은 인류의 운명을 자신들의 조그마한 종족의 운명과 분리시키지 않고 인류의 진보에 관한 일반적 이론을 생각해본 최초의 사람들이다. 그리스는 늘 자신 속에 틀어 박혀, 유달리 그 작은 도시들 사이의 싸움에 주의를 기울였으면서도 우수한 역사가들을 낳았다. 스토아 철학은 세계 시민으로 또 형제의 우애로 맺은 큰 집단의 일원으로 생각되는 인간의 의무에 관한 가장 고원한 격률(格率)을 내놓았다. 그러나 로마 시대 이전에는, 고전 문학 속에서 전 인류를 포함하는 역사철학의 일반적 체계를 찾아봤자 소용없는 일이다. 이에 반하여, 유대인은 가끔 셈족으로 하여금 미래의 역사의 대체적인 흐름을 놀랄 만큼 잘 내다보게 하는 일종의 예언자적 감각 덕택으로, 역사를 종교 속으로 끌어들였다. 아마 유대인은 이 정신을 어느 정도는 페르시아로부터 얻었으리라 생각된다. 페르시아는 예부터 세계 역사를 일련의 진화로 보았고, 또 진화 하나 하나를 한 예언자가 주재하는 것으로 보았다. 예언자마다 그의 하자르(hasar), 즉 일천 년 동안 다스리고, 마치 인도의 석가모니에게 귀속된 수백만 세기와도 비슷한 시대가 이어지다가 마침내 오르무즈드가 통치할 세상을 준비하는 사건들의 실오리가 엮어진다. 모든 시대의 마지막에 이르러 일천 년 통치의 순환이 멈추게 되는 때 종국의 낙원이 찾아오게 된다. 그때에는 사람들이 행복하게 된다. 땅은 마치 평야 같이 된다. 전 인류를 위한 오직 하나의 언어, 하나의 법률, 하나의 정치가 있게 된다. 그러나 이렇게 되기에 앞서 무서운 재앙이 있을 것이다. 다하크(Dahak, 페르시아의 사탄)가 묶여있던 쇠사슬을 끊고, 세계를 덮칠 것이다. 두 예언자가 와서 사람들을 위로하고, 큰 치세를 준비할 것이다. 이러한 사상이 전 세계로 퍼져 로마에까지 들어갔는데, 여기서 이 사상은 일련의 예언시를 낳았다. 이 예언시들의 근본 사상은 인류 역사를 여러 시기로 나누고, 신들이 이 여러 시기에 대응하여 계승해가며, 그리고는 세계가 완전히 갱신되어 최후에 황금시대가 온다는 것이었다. 『다니엘 서』, 『에녹 서』의 일부, 그리고 여예언자들의 책의 어떤 부분은 이 같은 생각을 유대인답게 표현한 것이다. 물론 누구나 이러한 사상을 가지고 있었던 것은 아니다. 이런 사상들은 먼저 발랄한 상상력을 가졌고 이방의 교설(敎說)들에 마음이 기울어졌던 몇몇 사람들만 품었을 따름이다. 『에스더 서』의 편협하고 무미건조한 저자는 그저 세계의 다른 나라들을 경멸하고 그들에게 재앙이 닥치기를 바랄 때 외에는 결코 다른 나라들을 생각한 일이 없었다.[1] 『전도서』를 쓴 해탈한 쾌락주의자는 미래 따위는 거의 생각하지 않고 있어서 자손을 위해서 일하는 것은 무익하다고까지 여기고 있다. 이 이기적 독신자의 눈에는 최고의 지혜란 자신의 재산을 다 써버리는 것이다.[2] 그러나 한 민족에게 있어서 위대한 일들은 항상 소수의 사람들에 의하여 이루어지는 법이다. 유대 민족은 인색하고 이기적이고 잘 비꼬고 잔인하고 편협하고 교활하고 궤변을 잘 늘어놓는 등의 많은 결점을 가지고 있기는 하나, 또한 역사가 말해주는 가장 무사(無私) 무욕한 열정의 아름다운 운동을 일으키기도 했다. 대립은 언제나 한 나라의 영광을 낳는다. 한 나라의 가장 위대한 사람들은 가끔 그 민족이 죽이는 사람들이다. 소크라테스는 아테네 사람들을 유명하게 만들었으나, 그들은 그와 더불어 살 수 없다는 판단을 내렸다. 스피노자는 근대의 가장 위대한 유대인이지만, 유대 교회는 그를 불명예스럽게 여겨 제명하였다. 예수는 이스라엘 민족의

---

1) 『에스더』 6:13 ; 7:10 ; 8:7 ; 11-17 ; 9:1-22.
2) 『전도서』 1:11 ; 2:16 ; 18-24 ; 3:19-22 ; 5:8 ; 15 - 16 ; 5:17-18 ; 6:3 ; 6:8 ; 15 ; 9:9 ; 10.

명예였다. 그러나 이 민족은 그를 십자가에 못 박았다.

한 거대한 꿈이 몇 세기 전부터 유대 민족을 따라다녔고, 또 끊임없이 그 노쇠를 막아 다시 젊어지게 하곤 했다. 그리스가 영혼 불멸이라는 이름으로 퍼지게 한 개인적 응보(應報)의 이론에 대해서는 아랑곳없이, 유대 나라는 민족의 미래에 사랑과 절망의 힘을 온통 집중시켰다. 유대 나라는 무한한 미래에 대한 하나님의 약속을 받았다고 믿었다. 그리고 냉혹한 현실이 기원전 9세기부터 세상 왕국에 더욱 더 힘을 주었고, 이러한 그들의 갈망을 무참하게 유린해왔기 때문에 그들은 다시없이 불가능한 사상들을 결합시키는 데서 피난처를 찾았고, 다시없이 기이한 방향 전환을 시도했다. 포로 시대 이전에 지상에서의 민족의 미래가 북방 부족들의 분리로 말미암아 온통 사라져버렸을 때, 사람들은 다윗 왕가의 부흥, 둘로 갈라진 민족의 화해, 신정(神政) 정치의 승리 및 우상교(偶像教)에 대한 야훼 종교의 승리를 꿈꾸었다. 포로 시대에는, 아름다운 가락으로 넘치는 한 시인이 뭇 민족과 먼 섬나라들로부터 공물(貢物)을 받게 될 미래의 예루살렘의 광휘(光輝)를 보고 있었다. 그 광휘의 색채는 심히 다사로워 예수의 시선의 빛이 6세기의 거리를 뛰어넘어 이 시인에게 스며들지 않았나 싶을 정도다.[3]

퀴로스의 승리는 한동안 사람들이 바라던 것을 실현시켜주는 것 같았다. 『아베스타(Avesta)』[4]의 진지한 제자들과 야훼의 숭배자들은 서로 형제라고 믿었다. 페르시아는 가지각색으로 많은 데봐스(dévas)를 추방하며 이것들을 마귀(devis)로 변모시키면서, 본래 자연주의적이었던 아리우스(Arius)류의 낡은 상상들로부터 일종의 일

---

3) 『이사야』 60 이하.
4) 아베스타(Avesta): 고대 이란의 종교 개혁자 짜라투스트라(Zarathustra)가 지었다고 전하는 조로아스터(Zoroaster)교의 경전.

신교를 끌어내기에 이르고 있었다. 이란의 수많은 교훈의 예언적 어조는 호세아 및 이사야가 지은 어떤 글과 매우 흡사한 데가 있었다. 이스라엘은 아케메니데스 왕조 하에서 휴식을 얻었고,[5] 또 크세르크세스(앗수에루스)[6]의 치하에서는 이란 사람들로 하여금 두려움을 품게 했다고 한다. 그 후 그리스와 로마의 문명이 의기양양하게 때로는 난폭하게 아시아로 들어오자 이스라엘은 다시금 꿈의 세계로 뛰어들었다. 과거 어느 때보다도 더 이스라엘은 모든 민족의 심판자요 복수자로서 메시아를 갈망했다. 이스라엘에게는 그 우월감과 현실에서 당하는 굴욕으로 말미암아 생긴 막대한 복수의 필요를 만족시키기 위하여 하나의 완전한 혁신, 땅속에 깊이 뿌리박고 온 땅을 뒤흔드는 하나의 혁명이 없을 수 없었다. 만일 이스라엘이 인간을 육체와 영혼 두 부분으로 나누고, 육체는 썩어도 영혼은 살아남는다는 것을 아주 당연하게 여기는 이른바 유심론적 교설을 가지고 있었다면, 이 분노와 정력적 항쟁의 폭발은 그 존재 이유를 가지지 못했을 것이다. 그러나 그리스 철학에서 나온 이러한 교설은 유대인의 정신적 전통 속에는 없었다. 히브리의 옛날 책들에는 응보(應報)라든가 미래의 벌이라든가 하는 사상의 흔적은 찾아볼 수 없다. 부족의 공동 책무라는 관념이 존재하고 있던 동안은 사람들이 각자의 공적에 따른 엄정한 응보를 꿈에도 생각지 않았다는 것은 당연한 일이다. 불신의 시대에 태어난 신자는 그저 가엾을 따름이다. 그는 다른 사람들과 마찬가지로 세상 일반의 불신으로 말미암은 대중의 불행

---

5) 아케메니데스(Achemenides) 왕조:기원전 550년경에 퀴로스가 세운 페르시아의 왕조. 이 왕조는 기원전 6세기부터 기원전 4세기 말에 점차 중동 지방을 통일했고, 다리우스(Darios) 3세의 죽음과 함께 기원전 330년에 멸망했다.『에스더』전체에는 이 왕조에 대한 강한 애착심이 흐르고 있다.
6) 크세르크세스 다리우스(Xerxes Darios) 1세를 말한다. 성서에서는 '앗수에루스 Assuerus', 우리말 성경에는 '아하수에로'로 쓰고 있다. 페르시아의 임금으로 에스더를 아내로 취하였다.

들을 겪었다. 족장과 현자들이 남긴 이 교설은 날이 갈수록 지지하기 힘든 모순으로 빠져들어 갔다. 이 교설은 이미 욥의 시대부터 크게 흔들리고 있었다. 이것을 주장하고 있던 데만의 노인들은 시대에 뒤진 사람들이었다. 그래서 청년 엘리후는 이 노인들과 논쟁을 시작하면서 대뜸 "나이가 많다고 지혜로워지는 것도 아니다."[7]라는 아주 혁명적인 생각을 용감히 토로했다. 알렉스산드로스 대왕 이래 세계에 일어난 분규들과 함께 데만인적이고 모세적인 원리는 더욱 견디기 어려운 것이 되었다. 이스라엘인은 이때만큼 율법에 충실한 적도 없었다. 그러면서도 안티오코스로부터 잔인한 박해를 받았다. 이러한 불행들이 민족의 불신앙에서 왔다고 감히 말한 것은 무의미한 낡은 문구들을 버릇처럼 되뇌는 한 수사가(修辭家)뿐이었다.[8] 이것이 어찌된 일인가! 자기들의 신앙을 위한 희생이 되어 죽은 사람들, 영웅적인 마카바이 가문의 사람들, 그 일곱 아들과 어머니를 야훼께서 영영 잊어버리시고 무덤 속에서 썩도록 내버려두실 것인가?[9] 불신의 세속적인 사두개인은 그런 결과를 보고도 눈 하나 까딱 하지 않을 수 있었고, 소코의 안티고노스 같은 완전에 이른 현인이라면 노예처럼 보상을 내다보고 덕을 행해서는 안 되며 바라는 것 없이 유덕해야 한다고 주장할 수 있었다. 그러나 대다수는 그런 것으로 만족할 수 없었다. 그 중 어떤 사람들은 철학적 영혼 불멸의 원리를 좋아하여 의인들이 하나님의 기억 속에서 살며 자기들을 박해한 불신의 인간들을 심판하면서 사람들의 기억 속에서 영원히 영광을 차지하리라 상상하였다.[10] "그들은 하나님의 목전에서 산다…. 그들은 하나님께서 아신다."[11]는 것이 저들이 받는 보상이다. 또 어떤 사람들,

---

7) 『욥기』 32:9.
8) 『에스더』 14:6-7.
9) 『마카바이 상』 7장.
10) 『지혜서』 2-6장;8:13.

특히 바리새인들은 부활의 교리에 의지했다.[12] 의인들은 다시 살아나 메시아가 다스리는 세상에서 살 수 있으리라는 것이다. 의인들은 육신을 입고 다시 살아나서 새 세계의 왕이 되고 심판자가 된다. 그들은 자신들의 사상의 승리와 원수의 굴복을 직접 눈으로 보게 되리라는 것이다.

이스라엘의 옛 민족에게는 이 기본적 교설의 아주 막연한 흔적 밖에 없다. 이 교설을 믿지 않았던 사두개인은 사실 유대의 낡은 교설에 충실했다. 개혁자는 부활설에 찬동한 바리새인이었다. 그러나 종교에 있어서는 언제나 열렬한 당파가 개혁을 하는 법이다. 전진하는 것도 끝장을 보는 것도 열렬한 당파다. 영혼 불멸설과는 전혀 다른 사상인 부활설은 물론 이전의 교설들과 민족이 처한 상황으로부터 아주 자연스럽게 나왔다. 아마 페르시아가 몇 가지 요소를 제공했을 것이다. 어떻든 부활의 교설은 메시아 신앙 및 임박한 만물갱신(萬物更新)의 교설과 결합하면서 여러 계시록적 이론의 기초를 형성했다. 그리고 이 이론은 신앙 조항이 되지는 않고(예루살렘 정통 유대교 최고 회의가 이것들을 채택한 것 같지는 않다), 모든 사람의 상상 속으로 흘러 들어갔고, 유대 세계의 구석구석에서 극도로 발효(醱酵)했다. 교리의 엄밀성이 전혀 없었던 탓에 아주 모순된 생각들이 동시에, 또 제일 중요한 점에 관해서도 덮어놓고 받아들여졌다. 때로는 의인이 부활을 기다려야 했고,[13] 때로는 의인이 죽는 즉시 아브라함의 품에 안겼다.[14] 또 때로는 부활이 일반적이었고,[15] 때로는 잘 믿는 자들에게만 주어졌다.[16] 때로는 부활이 새로워진 땅과 새 예루살

---

11) 『지혜서』 4:1.
12) 『마카바이 하』 7:9;14;12:43-44.
13) 『요한』 11:24.
14) 『누가』 16:22.
15) 『다니엘』 12:2.

렘을 전제하였고, 때로는 전 세계가 전멸할 것을 예상하였다.

예수는 철이 들면서 위에서 설명한 여러 가지 사상이 팔레스티나에서 조성한 들끓는 분위기 속으로 젖어들어 갔다. 어느 학교에서도 이런 사상들을 가르치지는 않았다. 그러나 그것들은 세상에 널리 퍼져 있었고, 또 일찍부터 이 젊은 개혁자의 마음속에 스며들어가 있었다. 우리가 가지고 있는 바와 같은 주저와 의심은 그를 건드리지 못했다. 현대인이라면 아마도 덧없는 자신의 운명에 대해서 불안한 마음 없이 앉아 있을 수 없었을 저 나사렛 산꼭대기에 예수는 현혹되는 마음 없이 자주 앉아 있었다. 우리들의 비애의 원천인 이기주의는 우리로 하여금 선행에 대한 사후의 이득을 열심히 추구하게 하지만, 이러한 이기주의를 떠나서 그는 오직 자신이 할 일과 자신의 민족과 인류에 대해서만 생각했다. 이 산들과 이 바다와 저 푸른 하늘과 지평선이 보이는 이 고원들은 그에게 자연을 살펴 자신의 운명을 점치는 한 심령의 우울한 환상이 아니라, 보이지 않는 세계와 새 하늘의 확실한 상징이요 투명한 그림자였다.

그는 당시의 정치적 사건들을 매우 중요하게 여긴 적이 한번도 없었다. 아마 그런 것들의 소식을 잘 몰랐던 것이 아닌가 한다. 헤롯 왕조는 그와는 아주 다른 세계에 있었기 때문에 그는 분명히 그 왕조의 이름밖에 몰랐을 것이다. 헤롯 대왕은 바로 예수가 탄생한 때와 거의 같은 때에 죽었는데, 불후의 기념물들, 즉 아무리 적의를 가진 후세 사람이라 할지라도 그의 이름을 솔로몬의 이름과 연결시키지 않을 수 없을 만한 기념탑을 남겼다. 그러나 이것들은 물론 계속될 수 없는 미완의 사업이었다. 종교적 갈등의 미로에서 어리둥절한 야심에 찬 속인, 노회한 이 이두메인은 열정적 광신자들 한가운데서 덕성 없는 냉혈과 이성이 주는 이익을 얻고 있었다. 그러나 그가 품

---

16) 『마카바이 하』 7:14.

고 있던 이스라엘의 세속적 왕국의 관념은 당시 세계의 상태에서는 시대착오가 아니었지만, 솔로몬이 생각했던 비슷한 계획처럼 민족의 성격 자체에서 오는 여러 가지 곤란에 부딪쳐 별 수 없이 실패하고 말았다. 그의 세 아들은 영국 지배하의 인도의 왕들과 비슷한 로마인들의 대리자일 따름이었다. 예수가 일생 동안 그 신민이었던 갈릴리와 베레아의 분봉왕 안티파테르, 즉 안티파스는 게으르고 무능한 군주요, 디베료 황제의 총신이며 아첨꾼이었고, 그의 두 번째 부인 헤로디아의 좋지 못한 영향으로 번번이 갈팡질팡하였다. 예수가 자주 여행 간 가울론과 바타네아의 분봉왕 빌립은 훨씬 나은 영주였다. 예루살렘을 맡아 다스리던 아르켈라오에 관해서 말하면, 예수는 이 사람을 알 수 없었다. 나약하고 무기력하면서도 가끔 난폭했던 이 사람이 아구스도 황제에 의하여 쫓겨났을 때 예수는 열 살쯤이었다. 이리하여 독립 정부의 최후의 자취는 예루살렘에서 사라졌다. 유대는 사마리아 및 이두메와 합쳐져 시리아 지방의 일종의 부속지가 되었는데, 이 시리아 지방은 유명한 집정관인 원로 푸블리우스 술피키우스 퀴리니우스가 제국의 총독으로 있었다. 그리고 유대 땅에서는 중대한 문제들에 관해서는 시리아의 제국 총독의 명을 따르는 역대 로마인 총독들인 코포니우스, 마르쿠스 암비위우스, 안니우스, 루푸스, 왈레리우스 그라투스 그리고 드디어 (26년에) 폰티우스 필라투스(본디오 빌라도)가 차례로 뒤를 이으면서 자신들의 발아래 분화하고 있는 화산의 불을 끄느라고 쉬지 않고 애쓰고 있었다.

  모세의 율법을 열광적으로 받드는 사람들의 선동으로 말미암아 잇달은 반란이 이즈음 내내 예루살렘을 뒤흔들고 있었다. 반란자를 사형에 처한다는 것은 확정된 사실이었다. 그러나 율법을 지키기 위해서 죽는 것은 오히려 열렬히 추구되는 것이었다. (로마의) 독수리를 뒤엎는 것, 헤롯이 세웠고 모세의 율법이 명한 것을 언제나 지키

제4장 예수의 발전을 둘러싸고 있던 사상계 **131**

고 있지는 않았던 예술 작품을 파괴하는 것, 거기 새겨진 글이 더러운 우상 숭배의 냄새를 풍기는 총독들이 세워놓은 봉헌(奉獻)의 방패에 대드는 것, 이런 것들은 생명에 대한 모든 염려를 내동댕이칠 정도로 열렬한 광신자들에게는 끊임없는 유혹이 되었다. 그리하여 아주 유명한 두 율법학자, 사라페아의 아들 유다와 마르갈로트의 아들 마티아는 기성 질서를 대담하게 공격하는 당을 조직했는데, 이 당은 이들이 처형된 후에도 여전히 존속했다. 사마리아 사람들 역시 이와 같은 운동을 일으켜 소동을 벌이고 있었다. 율법은 그 천품과 위대한 마음의 충만한 권위를 가지고 이 율법을 폐지하려 한 사람이 이미 살고 있던 때보다도 열렬한 신봉자들을 더 많이 가진 적이 없었다. '열중자(kanaim)' 혹은 '자객(刺客)', 즉 율법을 어겼다고 보게 되면 누구든지 죽이는 일을 맡고 나서는 신앙심 깊은 암살자들이 나타나기 시작했다. 그런가 하면, 이와 아주 다른 정신을 대표하는 사람들, 신이 보낸 사람이라고 여겨진 기적을 행하는 사람들이 초자연적인 것과 신적인 것을 찾는 이 세기의 지대한 요구로 말미암아 세인의 신심을 모으고 있었다.[17]

예수에게 훨씬 더 큰 영향을 준 운동은 가울론 사람 혹은 갈릴리 사람 유다의 운동이었다. 새로 로마에 정복된 나라들이 지게 된 모든 복종의 의무 가운데 가장 인심을 잃은 것은 호적 등록이었다. 이 조처는 중앙의 큰 행정기구의 명령을 별로 들어보지 못한 민족들을 놀라게 하기 십상이었는데, 유대인들에게는 특히 언짢은 것이었다. 이미 다윗 왕 치하에서 호구 조사는 맹렬한 반항과 예언자들의 협박을 야기한 바 있었다.[18] 사실 호적 등록은 징세(徵稅)의 기초가 되는 것이었다. 그런데 징세는 순수한 신정 정치적 입장에서 보면, 신에게

---

17) 『사도행전』 8:9 이하.
18) 『사무엘 하』 24장.

거역하는 것이나 다름없다. 사람이 인정해야 할 주(主)는 오직 하나님밖에 없으므로 세속 군주에게 십 분의 일 세를 바친다는 것은 어떤 의미에서는 군주를 하나님의 자리에 올려놓는 것이었다. 국가라는 관념이 전혀 없었던 유대인의 신정 정치는 이로부터 최후의 결론, 즉 세속 사회 및 모든 정체의 부정을 끌어낼 따름이었다. 공공 금고의 돈은 훔친 돈으로 여겨지고 있었다. 구레뇨가 명한 호구 조사(6년)는 이러한 사상을 힘차게 각성시켰고, 또 큰 동요를 일으켰다. 북쪽의 여러 지방에서 운동이 터졌다. 디베리아호의 동쪽 언덕의 가말라 마을의 유다라는 사람과 사독이라는 한 바리새인은 징세의 정당성을 부인하면서 큰 당파를 만들었는데, 이 당파는 얼마 안 가서 공공연한 반란을 일으켰다. 이 당파의 기본적 격률은 자유는 생명보다 더 소중하며, '주님'이라는 칭호는 오직 하나님에게만 속하는 것이므로 어떤 사람에게도 '주님'이라고 불러서는 안 된다는 것이었다. 유다에게는 이 밖에도 요세푸스가 자기와 같은 종파의 사람들에게 누를 끼치지 않으려고 늘 조심하여 일부러 침묵을 지키고 있던 많은 주장이 있었다. 왜냐하면 이렇게 단순한 사상 때문에 이 유대 역사가가 그를 자기 민족의 철학자들 중 한 사람으로 꼽고, 바리새파・사두개파・엣세네파에 못지않은 제4의 종파의 시조로 보았다고는 생각되지 않기 때문이다. 분명히 유다는 메시아주의에 몰두하여 이윽고 정치 운동으로 나아간 갈릴리의 한 종파의 수령이었다. 총독 코포니우스는 이 가울론인의 반란을 진압하였다. 그러나 이 종파는 그대로 존속했고, 또 그 수령들은 살아남았다. 시조의 아들 메나헴과 그의 친척 엘레아자르라는 사람의 지휘 아래 이 종파는 로마인들에 대한 유대인들의 최후의 투쟁에서 맹렬히 활동하였다. 예수는 아마도 유대인의 혁명에 대해서 자신과는 아주 다른 생각을 품었던 이 유다를 만나본 적이 있었으리라 생각된다. 어쨌든 예수는 유대 종파를 알고 있었고, 또 그가 가이사의 화폐에 관한 저 격언을 말한 것은 유다의 잘못에 대한 반동으로 말미암은 것이 아닌가 싶다. 현명한 예수는 모든 반란을 멀리하였고, 선인(先人)의 과오를 보고 배운 바 있어서, 다른 왕국과 다른 해방을 꿈꾸었다.

  이렇게 갈릴리는 서로 아주 다른 갖가지 요소들이 비등하면서 동요하는 하나의 큰 도가니였다.[19] 삶에 대한 지나친 멸시, 좀더 적절하게 말한다면, 죽음에 대한 일종의 욕구가 이 동요들의 귀결이었다. 경험은 이 열광적인 큰 운동에서는 아무 소용도 없다. 알제리아에서는 프랑스 점령 초기에 해마다 봄이 되면 영감 받은 사람들이 나타나 자신은 불사신이요 또 이교도를 추방하기 위해 하나님이 보냈노라고 선언하곤 했다. 이듬해가 되면 그들은 죽음에 의해 잊혀졌다. 그리고 그들의 계승자에 대한 신앙은 조금도 줄지 않았다. 로마의 통치는 매우 엄격한 측면이 있기는 했으나, 그다지 까다롭지는 않았으며, 많은 자유를 허용하고 있었다. 로마의 통치로 억압할 때에는 끔찍한 때가 있었지만, 지켜야 할 교리를 가지고 있는 권력들만큼 의심하지는 않았다. 그것은 엄벌을 가할 필요가 있다고 믿게 되는 날까지는 모든 것을 그대로 내버려두었다. 예수는 방랑 생활 중 한 번도 경찰에 붙들리지 않았다. 이러한 자유가 있었고, 또 무엇보다도 갈릴리가 다행히 바리새적 현학의 여러 가지 속박을 훨씬 덜 받은 탓에 이 지방은 정말 예루살렘보다 더 나은 곳이었다. 혁명, 다시 말하면 메시아 사상은 여기서 모든 두뇌를 활동시키고 있었다. 사람들은 곧 큰 혁신이 있을 것을 믿고 있었다. 『성서』는 갖가지 의미로 곡해되어 다시없이 웅대한 희망들에 자양분이 되고 있었다. 사람들은 『구약성서』의 단순한 글들 한줄 한줄에서 의인들에게 평화를 가져다 주고 하나님께서 하신 일을 영원히 보유해 갈 미래의 세상의 보증

---

19) 『누가』 13:1.

과, 이를테면 계획을 보고 있었다.

  이해(利害)와 정신에 있어 서로 대립하는 두 부분으로 나뉘어 있었던 것이 히브리 민족에게는 언제나 그 정신적 힘의 원동력이었다. 무릇 높은 운명을 위해 부름 받은 민족은 내부에 서로 양극을 이루면서 대립하는 것들을 간직하고 있는 하나의 작은 완전한 세계여야 한다. 그리스에는 몇 리밖에 안 되는 거리를 두고 스파르타와 아테네가 있었다. 피상적 관찰자에게는 이 두 도시 국가가 아주 상반되는 것으로 보이지만, 실상은 서로 필요한 자매와도 같은 경쟁자였다. 유대도 이와 마찬가지였다. 북부의 발전은 어떤 의미에서 예루살렘의 발전보다는 덜 눈부셨으나, 결국 또한 그 못지않게 풍요한 것이었다. 유대 민족의 가장 생기 있는 사업은 언제나 거기서 나왔다. 자연에 대한 느낌이 전혀 없어서 어딘지 모르게 메마르고 편협하고 거칠어진 본토박이 예루살렘 사람들의 작품들은 웅장하기는 하지만 침울하고 무미건조하고 혐오감을 일으키는 성격을 띠고 있다. 예루살렘은 그 의젓한 박사들과 그 싱거운 교회법학자들과 그 위선적이고 침울한 신자들을 가지고서는 인류를 정복하지 못했다. 북부는 순진한 쉴람 여인과 겸손한 가나안 여인과 열정적인 막달라 여인과 선량한 양부 요셉과 동정녀 마리아를 세계에 주었다. 북부만이 그리스도교를 만들었다. 이에 반하여 예루살렘은 바리새인에 의해 세워지고 『탈무드』에 의하여 고정된 형을 이루어 중세를 거쳐 우리 시대에까지 이른 끈기 있는 유대교의 진정한 산지다.

  갈릴리의 모든 꿈에 목가적이고 매혹적인 색채를 띠게 한, 마음을 사로잡는 듯한 자연은 훨씬 덜 준엄하고, 이를테면 또 그리 야단스럽게 일신론적이지 않은 정신을 형성하는 데 도움이 됐다. 세상에서 가장 삭막한 곳은 아마도 예루살렘 주변일 것이다. 이에 반하여 갈릴리는 녹색으로 뒤덮인, 그늘이 많은 미소 짓는 듯한 곳이었다. 정녕 〈아가〉와 애인의 노래의 나라였다.[20] 3월과 4월 두 달 동안 들에는 온갖 빛깔의 꽃이 피어 더없이 아름다운 융단을 깔아 놓는다. 이곳 동물들은 몸집이 작고 무척 온순하다. 미끈하고 활발한 호도새, 풀 위에 앉아도 풀이 휘지 않을 정도로 아주 가벼운 지빠귀과의 푸른 새, 길가는 이의 발밑에 밟힐 정도로 가까이 다가오는 모관(毛冠) 달린 제비, 생기 있고 사랑스러운 눈을 가진 개천의 작은 거북, 겁이 조금도 없어서 사람이 아주 가까이 와도 가만히 있고 또 사람을 부르고 있는 것 같기도 한 조촐하고 근엄한 자태의 황새, 세상의 어느 고장에도 산들이 이토록 조화를 이루면서 펼쳐 있고, 또 이토록 높은 사상을 고취하는 곳도 없다. 예수는 특별히 이 산들을 좋아했던 것 같다. 그의 숭고한 생애의 가장 중요한 행위는 이 산들 위에서 일어났다. 그가 가장 깊은 영감을 받은 것도 바로 이 산들에서였다.[21] 또 그가 예언자들과 은밀한 말을 주고받고, 또 제자들의 눈에 이미 변모해서 나타났던 것도 바로 여기에서의 일이었다.[22]

이 아름다운 나라는 터키의 이슬람교가 인간의 생활을 지극히 메마르게 만들어버린 탓에 지금은 몹시 음침하고 처참하게 되었지만, 그래도 인간이 파괴할 수 없었던 것은 모두 아직도 안온하고 사랑스럽고 부드러운 맛을 풍기고 있고, 예수의 시대에는 행복과 즐거움이 넘쳐흐르고 있었다. 갈릴리 사람들은 정력적이고 용감하고 부지런한 사람들로 알려져 있다. 안티파스가 디베료에게 경의를 표하기 위해 로마식으로 건설한 디베리아를 제외하면, 갈릴리에는 큰 도시가 없

---

20) 이 지방, 특히 디베리아호 근처는 지금은 형편없이 황폐해졌지만, 이 현상만 보고 과거를 그릇 판단해서는 안 된다. 지금은 초토가 된 이 지방이 예전에는 지상 낙원이었다. 디베리아호는 지금은 머물기가 끔찍스러운 곳이지만, 옛날에는 갈릴리에서 가장 아름다운 곳이었다.
21) 『마태』 5:1; 14:23; 『누가』 6:12.
22) 『마태』 17:1 이하; 『마가』 9:1 이하; 『누가』 9:28 이하.

었다. 그렇긴 해도 이 나라는 인구가 무척 많았고 작은 도읍들과 큰 마을들이 있었고, 어디를 가나 규모 있게 잘 경작되어 있었다. 그 옛날의 광휘에서 지금 남아 있는 폐허는 기술 방면에는 전혀 소질이 없고 사치를 모르고 외모의 아름다움에 무심하고 유달리 이상주의적인 농민의 모습을 느끼게 한다. 들에는 시원한 물과 과일이 풍부했다. 넓은 밭에는 포도나무와 무화과나무가 그늘을 드리우고 있었다. 정원에는 사과나무와 호두나무와 석류나무가 빽빽하게 들어차 있었다. 유대인들이 지금도 사페드에서 만들고 있는 것으로 판단컨대, 포도주는 썩 좋은 것이었고, 사람들은 그것을 많이 마셨다.[23] 이 흡족한 그리고 쉽사리 만족을 얻을 수 있는 생활은 우리나라(프랑스) 농민의 둔감한 물질주의, 즉 윤택한 노르망디의 격렬한 기쁨이나 플랑드르 사람들의 진한 환희 같은 것이 되지는 않았다. 그들의 생활은 지극히 청순한 꿈으로, 하늘과 땅이 함께 녹아 들어가는 일종의 시적 신비주의로 영화(靈化)되어 있었다. 근엄한 침례자 요한은 유대 광야에서 회개하라고 설교하며 줄곧 외쳤다. 재칼을 벗 삼고 메뚜기를 먹으면서 살도록 내버려 두라. 어찌하여 신랑이 함께 있는데, 신랑의 친구들이 금식해야 한단 말인가? 기쁨은 하나님의 나라의 일부가 될 것이다. 기쁨은 마음이 겸허한 사람들, 선의의 사람들의 딸이 아닌가?

바야흐로 탄생하는 그리스도교의 역사 전체는 하나의 향기로운 전원극(田園劇)이 되었다. 혼인 잔치에 자리를 같이하는 메시아, 그의 향연에 초대된 창부와 선량한 삭게오, 신랑의 시중을 들며 둘러서 있는 사람들과도 같은 하늘나라의 창설자들, 이런 것들이야말로 갈릴리가 감히 받아들이고 또 받아들이도록 했던 것이다. 그리스는 조각과 시와 찬탄할 만한 회화로 인간 생활을 그렸으나, 거기에는

---

23) 『마태』 9:17; 11:19; 『마가』 2:22; 『누가』 5:37; 7:34; 『요한』 2:3 이하.

제4장 예수의 발전을 둘러싸고 있던 사상계 **137**

언제나 깊숙한 배경도 없고 멀리 바라보이는 지평선도 없었다. 갈릴리에는 대리석도 없었고, 뛰어난 장인도 없었으며, 우아하고 세련된 국어도 없었다. 그러나 갈릴리는 상상에 사는 민중의 마음속에 다시 없이 숭고한 이상을 창조해 주었다. 왜냐하면 그 목가의 배후에는 인류의 운명이 움직이고 있었고, 그 모습을 비추는 광선은 하나님 나라의 태양이었기 때문이다.

예수는 이 도취시키는 듯한 환경에서 나고 자랐다. 어릴 적부터 그는 거의 해마다 제사를 드리러 예루살렘으로 여행했다.[24] 지방에 사는 유대인들에게 이 순례는 즐거움으로 가득 찬 성전(聖殿)이었다. 그리하여 일련의 『시편』들은 온통 봄철 여러 날 동안 산 넘고 골짜기를 지나 온 가족이 길을 가는 행복을 노래하기 위해 특별히 만들어진 것이었다.[25] 이런 때면 모두들 예루살렘의 장엄함, 성소의 두려움, 형제들이 함께 머물게 되는 기쁨을 내다보았다.[26] 이런 여행에서 예수가 흔히 더듬던 길은 오늘날도 사람들이 더듬는 길, 즉 기네아와 세겜을 지나는 길이었다.[27] 세겜에서 예루살렘까지는 길이 매우 험하다. 그러나 실로와 베델의 옛 성소 근처를 지나가게 될 때면 사람들은 긴장하였다. 마지막 숙박지인 아인 엘 하라미에(Ain-el-haramie)는 적막하고 아름다운 곳이다. 이곳에서 야영하면서 받은 인상은 다른 어디서도 찾기 힘든 것이다. 골짜기는 좁고 어둡다. 한 줄기 검은 물줄기가 무덤들을 파낸 바위들 틈에서 흘러나오고 있는데, 이 바위들은 물줄기를 가운데 두고 벽을 이루고 있다. 내 생각에는 이곳이 마음을 향기롭게 해주는 『시편』 84편에서 순례 여행길의 휴식처 가운데 하나로 노래되고 있고, 중세의 감미롭고 쓸쓸한 신비

---

24) 『누가』 2:41.
25) 『누가』 2:42:44.
26) 특히 『시편』 84:122:133.
27) 『누가』 9:51-53:22:11;『요한』 4:4.

주의에서는 인생의 상징이 된 〈눈물의 골짜기〉, 혹은 바위에서 물이 배어 나오는 골짜기이다. 이튿날 이른 새벽이면 예루살렘에 도달하게 된다. 이러한 기대가 오늘날도 나그네들의 기운을 북돋우어, 밤을 짧게 하고 얕은 잠을 자게 하는 것이다.

해마다 민족이 한데 모여 서로 사상을 교환하고 수도를 큰 동요의 중심지로 만드는 이 여행은 예수를 자기 민족의 마음과 접촉시켰고, 또 틀림없이 이미 유대교의 공식 대표자들의 갖가지 결함에 대한 강렬한 반감을 불러일으켰을 것이다. 사람들은 광야가 예수에게는 또 하나의 학교였고, 또 그가 오랫동안 광야에 머물러 있었다고 주장하려 든다.[28] 그러나 광야에서 그가 발견한 하나님은 그의 하나님이 아니었다. 그것은 기껏해야 요셉의 하나님이요 엄하고 무섭고 아무도 알 수 없는 하나님이었다. 때때로 사탄이 그에게 와서 유혹하였다. 그럴 때마다 그는 사랑하는 갈릴리로 돌아와 푸른 언덕과 맑은 시내로 둘러싸인 환경 속에서 기쁜 마음으로 천사의 노래를 마음속에서 읊조리면서 이스라엘의 구원을 기다리고 있던 아이들과 아낙네 무리 속에서 하늘에 계신 자신의 아버지를 되찾곤 하였다.

---

28) 『누가』 4:42;5:16.

제5장 예수의 최초의 경구(警句)들
— 아버지인 하나님과 순수한 종교에 대한 그의 사상 — 최초의 제자들

요셉은 아들이 공적 활동을 시작하기 전에 죽었다. 그리하여 마리아가 가장이 되었고, 또 이 때문에 사람들은 예수를 많은 동명(同名)의 사람들과 구별하려 할 때에는 흔히 '마리아의 아들'[1]이라 불렀다. 마리아는 남편이 죽음으로써 나사렛과 관계가 없어져 가나[2]로 돌아가 살게 되었던 것 같다. 이곳은 바로 그녀의 출생지였을 것이다. 가나는 나사렛에서 두 시간 내지 두 시간 반 걸리는 조그마한 도시로써 아소키 평야의 북쪽을 가로막는 산기슭에 있었다. 멀리 바라보이는 경치는 나사렛에서만큼 웅장하지는 못하지만 평야 전체가 내다보이고 나사렛의 산들과 세퍼리스의 언덕들이 그림처럼 다시없이 아름답게 경계선을 그어주고 있다. 예수는 얼마 동안 이곳에서 지냈던 것 같다. 아마도 이곳에서 소년 시대의 일부가 지나가고 또 그의 최초의 광휘가 있었을 것이다.[3]

그는 부친의 직업인 목수일을 했다.[4] 그곳에서는 목수일이 천한

---

1) 이것은 『마가』6:3의 표현이다. 『마태』13:55 참조. 마가는 요셉의 이름을 들고 있지 않다. 이와 반대로, 『넷째 복음서』와 『누가』는 〈요셉의 아들〉이라는 표현을 선호하고 있다. 『누가』3:23;4:22; 『요한』1:46;6:42. 『넷째 복음서』가 예수의 어머니를 한번도 그 이름대로 부르지 않은 것은 기이한 일이다.
2) 『요한』2:1;4:46.
3) 『요한』2:11;4:46.

일도 아니고 부끄러운 일도 아니었다. 지적인 일에 종사하는 사람은 으레 한 가지 실제적인 일을 배우는 것이 유대의 관습이었다. 가장 유명한 학자들도 어떤 손일을 할 줄 알았다. 그래서 그렇게도 좋은 교육을 받은 바울도 천막이나 돗자리를 만들 줄 알았다.[5] 예수는 결혼하지 않았다. 그의 사랑의 능력은 자신의 천직이라고 여기고 있던 것에 온통 집중되었다. 그에게서 우리는 여성들에 대한 극히 부드러운 감정을 볼 수 있는데, 이 감정은 그가 자신의 사상에 대해 가졌던 무한한 헌신적 열정과 조금도 분리되어 있지 않았다. 그는 아씨지의 성 프란체스코나 프랑쑤아 드 쌀르[6]와 마찬가지로 자신과 같은 사업에 열중한 여성들을 자매처럼 대했다. 그에게는 그 나름의 성 클라라[7]와 같은 여성들, 프랑쑤아 드 샹딸[8]과 같은 여성들이 있었다. 다만 이 여성들은 사업보다도 그를 더 사랑했던 것 같다. 그는 틀림없이 자기가 사랑하는 것보다 오히려 더 많은 사랑을 받았다. 아주 교양이 높은 사람들에게서 흔히 볼 수 있는 바와 같이, 마음속의 애정은 그에게서 무한한 부드러움, 아련한 시, 널리 퍼지는 매력으로 변하였다. 행실이 수상한 여자들과의 그의 친밀하고 자유롭고 전적으로 정신적 질서에 속하는 관계도 역시 그로 하여금 늘 그의 아버지의 영광을 생각하게 한, 그리고 그 영광에 이바지할 수 있던 모든 아름다운 피조물에 대해 일종의 선망을 일으키게 한 열정을 보면 이

---

4) 『마태』 8:55; 『마가』 6:3.
5) 『사도행전』 18:3.
6) 프랑쑤아 드 쌀르(Saint François de Sales, 1567년-1622년): 쌀르 성에서 출생한 주네브의 사교(司敎). 성 쟌느 드 샹딸과 함께 '성모방문회(聖母訪問會)'를 창설하였다.
7) 성 클라라(Clara, 불어로는 Saint Claire, 1193년-1253년): 아씨지 태생의 동정녀·수녀원장. 성 프란체스코 교단의 창설자.
8) 쟌느 드 샹딸(Jeanne Françoise Fremyot de Chantal, Sainte, 1572년-1641년): 디종에서 출생. '성모방문회(聖母訪問會)'의 창설자.

해할 수 있다.[9]

　예수의 사상은 그의 생애 중 분명치 않은 이 기간 동안 어떻게 진전됐는가? 어떠한 명상을 함으로써 예언자의 생활에 발을 들여놓게 되었는가? 이에 대해서 우리는 아는 바가 없다. 그의 역사가 정확한 연대기 없이 산란한 이야기 형태로 우리에게 전해졌기 때문이다. 그러나 살아 있는 인격의 발전은 어디서나 같은 것이요, 또 예수만큼 힘 있는 인격이라면 매우 엄밀한 법칙을 따랐으리라는 것은 의심할 여지가 없다. 신성에 관한 하나의 높은 관념은 유대교에서 얻은 것이 아니라, 그의 위대한 심령이 창조한 것으로 보이는데, 이 관념은 어떤 의미에서는 그의 존재 전체의 근원이었다. 여기에서야말로 우리는 우리가 젖어 있는 관념들과 좁은 정신을 가진 사람들이 흔히 전개하는 논의를 버리지 않으면 안 된다. 예수의 신앙의 뉘앙스를 잘 이해하려면,『복음서』와 우리 사이에 가로놓인 모든 것을 제거할 필요가 있다. 이신론(理神論)과 범신론은 신학의 두 극이 되었다. 스콜라 철학의 공허한 논의와 데까르뜨의 무미건조한 정신, 그리고 18세기의 깊은 무종교는 신을 왜소하게 만들고, 또 신이 아닌 것을 배제함으로써 어떤 의미에서는 신을 제한하여 신성(神性)의 풍부한 감정을 온통 근대 합리주의의 품속에서 질식시켰다. 하나님이 사실 우리들 밖에서 결정된 한 존재라고 하면 하나님과 특별한 관계를 가지고 있다고 믿는 사람은 〈과대망상가〉요, 또 물리학과 생리학이 우리에게 가르쳐 준 바에 의하면 초자연적 환상은 모두 착각이기 때문에 조금이라도 합리적인 이신론자(理神論者)는 과거의 위대한 신앙을 이해할 수 없을 것이다. 한편, 범신론(汎神論)은 신의 인격성을 부인함으로써 고대의 여러 종교의 살아 있는 하나님으로부터 될 수 있는 대로 멀어지고 있다. 하나님을 가장 깊이 이해한 사람들, 석가

---

9)『누가』7:37 이하;『요한』4:7 이하;8:3 이하.

모니·플라톤·성 바울·아씨지의 성 프란체스코·그의 파란 많은 생애의 어느 시기의 성 아구스도는 이신론자였던가, 범신론자였던가? 이런 질문은 무의미한 것이다. 하나님의 현존(現存)의 물질적 및 형이상학적 증명은 이 위대한 사람들에게는 아무 상관도 없는 것이었다. 이 사람들은 신적인 것을 자신들 속에서 느끼고 있었다. 하나님의 참 아들들의 이 위대한 가족의 첫 번째에 예수를 두지 않으면 안 된다. 예수는 환상을 가지고 있지 않았다. 하나님은 자신의 외부에 있는 어떤 사람에게 말하는 것처럼 그에게 말하지는 않는다. 하나님은 그의 속에 있다. 그는 자신이 하나님과 함께 있음을 느끼며, 또 그의 아버지에 관해서 말하는 것을 그의 가슴 속으로부터 끌어낸다. 그는 순간마다 하나님과 교통함으로써 하나님의 품속에서 산다. 그는 하나님을 보지 않는다. 그러나 그는 하나님의 음성을 듣는다. 그러기 위해서 그에게는 모세처럼 천둥과 불타오르는 숲이, 욥처럼 계시를 내리는 폭풍우가, 그리스의 옛 현인들처럼 신탁이, 소크라테스처럼 친근한 영(靈)이, 마호메트처럼 천사 가브리엘이 필요치 않았다. 성녀 테레사가 경험한 것과 같은 심상(心像)과 환각은 여기서는 아무 것도 아니다. 자칭 하나님과 합일했다는 수피 교도의 도취도 역시 전혀 다른 것이다. 예수는 자신이 하나님이라는 불경스런 생각을 한번도 입 밖에 내지 않는다. 그는 자기가 하나님과의 직접적 관계 속에 있다고 믿으며, 또 하나님의 아들이라고 믿는다. 인간의 가슴 속에 존재했던 하나님의 의식으로서 가장 높은 것은 예수의 의식이었다.

또 한편, 이러한 심령의 경향에서 출발하는 예수가 결코 석가모니와 같은 사색적 철학자가 아니라는 것도 이해하기 어렵지 않다. 복음만큼 스콜라 신학과 먼 것은 없다. 신의 본질에 관한 그리스 학자들의 사변은 아주 다른 정신에서 나온 것이다. 하나님을 대뜸 아버지로 생각한 것에 예수 신학의 전부가 있다. 그리고 그에게 이것은 하나의 이론적 원리, 다소라도 증명된, 그리고 그가 남에게 주입하려 한 하나의 교리가 아니었다. 그는 자기 제자들에게 추리를 보여주는 법이 없었다.[10] 그는 제자들에게 주의하도록 노력하라는 요구는 전혀 하지 않았다. 그는 자신의 의견을 설교하지 않았다. 그는 스스로 자신에게 설교했다. 가끔 아주 위대하고 전혀 욕심 없는 사람들은 마음이 크게 드높여진 후, 줄곧 자신에게 주의하는 이 성격, 그리고 일반적으로 여성에게 고유한 극도의 개인적 감수성을 보여 준다.[11] 하나님이 자신들 속에 있고, 또 항상 돌보고 있다는 확신이 몹시 강하여 그들은 거리낌 없이 자신의 생각을 남에게 강요한다. 우리들의 연약함의 일부인 조심이나 남의 의견에 대한 존중은 그들에게 없었다. 이 열광하는 개성은 이기주의가 아니다. 왜냐하면 자신의 사상에 매혹된 이런 사람들은 자신의 사업을 완성하기 위해서라면 기꺼이 목숨을 바치기 때문이다. 이것은 자아와 마음먹은 목적의 동일화가 극에까지 이른 것이다. 이것은 새로운 출현 속에서 시조의 개인적 환상 밖에 보지 못하는 사람들에게는 방만이다. 그러나 결과를 보는 사람들에게는 하나님의 뜻이다. 여기서 영감 받은 사람은 광인과 비슷한 데가 있다. 다만 광인은 절대로 성공하지 못한다. 지금까지 정신착란자가 인류의 전진에 진지하게 영향을 끼친 적은 한번도 없었다.

물론 예수는 단숨에 이 높은 자기 긍정에 도달하지는 않았다. 그러나 그는 처음부터 하나님과 자신을 아버지와 아들의 관계로 보고 있었던 것 같다. 여기에 그의 독창적인 위대성이 있다. 이 점에서 그는 결코 자신의 종족에 속하지 않는다. 유대인도 회교도도 이 향기로운 사랑의 신학을 알지 못했다. 예수의 하나님은 죽이고 싶으면

---

10) 『마태』 9:9 및 이 비슷한 이야기 참조.
11) 예컨대, 『요한』 21:15 이하 참조. 이 특성은 『넷째 복음서』에 과장되어 있는 듯싶다.

죽이고, 벌하고 싶으면 벌하고, 구원하고 싶으면 구원하는 운명의 주인이 아니다. 예수의 하나님은 우리의 아버지이다. 우리는 우리 속에서 '아버지'라고 소리 지르는 가벼운 숨결을 들을 때 하나님의 음성을 듣는다. 예수의 하나님은 이스라엘을 자신의 백성으로 택하고 다른 모든 민족으로부터 보호하는 편파적인 압제자가 아니다. 그의 하나님은 인류의 하나님이다. 예수는 마카바이 가문의 사람들 같은 애국자도, 가울론의 유다와 같은 신정론자도 아니다. 그는 자기 민족의 편견을 담대히 초월하면서 하나님이 온 인류의 아버지임을 확립하였다. 가울론의 유다는 하나님 이외의 다른 어떤 자에게 '주님'이라는 이름을 주느니 차라리 죽는 것이 낫다고 주장하였다. 예수는 이 이름을 취하고 싶어 하는 사람은 누구든지 마음대로 취하게 하고, 하나님에게는 좀더 부드러운 칭호를 마련해 두고 있다. 그는 힘의 대표자들이었던 지상의 권세자들에게는 핀잔 섞인 경의를 표하면서 지극히 높은 위안을 마련한다. 그것은 다름 아니라 각자가 하늘에 계신 아버지에게 의지함이요, 각자가 마음속에 가지고 있는 참 하나님의 나라다.

〈하나님의 나라〉 혹은 〈하늘나라〉라는 이름은 자신이 이 세상에서 시작한 혁명을 표현하기 위하여 예수가 즐겨 쓰던 말이었다. 메시아에 관계되는 거의 모든 용어와 마찬가지로 이 말도 『다니엘 서』에서 나왔다. 이 특이한 책의 저자에 의하면, 멸망할 운명을 지닌 네 세속 나라가 있고 나서 다섯째 나라가 올 터인데, 이 나라는 〈성도들〉의 나라이며, 또 영원히 존속하리라는 것이다.[12] 지상에서 하나님이 다스리시는 이 나라에 대해서는 자연히 갖가지 해석이 있었다. 대부분의 사람들에게 그것은 메시아나 제2의 다윗이 다스리는 나라였다.[13] 유대의 신학에서는 〈하나님의 나라〉는 대개의 경우 참 종교인 유대

---

12) 『다니엘』 2:44;7:13;14:22;27.
13) 『마가』 11:10.

교 자체요 일신교요 경건일 따름이었다. 예수는 생애 마지막 시기에 이 나라가 세계의 돌연한 경신에 의하여 실제로 실현되리라고 믿었던 것 같다. 그러나 분명히 이것은 그가 처음부터 가졌던 사상은 아니었다.[14] 하나님을 아버지로 보는 생각에서 그가 끌어내는 감탄할 도덕은 세계의 종말이 가까워 온다고 믿고 공상적인 큰 재앙에 대비하여 금욕으로 준비하는 광신도들의 도덕이 아니다. 그것은 살려고 하는 그리고 지금까지 살아온 세계의 도덕이다. 그는 장차 올 하나님의 나라의 외면적 징조들을 자세히 묻는 사람들에게 "하나님의 나라는 너희 가운데 있다."고 말하였다.[15] 신의 도래에 대한 구체적인 생각은 구름과도 같은 것, 죽으면 잊어버릴 하나의 허망한 오류에 지나지 않았다. 참 하나님 나라, 온유한 자와 겸손한 자의 나라를 세운 예수, 이것이 초기의 예수다. 그 아버지의 음성이 그의 가슴 속에서 한층 더 맑게 메아리치던, 순결하고 혼탁한 것이 섞이지 않았던 때의 예수다. 그때야말로 몇 달 동안 혹은 아마도 1년 동안 하나님이 정말 이 지상에 머물러 계셨을 것이다. 젊은 목수의 음성은 갑자기 비상하게 다정한 맛을 띠었다. 무한한 매력이 그의 인격에서 발산되어 그때까지 그를 본 사람들도 이제는 그를 알아보지 못하게 되었다.[16] 그에게는 아직 제자가 없었고, 또 주위에서 붐비던 사람들은 한 종파도 한 당파도 아니었다. 그러나 사람들은 거기서 이미 하나의 공통의 정신, 깊이 파고드는 것 같으면서도 다정한 그 무엇을 느끼고 있었다. 그의 온유한 성격과 유대 인종에게 가끔 나타나는 사람을 황홀케 하는 용모를 지녔을 것이 틀림없는 그의 빼어난 모습은 주위에 매혹의 원 같은 것을 만들었고, 이 친절하고 순진한 사람들

---

14) 『마태』 5:10;6:10,33;11:11;12:28;18:4;19:12;『마가』 10:14,15;12:34;『누가』 12:31.
15) 『누가』 17:20-21.
16) 『마태』 13:54 이하;『마가』 6:2 이하;『요한』 6:42.

은 거의 아무도 이 원을 빠져나갈 수가 없었다.

 만일 이 젊은 스승의 사상이 지금까지 사람들이 그 이상 인류를 끌어올릴 수 없었던 이 평범한 선량함의 수준을 크게 넘어서지 않았더라면, 낙원이 실제로 이 지상에 세워졌을지도 모른다. 사람은 모두 하나님의 자녀로서 형제라는 것, 그리고 여기서 나온 도덕적 귀결들이 극히 아름다운 감정을 가지고 도출되었다. 당시의 모든 랍비처럼 예수는 이론을 체계적으로 전개할 생각은 별로 없었고, 자신의 교설을 때로는 수수께끼 같고 기이한 간결하고 힘찬 경구(警句)들 속에 담았다. 이 격률 가운데 어떤 것들은 『구약성서』에서 왔다. 또 어떤 것들은 구약 시대보다 훨씬 나중의 현인들, 특히 소코의 안티고노스와 시락의 아들 예수 및 힐렐의 사상이었다. 이 사상들은 학문적 연구 결과로서가 아니라 자주 되뇌어진 격언들로서 그에게까지 전해진 것이었다. 유대 교회에는 썩 잘 표현된 격률들이 풍부하게 있었는데, 이 격률들은 당시 세상에 널리 퍼진 일종의 이언문학(俚諺文學)을 이루고 있었다. 예수는 구전되어 오는 이 교훈을 거의 전부 채택했다. 그러나 그는 거기에 더 높은 정신을 불어넣었다. 그는 으레 율법과 조상들이 정한 의무를 넘어 완전을 추구했다. 겸손・관용・자애・희생・극기 등 정말 그리스도가 가르쳤다는 의미에서 사람들이 그리스도교적이라 불렀던 것이 당연한 이 모든 덕은 이 첫 교훈 속에 맹아(萌芽) 상태로 들어 있었다. 정의에 관해서는 널리 퍼져 있던 격언을 되풀이함으로써 그는 만족하였다. "남이 네게 하지 말았으면 하는 것은 너도 남에게 하지 말라."[17] 그러나 이 낡은 지혜는 아직 매우 이기적이어서 그에게는 충분한 것이 못 되었다. 그는 더 나아갔다. "누가 오른뺨을 치거든 왼뺨마저 돌려 대고, 또 재판을 걸어 네 속옷을 가지려고 하거든 겉옷도 내 주어라."[18]

---

17) 『마태』 7:12; 『누가』 6:31.

"만일 네 오른 눈이 죄를 짓게 하거든 그 눈을 빼어 던져 버려라."[19]
"원수를 사랑하고 너희를 박해하는 사람들을 위하여 기도하라."[20]
"비판하지 말라. 그리하면 너희도 비판을 받지 않으리라."[21] 용서하라. 그리하면 너희도 용서를 받으리라.[22] 하늘에 계신 너희 아버지의 자비하심 같이 너희도 자비하라.[23] 주는 것이 받는 것보다 더 행복하다."[24] "누구든지 자기를 높이는 사람은 낮아지고, 자기를 낮추는 사람은 높아진다."[25]

자선・연민・선행・온유・평화를 바라는 마음, 욕심이 없는 마음에 관해서는 그는 유대교에서 가르치는 것에 더 보탤 것이 별로 없었다.[26] 그러나 그는 이런 일들에 대하여 사람을 크게 감동시키는 어조로 말했다. 이로 인하여 오래 전부터 있었던 격언들은 새로운 것이 되었다. 도덕이라는 것은 그 원리가 제법 잘 표현되었다고 해서 성립하는 것은 아니다. 추상(抽象)된 진리로서의 교훈 자체보다는 그 교훈을 사랑하게 하는 교훈의 정신이 더 중요하다. 그런데 예수가 선인들에게서 빌린 이 금언들이 『복음서』에서는 옛 율법이나 『피르케 아보트』[27]나 『탈무드』에서와는 전혀 다른 효과를 내고 있음을 부인할 수 없다. 세계를 정복하고 변화시킨 것은 옛 율법도 아니요 『탈무드』도 아니다. 『복음서』의 도덕은 그보다 더 오래된 금언들을

---

18) 『마태』 5:39 이하;『누가』 6:29.
19) 『마태』 5:29-30;18:9;『마가』 9:46.
20) 『마태』 5:44;『누가』 6:27.
21) 『마태』 7:1;『누가』 6:37.
22) 『누가』 6:37;『레위기』 19:18;『잠언』 20:22;『집회서』 28:1 이하와 비교해 볼 것.
23) 『누가』 6:36.
24) 『사도행전』 20:35에 인용된 말.
25) 『마태』 23:12;『누가』 14:11;18:14.
26) 『신명기』 24, 25, 26장 등;『이사야』 58:7;『잠언』 19:17.
27) 피르케 아보트(Pirke Aboth):『미슈나』 제4부 제9편, '부조어록(父祖語錄)'이라는 뜻이다.

가지고 그 도덕을 거의 전부 재구성할 수 있다는 의미에서는 조금도 독창적인 것이 못 되지만, 그래도 그것은 여전히 인간의 의식에서 나온 최고의 창조요, 도덕가가 작성한 완전한 생의 가장 아름다운 법전(法典)이다.

 예수는 모세의 율법에 대해 반대하는 말을 하지는 않았다. 그러나 그것이 불충분하다고 생각했던 것은 확실하며, 또 자신이 그렇게 생각하고 있다는 것을 사람들이 아는 것을 꺼리지 않았다. 옛 현인들이 말한 것 이상의 것을 해야 한다고 그는 끊임없이 말했다.[28] 그는 조금이라도 냉혹한 말을 해서는 안 된다고 가르쳤고,[29] 이혼[30]과 온갖 맹세[31]를 금했고, 복수하는 일을 비난했고,[32] 고리대금은 옳지 않다고 했고,[33] 음욕을 간통과 똑같은 범죄로 여겼다.[34] 그는 모든 가해를 용서해줄 것을 바랐다.[35] 그의 이러한 높은 자애의 격률들을 밑받침하는 동기는 언제나 동일한 것, 즉 다음과 같은 것이었다. "그래야만 너희는 하늘에 계신 아버지의 아들이 될 것이다. 아버지께서는 악한 사람에게나 선한 사람에게나 똑같이 햇빛을 주신다. 너희가 자기를 사랑하는 사람들만 사랑한다면 무슨 상을 받겠느냐? 세리들도 그만큼은 하지 않느냐? 또 너희가 자기 형제들에게만 인사를 한다면 남보다 나을 것이 무엇이냐? 이방인들도 그만큼은 하지 않느냐? 하늘에 계신 아버지께서 완전하신 것 같이 너희도 완전한 사람이 되어라."[36]

---

28) 『마태』 5:20 이하.
29) 『마태』 5:22.
30) 『마태』 5:31 이하.
31) 『마태』 5:33 이하.
32) 『마태』 5:38 이하.
33) 『마태』 5:42.
34) 『마태』 27:28.
35) 『마태』 5:23 이하.

제5장 예수의 최초의 경구(警句)들 **149**

전적으로 심정에, 하나님을 모방하는 일에, 하늘에 계신 아버지와의 양심의 직접적 관계에 기초하는 하나의 순수한 종교, 사제나 외면적 제식이 없는 한 종교는 이러한 원리에서 나왔다. 예수는 이 대담한 귀결을 앞에 놓고 조금도 후퇴하지 않았다. 그리고 이 귀결은 유대교의 한복판에서 첫 손 꼽히는 혁명가가 되게 하였다. 무엇 때문에 사람과 그 아버지 사이에 중개자들이 있는 것인가?[37] 하나님께서는 마음만을 보실진대 육체만 깨끗하게 하는 정화나 수행이 무슨 소용이 있는가? 유대인에게는 그렇게도 신성했던 전승도 깨끗한 마음에 비하면 아무 것도 아니다.[38] 기도할 때 고개를 돌려 누가 자기를 보고 있지 않나 살펴보며, 요란스럽게 동냥을 주며, 남이 잘 믿는 사람으로 알아보도록 옷차림을 하는 바리새인의 위선, 잘 믿는 체하는 그들의 모든 태도는 그로 하여금 반항케 했다. 그는 말했다. "그들은 자기 상을 이미 받았다. 너희는 동냥을 줄 때에 오른 손이 하는 것을 왼손이 모르게 하여 네 동냥이 은밀한 데 있게 하라. 그리하면 은밀한 중에 보시는 네 아버지가 갚으시리라.[39] 또 너희가 기도할 때에 외식하는 자와 같이 되지 말라. 그들은 남에게 보이려고 회당과 큰 거리 어귀에 서서 기도하기를 좋아한다. 나는 분명히 말한다. 그들은 자기 상을 이미 받았다. 너는 기도할 때에 네 골방에 들어가 문을 닫고, 은밀한 중에 계신 네 아버지께 기도하라. 그리하면 은밀한 중에 보시는 네 아버지께서 갚으시리라. 또 기도할 때에 이방인과 같이 중언부언하지 말라. 그들은 말을 많이 하여야 들으실 줄 생각한다. 너희 아버지 하나님께서는 너희가 구하기 전에 너희에게 있어야 할 것을 아신다."[40]

---

36) 『마태』 5:45 이하.
37) 『마태』 15:11 이하;『마가』 7:6 이하.
38) 『마가』 7:6 이하.
39) 『마태』 6:1 이하.

그는 조금도 금욕적 외모를 차리지 않았고, 언제나 사람들이 하나님을 찾는 산상이나 한적한 곳에서 기도하거나 혹은 오히려 묵상하는 것으로 만족하였다.[41] 거의 아무도, 심지어 그보다 후대에 나온 사람들도 품지 못했던 인간과 하나님의 관계에 대한 이 높은 생각은 하나의 기도로 요약되었다. 이것을 그는 유대인들 사이에서 이미 사용되고 있던 경건한 어구로 지어 제자들에게 가르쳤다.[42]

"하늘에 계신 우리 아버지, 온 세상이 아버지를 하나님으로 받들게 하시며 아버지의 나라가 오게 하시며 아버지의 뜻이 하늘에서와 같이 땅에서도 이루어지게 하소서. 오늘 우리에게 필요한 양식을 주시고 우리가 우리에게 잘못한 이를 용서하듯이 우리의 잘못을 용서하시고 우리를 유혹에 빠지지 않게 하시고 악[43]에서 구하소서." 하늘에 계신 아버지는 우리에게 필요한 것을 우리보다도 더 잘 알고 계신다는 것, 그리고 이러한 것을 주십시오 라고 특정한 것을 구하는 것은 그를 모욕하는 것과 다름없다는 것을 그는 특히 역설하였다.[44]

이렇게 함으로써 예수는 유대교가 세워 놓았으나 그 민족의 관료계급들이 차츰 더욱 더 소홀히 여긴 큰 원리들로부터 결론을 끌어냈을 따름이었다. 그리스와 로마의 기도는 거의 언제나 이기주의로 더럽혀져 있었다. 이교의 사제로서 그 신자에게 다음과 같이 말한 사람은 한 사람도 없었다. "제단에 예물을 드리려 할 때에 너에게 원한을 품고 있는 형제가 생각나거든 그 예물을 제단 앞에 두고 먼저 그를 찾아가 화해하고 나서 돌아와 예물을 드리라."[45] 다만 고대에서는

---

40) 『마태』 6:5-8.
41) 『마태』 14:23 ; 『누가』 4:42 ; 5:16 ; 6:12.
42) 『마태』 6:9 이하 ; 『누가』 11:2 이하.
43) 즉, 마귀.
44) 『누가』 11:5 이하.
45) 『마태』 5:23-24.

제5장 예수의 최초의 경구(警句)들 **151**

유대의 예언자들 특히 이사야가 사제직에 혐오감을 품고 인간이 하나님에게 드려야 할 예배의 참된 성질을 어느 정도 알고 있었다. "무엇 하러 이 많은 제물들을 나에게 바치느냐? 나는 이제 수양의 번제물에는 물렸고, 살찐 짐승의 기름기에는 지쳤다…. 이제 제물 타는 냄새에는 구역질이 난다…. 너희의 손은 피투성이, 몸을 씻어 정결케 하여라. 내 앞에서 악한 행실을 버려라. 악에서 깨끗이 손을 떼라. 착한 길을 익히고 바른 삶을 찾아라."[46] 예수의 시대에 이르러 몇몇 학자들, 즉 의인 시므온 시락의 아들 예수와 힐렐은 대체로 이 목적을 언급했고,[47] 또 율법의 요약은 공의라 선언했다. 필론은 유대적 이집트의 세계에서 예수와 동일한 시대에 높은 도덕적 거룩함이라는 관념에 도달하였다. 그의 결론은 율법을 지키는 일에는 별로 머리를 쓰지 않는다는 것이었다. 셰마이아와 압탈리온은 여러 차례 아주 관대한 결의론적(決疑論的) 태도를 보여 주었다. 랍비 요하난은 이윽고 남을 가엾이 여기는 일을 율법 연구보다도 더 높은 위치에 두기에 이르렀다. 하지만 오직 예수만이 이런 일들에 관하여 효과적으로 말했다. 여태껏 예수만큼 비사제적이었던 사람도 없었고, 또 예수만큼 종교를 보호한다는 미명 아래 종교를 질식시키는 갖가지 형식을 적대시했던 사람도 없었다. 이 때문에 우리는 모두 그의 제자요 그의 후계자다. 그렇게 함으로써 그는 참된 종교의 기초에 하나의 영원한 초석을 세웠다. 또 만일 종교가 인류에게 없을 수 없는 것이라면, 그렇게 함으로써 그는 사람들이 그에게 드린 신의 자리에 앉을 만한 가치가 있었다. 전혀 새로운 관념, 정결한 마음과 인간의 형제애에 기초를 두는 종교의 관념은 그로 말미암아 세계 안으로 들어왔다. 이 관념이 얼마나 높은 것이었던지 그리스도 교회가 이 점에서

---

46) 『이사야』 1:11 이하.
47) 『집회서』 35:1 이하.

그 우두머리의 의도를 완전히 배반할 정도였고 또 오늘날에도 몇몇 심령만이 그 의도에 순응할 수 있을 정도다.

자연에 대한 뛰어난 감정은 그에게 순간마다 교묘한 비유를 마련해 주었다. 때로는 우리가 기지라 부르는 두드러진 섬세함이 그의 경구들을 고상하게 만들었고, 때로는 그 경구들의 생기 있는 형식이 속담의 교묘한 구사에서 우러나왔다. "어찌하여 너는 형제의 눈 속에 있는 티는 보고 제 눈 속에 있는 들보는 보지 못하느냐? 그러면서 어떻게 형제에게 '네 눈의 티를 빼내어 주겠다'고 하겠느냐? 이 위선자야! 먼저 네 눈에서 들보를 빼내어라. 그래야 눈이 잘 보여 형제의 눈에서 티를 빼낼 수 있지 않겠는가?"[48]

젊은 주님의 가슴 속에 오랫동안 간직되어 있던 이 교훈들은 이미 몇몇 제자들을 모으고 있었다. 시대 정신이 작은 교회들에 흐르고 있었다. 때는 바야흐로 엣세네파와 테라페우트파의 시대였다. 각자 자신의 교훈을 가지고 있던 랍비들, 즉 셰마이아·압탈리온·힐렐·샴마이·가울론의 유다·가말리엘, 이밖에 그 금언들이 『탈무드』를 채우고 있는 많은 사람들이 도처에서 출현하고 있었다. 저술하는 일은 아주 적었다. 당시의 유대 학자들은 책을 짓지 않았다. 모든 것이 대화와 공개 강의로 행해지므로 사람들은 이것들을 외우기 쉽도록 하려고 애썼다. 그러므로 나사렛의 젊은 목수가 대부분은 이미 세상에 퍼져 있었지만 그의 덕택에 세계를 재생시키게 될 이 격률들을 외부에 내어놓기 시작했을 때, 그것은 이렇다 할 하나의 사건이 아니었다. 그저 랍비가 한 사람 더 늘고(사실 그는 모든 랍비 가운데 가장 매력 있는 사람이었다), 그 주위에 그에게 열심히 귀를 기울이고 미지의 것을 찾는 몇몇 청년이 있다는 것일 따름이었다. 사람들의 주의를 끄는 데는 시간이 걸린다. 아직은 그리스도교가 없었다.

---

48) 『마태』 7:4-5;『누가』 6:41 이하.

제5장 예수의 최초의 경구(警句)들 **153**

그러나 참된 그리스도교는 기초가 서 있었다. 그리고 확실히 그리스도교가 이 첫 순간만큼 완전했던 적은 한번도 없었다. 예수는 그 후 여기에 아무 것도 영속적인 것을 보탠 바 없다. 이것은 무슨 뜻인가? 그는 그리스도교를 위태로운 데로 몰아넣는다. 왜냐하면 어떤 사상이든 성공하려면 몇 가지 희생을 치러야 하기 때문이다. 인생의 싸움에서 아무 상처도 입지 않고 곱게 나오는 법은 없다.

　실상, 선한 일을 생각하는 것만으로는 충분치 않다. 그것을 사람들 가운데서 성취시켜야만 한다. 이렇게 하는 데에는 덜 순수한 방도가 필요하다. 확실히 『복음서』가 『마태』와 『누가』의 몇 개의 장으로 끝났더라면, 그것은 보다 더 완전한 것이 되었을 것이고, 또 오늘날 그토록 많은 이론을 낳지도 않았을 것이다. 그러나 기적 없이 그것이 세계를 회심시킬 수 있었을까? 만일 예수가 그의 생애를 더듬어 우리가 지금 도달한 이 시점에서 죽었더라면, 그의 일생에는 우리의 마음에 불쾌감을 일으키는 장면은 하나도 없었을 것이다. 그러나 하나님의 눈에는 훨씬 더 위대했겠지만, 사람들에게는 끝내 알려지지 않고 말았을 것이다. 그는 알려지지 않은 위대한 인물들 가운데 가장 훌륭한 사람이긴 하였으나, 그런 인물들의 무리 속으로 사라져 없어지고 말았을 것이다. 진리는 선포되지 않았을 것이요, 세계는 그의 아버지가 그에게 준 무한한 도덕적 탁월성의 혜택도 전혀 얻지 못하고 말았을 것이다. 시락의 아들 예수와 힐렐도 거의 예수 못지않은 경구들을 발설하기는 했다. 하지만 힐렐은 결코 그리스도교의 진정한 시조로 여겨지지는 않을 것이다. 도덕에 있어서는 예술에 있어서와 마찬가지로, 말은 아무 것도 아니고 행하는 것이 전부다. 라파엘의 그림의 내면에 숨어 있는 사상은 대수로운 것이 아니다. 중요한 것은 오직 그 그림이다. 이와 마찬가지로 도덕에서도 진리는 자각의 상태로 넘어가야만 다소간의 가치를 지니게 되며, 또 세계

안에서 사실로 구현될 때 비로소 그 온전한 가치를 얻게 된다. 평범한 덕성을 가진 사람들이 무척 훌륭한 금언을 쓴 바 있었다. 그런가 하면 아주 유덕한 사람들이 세계에서 덕의 전통을 계속시켜 가도록 하는 데 아무 공헌도 하지 않았다. 종려나무 가지는 말에 있어서나 행위에 있어서나 힘이 있었던 사람, 즉 선을 깨달았을 뿐만 아니라 자신의 피를 지불하고 선을 승리케 한 사람의 것이다. 예수는 이 두 관점에서 비길 데가 없다. 그의 영광은 언제까지나 온전할 것이요 또 늘 새로워질 것이다.

제6장 침례자 요한
— 예수께서 요한에게로 여행하여 유대 광야에 머무심— 요한에게 침례를 받으심

　이즈음, 한 비상한 사람이 나타났다. 사료가 부족하여 그의 역할은 아직 대부분 수수께끼로 남아 있지만, 그가 예수와 어느 정도 관계를 가진 것은 확실하다. 이 관계는 나사렛의 젊은 예언자로 하여금 몇 가지 점에서 자신의 본래의 길에서 떠나게 했다. 그러나 그것은 그의 종교적 제도의 많은 부속물을 그에게 시사했고, 또 어떻든 그의 제자들에게는 유대인의 어떤 계급의 목전에서 자신들의 스승을 믿도록 권하는 데 아주 강한 권위를 마련해 주었다.

　28년(디베료 치세 15년)경, 요하난 혹은 요한이라는 혈기와 열정에 넘치는 젊은 고행자의 소문이 온 팔레스티나에 퍼졌다. 요한은 사제 가문 출신이고[1] 헤브론에 가까운 윳타나 헤브론에서 출생한 것 같다.[2] 헤브론은 무엇보다도 족장의 도읍으로서 유대 광야에서는 아주 가깝고 아라비아 대사막으로부터는 몇 시간 걸리는 곳에 자리하고 있는데, 그 당시도 오늘날과 마찬가지로 가장 엄격한 셈족 정신의 보루였다. 요한은 어릴 적부터 나지르(nazir)였다. 다시 말하면, 서약을 하고 어떤 계행(戒行)을 지키고 있었다.[3] 그는 이를테면 그

---
1) 『누가』 1:5.
2) 『누가』 1:39.
3) 『누가』 1:15.

를 둘러싸고 있던 광야에 먼저 마음이 끌렸다.[4] 그는 거기서 인도의 〈요가〉와 같은 생활을 하고 있었다. 즉, 짐승의 가죽이나 약대 털옷을 입고 메뚜기와 들꿀만을 먹으면서 살고 있었다.[5] 몇 사람의 제자가 주위에 모여 그의 엄격한 말씀을 묵상하며 함께 생활하고 있었다. 이 은자가 이스라엘의 대예언자들의 최후의 후예임을 자신의 특수한 모습으로 나타내고 있지 않았더라면, 우리는 갠지스 강가에 오지 않았나 착각했을 것이다.

유대 민족이 일종의 절망을 가지고 자기네의 신비스러운 사명에 대하여 반성하기 시작한 이래로 이 민족의 상상력은 깊은 희열을 가지고 옛 예언자들을 회상하고 있었다. 그런데 과거의 모든 인물들 ― 그들을 추억하고는 마치 불안한 밤의 꿈처럼, 백성들이 잠을 깨고 동요한 인물들 ― 그 중에 가장 큰 이는 엘리야였다. 예언자들 가운데 거인인 엘리야는 가르멜산의 지독한 적막 속에서 들짐승들과 함께 지내며, 바위 굴 속에 머물다 번개처럼 나타나 왕들을 세우기도 하고 폐하기도 하였는데, 그 후 자꾸 변모되어 어떤 때는 보이다가 또 어떤 때는 보이지 않는 그리고 죽음을 모르는 일종의 초인간적인 존재가 되어 있었다. 사람들은 거의 누구나 엘리야가 다시 와서 이스라엘을 회복시키리라 믿었다.[6] 그가 영위한 엄격한 생활, 그가 남긴, 그리고 근동 지방 사람들이 아직도 그 인상 밑에 살고 있는 무서운 추억들, 오늘날까지도 사람들을 떨게 하고 숨도 못 쉬게 하는 그 음침한 모습, 복수와 공포로 가득 찬 이 모든 신화는 사람들의 마음을 강렬하게 자극했고, 또 이를테면 날 때부터 있는 얼룩처럼 민중의 모든 창조를 특징짓고 있었다. 이 민족에게 무슨 큰일을 하

---

4) 『누가』 1:80.
5) 『마태』 3:4;『마가』 1:6.
6) 『말라기』 3:23-24;『집회서』 48:10;『마태』 12:14;17:10 이하;『마가』 6:15;8:28;9:10 이하;『누가』 9:8;『요한』 1:21;25.

려고 하는 사람은 누구나 엘리야를 모방하여야만 했고, 또 고독한 생활이 이 예언자의 본질적 특색이었기 때문에 사람들은 〈하나님의 사람〉을 은자의 여러 가지 특색을 가진 자로 머리 속에 그려보았다. 성자는 모두 한 번은 회개와 광야의 생활과 고행의 날들을 보낸 것으로 상상되었다. 이리하여 광야로 물러가 사는 것은 높은 천직의 조건이요 서곡이 되었다.

그것을 모방하려는 생각이 요한의 마음을 크게 사로잡았던 것은 의심의 여지가 없다.[7] 옛 유대 민족의 정신과는 아주 반대되고 〈나지르〉나 레캅인들에게서 볼 수 있는 희구와도 아무 상관이 없는, 세상을 피해 숨어사는 생활이 유대 도처에 침투해 있었다. 엣세네파는 사해 언저리 요한의 고향 근처에 살고 있었다. 고기와 포도주와 성적 쾌락을 끊는 것이 계시하는 자의 수련으로 여겨지고 있었다.[8] 교파의 우두머리들은 종교적 교단의 창건자들과 마찬가지로 으레 은자(隱者)요, 고유의 규칙들과 법도들을 가지고 있는 것으로 생각되고 있었다. 이리하여 젊은 사람들의 스승은 바라문교(婆羅門敎)의 구도자와 흡사한 일종의 은자이기가 일쑤였다. 사실, 여기에 멀리 인도의 무니(*mouni*)들의 영향이 전혀 없었을까? 후일 초기 프란체스코파가 그러한 것처럼, 사람을 감화시키는 행위로써 가르치며 자기 나라 말을 알지 못하는 사람들을 회심시키면서 천하를 주유하던 불교의 행각승(行脚僧) 가운데 몇몇은 시리아와 바빌론으로 간 것이 확실한데, 유대 쪽으로는 전혀 발길을 돌리지 않았을까? 우리는 여기에 대해서 아는 바 없다. 바빌론은 얼마 전부터 불교의 진정한 중심지가 되어 있었고, 부다스프(*Boudasp* ; 보디사트바 Bodhisattva, 보살)는 갈대아의 현인이요, 사바교의 시조로 여겨지고 있었다. 이

---

7) 『누가』 1:7.
8) 『다니엘』 1:12 이하;10:2 이하.

사바교란 도대체 무엇이었던가? 그것은 그 어원이 보여주는 바와 같이, 바프티즘(*baptisme*), 즉 여러 차례 침례를 받는 종교요, 흔히 〈성 요한의 그리스도교도〉 혹은 〈망다교도(mendaïtes)〉라 불리고, 또 아라비아 사람들이 엘 모그타실라(el-mogtasila, 침례자들)라 부르는, 아직도 남아 있는 교파의 근원이 되는 것이다. 이렇게 막연히 유사한 것들을 식별하기란 매우 어려운 일이다. 기원후 처음 여러 세기 동안 요단 강 저쪽 지역에서 유대교・그리스도교・침례교・사바교 사이를 떠돌고 있던 여러 종파는 우리에게 도달한 사료의 혼란으로 말미암아 아주 특이한 문제를 비평가에게 제기한다. 하지만 요한, 엣세네파, 그리고 당시 유대의 구도적 교사들의 외면적 의식들이 대개 얼마 전에 받은 먼 동양으로부터의 영향에서 유래했다는 것은 믿을 만한 사실이다. 요한의 교파의 특징을 이루고, 또 그 교파의 명칭이 생기게 한 기본적인 의식은 언제나 그 중심을 하(下)갈대아에 가지고 있었고, 또 이곳에서 오늘날까지 계속하여 한 종교를 이루어 오고 있다.

　이 의식은 침례, 즉 몸 전체를 물에 담그는 것이었다. 몸을 씻는 일은 동방의 모든 종교에서와 마찬가지로 유대인에게도 이미 흔히 있는 일이었다.[9] 엣세네파는 이런 일을 특별히 보급시켰다. 침례는 개종자를 유대교에서 받아들일 때 보통 하는 의식, 일종의 입교식이 되어 있었다. 하지만 침례자 요한 이전에는 몸을 물에 담그는 일에 이러한 중요성이나 형식이 부여되지 않았다. 요한은 사해 곁에 있는 유대 광야를 활동 무대로 정했다.[10] 침례를 주는 기간이면 그는 요단 강가로 갔다.[11] 아마도 여리고가 건너다보이는 동쪽 언덕의 베다니

---

9)『마가』7:4.
10)『마태』3:1;『마가』1:4.
11)『누가』3:3.

나 베타바라,[12] 아니면 물이 많은 살렘 근처의 아이논, 즉 〈샘물들〉이라는 곳으로 갔을 것이다.[13] 이곳에서 많은 무리들, 특히 유대 부족들이 그에게로 나아와 침례를 받았다.[14] 그리하여 그는 몇 달도 안 가서 유대의 가장 유력한 사람들 중 하나가 되었고 모든 사람들의 존경을 받게 되었다.

민중은 그를 예언자로 보았고,[15] 또 많은 사람이 그를 다시 살아난 엘리야라고 생각했다.[16] 이렇게 엘리야의 부활에 대한 믿음이 아주 널리 퍼져 있었다.[17] 사람들은 하나님께서 곧 옛 예언자들 가운데 몇 사람을 다시 살리셔서 이스라엘을 궁극의 운명으로 인도하게 하시리라 여기고 있었다.[18] 요한은 스스로 메시아라고 주장하지는 않았지만, 사실은 그가 곧 메시아라고 생각하는 사람들도 있었다.[19] 예언자를 받드는 사상이 이렇게 부흥하는 데 반대하고 늘 열광자들의 적이었던 사제들과 율법학자들은 그를 멸시하였다. 그러나 그들은 이 침례자의 인망에 압도되어 감히 그에게 대항하는 말을 하지는 못했다.[20] 이것은 사제들의 귀족주의에 대한 군중의 감정의 승리였다. 이 점에 대해서 분명히 설명하라는 요구를 받았을 때 대사제들은 몹시 당황하였다.[21]

물론, 요한에게 침례는 사람들의 마음에 감동을 주고 어떤 큰 운

---

12) 『요한』 1:28;3:26.
13) 『요한』 3:23.
14) 『마가』 1:5.
15) 『마태』 14:5;21:26.
16) 『마태』 11:14;『마가』 6:15;『요한』 1:21.
17) 『마태』 14:2;『누가』 9:8.
18) 위의 주 6 참조.
19) 『누가』 3:15 이하;『요한』 1:20.
20) 『마태』 21:25 및 그 이하;『누가』 7:30.
21) 『마태』 위와 같은 곳.

동을 위해 준비하게 하는 하나의 표적에 지나지 않았다. 의심할 바 없이 그는 메시아에 대한 희망에 극도로 사로잡혀 있었다. "회개하라, 하늘나라가 다가왔다."라고 그는 말하였다.[22] 그는 〈큰 진노〉, 즉 임박한 무서운 재앙을 예고하였고,[23] 도끼가 이미 나무뿌리에 놓여 있다는 것과 나무가 쉬 불에 던져질 것을 분명히 말했다. 그는 손에 키를 들고 알곡은 모아 곳간에 들이고 쭉정이는 불에 태우는 메시아를 묘사했다. 침례가 그 상징이었던 회개, 동냥을 주는 것, 행실을 고치는 것[24]—요한에게 이런 일들은 가까운 장래에 있을 사건들에 대한 좋은 준비 방법들이었다. 그가 이 사건들을 어떤 식으로 생각했는지는 정확히 알 수 없다. 그러나 확실한 것은, 후에 예수가 공격한 바 있는 사람들에 항거하여, 즉 부유한 사제들·바리새인들·학자들, 한마디로 말하면 거만한 유대교에 항거하여 아주 힘차게 설교했고, 또 예수와 마찬가지로, 멸시받던 사람들에게 특히 영접 받았다는 점이다.[25] 그는 아브라함의 아들이라는 칭호를 아무 것도 아닌 것으로 여기고, 하나님께서는 길가의 돌을 가지고도 아브라함의 아들들을 만들 수 있다고 말하였다.[26] 그는 예수로 하여금 승리하게 한 위대한 관념, 즉 하나의 순수한 종교의 관념의 새싹을 가지고 있지 않았던 것 같다. 그러나 그는 중세의 플라젤랑[27]들이 성직자들로부터 성례와 사죄의 독점권을 빼앗음으로써 종교 개혁의 선구자가 되었던 것과 어느 정도 비슷하게 사제들이 있어야 하는 법정의 예식을 버리고 대신 사적(私的) 의식을 설정함으로써 이 관념에 크게 이바지하고

---

22) 『마태』 3:2.
23) 『마태』 3:7.
24) 『누가』 3:11-14.
25) 『마태』 21:32;『누가』 3:11-14.
26) 『마태』 3:9.
27) 플라젤랑(Flagellants):13, 14세기의 열광적 교파에 속했던 사람들. 그들은 공중 앞에서 채찍이나 몽둥이로 자기 몸을 때렸다.

있었다. 그의 설교의 어조는 대체로 엄하고 매서웠다. 적대자들에 대해서 그가 사용한 표현들은 극히 격렬하였다.[28] 그는 계속해서 그들을 거칠게 조롱하고 욕했다. 그는 정치와 무관하지는 않았던 것 같다. 스승인 바누우를 통해서 그와 거의 직접적인 관계를 가졌던 요세푸스는 은근히 이 점을 시사하고 있는데 그의 목숨을 잃게 한 재난도 이것을 입증해 주는 것이 아닌가 싶다. 그의 제자들은 자주 금식하면서 매우 준엄한 생활을 하고 있었고,[29] 슬프고 불안한 표정을 하고 있었다. 그의 교파에는 가끔 재산을 공유해야 하고, 부자는 그 소유를 나누어야 한다는 사상이 보인다.[30] 가난한 사람은 이미 누구보다도 먼저 하나님의 나라의 혜택을 받을 자로 여겨지고 있다.

비록 이 침례자의 활동 무대가 유대이기는 했으나, 그의 명성은 급속히 갈릴리에 퍼졌고 예수에게까지 전해졌다. 그런데 예수는 이미 최초의 설교로 자기 주위에 조그마한 청중의 모임을 만들어내고 있었다. 아직 그다지 큰 권위를 가지지 못했고, 또 틀림없이 그 교훈이 자기 자신의 사상과 많은 관련이 있는 스승을 몹시 보고 싶었던 예수는 갈릴리를 떠나 작은 교파를 이끌고 있는 요한이 있는 곳으로 향했다.[31] 새로 온 이 사람들은 다른 사람들과 마찬가지로 침례를 받았다. 요한은 이 갈릴리 제자들의 일행을 잘 대접했고, 또 그들이 자신의 제자들과 끝내 어울리지 않는 것을 언짢게 여기지 않았다. 두 스승은 젊었다. 그들의 사상에는 공통점이 많았다. 그들은 서로 사랑하고 대중 앞에서 서로 다투어 친절을 베풀었다. 이런 사실은 얼핏 보면, 침례자 요한으로서는 의외의 일이요 우리로서는 의심하기 쉬

---

28) 『마태』 3:7;『누가』 3:7.
29) 『마태』 9:14.
30) 『누가』 3:11.
31) 『마태』 3:13 이하;『마가』 1:9 이하;『누가』 3:21 이하;『요한』 1:29 이하;3:22 이하.

운 일이다. 겸양은 결코 억센 유대인의 정신의 특색이 아니었다. 그처럼 강직한 성격을 지닌 사람이요, 늘 흥분하고 있던 라므내[32]와도 같은 사람이었으니 으레 몹시 분노했고, 또 어떠한 경쟁이나 어지간한 귀의도 허락하지 않았던 것이 아닌가도 싶다. 그러나 이렇게 생각하는 것은 요한의 사람됨을 잘못 본 것이다. 우리는 그를 성숙한 연령에 도달한 사람으로 생각하고 있지만, 사실은 이와 반대로, 그는 예수와 동갑이었다.[33] 그리고 당시의 관념으로는 아주 젊었다.[34] 정신 면에서 보면, 그는 예수의 형이지 아버지는 아니었다. 똑같은 희망과 증오가 넘치고 있던 두 젊은 열정가는 공통의 목적을 지향하고 또 서로 의지할 수 있었다. 사실 나이 많은 스승이라면, 이름도 없는 사람이 자기에게로 와서 멋대로 독자적인 행위를 하는 것을 괘씸하게 여길 것이다. 한 교파의 우두머리치고 자기를 계승하려는 사람을 열심히 후대한 예는 한번도 없다. 그러나 젊은 사람은 어떠한 자기 부정도 할 수 있다. 또 요한이 예수에게 자신의 정신과 비슷한 정신이 있음을 보고 아무 개인적 편견 없이 그를 받아들였다는 것은 충분히 있을 수 있는 일이다. 이러한 좋은 관계는 이윽고 『복음서』 주제들에 관해 윤리적인 성찰을 기록하는 사람들이 발전시킨, 그리고 요한의 증거를 예수의 거룩한 사명의 첫째 기초로 삼으려 한 체계 전체의 출발점이 되었다. 이 침례자에 의해 주어진 권위는 세상에서 그 이상 더 좋은 보장을 얻을 수 없다고 생각될 만큼 높은 것이었다. 그러나 이 침례자는 예수 앞에서 결코 자신의 권리를 양보하지는 않았다. 요한 곁에서 지내는 동안 예수는 내내 요한을 자기보다 우월한 사람으로 보았고, 자신의 자질을 그저 조촐하게 발전시킬 따름이었

---

32) 라므내(Lamennais, 1782년-1854년):프랑스의 철학자. 처음에 신정주의(神政主義)를 옹호하다가, 자유주의를 거쳐 혁명적 주장의 사도가 되었다.
33) 『누가』 1장.
34) 『요한』 8:57과 비교해 볼 것.

다.

사실, 예수는 깊은 독창성을 가지고 있었음에도 불구하고, 적어도 몇 주일 동안은 요한의 모방자였던 것 같다. 그의 앞길은 아직 분명치 않았다. 뿐만 아니라, 어느 시기에나 예수는 남의 의견에 많이 양보했고, 또 자신의 방향과 다르거나 자신이 별로 개의치 않은 많은 것들을 그것들이 세상에서 널리 허용되고 있다는 단 한 가지 이유로 채택하기도 했다. 하지만 이런 부속물들은 결코 그의 주요 사상을 손상시키지 않고, 언제나 그의 사상에 종속해 있었다. 침례는 요한으로 말미암아 아주 큰 인기를 얻고 있었다. 예수는 자신도 요한처럼 해야 한다고 생각했다. 그래서 그는 침례를 주었고, 또 그의 제자들도 그러했다.[35] 의심할 여지없이 이들은 이 의식에 요한의 설교와 비슷한 설교를 곁들였을 것이다. 이리하여 요단강은 그 어느 쪽에나 침례자들로 뒤덮였고, 또 이들의 설교는 크건 작건 성공을 거두었다. 이 제자는 얼마 안 가서 스승과 비등하게 되어 그에게서 침례를 받고 싶어 하는 사람이 격증했다. 이에 관해 제자들 사이에 얼마간의 질투가 있었다.[36] 요한파 사람들은 요한에게 와서 날로 더해 가는 젊은 갈릴리 사람의 성공을 불평했다. 그들에 의하면, 이 젊은 갈릴리 사람의 침례가 쉬 요한의 침례를 대체하리라는 것이었다. 그러나 두 우두머리는 결국 편협한 생각을 초월하고 있었다. 한 전승에 의하면,[37] 예수는 자신의 가장 유명한 제자 집단을 요한의 교파에서 만들었다고 한다. 요한의 우월성이 너무도 확실했기 때문에 아직 조금밖에 이름이 알려져 있지 않던 예수는 그와의 경쟁은 꿈에도 생각지 않았다. 그는 그저 요한의 그늘 밑에서 성공하고 싶어 했고, 또 군중을 얻으려면 요한으로 하여금 그토록 놀라운 성공을 하게 한 외

---

35) 『요한』 3:22-26;4:1-2.
36) 『요한』 3:26;4:1.
37) 『요한』 1:35 이하;『사도행전』 1:21-22에 의거한다.

적 수단들을 써야만 하리라고 믿고 있었다. 요한이 체포된 후 그가 설교하기 시작했을 때 그의 입에서 나온 첫 마디 말은 침례자 요한이 자주 쓰던 말들 가운데 하나를 되풀이한 것에 지나지 않았다.[38] 요한의 이밖의 다른 표현들이 예수의 설교 속에 많이 있다.[39] 두 교파는 오랫동안 사이좋게 지냈던 것 같다.[40] 그리고 요한이 죽은 후 예수는 믿을 만한 동지로서 맨 처음 이 사건에 관한 소식을 전해 받은 사람 가운데 하나였다.[41]

요한은 예언자적 생활을 하던 중 오래지 않아 체포되었다. 유대의 옛 예언자들처럼 그도 기성세력에 대한 극렬한 비난자였다.[42] 그 세력들에 대해 퍼부은 극도로 통렬한 말들은 여러 가지 곤란을 야기하고 말았다. 유대에서는 요한이 빌라도에게 방해를 받았던 것 같지는 않다. 그러나 요단강 건너편 베레아에서는 안티파스의 영지의 구속을 받았다. 이 폭군은 요한의 설교에 잘 감추어져 있지 않은 정치적 누룩을 보고 불안해 했다. 이 침례자 주위에 종교적이고 애국적 열정이 넘치는 많은 사람들이 집결하는 것은 어딘가 수상쩍었다. 그런데다가 전적으로 개인적인 피해가 국가적 동기들에 가세하여 결국 이 준엄한 비난자의 죽음을 불가피하게 했다.

이 비극적인 헤롯가(家)의 가장 두드러진 특색을 보여주는 인물 가운데 하나는 헤롯 대왕의 손녀 헤로디아였다. 난폭하고 야심적이고 열정적인 그녀는 유대교를 싫어했고 유대교의 율법을 멸시하고 있었다. 그녀는 숙부 헤롯과 결혼했다. 이 헤롯은 마리암네의 아들[43]로서, 헤롯 대왕이 상속권을 주지 않았고 또 한번도 공적 활동을

---

38) 『마태』 3:2;4:17.
39) 『마태』 3:7;12:34;23:33.
40) 『마태』 11:2-13.
41) 『마태』 14:12.
42) 『누가』 3:19.

제6장 침례자 요한 **165**

하지 못한 사람이었다. 그녀는 자기 남편의 지위가 자기 일가의 다른 사람들보다 낮았기 때문에 속이 편할 날이 없었다. 그래서 그녀는 무슨 짓을 해서라도 왕비가 되고 싶어 했다. 안티파스는 그녀의 도구가 되었다. 이 마음 약한 사내는 그녀를 미칠 듯 사랑하게 되어 그녀와 결혼할 것과 자신의 첫 부인과 이혼할 것을 그녀에게 약속했다. 첫 부인은 페트라의 왕이며 베레아 근방의 여러 부족의 추장이었던 하레트의 딸이었다. 이 아라비아인 왕비는 그러한 기도를 알아차리고 도망치기로 결심했다. 그녀는 자신의 의도를 숨기고 아버지의 영지인 마케로로 가는 척하면서 안티파스의 관리로 하여금 그곳으로 자신을 데리고 가게 했다.

마카우르, 즉 마케로는 사해 동쪽에 있는 가장 험난한 계곡의 하나에 알렉산데르 얀네우스가 세우고 그 후 헤롯이 다시 지은 거대한 성채(城砦)였다. 이곳은 기괴한 전설들로 가득 찬, 그리고 사람들이 귀신이 출몰한다고 믿는 황막하고 이상한 고장이었다. 성채는 바로 하레트의 소유였다. 연락을 받은 하레트는 딸을 탈출시키기 위하여 만반의 준비를 갖추었고, 딸은 이 부족에서 저 부족으로 인계되면서 마침내 페트라로 돌아오게 되었다.

이렇게 되어 안티파스와 헤로디아 사이의 근친상간에 가까운 결합이 이루어졌다.[44] 혼인에 관한 유대의 규정은 비종교적인 헤롯 집안 사람들과 엄격한 유대인 사이에 끊임없이 말썽거리가 되고 있었다. 이 왕가 사람들은 숫자가 많은데다 아주 고립되어 있어서 저희끼리 결혼할 수밖에 없었기 때문에 율법이 정한 금기 사항을 어기는 일이 종종 있었다. 요한은 안티파스를 맹렬히 비난함으로써 일반 세

---

43) 『마태』(14장 3절)와 『마가』(6장 17절)는 마리암네(Mariamne)의 아들 헤롯이 아니고 빌립이라고 하고 있으나, 이것은 확실한 부주의. 빌립의 아내는 헤로디아의 딸 살로메였다.
44) 『레위기』 18:16.

상 사람들의 감정을 반영하고 있었다.[45] 이것은 안티파스로 하여금 여러 혐의를 조사해야겠다는 결심을 하게 하고도 남음이 있는 것이었다. 그는 이 침례자를 체포하여 마케로의 성채에 가두도록 명령했다. 마케로는 하레트의 딸이 떠난 후 안티파스가 점령했던 것 같다.

잔인하기보다는 겁이 많았던 안티파스는 요한을 죽이기를 원치 않았다. 어떤 소문에 의하면, 그는 민중의 반란을 두려워했다.[46] 또 어떤 설에 의하면,[47] 그는 이 죄수의 말에 귀 기울이기를 좋아했고, 또 그러한 담론으로 인해 크게 번민했다고도 한다. 다만 구류가 연장된 것과 요한이 감옥에서도 활동의 자유를 가지고 있었던 것만은 확실한 사실이다. 그는 제자들과 서신 연락을 하고 있었다. 우리는 나중에 그가 예수와도 계속 관계를 맺고 있었음을 보게 될 것이다. 메시아가 쉬 오시리라는 그의 신념은 굳어지기만 했다. 그는 주의 깊게 바깥의 움직임을 살펴보고 있었으며, 또 거기서 자신이 품어온 희망의 성취에 유리한 징조들을 발견하려고 애쓰고 있었다.

---

45) 『마태』 14:4;『마가』 6:18;『누가』 3:19.
46) 『마태』 14:5.
47) 『마가』 6:20.

제7장 하나님의 나라에 관한 예수의 사상의 발전

우리가 대체로 29년 여름에 있었던 것으로 잡는 요한의 체포 때까지 예수는 사해와 요단강 주변을 떠나지 않았다. 유대 광야에서 머문 일은 보통 큰 일에 대한 준비로, 공적 활동 이전의 일종의 〈은둔〉으로 생각되었다. 예수는 거기서 선인들을 본받아 들짐승들만을 벗 삼으면서 엄격한 단식을 하며 40일을 지냈다. 제자들은 이 체류에 대하여 여러 가지로 많은 상상을 했다. 광야는 민간 신앙에서는 귀신들이 사는 곳이었다.[1] 세상에서 사해 서안의 잔돌이 많은 경사지만큼 황량하고 하나님에게 버림받고 생명에 대해 닫혀진 곳도 드물다. 사람들은 예수가 이 형편없는 고장에서 지내는 동안 여러 가지 무서운 시련을 겪었으며 사탄이 여러 환상으로 그를 위협하거나 매혹적인 약속으로 마음을 흔들었으며 이런 일이 있은 후 천사가 그의 승리에 보답하기 위해 그에게 와서 시중을 들었다고 믿었다.[2]

예수가 침례자 요한의 체포 소식을 들은 것은 아마도 광야를 떠나면서의 일이 아닌가 싶다. 이제는 좀 낯선 이 고장에 더 이상 머무를 이유가 없었다. 아마도 그는 또 요한 때문에 확대된 엄중한 취조에 걸리는 것을 두려워했고 자신이 그다지 유명하지 않은 것에 비추어

---

1) 『누가』 11 : 24.
2) 『마태』 4 : 1 이하;『마가』 1 : 12-13;『누가』 4 : 1 이하.

자신이 죽은들 자신의 사상의 진보에 아무런 도움도 될 수 없는 때 위험에 몸을 내어놓기를 원치 않았을 것이다. 그는 하나의 중요한 경험을 통해서 원숙하게 되고 또 자신과 크게 다른 한 위대한 인간과의 사귐에서 자기 자신의 독창성을 깨닫고, 자신의 참 고국인 갈릴리로 돌아갔다.[3]

결국 예수에게 끼친 요한의 영향은 예수에게 유익했다기보다는 오히려 거추장스러운 것이었다. 그것은 예수의 발전을 저지했다. 모든 것으로 미루어 볼 때, 그가 요단강을 향해 내려갔을 때 요한의 사상보다 나은 사상을 가지고 있었고, 또 그가 한동안 침례에 마음을 기울인 것은 일종의 양보에서 비롯되었던 것이라고 믿어진다. 아마도 예수는 이 침례자의 권위에서 벗어나기 힘들었던 터이므로 이 침례자가 끝까지 자유로운 몸이었다면, 예수는 의식과 물질적 제식의 멍에를 벗어버리지 못했을 것이며, 따라서 의심할 여지없이 한 무명의 유대 종도(從徒)로 끝마쳤을 것이다. 왜냐하면 세상은 한 제식을 버리고 다른 제식을 취하지는 않을 것이기 때문이다. 그리스도교가 높은 심령들을 끌어들인 것은 외적 형식을 온통 떼어버린 종교적 매력 때문이었다. 침례자가 일단 옥에 갇히자 그의 교파는 아주 작아졌고 예수는 자신의 운동으로 돌아갔다. 그가 요한에게서 얻은 오직 한 가지는 설교법과 대중적 개종 권유법이라고 할 수 있는 것이었다. 사실상 이 때 이후 그는 더 많은 힘을 가지고 설교하고 권위를 가지고 군중에게 말한다.[4]

또 요한 곁에서 체류하는 동안 그는 이 침례자의 활동에 의해서보다도 오히려 자신의 사상의 자연스러운 전진에 의해 〈하늘나라〉에 관한 사상을 성숙시킨 것 같다. 이 때 이후 그가 쓴 주요한 말은 '좋

---

3) 『마태』 4:12;『마가』 1:14;『누가』 4:14;『요한』 4:3.
4) 『마태』 7:29;『마가』 1:22;『누가』 4:32.

제7장 하나님의 나라에 관한 예수의 사상의 발전 169

은 소식' 곧 하나님의 나라가 가까웠다는 소식이었다.[5] 예수는 이제 단순히 힘 있고 짧은 몇몇 경구 속에 숭고한 교훈을 간직케 하려고 애쓰는 날카로운 인간 비평가에 그치지 않고, 세계를 근저로부터 혁신하고 자신이 품은 이상을 지상에 세우려고 노력하는 탁월한 혁명가가 되고 있다. 〈하나님의 나라를 기다린다〉는 것은 곧 예수의 제자가 된다는 것과 같은 말이다.[6] 이 〈하나님의 나라〉 혹은 〈하늘나라〉라는 말은, 이미 말한 바와 같이, 유대인에게는 오래 전부터 익숙한 말이었다. 그러나 예수는 이 말에 『다니엘 서』의 저자 자신도 계시록적 열정 속에서 거의 예견하지 못했던 정신적 의미와 사회적 가치를 부여했다.

현재의 세계는 악의 지배 하에 있다. 사탄은 〈이 세상의 왕〉이요,[7] 모든 것이 그에게 복종하고 있다. 왕들은 예언자들을 죽인다. 사제들과 학자들은 남에게는 하라고 하는 것을 자기들은 하지 않는다. 의인은 박해를 당하고, 선한 사람들이 받은 몫이라고는 눈물을 흘리는 것 뿐이다. 이리하여 〈세상〉은 하나님과 그 성도들의 원수다.[8] 그러나 하나님께서는 잠을 깨시고 그 성도들을 위하여 복수해주실 것이다. 그날이 가깝다. 가증한 일이 극에 달하고 있으니 말이다. 이번에는 선이 다스리는 때가 오고야 말 것이다.

이 선의 지배의 도래는 하나의 돌연한 대혁명일 것이다. 세계는 전복된 것처럼 보일 것이다. 현재의 상태가 나쁘기 때문에 미래를 그리는 데는 현존하는 것에 대체로 반대되는 것을 생각하면 족하다. 먼저 된 자가 나중 될 것이다.[9] 하나의 새로운 질서가 인류를 다스

---

5) 『마가』 1:14-15.
6) 『마가』 15:43.
7) 『요한』 7:31;14:30;16:11.
8) 『요한』 1:10;7:7;14:17;22:27;15:18 이하;16:8;20:33;17:9;14:16:25.
9) 『마태』 19:30;20:16;『마가』 10:31;『누가』 13:30.

리게 될 것이다. 지금은 선과 악이 마치 밭의 가라지와 보리처럼 섞여 있다. 그러나 이것들을 엄히 가를 때가 올 것이다.[10] 하나님의 나라는 그물을 한 번 크게 후려치는 것과 같을 것이다. 그물 속에는 좋은 물고기와 나쁜 물고기가 올라온다. 사람들은 좋은 물고기는 항아리에 넣고 나머지는 내버린다.[11] 이 큰 개혁의 발단은 처음에는 알아보기 힘들 것이다. 그것은 마치 겨자씨와 같다. 겨자씨는 모든 씨 가운데 가장 작은 것이지만, 땅 속에 던져지면 나무가 되어 그 무성한 잎사귀들 밑에 새들이 와서 쉬게 되는 것이다.[12] 또 혹은 누룩과도 같다. 누룩을 넣으면 반죽은 온통 부풀게 된다.[13] 가끔 의미가 분명치 않은 일련의 비유는 이 돌연한 사건의 불의의 도래와 그에 따르는 여러 가지 외견상의 부정과 그 불가피하고 결정적인 성격을 표현하려 한 것이었다.[14]

누가 이 하나님의 나라를 세울 것인가? 예수의 최초의 사상, 어디서 온 것도 아니요 그의 존재의 뿌리에서 나왔다고 할 수 있을 만큼 깊은 사상은, 자신은 하나님의 아들이요 자기 아버지의 마음을 아는 자요 그 뜻을 실행하는 자라는 것이었음을 상기하자. 그러므로 이와 같은 물음에 대한 예수의 답은 모호한 것일 수 없었다. 자신이 하나님으로 하여금 다스리시게 한다는 확신은 절대적으로 그의 마음을 사로잡고 있었다. 그는 자신을 온 세계의 개혁가로 보았다. 그에게는 하늘과 땅과 자연 전체와 광기와 질병 그리고 죽음은 도구일 따름이다. 마음속에 영웅적 의지가 끓어오르자 그는 자신을 전능한 자로 믿었다. 만일 땅이 이 지고의 변혁에 응하지 않는다면 땅은 모름지

---

10) 『마태』 8:24 이하.
11) 『마태』 13:47 이하.
12) 『마태』 13:31 이하;『마가』 4:31 이하;『누가』 13:19 이하.
13) 『마태』 13:33;『누가』 13:21.
14) 『마태』 13장 전부;18:23 이하;20:1 이하;『누가』 13:18 이하.

기 하나님의 불길과 입김에 의하여 부서지고 정화되어야 할 것이다. 새로운 하늘이 창조되고 전 세계는 하나님의 사자들이 사는 곳이 될 것이다.[15]

그러므로 자연 자체까지도 포함하는 근본적 혁명[16] — 이것이 예수의 근본사상이었다. 이 때 이후 분명히 그는 정치를 포기했다. 가울론의 유다의 실례는 그에게 민중의 반란이 소용없는 것임을 보여 주었다. 그는 로마인이나 분봉왕들에 대하여 반란을 일으킬 생각은 한번도 가져 본 적이 없었다. 저 가울론인의 광적인 무정부주의적 방침은 그의 방침이 아니었다. 기성 권력에 대한 그의 복종은 근저에는 우롱하는 것이었으나, 형식상으로는 완전한 것이었다. 그는 말썽을 일으키지 않기 위해서 가이사에게 세금을 바쳤다. 자유와 권리는 이 세상의 것이 아니다. 무엇 때문에 공연한 감정으로 자신의 생명을 괴롭힐 것인가? 지상의 것을 경멸하고 현세는 우리가 마음 쓸 것이 못 됨을 확신하고 그는 자신의 이상적인 나라로 피난했다. 그는 이 초월적 경멸의 큰 교리,[17] 곧 심령의 자유의 참된 교리를 세웠는데, 이 심령의 자유만이 평화를 준다. 그러나 그는 아직 "내 나라는 이 세상의 것이 아니다"라고는 말하지 않았다. 많은 어두운 그늘이 다시없이 곧고 바른 그의 시선에 섞여 들어왔다. 가끔 이상한 유혹이 마음을 스쳤다. 유대 광야에서 사탄은 그에게 지상의 왕국을 주겠다고 제안했다. 로마 제국의 힘을 알지 못했던 그는 당시 유대에 있었던, 그리고 그 후 얼마 안 가서 맹렬한 무력적 반항으로 나아간 열광적 정신을 바탕으로 하고, 담략(膽略)과 다수의 당원을 가지고 한 왕국을 세울 것을 바랬는지도 모를 일이다. 아마도 여러 번 다음과 같은 중대한 문제가 제기되었을 것이다. 하나님의 나라는 힘에

---

15) 『마태』 22:30.
16) 『사도행전』 3:21.
17) 『마태』 17:23-26;22:16-22.

의하여 실현될 것인가, 아니면 온유에 의하여 실현될 것인가? 반항에 의하여 실현될 것인가, 인내에 의하여 실현될 것인가? 하루는 갈릴리의 순박한 사람들이 그를 받들어 왕으로 삼으려 했다고 한다.[18] 예수는 산으로 도망쳐 얼마 동안 홀로 머물렀다. 그의 아름다운 성품은 그로 하여금 튜다나 바르코케바 같은 선동자나 반란의 두목이 되는 과오를 저지르지 않게 했다.

그가 이룩하려 한 혁명은 언제나 정신적 혁명이었다. 그러나 그는 아직 그 수행을 위해서 천사들과 최종 심판의 나팔에 의지하는 데는 이르지 않았다. 그는 사람들에 대해서, 그리고 사람들 자신을 통해서 활동하고 싶어 했다. 최후의 심판이 가깝다는 관념 이외에 다른 관념을 가지지 않은 몽상가라면, 사람들의 심령을 개조하려고 이와 같이 마음을 썼을 리도 없고, 또 인류가 받은 가장 아름다운 실천적인 교훈들을 창조하지도 못했을 것이다. 그의 사상 속에 막연한 것이 많이 있었던 것은 의심의 여지가 없다. 그리고 그로 하여금 상상했던 바와는 크게 다른 모양이기는 하나, 그에 의하여 실현된 숭고한 사업으로 향하게 한 것은 어떤 일정한 의도라기보다 오히려 어떤 고상한 감정이었다.

실로 그가 세운 것은 하나님의 나라, 즉 정신의 나라였다. 그리고 만일 예수가 그의 아버지의 품속에서 자신의 사업이 역사 속에서 결실을 맺는 것을 본다면, 그는 정말 "이것이야말로 내가 원했던 것이다."라고 말할 것이다. 예수가 세운 것, 인간이 실현한 모든 것에 섞여 있는 불완전은 문제 외로 하고, 그로 말미암아 영원히 남아 있을 것 ─ 그것은 다름 아니라, 심령의 자유에 관한 가르침이다. 이미 그리스는 이 주제에 대해서 아름다운 사상을 가지고 있었다. 많은 스토아 학도는 폭군 밑에서 자유로울 수 있는 방법을 발견하고 있었

---

18) 『요한』 6:15.

다. 그러나 대체로 고대 세계는 자유가 어떤 정치적 형태에 결부되어 있는 것이라고 생각했다. 자유주의자라 불리던 사람들은 하르모디오스요, 아리스토게이톤이요, 브루투스요, 카시우스였다.[19] 진정한 그리스도교도는 이 모든 사슬로부터도 해방되어 있다. 그는 이 지상에서는 망명자다. 자기 조국이 아닌 이 지상의 무상한 지배자가 그에게 무슨 상관이 있으랴! 그에게 자유는 다름 아닌 진리다.[20] 예수는 공화제의 자유가 끝나고 고대의 작은 도시국가들이 로마 제국의 통일 속에 숨겨 가던 때에 그러한 가르침이 얼마나 시기적절한 것인지 이해할 만큼 역사를 알지는 못했다. 그러나 자신의 사명에 대해 그가 가졌던 놀라운 양식과 예언자적인 본능은 아주 확실하게 그를 인도했다. "가이사의 것은 가이사에게, 하나님의 것은 하나님에게 돌려라."라는 말을 통해서 그는 정치와는 상관없는 어떤 것, 포악한 권력을 가진 제국의 한 복판에서 심령의 피난처를 만들어냈다. 분명히 이런 가르침은 여러 위험이 따르는 것이었다. 합법적 권력을 인정하는 표적으로 그 화폐를 존중할 것을 원칙으로 세우는 것, 완전한 사람은 경멸하는 생각에서 아무 말 없이 세금을 바치겠다고 선언하는 것, 이것은 고대식 민주 국가를 파괴하고 모든 폭정을 돕는 것이었다. 이런 의미에서 그리스도교는 시민의 의무감을 약화시키고 세계를 기성 사실들의 절대적 권세에 내맡기는 데 크게 기여했다. 그러나 그리스도교는 3백년 동안 정치와 상관없이 지탱해 나아갈 수 있었던 자유로운 광대한 조직체를 구성함으로써 시민의 덕에 대해서 저지른 과오를 충분히 보상하였다. 그리스도교 덕택으로 국가 권력

---

19) 하르모디오스(Harmodios)는 아테네 사람으로서 그의 친구 아리스토게이톤(Aristogeiton)과 함께 폭군 피시스트라토스(Pisistratos)의 두 아들 히파르코스(Hipparchos)와 히피아스(Hippias)를 타도할 음모를 꾸몄다. 브루투스(Brutus)는 카시우스(Cassius)와 함께 가이사를 죽일 계획을 세웠다.

20) 『요한』 8:32 이하.

은 지상의 것에만 국한되었다. 정신은 해방되었다. 아니면 적어도 로마의 절대 권력의 도끼는 영구히 부서지고 말았다.

공적 생활의 의무들에 특별히 골몰하는 사람은 다른 사람들이 어떤 일을 정쟁보다 더 소중히 여기는 것을 용서하지 않는다. 그는 정치 문제를 사회 문제에 종속시키고 정치 문제에 대해서 일종의 무관심을 표하는 사람들을 비난한다. 어떤 의미에서 그는 옳다. 왜냐하면 다른 사람들을 배제하는 방향은 모두 인간의 일들을 잘 다스리는 데 유해하기 때문이다. 그러나 정당은 인류의 일반적 덕성에 무슨 진보를 가져왔는가? 만일 예수가 자신의 하늘나라를 세우는 대신 로마로 가서 디베료에 대하여 모반하거나 게르마니쿠스[21]를 애도하는 일에 힘을 기울였다고 하면 세계는 어떻게 되었겠는가? 그는 엄격한 공화주의자요, 열렬한 애국자로서 그의 세기에 일어나는 일들의 큰 물결을 막지는 못했을 것이다. 하지만 그는 정치가 무의미한 것이라고 선언함으로써 조국이 전부가 아니며, 인간은 시민 이전의 것이요 또 시민 이상의 것이라는 진리를 세계에 계시했다.

우리의 실증과학의 원리는 예수의 계획 속에 들어있는 여러 가지 꿈을 보고 비위가 상했다. 우리는 지구의 역사를 알고 있다. 예수가 기다린 바와 같은 혁명은 지질학적 혹은 천문학적 원인에 의하지 않고는 일어나지 않으며, 또 이러한 원인들이 도덕적인 일들과 관련이 있다는 것을 증명한 사람은 아직 한 사람도 없다. 그러나 위대한 창조자들을 바로 보려면, 그들이 가졌던 억단(臆斷)에만 머리를 써서는 안 된다. 콜롬버스는 아주 그릇된 생각에서 출발했지만 아메리카를 발견했고, 뉴턴은 『계시록』에 관한 맹랑한 설명을 자신의 중력 이론 못지않게 확실한 것으로 믿고 있었다. 현대의 어떤 평범한 사람이 아씨지의 성 프란체스코나 성 베르나르나 쟌느 다르끄나 루터

---

21) 게르마니쿠스(Germanicus, 기원전 16년-기원후 19년):로마의 장군.

제7장 하나님의 나라에 관한 예수의 사상의 발전   175

같은 사람들이 말한 오류를 말하지 않는다고 해서 그를 이 사람들보다 위에 두겠는가? 물리학에 대해서 가지고 있는 관념들이 바르다든가, 세계의 참된 체계에 대해서 가지고 있는 정확한 지식이 얼마나 되는가에 의하여 사람들을 평가하려 하겠는가? 우리는 예수의 위치와 그의 힘이 된 것을 좀더 이해해야 한다. 18세기의 이신론(理神論)과 어떤 프로테스탄티즘은 그리스도교의 시조를 한갓 위대한 도덕가요 인류의 한 은인으로 밖에는 보지 않는 버릇을 우리에게 심어 주었다. 우리는 이제 『복음서』 속에 좋은 격률들 밖에는 아무 것도 없는 것으로 생각하게 되었다. 또 우리는 『복음서』를 낳은 이상한 지적 상태에 조심스러운 휘장을 걸쳐놓고 있다. 프랑스 혁명이 본래의 원칙들에서 벗어난 적이 한두 번이 아니고, 또 현명하고 온건한 사람들에 의하여 이루어지지 않은 것을 유감스럽게 여기는 사람들이 있다. 우리의 키보다 훨씬 큰 이 비상한 운동들에 대하여 상식적 속인다운 우리의 편협한 강령을 덮어씌우지 말자. 『복음서』의 도덕을 계속해서 찬탄하자. 그러나 행복이라든가 개인적 덕성 같은 단순한 관념들을 가지고 세계를 움직일 수 있다고는 생각하지 말자. 예수의 관념은 이보다 훨씬 더 깊었다. 그것은 인간의 머리 속에서 지금까지 개화한 것 가운데 가장 혁명적인 관념이었다. 역사가는 이 관념(가장 혁명적인 관념)을 그 전체로 파악해야지, 인류의 갱생을 위해 효과적이었던 것만큼을 소심하게도 이 관념으로부터 떼어 내어 삭제해버리고 파악해서는 안 된다.

  결국, 이상은 언제나 하나의 유토피아다. 오늘날 현대적 의식의 그리스도, 위안자, 새 시대의 심판자를 머리에 그려보려 할 때 우리는 어떻게 하는가? 1830년 전에 예수 자신이 한 대로 한다. 우리는 현세의 여러 가지 형편을 현재의 상태와는 아주 달리 상상한다. 우리는 무기 없이 흑인의 쇠사슬을 부수고 빈민의 생활을 개선하고 피압

박 민족들을 해방시키는 도덕적 군주를 그린다. 이렇게 되는 데에는 세계가 뒤집히고 버지니아와 콩고의 기후가 달라지고 수백만 명의 피와 종족이 변화하고 우리의 사회적 분규는 가공적 단순성으로 되돌아가고 유럽의 정치 조직이 그 자연적 질서를 깨뜨려야 한다는 것을 망각하고 있다. 예수가 바란 〈만물의 개혁〉[22]도 이보다 더 어려운 것은 아니었다. 새 땅, 새 하늘, 하늘로부터 내려오는 새 예루살렘, "보아라, 내가 모든 것을 새롭게 만든다!"[23]라는 외침, 이것들은 개혁자들에게 공통되는 특징이다. 이상과 현실의 서글픈 대조는 언제나 인류에게 냉철한 이성에 대한 이러한 반항을 야기할 것이다. ― 마침내 승리하고 한 때는 적이었던 사람들이 누구보다도 먼저 그 높은 이유를 인정하게 되는 그 날까지 범인들이 어리석은 일이라고 비난하는 이 반항을.

세계의 종말이 가깝다는 교리와, 현재 실지로 있는 상태에 아주 가까운 인류의 항구적 상태에 비추어 생각한 예수의 평소의 도덕 사이에 하나의 모순이 있었던 것은 우리가 구태여 부정하려 하지 않는 바다. 그의 사업의 운명을 보증한 것은 바로 이 모순이었다. 지복천년설(至福千年說) 신자만으로는 영속적인 것을 아무 것도 만들지 못했을 것이며, 도덕가만으로는 힘 있는 것을 아무 것도 만들지 못했을 것이다. 지복천년설은 동력을 주었고, 도덕은 미래를 보증했다. 이리하여 그리스도교는 이 세상에서의 큰 성공의 두 가지 조건, 곧 혁명적 출발점과 생존의 가능성을 결합시켰다. 성공하기 위해 행해지는 모든 일은 이 두 요구에 응하지 않으면 안 된다. 왜냐하면 세계는 변화와 영속을 동시에 원하기 때문이다. 예수는 인간 세계에 유례없는 전복이 있을 것을 예고함과 동시에, 또한 그 후 1800년 동안 사

---

22) 『사도행전』 3:21.
23) 『계시록』 21:1:2:5.

회를 지탱시켜 온 여러 원리를 선포하였다.

사실상 예수를 당시의 선동자들 및 다른 모든 세기의 선동자들과 구별케 하는 것은 그의 완전한 이상주의다. 어떻게 보면, 예수는 무정부주의자다. 왜냐하면 그는 이 세상의 정치에 대해서는 아무런 관념도 가지고 있지 않으니 말이다. 그에게는 이 정치가 그저 하나의 폐해라고만 생각되었다. 그는 이 정치에 대해서 막연한 말로 정치적 관념이 전혀 없는 백성처럼 얘기하고 있다. 그에게 위정자는 애초부터 모두 하나님의 백성의 원수로 보인다. 그는 경찰과의 분쟁을 제자들에게 예고하고 있는데, 그런 일이 부끄러운 것이라고는 조금도 생각하지 않는다.[24] 그러나 스스로 권력자나 부자의 자리에 올라 서 보려는 의도는 한번도 볼 수 없다. 그는 부와 권력을 없애려고는 하지만, 탈취하려고는 하지 않는다. 그는 제자들에게 박해와 고난을 예언한다.[25] 그러나 무력적 반항을 하려 한 기미는 전혀 엿보이지 않는다. 고뇌와 체념을 통해서 힘 있게 되고 정결한 마음에 의해서 권력을 이긴다는 생각은 예수만의 고유한 사상이다. 예수는 유심론자(唯心論者)가 아니다. 왜냐하면 모든 것이 그에게 있어서는 손에 잡히는 현실로 나아가기 때문이다. 그러나 그는 완성된 이상주의자다. 물질은 그에게 있어 관념의 표적일 따름이요, 현실은 나타나지 않는 것의 살아있는 표현이기 때문이다.

하나님의 나라를 세우려면 누구에게로 향하며 누구의 도움을 청할 것인가? 예수는 이 점에 관해서 한번도 주저하지 않았다. 사람들에게 떠받들리는 것이 하나님에게는 가증스럽게 보이는 것이다.[26] 하나님의 나라를 세우는 것은 마음이 가난한 사람들이다. 부자도 아

---

24) 『마태』 10:17-18;『누가』 12:11.
25) 『마태』 5:10 이하;10장 전부;『누가』 6:22 이하;『요한』 15:18 이하;16:2 이하;20:33;17:14.
26) 『누가』 16:15.

니고, 학자도 아니고, 사제도 아니며, 부녀자들과 서민들과 비천한 사람들과 어린아이들이다.[27] 메시아의 표적은 "가난한 사람들에게 복음이 전해진다."는 것이다.[28] 예수의 목가적이고 온화한 성질은 여기서 다시금 우세하게 되었다. 계급이 전도(顚倒)되고, 이 세상에서 권세를 잡은 모든 자들이 천하게 되는 하나의 큰 사회적 혁명, 여기에 그의 꿈이 있다. 세상은 그를 믿지 않을 것이요, 그를 죽일 것이다. 그러나 그의 제자들은 이 세상에 속하지는 않을 것이다.[29] 그들은 겸손하고 마음이 가난한 사람들의 작은 무리이지만, 바로 그 겸손으로 말미암아 승리를 얻을 것이다. 〈이 세상 사람〉을 〈그리스도교도〉에 대립시킨 감정은 이 스승의 사상 속에 충분한 근거를 가지고 있다.[30]

---

27) 『마태』 5:3;10;18:3;19:14;23-24;20:16;21:31;22:2 이하;『마가』 10:14-15;23-25;『누가』 1:51-53;4:18 이하;6:20;13:30;14:11;18:14;16-17;24-25.
28) 『마태』 11:5.
29) 『요한』 15:19;17:14,16.
30) 특히 『요한』 17장.

제8장 가버나움에서의 예수

　차츰 명령이 되어 가는 한 사상에 사로잡혀 예수는 이제부터 놀라운 천품과 살아온 비상한 환경이 마련해준 길을 일종의 숙명적 평정을 가지고 걸어간다. 지금까지 그는 자신에게 가만히 마음이 끌린 몇몇 사람들에게 자신의 생각을 알려줄 따름이었다. 이제부터 그의 가르침은 공적인 것이 되고 많은 사람의 주목을 끈다. 그의 나이는 서른 살쯤 되었다.[1] 그를 따라 침례자 요한에게 함께 간 청중의 작은 무리는 틀림없이 늘었고, 또 아마도 요한의 몇몇 제자도 합세하게 되었을 것이다.[2] 갈릴리로 돌아오면서부터 그는 교회의 이 첫 핵심체와 더불어 〈하나님의 나라의 복음〉을 대담하게 선포한다. 이 하나님의 나라는 바야흐로 오고 있었다. 그리고 다니엘이 이 환견(幻見) 속에서 최후의, 그리고 지극히 높은 계시의 신적 집행자로 본 〈사람의 아들〉은 바로 예수였다.
　예술과 신화를 좋지 않게 여긴 유대인의 사상 속에서는 이 민족이 앗시리아의 영향을 받은 이래로 신의 보좌를 둘러싸고 있는 것으로 상상해 온 케루빔[3]과 기괴한 동물들의 형상보다는 사람의 단순한

---

1) 『누가』 3:23.
2) 『요한』 1:37 이하.
3) 케루빔(cherubim):천사의 계급 중 제1위인 세라핌(seraphim) 다음의 천사.

형상이 우월한 지위를 차지하고 있었음을 상기할 필요가 있다. 이미 에스겔에게 있어서[4] 기이한 수레를 모는 괴물들보다 훨씬 높은 자리에 있는 지고의 보좌에 앉은 존재, 즉 예언자적 환견의 큰 예시자는 사람의 모습을 하고 있다. 『다니엘 서』에서는 여러 동물로 상징된 제국들을 환상 속에서 보는 가운데 큰 심판의 회의가 시작되고, 책들이 열리자 〈사람의 아들〉 같은 한 존재가 옛부터 항상 계신 자에게 나아오고 이 분은 그에게 세계를 심판하고 또한 영원히 세계를 다스릴 권능을 주고 있다.[5] 〈사람의 아들〉은 셈족의 언어, 특히 아람 방언에서는 단순히 〈사람〉과 같은 뜻의 말이다. 그러나 『다니엘 서』의 이 중요한 구절은 사람들의 마음을 감동시켰다. 그리하여 '사람의 아들' 이라는 말은 적어도 어떤 교파에서는 세계의 심판자로, 또 바야흐로 열리려 하고 있던 새 시대의 왕으로 여겨진 메시아의 여러 칭호 중 하나가 되었다.[6] 그러므로 예수가 자신에게 이 칭호를 쓴 것은 자신이 메시아임을 선언하는 것이요, 또 예부터 항상 계신 자가 자신에게 준 충만한 권세를 가지고 자신이 심판자로 나타날 종말의 날이 임박했음을 확인하는 것이었다.[7]

이번에는 이 새 예언자의 말씀이 결정적인 성공을 거두었다. 한결같이 어린아이와 같은 솔직한 마음과 순진한 생각을 가졌던 한 때의 남녀가 그를 따르고 그에게 말했다. "선생님은 메시아입니다."라고. 메시아는 다윗의 아들이어야 했으므로 사람들은 자연히 그에게도 이 칭호를 붙였는데, 이 칭호는 〈메시아〉와 같은 뜻의 말이었다. 예

---

4) 『에스겔』 1:5:26 이하.
5) 『다니엘』 7:4:13-14.
6) 『마태』 10:23;13:41;16:27-28;19:28;24:27;30;37;39;44;25:31;26:64;『마가』 13:26;14:62;『누가』 12:40;17:24;26;30;21:27;36;22:69;『사도행전』 7:55. 그러나 가장 의미심장한 구절은 『요한』 5:27. 이 구절은 『계시록』 1:13;14:14와 관련이 있다.
7) 『요한』 5:22;27.

수는 평민 출신이므로 이 칭호가 좀 거북하기는 했으나, 사람들이 그렇게 부르는 것을 기꺼이 내버려두었다. 그가 좋아한 칭호는 표면상으로는 겸허하지만 메시아에 대한 희망에 직결되어 있던 〈사람의 아들〉이었다. 그는 이 말로 자기 자신을 가리켰다.[8] 그리고 그의 입에서 〈사람의 아들〉이라는 말이 나올 때 그것은 〈나〉라는 말과 같은 뜻의 말이었고, 그는 일부러 〈나〉라는 말을 피하고 쓰지 않았다. 그러나 사람들은 그를 부를 때 "사람의 아들이여"라고는 하지 않았다. 아마 이 명칭이 장차 그가 나타나실 때에만 그에게 어울리는 것이기 때문이리라.

예수의 생애에서 이 시기의 활동의 중심은 겐네사렛 호반에 있는 작은 마을 가버나움이었다. 〈가파르〉, 즉 〈촌락〉이라는 말이 들어 있는 가버나움이라는 이름은 디베리아 같은 로마식으로 세워진 큰 도읍들과는 대조적으로 옛날식 촌락을 가리키는 것 같다. 이 이름은 별로 유명하지 않았다. 그래서 요세푸스는 그의 저서 어디에선가 이것을 어떤 샘의 이름으로 잘못 적고 있다. 이 샘이 그 곁에 있는 촌락보다도 더 유명했기 때문이다. 나사렛처럼 가버나움도 과거를 가진 바 없었고, 또 헤롯가에 의해 조장된 세속적 운동에는 전혀 참여하지 않았다. 예수는 이 마을을 무척 좋아했고 제2의 고향으로 삼았다.[9] 여기 온 지 얼마 안 있다가 그는 나사렛으로 가서 사람들을 가르쳐 보았으나 성공을 거두지는 못했다.[10] 그의 전기 작가들 중 한 사람이 솔직하게 지적한 바에 의하면, 그는 거기에서 큰 기적을 행하지 못했다.[11] 그의 집안이 대수롭지 않음을 사람들이 알고 있었던 것이 그의 권위를 크게 손상시켰다. 매일 그의 형제와 자매와 사촌

---

8) 이 칭호는 『복음서』들에서 여든세 번, 언제나 예수의 말씀 중에 나온다.
9) 『마태』 9:1; 『마가』 2:1.
10) 『마태』 13:53 이하; 『마가』 6:1 이하; 『누가』 4:16 이하:23-24; 『요한』 4:44.
11) 『마가』 6:5.

형제를 자신들이 보고 있는 그 사람을 다윗의 아들로 볼 수는 없었다. 뿐만 아니라, 그의 가족이 그에게 아주 맹렬히 반대하고, 그의 숭고한 사명을 믿지 않고 전적으로 거부하고 있음은 주목할 만한 일이다.[12] 한 때 그의 모친과 형제들은 그가 미쳤다고 생각하고, 또 열광적인 몽상가로 여겨 붙들어 두려고 하였다.[13] 좀더 난폭한 나사렛 사람들은 그를 절벽에서 떨어뜨려 죽이려고 했다고 한다.[14] 예수는 이런 위급하고 곤란한 경우가 모두 위인에게 공통되는 것임을 슬기롭게 살피고 "아무도 자기 고향에서는 예언자가 못 된다."는 속담을 자신에게 적용했다.

  이 실패에 그는 조금도 낙심하지 않았다. 그는 가버나움으로 돌아왔다.[15] 이곳 사람들의 품성은 훨씬 더 좋았다. 이곳으로부터 그는 주변 마을들에 대한 일련의 전도를 계획했다. 이 아름답고 비옥한 고장 주민들은 토요일 외에는 전혀 모이는 일이 없었다. 이 토요일을 그는 자신이 가르치는 날로 삼았다. 당시는 마을마다 회당, 즉 집회소가 있었다. 그것은 회랑이 있는 매우 작은 방으로서 그리스식으로 장식되어 있었다. 고유한 건축 양식이 없었던 유대인들은 이런 건물에 독창적인 양식을 부여할 생각을 전혀 하지 않았다. 갈릴리에는 옛 회당 유적이 지금도 많이 남아 있다. 그것들은 모두 크고 좋은 재료로 건조되어 있다. 그러나 유대인의 건축의 특색은 식물 장식, 나뭇잎 모양의 장식 등이고 꼬인 술이 너무 많아 매우 저속한 취향을 드러내고 있다. 내부에는 걸상과 회중을 향해서 책을 읽는 강단 하나, 거룩한 두루마리를 넣어두는 책상이 하나 있었다. 조금도 사원다운 데가 없는 이 건물들이 유대인의 모든 생활의 중심이었다. 사

---

12) 『마태』 8:57 ; 『마가』 6:4 ; 『요한』 7:3 이하.
13) 『마가』 3:21·31 이하.
14) 『누가』 4:29.
15) 『마태』 4:13 ; 『누가』 4:31 ; 『요한』 2:12.

람들은 안식일에 여기 모여 기도하고 율법과 예언자들의 글을 읽곤 했다. 유대교는 예루살렘 밖에서는 소위 성직자가 없었기 때문에 맨 먼저 온 사람이 일어나서 그날의 공과(*parascha*와 *haphtara*)를 읽고, 거기에 미드라슈(*midrasch*), 즉 아주 개인적인 주석을 붙여 자기 자신의 생각을 말했다. 이것이 곧 '설교'의 기원이었는데, 그 완전한 모형은 필론의 작은 논문에서 찾아 볼 수 있다. 사람들은 이와 같이 읽고 말한 사람에 대하여 반대하거나 질문할 권리를 가지고 있었다. 따라서 모임은 곧 이어 일종의 자유 토론 집회가 되곤 하였다. 집회에는 회당장 한 사람, 장로 몇 사람, 초대되어 책을 읽어주거나 시중을 드는 사람인 하잔(*hazzan*) 한 사람, 회당 상호간에 연락을 취하는 일종의 서기나 전달자인 사자(使者) 및 서기, 회당지기인 샴마슈(*schammasch*) 한 사람이 있었다. 이렇게 회당은 진정한 작은 독립국가였다. 광범한 재판권을 가지고 있었다. 자유 해방을 보증했으며, 또 해방되어 자유민이 된 사람들에게는 보호의 손길을 폈다. 로마 제국 전성기에 이르기까지 모든 도시국가와 마찬가지로, 회당은 명예직을 임명했고, 신도 사회에 법률적 효력을 가지는 여러 가지 결의들을 했으며, 체형을 선고하기도 했는데, 이 체형은 보통 하잔, 즉 회당 서기가 집행하였다.[16]

이러한 제도는 엄격한 처벌 같은 것을 마음대로 하게는 했으나, 언제나 유대인의 특색을 이루고 있던 최상의 정신 활동 때문에 매우 활발한 토론을 일으키기도 했다. 회당 덕택에 유대교는 훼손됨 없이 18세기 동안의 박해를 넘어 유지될 수 있었다. 회당은 마치 그만한 수의 작은 별세계와도 같았고, 거기서 민족 정신이 보존되었고, 또 내부의 분쟁들에 대해서는 아주 잘 정지(整地)된 전장이 제공되었

---

16) 『마태』 5:25; 10:17; 23:34; 『마가』 13:9; 『누가』 12:11; 21:12; 『사도행전』 22:19; 26:11; 『고린도 후서』 11:24.

다. 거기서는 막대한 열정이 소모되었다. 또 상좌에 대한 다툼이 치열하였다. 최고위의 명예직을 차지한 것은 높은 신앙심에 대한 보수가 아니면, 사람들이 제일 부러워한 부의 특권이었다.[17] 한편 누구든지 성전(聖典)을 읽고 주석할 자유가 있었기 때문에 또한 새로운 사상이 아주 쉽게 전파될 수 있었다. 예수의 큰 힘과 자신의 교리를 수립하기 위해 그가 가장 흔히 쓴 수단은 바로 거기에 있었다.[18] 그는 회당에 들어가 읽기 위해서 일어서곤 했다. 하잔이 그에게 책을 내밀면, 그는 책을 펼쳐 그날의 파라샤 혹은 하프타라를 읽고 자신의 사상을 어느 정도 덧붙여 부연했다.[19] 갈릴리에는 바리새인들이 별로 많지 않았기 때문에, 그에 반대하는 논변은 예루살렘에서 그가 입을 열자마자 그의 말을 막은 것처럼 맹렬하지도 않았고 신랄하지도 않았다. 선량한 갈릴리 사람들은 이토록 자신들의 명랑한 상상력에 잘 어울리는 말씀을 이전에 한번도 들어본 적이 없었다.[20] 사람들은 그의 말에 놀랐고, 그를 칭찬했고, 그가 말을 잘 하고 또 그의 말이 이치에 맞는다고 생각했다. 아무리 어려운 이론들도 그는 확신을 가지고 해결했다. 그의 매력적인 말과 인격은 아직 젊고 학자들의 현학이 속박하지 않은 이 주민들의 마음을 사로잡았다.

  이리하여 이 젊은 스승의 권위는 날로 커져만 갔다. 그리고 자연히 사람들이 그를 믿을수록 그는 또한 자기 자신을 믿었다. 그의 활동은 매우 제한되어 있었다. 즉 디베리아호의 분지에 국한되어 있었는데, 또 이 분지 가운데서도 특히 그가 좋아하는 지역이 있었다. 이 호수는 길이가 20km 폭이 12km쯤이며 제법 큰 타원형인데, 디베리

---

17) 『마태』 23:6;『야고보』 2:3.
18) 『마태』 4:23;9:35;『마가』 1:21;39;6:2;『누가』 4:15;16;31;44;13:10;『요한』 18:20.
19) 『누가』 4:16 이하.
20) 『마태』 7:28;13:54;『마가』 1:22;6:1;『누가』 4:22;32.

아에서 요단강 입구까지는 일종의 만을 형성하고 있고 그 호(弧)는 약 10km이다. 여기가 바로 예수의 씨가 마침내 잘 가꾸어진 땅을 얻게 되는 들이다. 이슬람의 악마가 이곳에 덮어씌운 고갈과 암흑의 두루마기를 걷어 올리려고 힘쓰면서 한 발자국 한 발자국 이 들을 더듬어 보자.

디베리아를 나서면 먼저 가파른 바위들, 즉 호수로 굴러 떨어질 듯싶은 산이 하나 있다. 그리고는 산들이 멀어지고, 호수와 거의 같은 수준의 평원(El-Ghoueir)이 펼쳐진다. 이 평원은 키 큰 푸른 풀이 무성하고 물이 풍부한 개울이 종횡으로 흐르고 있는데, 이 개울들의 일부는 옛날에 축조된 둥글고 큰 샘터(Ain-Medawara)에서 흘러나오고 있다. 바로 겐네사렛의 땅인 이 평원 입구에 메쥬델(Medjdel)이라는 가난한 마을이 있다. 평원 다른 쪽 끝에 (호수를 죽 따라서) 도읍의 유적(Khan-Minyeh)이 하나 있고, 아주 아름다운 샘물(Ain-el-tin)이 몇 개 있으며, 바위를 깨어 만든 좁고 깊은 곱다란 길이 하나 있다. 이 길은 확실히 예수가 가끔 지나간 길이요 또 겐네사렛 평야와 호수의 북쪽 사면 사이의 통로가 되는 길이다. 여기서 15분쯤 가면 짠물이 흐르는 작은 개울(Ain-Tabiga)을 건너게 된다. 이 개울은 호수에서 몇 발자국 떨어지지 않은 곳에서 큰 샘물이 여러 군데서 솟아 나와 흐르는 것인데, 호수의 녹초가 빽빽하게 우거진 곳으로 흘러들어 간다. 마지막으로 40분쯤 더 가노라면 아인 타비가로부터 요단강 하구까지 퍼져 있는 메마른 경사면 위에 여러 채의 오막살이 집과 텔 훔(Tell-Hum)이라는 제법 기념물다운 일군의 폐허가 있다.

로마와 아테네에 못지않게 인류가 영원히 얘기해 갈 다섯 개의 작은 도읍은 예수 당시 메쥬델의 마을로부터 텔-훔에 이르는 지역에 산재해 있었다. 이 다섯 도읍, 막달라·달마누타·가버나움·벳새다·고라신 가운데 맨 처음 도읍만을 오늘날도 정확하게 찾아볼 수 있다. 보기가 딱한 메쥬델 마을은 예수에게 가장 충실한 여성 친구를 배출한 마을의 이름과 위치를 아마도 그대로 유지해왔을 것이다. 달마누타가 있던 자리는 지금은 전혀 알 수 없다. 고라신은 북쪽에 호수에서 육지로 좀 들어간 곳에 있었던 것 같다. 벳새다와 가버나움에 관해서는 사람들이 이 두 도읍을 텔 훔, 아인 엘 틴, 칸 미네, 아인 메다와라에 위치시키고 있으나, 확실한 근거는 거의 없다. 역사에서와 마찬가지로 지리학에서도 어떤 심원한 의도가 위대한 시조의 발자취를 숨기려 했는지도 모를 일이다. 어쨌든 아주 황폐한 이 지방에서 인류가 그의 발자국에 입 맞추고 싶어 하는 여러 장소를 확실히 알아낼 수 있을지는 매우 의심스럽다.

 호수, 수평선, 관목들, 꽃 — 예수가 그의 숭고한 사업을 세운 12km의 작은 지역에 지금 남아 있는 것이라곤 이것이 전부다. 나무는 완전히 없어지고 말았다. 이 지방에서는 예전에는 식물이 아주 잘 자라 요세푸스가 일종의 기적이라고까지 말했지만 — 요세푸스에 의하면, 자연 조건이 좋아, 한대 식물과 열대 식물 및 일 년 내내 꽃과 과일이 달린 온대 지방의 나무가 나란히 자랐건만 — 지금은 내일의 식사 때 들어앉을 그늘을 찾을 수 있을지 전날부터 염려해야 할 판이다. 호수는 황량하게 변하였다. 예전에는 그렇게도 생명과 기쁨이 넘쳤던 이 물 위에는 이제는 작은 배 한 척만이 세상에 둘도 없을 정도로 초라한 모습으로 지나가고 있다. 그러나 물은 여전히 맑고 투명하다. 호숫가는 바위와 작고 둥근 돌로 되어 있어서 윌레 호반과 같은 물웅덩이 호숫가가 아니고 작은 바다의 안변(岸辺) 같다. 그것은 맑고 깨끗하고 흙탕이 없고 가벼이 움직이는 물결이 같은 장소에 항상 부딪치고 있다. 협죽도(夾竹桃), 위성류(渭城柳), 가시 돋친 풍조목(風鳥木)으로 덮인 몇 개의 작은 갑(岬)이 불쑥 나와 있다. 특히 두 군데, 즉 요단강의 출구 타리케 부근과 겐네사렛 평야의 가장자리에 사람의 마음을 황홀하게 하는 화단이 있는데, 여기에 물결이 밀려와서 잔디와 꽃이 우거진 곳 사이로 사라진다. 아인 타비가의 물결은 고운 조가비가 그득한 작은 하구를 만들어내고 있다. 물새 떼가 호수를 뒤덮고 있다. 수평선은 광선으로 빛나 눈이 부시다. 물은 하늘과 같은 푸른색으로 햇볕에 탄 바위들 사이에 깊이 고여 있어서 사페드의 산꼭대기에서 바라보면 마치 황금 잔의 밑바닥에 깔려 있는 것 같다. 북쪽에는 헤르몬산의 눈 덮인 협곡들이 흰 빛깔의 선을 그으면서 하늘에 선명하게 자태를 드러내고 있다. 서쪽에는 윤기가 전혀 없고 태양 광선 때문에 일종의 비로드와도 같은 대기에 싸인, 가울론과 베레아의 끊어졌다 다시 이어지는 높은 고원들이 일단의 산을 형성하고 있다. 차라리 아주 높은 긴 대지를 형성하고 있다고 하는 편이 낫겠다. 이 대지는 가이사랴 빌립보로부터는 남쪽을 향하여 무한정 뻗어 있다.

 오늘날은 호반의 더위가 매우 혹독하다. 호수는 지중해 수면보다 189m 낮은 곳에 있어서 사해처럼 열대와도 같은 혹서(酷暑) 상태에 있다. 옛날에는 풍성한 식물이 이 지독한 더위를 완화시켜 주고 있었다. 오늘날은 화덕처럼 더운 이 호수의 연안 전체가 예전에는 5월부터 그렇게도 놀라운 활동의 무대였다는 것을 사람들은 잘 납득하지 못할 것이다. 하지만 요세푸스는 이 지방의 기후가 아주 온화하다고 말하고 있다. 틀림없이 이곳에는 로마의 캄파니아에서와 같이 역사적 원인으로 말미암은 어떤 기상변화가 있었을 것이다. 예수가 좋아했던 이 지방을 죽음의 바람이 휩쓴 것처럼 메마르게 한 것은 다름 아닌 회교였다. 특히 십자군에 대한 회교도의 반항이다. 아름다운 겐네사렛 땅은 이 평화스러운 소요자의 이마 밑에서 그 운명이 뒤흔들리리라고는 꿈에도 생각지 않았다. 하지만 예수는 위험한 동향인이었다. 그가 거기 살았다는 두려운 명예를 지닌 고장에 그는 재앙을 가져왔다. 만인에게 사랑 아니면 증오의 대상이 되고, 서로 다투는 두 열광적 신앙이 제각기 차지하려 한 갈릴리는 그 영광의 대가로 폐허로 변할 수밖에 없었다. 그러나 만일 예수가 자신의 마을에서 이름 없이 천수를 누렸더라면, 그로서는 더 행복했으리라고 누가 감히 말할 것인가? 만일 나사렛 사람들 가운데 하나가 그 마을의 장래를 위험 속에 몰아넣을 줄 잘 알면서도 자기 아버지를 알아보고 스스로 하나님의 아들이라고 선언하지 않았던들 그 누가 이 배은망덕한 갈릴리 사람들을 생각이나 해보겠는가?

서쪽으로 약 반 시간쯤 거리에 있는 너댓 개의 큰 마을이 우리가 지금 다루고 있는 시기에 예수의 작은 세계였다. 그는 디베리아에는 한번도 들어가지 않았던 것 같다. 이 곳은 아주 비속한 곳으로 주민 대부분이 이교도였고, 또 안티파스가 늘 거주하던 곳이었다. 그러나 예수는 가끔 자신이 좋아한 지역을 떠났다. 그는 작은 배로 동쪽 강변에 있는 게르게사 같은 곳에 가곤 했다. 북쪽으로는 헤르몬 산록에 있는 파네아스와 가이사랴 빌립보에 간 적이 있다.[21] 끝으로 한번은 디로와 시돈 쪽으로 가 본 일도 있다.[22] 이 지방은 당시 아주 번성하고 있었다. 이 모든 지방에서 그는 이교가 한창인 것을 보았다. 가이사랴에서는 유명한 파니움(Panium)의 동굴을 보았다. 이 동굴은 사람들이 요단강의 수원이라고 본 곳이며, 또 민간 신앙이 이상한 전설로 감쌌던 곳이다. 그는 또 여기서 가까운 곳에 있는, 헤롯이 아구스도를 위하여 세우게 한 대리석 전당을 보고 경탄하기도 했을 것이다. 신앙심이 아마도 이미 이 아름다운 장소에 목신(牧神)·님프들·동굴의 신령에 대한 무수한 봉납의 상을 쌓아 올려놓고 있었을 텐데, 그는 이 상들 앞에 발길을 멈추기도 했을 것이다. 이방의

---

21) 『마태』 16:13; 『마가』 8:27.
22) 『마태』 15:21; 『마가』 7:24:31.

신들을 신격화한 사람이나 마귀로 여기는 버릇이 있던 유대의 한 에베메리스트[23]는 이 모든 조상을 우상으로 보았을 것이 틀림없다. 다감한 종족들을 도취시키고 있던 자연 숭배의 유혹은 그의 마음을 움직이지 못했다. 그는 디로에 있는 멜카르트의 낡은 성전이 유대인의 신앙과 다소나마 비슷한 원시 신앙을 아직도 간직하고 있을지도 모른다는 것을 아마도 전혀 알지 못했을 것이다. 페니키아에서 언덕마다 사원과 신성한 숲을 축성한 이교(異敎)나 대단한 근면과 세속적부 같은 것들은 조금도 그에게 미소 짓지 않았다. 일신교는 이교를 이해하는 능력을 온통 빼앗아 버린다. 다신교 지방에 들어간 회교도는 눈이 없어 보인다. 물론 예수는 이 여러 여행에서 아무 것도 배우지 않았다. 그는 언제나 자신이 지극히 사랑한 겐네사렛의 호숫가로 돌아오곤 했다. 그의 사상의 중심은 바로 거기에 있었다. 거기서 그는 믿음과 사랑을 발견하곤 했다.

---

23) 에베메리스트(evhemeriste):신화에 나오는 인물들은 공포심이나 혹은 사람들의 숭배로 말미암아 신격화된 인간일 따름이라고 생각하는 사람.

제9장 예수의 제자들

그때까지 역사상 큰 변혁이 별로 영향을 미치지 못했던 이 지상 낙원에는 그 고장과 완전히 조화를 이룬 주민들이 살고 있었다. 그들은 활발하고 정직했으며, 또 생에 대한 쾌활하고 따스한 감정으로 차 있었다. 디베리아호는 세계에서 가장 물고기가 많은 수역의 하나다.[1] 매우 유리한 어장이 특히 벳새다와 가버나움에 설치되어 있어서 사람들을 어느 정도 유복하게 해주었다. 이 어부 가족들은 우리가 위에서 묘사한 호수 일대에 걸쳐 무수한 친척 관계를 맺고 퍼져 살면서 다정하고 평화스러운 사회를 이루고 있었다. 그들의 생활은 별로 바쁘지 않았기 때문에 그들의 상상력은 자유롭게 활동하고 있었다. 하나님의 나라에 관한 사상은 다른 어느 곳에서보다도 이 선량한 사람들의 작은 모임에서 더 잘 믿어졌다. 그리스적 및 세속적 의미에서 문명이라고 불리는 것은 조금도 그들 속에 침투하지 못하고 있었다. 그곳에는 우리의 이른바 게르만적 및 켈트적 심각성이 없었다. 그러나 그들의 선량함이 가끔 표면적이고 깊이가 없는 것이었을지도 모르지만, 그들의 심성은 조용했고 또 그들에게는 슬기롭고 예민한 데가 있었다. 그들은 레바논의 가장 우수한 주민과 무척 비슷하다고 볼 수 있다. 그러나 레바논 주민들에게는 위인을 배출할

---

1) 『마태』 4:18; 『누가』 5:4 이하; 『요한』 1:44; 22:1 이하.

천부의 능력이 없지만, 그들에게는 그런 능력이 있다. 예수는 거기서 참된 가족을 만났다. 그는 거기서 마치 그들의 가족의 일원인 양 자리 잡고 싶었다. 가버나움은 〈그의 본 동네〉가 되었고,[2] 그를 숭배하고 있던 작은 모임 한가운데서 그는 자신의 회의적인 동생들과 은혜를 모르는 나사렛과 그 조소에 찬 불신을 잊어버렸다.

특히 한 가족이 가버나움에서 그에게 쾌적한 주거와 헌신적인 제자들을 제공했다. 그것은 두 형제의 집이었다. 이 형제는 요나라는 사람의 아들이었는데, 이 요나는 예수가 호반에 와서 자리 잡았을 때에는 아마도 죽고 없었던 것 같다. 이 두 형제는 시리아 — 갈대아 어로는 게바(Cephas), 그리스어로는 페트로스(Petros), 즉 '돌'이라는 별명을 가진 시몬과 안드레였다. 이들은 벳새다에서 출생했고,[3] 예수가 공적 생활을 시작했을 때에는 가버나움에 자리 잡고 살고 있었다. 베드로는 결혼했고 자녀가 있었고, 또 장모가 그의 집에 머물고 있었다.[4] 예수는 이 집안을 좋아해 보통 거기에서 유숙했다.[5] 안드레는 전에 침례자 요한의 제자였던 것 같은데 예수는 그를 요단 강변에서 알게 된 것 같다.[6] 이 형제는 스승의 일로 가장 바빴으리라 생각되는 시기에도 여전히 그들의 직업인 어부 일을 계속하였다.[7] 말장난하기를 좋아한 예수는 가끔 그들로 하여금 사람을 낚는 어부가 되게 하리라 말하였다.[8] 사실 그의 모든 제자 가운데 이들만큼 충실히 그를 따른 자는 없었다.

또 한 가족, 즉 유복한 어부요 배를 여러 척 가지고 있던 자브디아

---

2) 『마태』 9 :1 ; 『마가』 2:1-2.
3) 『요한』 1:44.
4) 『마태』 8:14 ; 『마가』 1:30 ; 『누가』 4:38 ; 『고린도 전서』 9:5 ; 『베드로 전서』 5:13.
5) 『마태』 8:14 ; 17:24 ; 『마가』 1:29-31 ; 『누가』 4:38.
6) 『요한』 1:40 이하.
7) 『마태』 4:18 ; 『마가』 1:16 ; 『누가』 5:3 ; 『요한』 21:3.
8) 『마태』 4:19 ; 『마가』 1:17 ; 『누가』 5:10.

혹은 세베대의 가족[9]이 예수를 융숭하게 대접했다. 세베대에게는 두 아들이 있었다. 형은 야고보 동생은 요한이었는데, 이 요한은 나중에 초대 그리스도교 역사에서 결정적인 역할을 맡게 되었다. 이 형제는 둘 다 열성적인 제자였다. 몇 가지 확실한 증거로 미루어 보건대, 안드레처럼 요한은 침례자 요한의 교파에 있을 때 예수를 알았던 것 같다.[10] 어떻든 요나와 세베대 두 가족은 서로 아주 밀접한 관계를 가지고 있었던 것 같다.[11] 세베대의 아내 살로메는 예수를 무척 따랐고, 예수가 죽는 마당까지 예수를 따라갔다.[12]

사실, 아낙네들은 예수를 열심히 대접했다. 그는 아낙네들에 대하여 조심성 있는 태도를 취했는데, 이 태도는 남녀 두 성 사이에 매우 다정한 사상적 결합을 가능케 해주었다. 동방의 여러 민족에게서 모든 미묘한 발전을 저지시켰던 남녀의 분리는 아마도 오늘날과 마찬가지로 그 당시도 큰 도회지에서보다 시골과 촌락에서 훨씬 덜 엄격했던 것 같다. 서너 명의 헌신적인 갈릴리 여자들이 늘 이 젊은 스승을 따랐고, 그의 말씀을 듣고 번갈아 시중드는 기쁨을 서로 차지하려고 다투었다.[13] 그녀들은 이 새 교파에 열광과 경이의 요소를 집어넣었다. 그리고 사람들은 이 요소의 중요성을 이미 느끼고 있었다. 그녀들 가운데 한 사람, 막달라의 마리아는 그녀의 보잘 것 없는 마을 이름을 전 세계에 아주 유명하게 하였으며, 또한 아주 열광적인 사람이었던 것 같다. 그 당시의 말로 하면, 그녀는 일곱 귀신이 들려 있었다.[14] 즉 그녀는 외면적으로는 설명할 수 없는 몇 가지 신경병에

---

9) 『마가』 1:20;『누가』 5:10:8:3;『요한』 19:27.
10) 『요한』 1:35 이하.
11) 『마태』 4:18-22;『누가』 5:10;『요한』 1:35 이하;21:2 이하.
12) 『마태』 27:56;『마가』 15:40:16:1.
13) 『마태』 27:55-56;『마가』 15:40-41;『누가』 8:2-3;23:49.
14) 『마가』 16:9;『누가』 8:2.

걸려 있었다. 예수는 순결하고 다정한 아름다움으로 이 병든 몸을 진정시켰다. 이 막달라는 골고다에 이르기까지 그를 충실히 따랐고, 그가 죽은 다음 날에는 제일 중요한 역할을 맡았다. 즉 그녀는 나중에 우리가 보게 되는 바와 같이, 부활에 대한 신앙을 세운 주요 인물이 되었다. 안티파스의 청지기 쿠자(구사)의 아내 요안나, 수잔나, 그 밖에 이름이 알려지지 않은 여러 여자들이 줄곧 그를 따랐고, 또 그의 시중을 들었다.[15] 그 중에는 부유한 여자들이 더러 있어서 그 재산으로 이 젊은 예언자가 그때까지 가졌던 직업을 계속하지 않아도 생활할 수 있게 해주었다.[16]

이밖에도 많은 사람들이 늘 그를 따랐고 스승으로 모셨다. 그들은 벳새다의 빌립이라는 사람, 초기 제자였던 가나의 톨마이, 즉 프톨레마이오스의 아들 나다나엘,[17] 아마도 초대 그리스도교의 크세노폰[18]이었던 마태였을 것이다. 한 전승에 따르면,[19] 마태는 세리였다. 세리인 그는 다른 사람들보다 쉽게 붓을 놀릴 줄 알았을 것이다. 아마 그는 이미 〈로기아〉[20]를 쓸 생각을 했을지도 모른다. 예수의 교훈으로서 우리가 알고 있는 것의 기초가 되는 것은 바로 이 〈로기아〉다. 제자들 가운데에는 또 가끔 회의했으나 온정 있고 너그러운 마음을 가진 사람인 듯싶은 도마, 즉 디두모,[21] 레배 즉 다대오, 가울론의 유다의 제자였고 또 그때부터 존재했고 얼마 안 가서 유대 민족의 여러 운동에서 아주 큰 역할을 하게 된 카나임(kanaim)당에 속해 있었던

---

15) 『누가』 8:3;24:10.
16) 『누가』 8:3.
17) 『요한』 1:44 이하;21:2.
18) 크세노폰(Xenophon, 기원전 434년-355년):그리스의 역사가・장군.『소크라테스의 추억기』를 지었다.
19) 『마태』 9:9;10:3.
20) 로기아(Logia):예수의 교훈의 말씀.
21) 둘째 이름은 처음 것의 그리스어 번역이다.『요한』 11:16;20:24 이하.

열성적인 시몬,[22] 유스도라는 별명을 가진 요셉 바르사바, 마티아,[23] 아리스티온이라는 잘 알 수 없는 인물, 끝으로 이 충실한 일꾼의 예외였고 스스로 끔찍한 이름을 얻은 가롯시(市)의 시몬의 아들 유다가 있었다. 이 유다만이 갈릴리 사람이 아니었던 것 같다. 가롯은 유대 족속이 사는 지역 맨 남쪽에 있는 도읍으로 헤브론산을 넘어 하루 걸리는 곳에 있었다.

예수의 가족이 대체로 예수를 좋아하지 않았다는 것은 이미 위에서 본 바와 같다. 그러나 마리아 글레오파의 소생으로 예수의 사촌형제가 되는 야고보와 유다는 그 때부터 제자들 속에 들어가 있었고, 또 마리아 글레오파 자신은 갈보리산까지 따라간 사람 가운데 하나였다.[24] 이 시기에 그의 모친은 그의 곁에 보이지 않는다. 마리아가 크게 존경받게 되고,[25] 또 제자들이 가까이 하려고 애쓰게 된 것은[26] 예수가 죽은 다음의 일이다. 또한 이 때에야 이 시조의 가족들은 주님의 형제라는 칭호 아래 유력한 그룹을 형성하였다. 이 그룹은 오랫동안 예루살렘 교회의 우두머리로 있었고, 또 이 도성이 약탈당한 후에는 바타네아로 피난 갔다. 그러나 예수와 친척 관계라는 사실은 결정적 이익이 되었다. 이것은 마치 마호메트의 부인들과 딸들이 그의 생존시에는 아무 명망도 없었다가 그가 죽은 다음에 큰 권위를 가지게 된 사정과 같다.

이 친밀한 무리 가운데서 분명히 예수는 특별히 몇 사람을 택하여 더 긴밀한 서클을 형성하고 있었다. 세베대의 두 아들, 야고보와 요한이 이 작은 서클의 제일 중요한 부분을 이루고 있었던 것 같다. 그

---

22) 『마태』 10:4; 『마가』 3:18; 『누가』 6:15; 『사도행전』 1:13.
23) 『사도행전』 1:21-23.
24) 『마태』 22:56; 『마가』 15:40; 『요한』 19:25.
25) 『사도행전』 1:14.
26) 『요한』 19:25 이하.

들은 열정으로 가득 차 있었다. 그들이 극히 열정적이었기 때문에 예수는 재치 있게 그들에게 우뢰의 아들이라는 별명을 붙였다. 만일 이 열정이 번개를 마음대로 칠 수 있었다면, 너무 자주 번개를 번득이게 했을 것이다.[27] 특히 동생인 요한은 예수와 아주 친밀하게 지냈던 것 같다. 세베대의 이 둘째 아들 주위에 나중에 모인, 그리고 그 교파의 이익이 감추어지지 않도록 그가 추억한 것들을 기록한 것으로 보이는 제자들은 예수가 그에게 쏟은 애정을 아마도 과장하고 있었던 것 같다.[28] 그러나 『공관 복음서』에서 시몬 바요나 즉 베드로, 세베대의 아들 야고보, 동생 요한이 일종의 친밀한 위원회를 형성하고 있었고, 예수가 다른 사람들의 신앙과 지력(知力)에 대해 의심이 갈 때 이 회를 소집하고 있었던 것은 매우 의미 깊은 일이다.[29] 뿐만 아니라 이 세 사람은 어장을 함께 하고 있었던 것 같다.[30] 베드로에 대한 예수의 애정은 깊었다. 강직하고 성실하고 무슨 일이든지 솔선하는 베드로의 성격이 예수의 마음에 들었다. 그래서 예수는 가끔 그의 과단성 있는 행동에 미소 짓곤 했다. 신비적인 데가 별로 없는 베드로는 자신의 여러 가지 유치한 의심, 자신이 싫어하는 것, 아주 인간적인 자신의 약점 등을 매우 솔직하게 스승에게 아뢰었다.[31] 이 솔직한 태도는 성 루이 곁의 쥬앵빌의 태도를 상기시켜준다.[32] 예수는 신뢰와 존경에 넘쳐 따뜻한 태도로 그를 나무라곤 했다. 요한에

---

27) 『마가』 3:17;9:37 이하;10:35 이하;『누가』 9:49 이하;54 이하.
28) 『요한』 13:23;18:15 이하;19:26-27;20:2;4;21:7;20 이하.
29) 『마태』 17:1;26:37;『마가』 5:37;9:1;13:3;14:33;『누가』 9:28.
30) 『마태』 4:18-22;『누가』 5:10;『요한』 21:2 이하.
31) 『마태』 14:28;16:22;『마가』 8:32 이하.
32) 성 루이(Louis Ⅸ, 1214년-1270년)는 1226년부터 1270년까지 프랑스의 왕으로서, 여러 차례 십자군 원정을 했는데, 그 성실함과 덕으로 온 세계의 존경을 받았다. 쥬앵빌(Joinville, 1224년-1317년)은 프랑스의 귀족으로 연대기 작가로 성 루이의 전기를 썼다.

관해서 말하면, 그의 젊음, 그의 열심 그리고 그의 활발한 상상력은 훨씬 나중에야 비로소 발전했다. 설사 그가 그의 이름이 붙어 있는 그리고 (비록 거기서 예수의 성격이 많은 점에서 곡해되고 있기는 하지만) 아주 귀중한 교훈을 담고 있는 저 기묘한 『복음서』의 저자가 아니라 하더라도, 적어도 그로 말미암아 이 『복음서』가 쓰여지게 되었다는 것은 있을 수 있는 일이다. 그는 항상 열광적 정신으로 열병에 걸린 듯 가라앉지 않은 마음으로 자신의 추억을 흔들어대고 있었기 때문에 자신의 스승을 묘사한다고 믿으면서 사실은 그를 변형시킬 수가 있었고, 또 능숙한 위작자(僞作者)들에게는 이 『복음서』의 편찬에 온전한 성실성이 흐르고 있는 것 같지 않다는 구실을 주기도 했다.

갓 나온 이 교파에는 소위 계급이 전혀 없었다. 모두들 서로 '형제'라 불렀을 것이 틀림없다. 그리고 예수는 '랍비'니, '선생'이니, '아버지'니 하는 존칭을 절대로 쓰지 못하게 했다. 홀로 그만이 선생이요 하나님만이 아버지였기 때문이다. 으뜸이 되는 자는 다른 사람들을 섬기는 자가 되어야 했다.[33] 하지만 시몬 바요나는 동료들 가운데 아주 특별히 중요한 인물로 두드러져 보인다. 예수는 그의 집에 머물렀고, 또 그의 배를 타고 가르치곤 했다.[34] 그의 집은 복음 선교의 중심지였다. 대중은 그를 이 그룹의 수령으로 여기고 있었다. 그리고 통행세 같은 것을 거두는 사람들은 그에게 와서 이 신도단이 물어야 할 세금을 청구했다.[35] 누구보다도 시몬이 먼저 예수를 메시아로 인정했다.[36] 한 때 세평이 좋지 않았을 때 예수는 제자들에게 물었다. "너희도 떠나가겠느냐?" 그러자 시몬은, "주님, 주님께서 영

---

33) 『마태』 18:4;20:25-26;23:8-12;『마가』 9:34;10:42-46.
34) 『누가』 5:3.
35) 『마태』 17:24.
36) 『마태』 16:16-17.

원한 생명을 주는 말씀을 가지셨는데 저희가 주님을 두고 누구를 찾아가겠습니까?"[37]라고 대답했다. 예수는 자신의 교회에서 거듭 그에게 어떤 우선권을 주었다.[38] 또 게바라는 그의 시리아어 별명을 예수는 새 건물의 초석이라는 의미로 해석했다.[39] 심지어 어떤 때에는 〈하늘나라의 열쇠〉를 그에게 약속하고 또 영겁에 걸쳐 언제나 승인될 모든 결정을 지상에서 선포할 권리를 그에게 주고 있는 듯이 보인다.[40]

베드로의 이 우선권이 약간의 질투를 낳은 것은 의심할 여지가 없는 일이다. 열두 제자가 모두 주님의 좌우에서 이스라엘의 열두 지파를 심판하기 위하여 보좌에 앉게 될 미래, 즉 하나님의 나라를 내다볼 때에는 이 질투심이 특별히 강렬하게 되었다.[41] 이러한 미래에 사람의 아들 바로 곁에 앉아, 이를테면 그의 대재상이요 배석자로 나타날 자는 누구일까 하고 저들은 궁리하였다. 세베대의 두 아들은 이 지위를 갈구했다. 이런 생각에 골몰했던 그들은 모친 살로메를 앞장세워 예수에게 나아왔다. 살로메는 두 아들에게 영광의 자리를 주도록 예수께 간청했다.[42] 예수는 스스로 높이는 자는 낮아질 것이요 하늘나라는 어린아이들의 것이라는, 그가 늘 말하던 원리를 가지고 이 청을 물리쳤다. 이 일은 신도단에 약간의 말썽을 일으켰고, 야고보와 요한에 대한 대단한 불만을 초래했다.[43] 이러한 경쟁심은 요한이 쓴 것으로 되어 있는 『복음서』에도 엿보인다. 즉, 가정(假定)되어 있는 이 『복음서』 기자는 자신이 주님의 〈사랑하는 제자〉였고, 주님이 숨을 거두시면서 그 모친을 자신에게 부탁했다고 줄곧

---

37) 『요한』 6:68-70.
38) 『마태』 10:2;『누가』 22:32;『요한』 21:15 이하;『사도행전』 1:11:5 등.
39) 『마태』 16:18;『요한』 1:42.
40) 『마태』 16:19.
41) 『마태』 18:1 이하;『마가』 9:33;『누가』 9:46:22:30.
42) 『마태』 20:20 이하;『마가』 10:35 이하.
43) 『마가』 10:41.

제9장 예수의 제자들 **199**

밝히고 있다. 또 자신을 시몬 베드로의 곁에 위치시키려고, 그리고 좀 더 오래된『복음서』기자들이 그를 제외하고 있는 여러 중요한 일이 있는 곳에서는 때때로 베드로보다도 앞자리에 위치시키려고 애쓰고 있다.[44]

 이상에서 말한 사람들 가운데 우리가 그 경력을 좀 알고 있는 사람들은 본래 어부였던 것 같다. 누구나가 노동하는 습속이 있는 지방에서는 이 직업이 그리스도교의 기원의 기적을 두드러져 보이게 하기 위하여 설교자들이 말해 온 것처럼 아주 비천한 것은 아니었다. 어떻든 제자들 가운데 아무도 높은 계급에 속해 있지 않았다. 다만 알패오의 아들 레위라는 사람과 사도 마태만이 세리였던 것 같다.[45] 그러나 유대에서 세리라 불리던 사람들은 로마에서 푸블리카니(*publicani*)라 불리던 사세관(司稅官), 즉 (언제나 로마의 기사였던) 높은 지위의 사람들이 아니었다. 그들은 이 사세관들의 대리자요 하급 고용인이요 한갓 세리였다. 악코에서 다메섹에 이르는 큰 길은 세계에서 가장 오래된 길 가운데 하나요 호반을 지나 갈릴리로 횡단하는 길이었는데, 이 큰 길에는 이런 고용인이 무척 많았다. 가버나움은 이 길 도중에 있었고, 여기에도 이런 사람들이 많이 있었다. 이 직업은 아주 평이 좋지 않아서 유대인들 사이에서는 아예 범죄적인 것으로 여겨지고 있었다. 그들에게는 새로운 일이었던 이 조세는 그들의 예속적 신분의 상징이었다. 한 교파, 가울론의 유다의 교파는 이것을 바치는 것은 이교(異敎)의 행위라고 주장했다. 또한 율법의 열렬한 신봉자들은 세리들을 몹시 미워했다. 세리는 살인자·강도·파렴치한과 똑같은 족속으로 사람들의 입에 오르내렸다.[46] 그러한 직분을 수락한 유대인들은 배척받았고, 또 유언도 못하

---

44)『요한』 18:15 이하;19:26-27;20:2 이하;21:7;21.
45)『마태』 9:9;10:3;『마가』 2:14;3:18;『누가』 5:27;6:15;『사도행전』 1:13 .
46)『마태』 5:46-47;9:10;11;11:19;18:17;21:31-32;『마가』 2:15-16;『누가』

게 되어 있었다. 그들의 돈은 저주받았고 결의론자(決疑論者)들은 그들에게 가서 돈을 바꾸는 것을 금했다. 이 불쌍한 사람들은 사회에서 추방되어 저희들끼리 교제하고 있었다. 예수는 레위가 초청한 만찬에 응했다. 거기에는 당시의 말로 하면, 〈많은 세리와 죄인들〉이 있었다. 이 일은 큰 분개를 샀다.[47] 그와 같은 평판이 좋지 않은 집에서는 십중팔구 성분이 좋지 못한 사람들을 만나기 마련이었다. 우리는 그가 가끔 이와 같이 자신에게 호감을 가지고 있는 사람들의 편견과 충돌하는 것을 꺼리지 않았고, 정통파 사람들에게 천대받던 계급을 높이려고 애쓰고, 그리하여 정통에 충실한 사람들의 맹렬한 비난을 받게 된 것을 보게 될 것이다. 바리새주의는 무수한 계율과 일종의 외면적 〈존엄〉에 의하여 구원을 얻을 수 있다고 보았다. 하나님이 귀하게 여기는 것은 오직 한 가지 바른 마음이라는 것을 선포하러 온 참된 모랄리스뜨는 거만한 위선이 조금도 삐뚤어지게 하지 못한 모든 사람들에게 축복을 받으면서 영접되었을 것이 틀림없다.

　예수의 이 수많은 승리의 일부는 또한 그의 인격과 말씀의 무한한 매력으로 말미암은 것이었다. 깨어 있기만 하면 마음을 뚫고 들어오는 그 말씀, 순진한 마음 위에 떨어지는 그 시선, 이것이 그에게 열렬한 제자들을 만들어주었다. 때때로 예수는 후일 쟌느 다르끄가 쓴 바와 같은 악의 없는 책략을 썼다. 그는 자기 사람으로 만들고 싶어한 사람에 대해 그 사람의 마음 속에 있는 어떤 은밀한 것을 아는 체했고, 또는 그 사람의 마음 속에 있는 소중한 일을 그 사람으로 하여금 상기하게 했다. 그는 이렇게 해서 나다나엘[48]과 베드로[49]와 사마리아 여자[50]를 감동시켰다고 한다. 그는 자신의 힘의 진정한 원천,

---

　　　5:30;7:34;15:1;18:11;19:7.
47) 『누가』 5:29 이하.
48) 『요한』 1:48 이하.
49) 『요한』 1:42.

즉 주위 사람들에 대한 자신의 우월성을 숨기면서 당시의 사상이요 또한 전적으로 자신의 사상이기도 했던 것을 만족시키기 위하여, 위로부터의 계시가 모든 비밀을 그에게 열어 젖혀 주고, 또 마음 속을 열어서 보여 주는 것이라고 사람들이 믿는 것을 그대로 내버려두었다. 모든 사람은 그가 다른 사람들은 얼씬도 못하는 세계에 살고 있다고 생각했다. 사람들은 그가 산 위에서 모세와 엘리야와 더불어 이야기했다고들 말했다.[51] 또 그가 혼자 있을 때면 천사들이 그에게 와서 시중들고 그와 하늘 사이에 초자연적 교제를 마련해 준다고 믿기도 했다.[52]

---

50) 『요한』 4:17 이하.
51) 『마태』 17:3 ; 『마가』 9:3 ; 『누가』 9:30-31.
52) 『마태』 4:11 ; 『마가』 1:13.

제10장 호반에서의 설교

 이상이 디베리아 호숫가에서 예수 주위에 모여든 사람들이었다. 특권 계급이라고는 한 사람의 세리와 어떤 청지기의 부인밖에 없었다. 나머지는 어부가 아니면 그저 단순한 평민이었다. 그들은 극도로 무지했다. 그들은 정신이 박약했고, 유령과 귀신을 믿고 있었다.[1] 그리스 문화의 요소는 이 첫 단체에는 전혀 들어와 있지 않았고, 유대적 교화도 아주 불충분했다. 그러나 거기에는 따뜻한 마음과 선의가 넘쳐 흐르고 있었다. 갈릴리의 아름다운 풍토로 인하여 이 정직한 어부들의 생활은 부단한 기쁨이 되고 있었다. 순박하고 선량하고 행복했던 그들은 상쾌한 작은 바다 위에서 조용히 흔들리며 밤에는 그 언덕에서 잠을 자기도 하면서 참으로 하나님의 나라의 서곡을 연주하고 있었다. 하늘을 쳐다보며 이렇게 흘러가는 생의 도취, 자연과의 이 부단한 접촉이 주는 부드럽고 강한 정열, 끝없이 깊은 창공의 궁륭 밑에서 별빛 아래 지샌 밤의 꿈, 이런 것들을 우리는 어림하기 힘들다. 야곱이 돌베개를 베고 별들에게서 헤아릴 수 없을 만큼 많은 후손의 약속을 보고, 또 신비스러운 사다리로 엘로힘(*Elohim*)들이 하늘과 땅 사이를 오르락내리락 하는 것을 본 것은 이러한 밤이었다. 예수 당시 하늘은 닫혀 있지 않았고 땅은 차갑지 않았다. 구름은

---

1) 『마태』 14:26; 『마가』 6:49; 『누가』 24:39; 『요한』 6:19.

사람의 아들 위에 아직 열려 있었고, 천사들은 그의 머리 위에서 맴돌고 있었다.[2] 하나님의 나라에 대한 환상은 어디에나 있었다. 사람들이 마음 속에 그러한 환상을 지니고 있었기 때문이다. 이 순박한 사람들의 맑고 부드러운 눈은 그 이상적인 근원을 통해서 우주를 바라보고 있었다. 정결한 마음 때문에 언젠가는 하나님 앞에 서는 것이 허락될 이 행복한 자녀들의 흠도 티도 없이 맑은 의식에 세계는 아마도 그 비밀을 드러내 주고 있었을 것이다.

예수는 제자들과 더불어 거의 언제나 야외에서 생활했다. 어떤 때에는 배에 올라 호숫가에 모여든 청중을 가르쳤다.[3] 어떤 때에는 호수 곁에 있는 산 위에 앉아 있었다. 그곳 공기는 아주 맑고 시야는 탁 트여 있었다. 충실한 무리는 막 꽃피기 시작한 주님의 영감을 따라서 스승의 뒤를 따라 즐거운 방랑 생활을 했다. 가끔 순진한 회의도 생겼고 제법 회의적인 질문도 나왔다. 그럴 때면 예수는 미소나 시선을 던져 그 이의를 잠재웠다. 한 발자국 걸음을 옮길 때마다 지나가는 구름과 싹트는 곡식과 누렇게 물든 이삭에서 다가온 하나님의 나라의 징조를 보았다. 날이 새면 하나님을 보게 되리라 믿었고 또 세계의 지배자가 되리라 믿었다. 눈물은 기쁨으로 변했다. 만물에 대한 위안이 지상에 찾아왔던 것이다.

주님은 말씀하셨다:

> 마음이 가난한 사람들은 행복하다; 하늘 나라가 그들의 것이기에!
> 애통하는 사람들은 행복하다; 그들은 위로를 받겠기에!
> 온유한 사람들은 행복하다; 그들은 땅을 차지하겠기에!
> 정의에 주리고 목마른 사람들은 행복하다; 그들은 만족하겠기에!
> 불쌍히 여기는 사람들은 행복하다; 그들은 불쌍히 여김을 받겠기에!
> 마음이 깨끗한 사람들은 행복하다; 그들은 하나님을 보겠기에!

---

2) 『요한』 1:51.
3) 『마태』 13:1-2 ; 『마가』 3:9 ; 4:1 ; 『누가』 5:3.

화평케 하는 사람들은 행복하다: 그들은 하나님의 자녀라 불리우겠기에!

정의를 위하여 박해를 받는 사람들은 행복하다: 하늘나라가 그들의 것이기에![4]

그의 설교는 자연의 정기와 들의 향기가 넘쳐흘러 시원하고 아름다웠다. 그는 꽃을 좋아하여 자신의 가장 매력 있는 가르침을 꽃에서 따왔다. 하늘의 새와 바다와 산과 어린아이들의 유희가 번갈아 그의 설교에 나오곤 했다. 그의 말투는 그리스적인 데가 전혀 없었고, 오히려 히브리의 비유가들의 말투, 특히 『피르케 아보트』에 있는 바와 같은 동시대 유대 학자들의 문장에 훨씬 더 가까웠다. 그의 말씀의 전개는 별로 길지 않았고, 『코란』에서 보는 바와 같은 장구(章句)를 이루고 있었다. 이것들이 모두 합쳐져서 나중에 마태가 쓴 긴 설교의 말씀이 된 것이다. 이 갖가지 단편(斷片)을 연결시키는 어떤 순서가 있는 것은 아니었다. 하지만 보통 하나의 변함없는 영감이 이것들을 꿰뚫고 흐르고 있었고, 또 이것들을 통일시키고 있었다. 예수는 특별히 비유에 뛰어났다. 이런 향기로운 양식의 모범이 유대교에는 전혀 없었다. 이 양식은 바로 그가 창조한 것이었다. 불교 경전들 속에서 『복음서』의 비유와 아주 똑같은 어조와 아주 똑같은 꾸밈새를 찾아볼 수 있는 것은 사실이다. 그러나 불교의 영향이 여기에 미쳤다고 보기는 어렵다. 초대 그리스도교와 불교에 한결같이 생기를 부어주고 있는 관후(寬厚)의 정신과 깊은 정감이 아마도 이 유사성을 잘 설명해주는 것이 아닌가 한다.

우리의 답답하고 쓸쓸한 나라들에서는 어쩔 수 없이 외면적인 사물과 가구 및 의복에 쓸데없는 사치를 부리고 있으나, 갈릴리 사람들은 소박하고 안온한 생활을 영위하고 있었기 때문에 이런 것들에

---

[4] 『마태』 5:3-10; 『누가』 6:20-25.

대해 전혀 무관심했다. 기후가 차면 끊임없이 외부와 싸워야 하기 때문에 안락을 추구하는 것이 매우 가치 있는 일이 된다. 반대로, 필요한 것을 별로 느끼게 하지 않는 나라는 이상주의와 시의 고장이다. 거기서는 생활의 부속품들은 삶의 즐거움에 비하면 대수롭지 않은 것들이다. 집을 아름답게 꾸민다는 것은 몰취미한 것이다. 사람들은 될수록 집에 틀어박혀 있으려 하지 않는다. 별로 비옥하지도 않은 토지에서 먹을것을 많이 규칙적으로 취하는 것은 오히려 괴롭고 불쾌한 일이다. 그리고 의복의 사치에 관해서 말하면, 어떻게 하나님께서 대지에다가 혹은 하늘을 나는 새들에게 준 것에 견주어 볼 수 있는가? 이런 토지에서는 노동이 쓸데없는 것으로 보인다. 수고한 만큼 얻지는 못한다. 아무리 부유한 사람이라 할지라도 들의 짐승들만큼 잘 입지는 못하고 있다. 그리고 짐승들은 아무 일도 하지 않는다. 노동을 이렇게 경멸하는 것은 게을러서 그런 것이 아닌 때에는 사람들의 마음을 높여주는 데 크게 도움이 되고, 또한 예수에게는 다음과 같은 여러 가지 매력 있는 교훈을 할 수 있게 해 주었다. "재물을 땅에 쌓아 두지 말아라. 땅에서는 좀먹거나 녹슬어 못쓰게 되며 도둑이 뚫고 들어와 훔쳐 간다. 그러므로 재물을 하늘에 쌓아 두어라. 거기서는 좀먹거나 녹슬어 못쓰게 되는 일도 없고 도둑이 뚫고 들어와 훔쳐 가지도 못한다. 너희의 재물이 있는 곳에 너희의 마음도 있다…. 아무도 두 주인을 섬길 수 없다. 한편을 미워하고 다른 편을 사랑하거나 한편을 존중하고 다른 편을 업신여기게 된다. 너희는 하나님과 마몬[5]을 아울러 섬길 수 없다. 그러므로 나는 분명히 말한다. 너희는 무엇을 먹고 마시며 살아갈까, 또 몸에는 무엇을 걸칠까 하고 걱정하지 말아라. 공중의 새들을 보아라. 그것들은 씨를

---

5) 마몬(Mamon):페니키아와 시리아의 신화에 나오는 부와 숨겨 둔 보물의 신. 그리스 신화의 플루토스(Ploutos)에 해당한다.

뿌리거나 거두거나 곳간에 모아들이지 않아도 하늘에 계신 너희 아버지께서 먹여주신다. 너희는 새보다 훨씬 더 귀하지 않느냐? 너희 가운데 누가 걱정한다고 목숨을 한 시간인들 더 늘일 수 있겠느냐? 또 너희는 어찌하여 옷 걱정을 하느냐? 들꽃이 어떻게 자라는지 살펴보아라. 그것들은 수고도 하지 않고 길쌈도 하지 않는다. 그러나 온갖 영화를 누린 솔로몬도 이 꽃 한 송이만큼 화려하게 차려 입지는 못하였다. 너희는 어찌하여 그렇게도 믿음이 약하냐? 오늘 피었다가 내일 아궁이에 던져질 들꽃도 하나님께서 이처럼 입히시거늘 하물며 너희야 얼마나 더 잘 입히시겠느냐? 그러므로 무엇을 먹을까, 무엇을 마실까, 또 무엇을 입을까 걱정하지 말아라. 이런 것들은 모두 이방인들이 찾는 것이다. 하늘에 계신 아버지께서는 이 모든 것이 너희에게 있어야 할 것을 잘 알고 계신다. 너희는 먼저 하나님의 나라와 하나님께서 의롭게 여기시는 것을 구하여라. 그러면 이 모든 것도 곁들여 받게 될 것이다. 그러므로 내일 일은 걱정하지 말아라. 내일 걱정은 내일에 맡겨라. 하루의 괴로움은 그날에 겪는 것만으로 족하다."[6]

순전히 갈릴리적인 이 감정은 새로 시작한 교파에 결정적인 영향을 끼쳤다. 행복한 이 무리는 자기들에게 필요한 것을 만족시키는 일은 모두 하늘에 계신 아버지에게 맡겼고, 또 생활에 대한 걱정이 사람에게서 모든 선의 싹을 마르게 하는 악이라는 것을 첫째 규칙으로 삼았다.[7] 날마다 그들은 하나님께 이튿날의 양식을 구하였다.[8] 축재해서 무슨 소용이 있는가? 하나님의 나라가 오려고 하고 있다.

주님은 말씀하셨다. "너희는 있는 것을 팔아 가난한 사람들에게 주어라. 해어지지 않는 돈지갑을 만들고 축나지 않는 재물 창고를

---

6) 『마태』 6:19-21 ; 24-34 ; 『누가』 12:22-31 ; 33-34 ; 16:13.
7) 『마태』 13:22 ; 『마가』 4:19 ; 『누가』 8:14.
8) 『마태』 6:11 ; 『누가』 11:3.

하늘에 마련하여라."[9] 한번도 보지 못할 상속자를 위하여 축재하는 것보다 더 어리석은 일이 또 있을까?[10] 예수는 인간의 어리석음의 예로 곳간을 넓히고 여러 해 동안 지내기에 족한 재물을 쌓아 놓고서 그것을 즐겨보지도 못하고 죽은 사람의 경우를 들었다.[11] 갈릴리에 깊이 뿌리박혀 있던 강도와 약탈은 이런 관점을 크게 뒷받침해주었다. 이러한 일을 당할 염려가 없는 가난한 사람은 하나님이 사랑하는 자로 봄직했다. 한편 부자는 소유가 조금도 안전치 않기 때문에 참으로 이어받을 것이 아무 것도 없는 자였다. 재산에 대한 아주 엄격한 관념 위에 서 있는 우리 사회에서 가난한 사람의 지위는 그야말로 비참하다. 그는 문자 그대로 해 아래 설 자리가 없다. 토지를 소유하고 있는 자에게만 꽃도 있고 풀도 있고 나무 그늘도 있다. 동방에서는 이런 것들이 하나님의 선물이요 어느 누구의 소유도 아니다. 재산을 가진 자는 극히 적은 특권밖에 가지고 있지 않다. 자연은 만인의 재산인 것이다.

그러나 초대 그리스도교는 이 점에서 수도생활을 하고 있던 유대 여러 종파의 발자취를 따르고 있었던 것에 지나지 않았다. 재산 공유주의는 이 종파들(엣세네파, 테라페우트파)의 핵심사상이었다. 바리새인들과 사두개인들은 이 종파들을 한결같이 좋지 않게 여기고 있었다. 메시아 사상은 정통 유대인들에게는 전적으로 정치적인 것이었지만, 이 종파들에게는 전적으로 사회적인 것이 되었다. 이 조그마한 교회들이 신(新)피타고라스 학파의 수도회를 얼마간 모방했다고 상상하는 사람들이 있었고, 또 아마도 이 상상이 아주 잘못된 것은 아닐 테지만, 이 교회들은 온유하고 규칙적이고 명상적인 생활을 통하여, 그리고 거기 참가하는 것을 개인의 자유에 맡김으로써 지상

---

9) 『누가』 12:33-34.
10) 『누가』 12:20.
11) 『누가』 12:16 이하.

에 하늘나라를 세울 수 있으리라 믿었다. 형제애와 참된 하나님에 대한 순수한 신앙 위에 기초한 행복한 생활의 유토피아, 이것이 고상한 심령을 가진 사람들을 열중시켰고, 또 도처에서 대담하고 성실하지만 장래성은 별로 없는 시도를 하게 했다.

예수와 엣세네파의 관계는 정확히 알기가 매우 어렵지만(역사에 있어서는 비슷하다고 해서 반드시 관계가 있는 것은 아니다), 그는 여기서는 분명히 저들의 형제였다. 재산 공유는 이 새 사회의 규칙이었다.[12] 탐욕은 제일 중한 죄였다.[13] 그런데 그리스도교의 도덕이 거기 대해서 엄했던 탐욕의 죄는 당시에는 그저 재물에 집착하는 것에 지나지 않았음에 주의하지 않으면 안 된다. 예수의 완전한 형제가 되는 첫째 조건은 자신의 재물을 팔아 가난한 사람들에게 주는 것이었다. 이런 극단적인 일을 주저한 사람들은 신도 사회에 들어가지 못했다.[14] 하나님의 나라를 찾는 자는 자신의 전 재산으로 그것을 사야 하며, 또 그렇게 함으로써 더 큰 이득을 얻는다고 예수는 자주 말씀하셨다. 그는 이렇게 말씀하셨다: "하늘나라는 밭에 묻혀 있는 보물에 비길 수 있다. 그 보물을 찾아낸 사람은 그것을 다시 묻어 두고 기뻐하며 돌아가서 있는 것을 다 팔아 그 밭을 산다. 또 하늘나라는 어떤 장사꾼이 좋은 진주를 찾아다니는 것에 비길 수 있다. 그는 값진 진주를 하나 발견하면 돌아가서 있는 것을 다 팔아 그것을 산다."[15] 안타깝게도 얼마 안 가 이 제도의 여러 가지 불편이 느껴졌다. 돈궤를 맡는 자가 필요하게 되었다. 가룟 유다가 이 일을 맡도록 뽑혔다. 사실이 어떠했는지는 모를 일이지만, 사람들은 그가 공금을 횡령했다고 책망했다.[16] 그리하여 그를 몹시 미워하는 감정이 쌓이게

---

12) 『사도행전』 4:32:34-37;5:1 이하.
13) 『마태』 13:22;『누가』 12:15 이하.
14) 『마태』 19:21;『마가』 10:21 이하;29-30;『누가』 18:22;23:28.
15) 『마태』 13:44-46.

되었다.

　지상의 것보다는 하늘의 것을 더 잘 알고 계시던 주님은 가끔 더욱 기이한 경제학을 가르치곤 했다. 한 기묘한 비유에서는 어떤 청지기가 자기 주인의 돈으로 가난한 사람들을 친구로 만들어 나중에 이 가난한 사람들이 그를 하늘나라로 데려가도록 한 것을 칭찬하고 있다. 사실, 가난한 사람들은 이 나라에 받아들이고 안 받아들이고를 결정하는 자가 되기 때문에 기왕에 자기에게 도움을 준 사람만을 받아들일 것이다. 그러므로 장래의 일을 생각하는 빈틈없는 사람은 가난한 사람들의 마음을 사려고 힘쓰지 않으면 안 된다. "돈을 좋아하는 바리새파 사람들이 이 모든 말씀을 듣고 예수를 비웃었다."라고 『복음서』 기자는 말하고 있다.[17] 바리새인들이 다음과 같은 무서운 비유의 뜻을 이해했을까? 예전에 부자 한 사람이 있었는데, 화사하고 값진 옷을 입고 날마다 즐겁고 호화로운 생활을 했다. 그 집 대문간에는 사람들이 들여다 놓은 나사로라는 거지가 종기투성이 몸으로 앉아 그 부자의 식탁에서 떨어지는 부스러기로 주린 배를 채우려고 했다. 더구나 개들까지 몰려와서 그의 종기를 핥았다. 얼마 뒤 그 거지는 죽어서 땅에 묻히게 되었다. 부자가 죽음의 세계에서 고통을 받다가 눈을 들어보니 멀리 떨어진 곳에서 아브라함이 나사로를 품에 안고 있었다. 그래서 그는 소리를 질러, "아브라함 아버지, 저를 불쌍히 보시고 나사로를 보내어 그 손가락으로 물을 찍어 제 혀를 축이게 해 주십시오. 저는 이 불꽃 속에서 심한 고통을 받고 있습니다."라고 애원하자, 아브라함은 "애야, 너는 살아 있을 동안 온갖 복을 다 누렸지만 나사로는 불행이란 불행을 다 겪지 않았느냐? 그래서 지금 그는 여기에서 위안을 받고 너는 거기에서 고통을 받는 것

---

16) 『요한』 12:6.
17) 『누가』 16:1-14.

이다."라고 말했다.[18] 이보다 더 옳은 일이 있을까? 후일 사람들은 이것을 〈악한 부자〉의 비유라 불렀다. 그러나 이것은 순전히 그저 〈부자〉의 비유일 따름이다. 부자는 그저 부자이기 때문에, 자신의 재산을 가난한 사람들에게 주지 않았기 때문에 남들은 그의 문간에서 형편없는 것을 먹는데 그는 잘 먹기 때문에 지옥에 있다. 끝으로 좀 덜 과장된 데서는 예수가 재산을 팔아 가난한 사람들에게 주는 의무를 완전을 위한 충고로 제시하고 있을 뿐인 때에도 다음과 같은 무서운 선언을 하고 있다. "부자가 하나님 나라에 들어가는 것보다는 낙타가 바늘귀를 빠져나가는 것이 더 쉬울 것이다."[19]

이 모든 것에 있어서 하나님의 놀랄 만큼 깊은 정감이 예수와 또 그를 따르던 즐거운 무리를 지배했고, 또 예수로 하여금 영원토록 마음의 평화의 참된 창조자, 생활의 큰 위안자가 되게 했다. 예수는 그의 이른바 〈세상의 염려〉에서 인간을 해방시키는 데서는 지나치게 나아갔는지도 모르며 인간 사회의 본래의 상태에 해를 끼쳤는지도 모른다. 그러나 그는 여러 세기 동안 이 눈물의 골짜기에서 사람들의 마음을 기쁨으로 넘치게 한 저 높은 정신주의를 창설하였다. 그는 인간의 부주의, 지혜를 사모하는 정신과 덕성의 결여가 흔히 여러 가지 유락(遊樂)에 끌려가는 데에서 인간을 둘러싸고 있는 걱정과 근심 그리고 문명 때문에 쓸데없이 너무 많아진 걱정과 근심에서 오는 것이라 보았는데, 이것은 전적으로 옳은 판단이었다.[20] 그리하여 『복음서』는 세속 생활의 걱정들에 대한 지고의 낙이요, 끊임없는 수르숨 꼬르다(sursum corda, 격려)[21]요, 지상의 여러 가지 비참한

---

18) 『누가』 16:19-25.
19) 『마태』 19:24 ; 『마가』 10:25 ; 『누가』 18:25.
20) 『마태』 13:22.
21) 수르숨 꼬르다(sursum corda) : 미사에서 쓰이는 말로 "(네) 마음을 쳐들라!"라는 뜻이다.

염려에서 마음을 돌이키게 해주는 강한 힘이요, 마르다의 귀에 대고 "마르다야, 마르다야, 너는 많은 일에다 마음을 쓰며 걱정하지만 실상 필요한 것은 한 가지 뿐이다."라고 하신 예수의 말씀과 같은 부드러운 음성이었다. 예수 덕분에 여러 가지 우울한 혹은 굴욕적인 의무들로 말미암아 다시없이 음울하고 분주한 삶이 하늘의 한 구석에서 그 탈출구를 찾았다. 복잡한 우리의 문명 속에서 갈릴리의 자유로운 생활의 추억은 딴 세상의 향기와 같았고, 한발(旱魃)과 비속(卑俗)이 하나님의 들을 온통 휩쓸지 못하게 한 〈헤르몬산의 이슬〉[22]과도 같았다.

---

22) 『시편』 133:3.

제11장 가난한 사람들이 차지할 것으로
생각된 하나님의 나라

　생활이 공기와 햇빛으로 윤기를 얻는 나라에 알맞는 이 격률들, 아버지의 품속에서 마음 놓고 살아가는 하나님의 아들들의 일단의 이 아름다운 재산 공유론은 유토피아가 금방 실현될 것을 순간마다 믿고 있던 소박한 한 교파에 아주 잘 어울리는 것이었다. 그러나 사회 전체를 이러한 원칙들로 끌어들일 수 없었던 것은 명백한 일이다. 사실, 예수는 권세를 쥔 사람들이 그의 나라에 대하여 조금도 마음을 쓰지 않을 것을 재빨리 깨달았다. 그는 극도로 대담하게 이런 사람들을 단념했다. 메마른 마음과 편협한 편견을 가진 모든 사람을 내버려두고, 그는 소박한 사람들에게로 향했다. 종족이 대대적으로 대체될 것이다. 하나님의 나라는 첫째, 어린아이들과 그들을 닮은 사람들; 둘째, 선량하지만 겸손한 사람들을 쫓아내는 사회적 거만의 희생이 되어 이 세상에서 천대받는 사람; 셋째, 이단자들과 이교자들, 세리들, 사마리아인들, 디로와 시돈의 이교도들; 이런 사람들을 위해서 있다. 다음과 같은 힘찬 비유가 민중에 대한 이 호소를 설명하고 화하고 있다.[1] 어떤 왕이 혼인 잔치를 준비해놓고 종들을 보내 이미 초청한 사람들을 모셔 오게 한다. 모두 핑계를 대고 오지 않으

---

1)『마태』22:2 이하 ;『누가』14:16 이하.

며 어떤 이는 심부름 온 사람을 해치기도 한다. 이렇게 되자 왕은 크게 결심했다. 와야 할 사람은 초청에 응하려 하지 않았다. 좋다, 그러면 큰 길과 네거리에 나가 누구든지 만나는 대로 가난한 사람이나 거지나 절름발이나 닥치는 대로 데려오자. 집을 채워야 한다. 그리고 왕은 말했다. "잘 들어라. 처음에 초대받은 사람들 중에는 내 잔치에 참여할 사람이 하나도 없을 것이다."

그러므로 순수한 에비오니즘(ebionism), 즉 가난한 사람들만이 구원을 받으며, 가난한 사람들이 다스리는 나라가 바야흐로 온다는 교리가 예수의 교리였다. 그는 말씀하셨다: "부유한 사람들아, 너희는 불행하다. 너희는 이미 받을 위로를 다 받았다. 지금 배불리 먹고 지내는 사람들아, 너희는 불행하다. 너희가 굶주릴 날이 올 것이다. 지금 웃고 지내는 사람들아, 너희는 불행하다. 너희가 슬퍼하며 울 날이 올 것이다."[2] 또 그는 이렇게도 말하였다: "너는 점심이나 저녁을 차려 놓고 사람들을 초대할 때 친구나 형제나 친척이나 잘 사는 이웃 사람들을 부르지 말라. 그러면 너도 그들의 초대를 받아서 네가 베풀어 준 것을 도로 받게 될 것이다. 그러므로 너는 잔치를 베풀 때 오히려 가난한 사람, 불구자, 절름발이, 소경 같은 사람들을 불러라. 그러면 너는 행복할 것이다. 그들은 갚지 못할 터이지만 의인들이 부활할 때 하나님께서 대신 주실 것이다."[3] 아마도 이와 비슷한 의미에서 그는 "좋은 대금업자(貸金業者)가 되라"고 자주 말씀하셨다. 즉 "없는 사람에게 적선하는 것은 야훼께 빚을 주는 셈"[4]이라는 옛날 경구를 따라 가난한 사람들에게 자신의 재산을 주어 하나님의 나라를 위한 좋은 투자를 하라는 것이었다.

그러나 이것은 새로운 일이 아니었다. 인간이 그 추억을 간직해온

---

2) 『누가』 6:24-25.
3) 『누가』 14:12-14.
4) 『잠언』 19:17.

제11장 가난한 사람들이 차지할 것으로 생각된 하나님의 나라 **215**

가장 열광적인 민주주의 운동은 오래 전부터 유대 민족을 동요시키고 있었다(이 운동은 또한 성공한 유일한 운동이다. 왜냐하면 이것만이 순수한 사랑의 영역에서 보존되어 왔기 때문이다). 하나님이 부자와 권력자에 대하여 가난한 자와 약한 자의 복수를 해준다는 생각은 『구약성서』의 어느 페이지에서나 찾아볼 수 있다. 이스라엘 역사는 모든 역사 가운데 민중의 정신이 가장 꾸준히 지배해온 역사다. 참된 호민관이요 또 그 중에서도 가장 대담한 호민관이었다고 할 수 있는 예언자들은 강자들을 줄곧 꾸짖었고, 또 한편에서는 '부유하다, 불경건하다, 난폭하다, 사악하다' 라는 말들 사이에, 다른 한편에서는 '가난하다, 온유하다, 겸손하다, 경건하다' 라는 말들 사이에 밀접한 연관성을 부여했다.[5] 셀레우코스가(家) 치하에서 귀족들이 거의 모두 배교하여 헬레니즘으로 전향했기 때문에 이러한 관념 연합은 더욱 강화될 뿐이었다. 『에녹 서』는 세상·부자·권력자를 『복음서』보다도 더 격렬하게 저주하고 있다. 사치는 거기서 하나의 죄로 여겨지고 있다. 이 기이한 『계시록』에서는 〈사람의 아들〉이 임금들을 폐위시키고 그들을 그 육체적 쾌락에서 쫓아내고 지옥에 떨어뜨리고 있다. 세속적 생활이 유대에 들어오고, 아주 들뜨고 천박한 사치와 안락의 요소가 얼마 전에 들어옴으로써 족장 시대의 순박함을 지키려는 맹렬한 반동이 일어났다. "화 있을진저. 너희 조상의 오막살이와 유물을 멸시하는 자여! 화 있을진저. 남의 땀으로 너희 궁전을 짓는 자여! 그 궁전의 돌 하나하나, 벽돌 하나하나가 모두 죄니라." '빈자(ébion)' 라는 말은 '성자', '하나님의 친구' 와 동의어가 되었다. 이것은 예수의 갈릴리의 제자들이 스스로에게 붙이기를 좋아한 이름이었다.[6] 이것은 오랫동안 예수의 초기의 교훈에 대해서와 마찬

---

5) 특히 『아모스』 2:6; 『이사야』 63:9; 『시편』 25:9; 37; 69:33.
6) 『야고보』 2:5 이하.

가지로 그가 사용한 국어에 대해서도 충실했던, 그리고 자기들 가운데 예수의 가족의 후예가 있다고 자랑하던 바타네아와 하우란의 유대교적 그리스도교도들의 이름이었다. 2세기 말에 이 착한 신도들은 다른 교회들을 휩쓴 큰 조류 밖에 머물러 있으면서 이단자(*ébionites*)로 취급받았고, 또 사람들은 이들의 이름을 설명하기 위하여 억측된 개조(開祖) 에비온(*Ébion*)이라는 사람을 만들어내고 있다.

가난에 대한 이러한 과장된 취미가 오래 지속될 수 없었던 것은 어렵지 않게 짐작할 수 있다. 이 취미는 유토피아의 요소들 가운데 하나로서 큰 건설에는 언제나 섞여 들어가는 것이요, 또 세월의 제재를 받는 것이었다. 불교가 그 기원에 있어서는 전적으로 승려적이었지만, 얼마 안 가서 귀의하는 사람이 많아지자 속세의 사람들 또한 받아들이게 된 것과 마찬가지로, 그리스도교도 인간 사회의 한복판에 옮겨지게 되자 어느 새 부자들을 품속에 받아들이는 데 아주 쉽사리 동의하지 않을 수 없었다. 그러나 사람들은 그 여러 기원의 특징을 언제나 지킨다. 에비오니즘은 비록 급속히 시대에 뒤떨어지는 것이 되고 망각되기는 했으나, 그리스도교 제도의 모든 역사 속에 결코 없어지지 않는 누룩을 남겼다. 〈로기아〉 즉 예수의 말씀의 수집은 바타네아의 에비온파의 여러 교회에서 이루어졌거나 적어도 완성되었다. 〈가난〉은 예수의 계열에 참으로 속하는 자가 절대로 이탈할 수 없는 이상이 되어 있었다. 무소유가 진정한 복음적 상태였다. 동냥은 하나의 덕이 되고, 하나의 거룩한 생활이 되었다. 3세기의 움부리아[7]의 대운동은 모든 종교적 건설의 시도 가운데에서 가장 갈릴리의 운동을 닮았는데, 이 운동은 전적으로 가난의 이름 아래 이루어졌다. 아씨지의 성 프란체스코는 세상에 사는 동안 지극히 어

---

7) 움부리아(Umbria): 이탈리아 중부지역.

제11장 가난한 사람들이 차지할 것으로 생각된 하나님의 나라

진 성품, 만인의 생명과의 아름답고 섬세하고 따뜻한 사귐으로 예수를 가장 많이 닮은 사람이었는데, 그는 가난한 사람이었다. 중세의 탁발수도회(托鉢修道會), 무수한 재산 공유 종파들(뽀브르 드 리옹・베가르・봉 좀・프라트리셀・위밀리에・뽀브르 제방젤리끄・〈영원한 복음〉의 신도회)[8]은 예수의 진정한 제자라 자부했고, 또 사실 그러했다. 그러나 이 경우에도 새로운 종교의 다시없이 불가능한 꿈들은 많은 열매를 맺었다. 경건한 동냥은 산업적이고 행정적인 우리 사회에서는 강한 역정을 일으키는 것이지만, 당시에는 그것이 어울리던 하늘 아래에서는 매력이 넘쳐흐르는 것이었다. 그것은 명상적이고 온유한 마음을 가진 무리에게 그들이 좋아하는 유일한 생활을 제공했다. 가난을 사랑과 욕구의 대상이 되게 한 것, 탁발자를 제단 위에 높이고 가난한 사람의 옷을 거룩한 것이 되게 한 것은 경제학에는 큰 감동을 줄 수 없겠지만 참된 모랄리스뜨라면 무심할 수 없는 대단한 공적이다. 인간은 자신이 진 짐을 지고 가기 위해서는 자신이 받는 보수로 자신의 수고의 값이 완전히 지불된 것은 아니라는 것을 믿을 필요가 있다. 우리가 인간에게 할 수 있는 최대의 봉사는 사람은 빵으로만 사는 것은 아님을 자주 들려주는 것이다.

모든 위인들과 마찬가지로, 예수는 민중을 사랑했고, 민중과 함께 있으면 마음이 편했다. 그는 복음이 가난한 사람들을 위해서 있으며, 자신이 구원의 기쁜 소식을 가져다주는 것도 이 가난한 사람들이라고 생각했다.[9] 그는 정통 유대교에게 멸시받는 모든 사람을 좋아했

---

8) 뽀브르 드 리옹(pauvres de Lyon): 리옹의 가난한 자들.
　베가르(bégards): 시물(施物)로 생활한 13세기의 이단파.
　봉 좀(bons-hommes): 착한 사람들.
　프라트리셀르(fratricelles): 청빈(淸貧)형제회.
　위밀리에(humiliés): 곤욕을 당하는 자들.
　뽀브르 제방젤리끄(pauvres évangéliques): 복음적인 가난한 자들.
9) 『마태』 10:23; 11:5; 『누가』 6:20-21.

다. 민중에 대한 사랑, 그 무력에 대한 연민, 자기 속에 민중의 정신이 살아 있다고 느끼며 자기를 그 당연한 통역자로 인식하는 민주적 수령의 감정, 이런 것들이 순간마다 그의 행위와 말씀 속에서 번득이고 있다.[10] 선택된 무리는 사실 매우 잡다하고, 엄격주의자들이 틀림없이 놀랐을 성격을 보여 주고 있었다. 그들 가운데에는 자존심 있는 유대인이라면 교제하지 않았을 사람들도 있었다.[11] 아마도 예수는 세상의 기준 바깥에 있는 이 사람들에게서 외면의 덕을 자랑하는 형식주의적이고 현학적인 유산(有産) 계급에게서보다 더 많은 좋은 성품과 착한 심정을 발견했을 것이다. 모세의 계명을 과장하는 가운데 바리새인들은 자기들만큼 엄격하지 못한 사람과 접촉하면 제 몸이 더러워진다고 믿게 되어 있었다. 그들은 식사에 관해서는 인도의 저 어처구니없는 계급 차별과 거의 비슷한 짓을 하고 있었다. 종교적 감정의 이 한심스러운 미망(迷妄)을 경멸한 예수는 이런 미망의 희생이 된 사람들의 집에서 식사하기를 좋아했다.[12] 그의 곁에는 거짓 독신자(篤信者)의 우행(愚行)을 함께 하지 않는다는, 아마도 오직 이 한 가지 이유만으로 나쁜 생활을 한다는 말을 듣던 사람들이 있었을 것이다. 바리새인들과 학자들은 비방하며 외쳤다: "보라, 어떤 사람들과 함께 그가 식사하는가를!" 그러자 예수는 다음과 같은 재치 있는 대답으로 위선자들을 격분케 했다: "건강한 사람에게는 의사가 필요하지 않다."[13] 또는 "양 백 마리 가운데 한 마리를 잃은 목자는 아흔 아홉 마리를 들에 두고 잃은 것을 찾으려고 달려가고, 찾으면 즐거워하며 어깨에 메고 돌아온다."[14] 또는 "사람의 아

---

10) 『마태』 9:36 ; 『마가』 6:34.
11) 『마태』 9:10 이하 ; 『누가』 15장 전부.
12) 『마태』 9:10 ; 『마가』 2:16 ; 『누가』 5:30.
13) 『마태』 9:12.
14) 『누가』 15:4 이하.

들은 잃은 사람들을 찾아 구원하러 왔다."[15] 혹은 "나는 선한 사람을 부르러 온 것이 아니라 죄인을 부르러 왔다."[16] 또 혹은 끝으로, 과오를 범한 자가 늘 올바르게 살아온 자보다 더 많은 사랑을 받을 특권이 있는 것으로 묘사하고 있는 저 탕자에 관한 아름다운 비유의 말씀을 하셨다. 연약한 여자들이나 죄 지은 여자들은 그렇듯 큰 매력에 놀라고 덕의 매력이 넘치는 접촉을 처음으로 맛보면서 마음 놓고 그에게 다가왔다. 그가 이 여자들을 물리치지 않았으므로 사람들은 놀랐다. 바리새인들은 마음속으로 말했다: "오오! 이 사람은 절대로 예언자가 아니다. 이 사람이 예언자라면, 자신을 만지는 이 여자가 죄인인 것을 알았으리라." 이에 대하여 예수는 한 사람은 많이 빚지고 다른 한 사람은 조금 빚진 두 채무자를 가진 채권자의 비유를 들어 답하셨고, 또 더 많이 빚진 사람의 형편을 더 많이 생각해주기를 꺼리지 않았다.[17] 그는 마음의 상태를 거기 섞여 있는 사랑에 비례해서만 평가했다. 과오를 범하지 않았다고 해서 별로 신통한 가치가 있는 것도 아닌 평범한 사람들보다는 눈물로 가득 찬 마음을 안고 있고 죄를 지은 까닭에 더욱 겸손한 생각을 가지게 된 여자들이 더 그의 나라에 가까이 있었다. 한편 이 연약한 사람들이 이 교파로 회심함으로써 쉽게 자신의 처지를 바로잡을 수 있음을 깨닫고 열정을 가지고 그를 따른 것을 볼 수 있다.

그는 당시의 사회적 감수성에 대한 조소로 말미암아 야기된 불평의 소리를 가라앉히기는 커녕 오히려 즐겨 부채질하는 듯싶었다. 〈세상〉에 대한 이 모멸은 위대한 일들과 위대한 독창성의 조건이거니와, 예수만큼 이것을 감히 공언한 사람은 여태껏 한 사람도 없었

---

15) 『마태』 18:11(?);『누가』 19:10.
16) 『마태』 9:13.
17) 『누가』 7:36 이하.

다. 그가 부자를 용서한 것은 오직 부자가 어떤 편견으로 말미암아 사회에서 좋지 않게 여겨지고 있을 때뿐이었다.[18] 그는 미천한 사람들과 이름난 정통파 사람들이 대수롭지 않게 여기는 사람들을 공공연히 택하였다. 그는 이 정통파 지도자들에게 이렇게 말씀하셨다: "세리들과 창녀들이 너희보다 먼저 하나님의 나라에 들어가고 있다. 사실, 요한이 너희를 찾아와 올바른 길을 가르쳐 줄 때 너희는 그의 말을 믿지 않았지만, 세리와 창녀들은 믿었다. 너희는 그것을 보고도 끝내 뉘우치지 않고 그를 믿지 않았다."[19] 창녀들이 보여 준 선한 모범을 따르지 않은 데 대한 비난이 점잔 빼고 엄격한 도덕을 자랑하는 사람들에게 얼마나 통렬했을지 짐작할 수 있다.

그는 외모를 조금도 차리지 않았고 근엄한 체하지도 않았다. 그는 기쁨의 자리를 피하지 않았고 기꺼이 혼인 잔치의 즐거움에 참여하곤 했다. 그의 기적들 중 하나는 작은 마을의 혼례를 즐겁게 만들려고 행해졌다고 전한다. 동방에서는 혼례가 저녁에 행해진다. 사람들은 모두 각자 등불을 가지고 온다. 오고 가는 불빛은 아주 유쾌한 분위기를 자아낸다. 예수는 이 즐겁고 생기 있는 광경을 좋아했고, 이 광경으로부터 여러 가지 비유를 끌어냈다.[20] 사람들은 이러한 행위를 침례자 요한의 행위와 비교하고 언짢게 여겼다. 요한의 제자들과 바리새인들이 금식하고 있던 어느 날 사람들이 예수에게 물었다: "요한의 제자들과 바리새인들은 단식하는데, 왜 당신의 제자들은 단식하지 않습니까?" 그러자 예수는 이렇게 말씀하셨다: "잔치에 온 신랑 친구들이 신랑과 함께 있는 동안에야 어떻게 슬퍼할 수 있겠느냐? 그러나 곧 신랑을 빼앗길 날이 올 터인데 그때 가서는 그들도

---

18) 『누가』 19:2 이하.
19) 『마태』 21:31-32.
20) 『마태』 25:1 이하.

단식할 것이다."[21] 그의 온화한 즐거움은 활발한 반성과 사랑스러운 해학으로 끊임없이 나타났다. 그는 말씀하셨다: "이 세대 사람들을 무엇에 비길 수 있을까? 도대체 무엇과 같을까? 마치 장터에서 편을 갈라 앉아 소리 지르며

> 우리가 피리를 불어도,
> 너희는 춤추지 않았고,
> 우리가 곡하여도,
> 너희는 울지 않았도다.

하는 아이들과도 같다. 너희는 요한이 와서 빵도 먹지 않고 포도주도 마시지 않으니까, "저 사람은 미쳤다"고 하더니 사람의 아들이 와서 남들처럼 먹고 마시자, "보아라, 저 사람은 즐겨 먹고 마시며, 세리와 죄인들하고만 어울리는구나!" 하고 말한다. 그러나 하나님의 지혜가 옳다는 것은 지혜를 받은 모든 사람에게서 드러난다."[22]

그는 이렇게 끊임없이 환대 받으면서 갈릴리를 두루 다녔다. 그는 당나귀를 자주 탔다. 당나귀는 동방에서는 아주 안전하게 탈 수 있는 아주 좋은 탈 것인데, 긴 눈썹에 가려진 크고 검은 눈은 무척 유순해 보인다. 그의 제자들은 가끔 그의 주위에 담요 대신 자신들의 겉옷으로 촌스럽게 화려한 치장을 하곤 했다. 그들은 자신들의 겉옷을 예수가 타는 당나귀 등에 얹거나 그가 지나가는 길에 폈다.[23] 그가 어떤 집에 머물면, 그 집에는 기쁨과 축복이 넘쳤다. 그는 장이 서는 큰 마을과 큰 농원에서 걸음을 멈추고 쉬었다. 그러면 거기서 융숭한 대접을 받았다. 동방에서는 손님이 머무는 집에 금방 사람들이 모여든다. 마을의 모든 사람이 거기 모인다. 아이들도 몰려든다.

---

21) 『마태』 9:14 이하;『마가』 2:18 이하;『누가』 5:33 이하.
22) 『마태』 11:16 이하;『누가』 7:34 이하.
23) 『마태』 21:7-8.

그러면 머슴들이 아이들을 쫓아 보낸다. 그러나 아이들은 자꾸 다시 몰려든다. 예수는 이 순진한 청중들이 푸대접을 받는 것을 보고만 있을 수 없었다. 그는 그들을 곁에 오게 하여 안아 주었다.[24] 어머니들은 이러한 대우에 힘을 얻어 젖먹이들을 데려다 그가 만져 주기를 바랐다.[25] 아낙네들은 그에게 와서 그의 머리에 향유를 붓고 그의 발에 향수를 부었다. 제자들은 가끔 이들을 귀찮게 여겨 돌려보내곤 했다. 그러나 옛 습속을 좋아하고 마음의 순박함을 보여 주는 모든 것을 좋아한 예수는 지나치게 열성적인 자신의 벗들이 저지른 잘못으로 말미암아 섭섭하게 생각하는 일이 없도록 했다. 그는 그를 귀하게 받들려는 사람들을 두둔했다.[26] 그 때문에 아이들과 여자들은 그를 열렬히 사랑했다. 유혹 받기 쉬운 이 연약한 자들을 가정에서 멀어지게 한다는 것이야말로 바로 원수들이 그에게 가장 자주 퍼부은 비난 가운데 하나였다.

이리하여 바야흐로 탄생하고 있던 이 새 종교는 여러 가지 면에서 여자들과 아이들의 운동이 되었다. 어린아이들은 예수의 주위에서 마치 순진한 임금의 대관식을 위한 소년 호위병과도 같았다. 그들은 예수의 주위에서 종려나무 가지를 들고 그를 〈다윗의 아들〉이라 부르며 〈호산나〉라고 외치면서 조그마한 축하 행렬을 이루어 그를 매우 기쁘게 했다. 예수는 사보나롤라[27]처럼 아마도 이 어린아이들을 신앙 전도의 수단으로 사용하였던 것 같다. 그는 자신을 위험에 빠뜨리지 않는 이 어린 사도들이 앞으로 달려오며 자신이 감히 취하려 하지 않은 칭호를 자신에게 바치는 것을 보고 매우 기쁘게 여겼다.

---

24) 『마태』 19:13 이하;『마가』 9:36;10:13이하;『누가』 18:15-16.
25) 『마가』 10:13 이하;『누가』 7:37 이하.
26) 『마태』 27:7 이하;『마가』 14:3 이하;『누가』 7:37 이하.
27) 사보나롤라(Savonarola, 1452년-1498년):이탈리아의 도미니크회 수도사. 열렬한 설교자로 피렌체의 신정적이고 민주적인 입헌 정치를 우려했다가 이단이라 하여 화형을 당하였다.

제11장 가난한 사람들이 차지할 것으로 생각된 하나님의 나라 **223**

그는 이 어린아이들이 말하는 것을 그대로 내버려두었다. 그리고 사람들이 그에게 저 아이들의 말을 듣느냐고 물으면, 어린아이들의 입술에서 나오는 찬미를 하나님께서는 가장 기뻐하신다고 슬쩍 받아넘기는 것이었다.[28]

그는 기회 있을 때마다 어린아이들은 거룩한 존재라는 것,[29] 하나님의 나라는 어린아이들에게 속한다는 것,[30] 하나님의 나라에 들어가려면 어린아이가 되어야 한다는 것,[31] 어린아이와 같이 하나님의 나라를 영접해야 한다는 것,[32] 하늘에 계신 아버지께서는 그 비밀을 지혜롭고 슬기 있는 자들에게는 숨기시고 어린아이들에게는 나타내신다는 것[33]을 되풀이하여 말씀하셨다. 그에게는 제자라는 관념과 어린아이라는 관념이 거의 같다.[34] 하루는 제자들이 가끔 그들이 하던 다툼, 즉 누가 제일 크냐 하는 다툼을 하고 있었다. 이것을 보고 예수는 한 어린아이를 불러 그들 가운데 세우고 말씀하셨다: "하늘 나라에서 가장 위대한 사람은 자신을 낮추어 이 어린아이와 같이 되는 사람이다."[35]

사실, 어린아이는 신과도 같은 자발성과 그 기쁨의 순진한 깊이 때문에 이 사상에서 핵심을 차지하고 있었다. 모든 사람들이 다 이렇게 갈망한 나라가 곧 출현하리라고 순간마다 믿었다. 각자 자신이 주님 곁의 보좌에 앉을 것을 이미 내다보고 있었다.[36] 사람들은 그

---

28) 『마태』 21:15-16.
29) 『마태』 18:5;10:14;『누가』 17:2.
30) 『마태』 19:14;『마가』 10:14;『누가』 18:16.
31) 『마태』 18:1 이하;『마가』 9:33 이하;『누가』 9:46.
32) 『마가』 10:15.
33) 『마태』 11:25;『누가』 10:21.
34) 『마태』 10:42;18:5;14;『마가』 9:36;『누가』 17:2.
35) 『마태』 18:4;『마가』 9:33-36;『누가』 9:46-48.
36) 『누가』 22:30.

보좌의 자리를 서로 나누고 있었고,[37] 그 날이 언제 올 것인가 계산하기도 했다. 이런 것이 〈좋은 소식〉이라 불렸다. 그리고 교리도 이이외의 이름을 가지고 있지 않았다. 파라디스(*paradis*)라는 옛 낱말은 히브리어가 동방의 모든 국어와 마찬가지로 페르시아에서 얻어온 것이고, 또 처음에는 아케메니데스 왕조의 왕들의 정원을 가리키는 것이었는데, 이 낱말에는 만인의 꿈이 요약되어 있었다. 〈파라디스〉, 즉 낙원은 이 지상에서 가졌던 황홀한 생활을 영원토록 계속하게 될 아름답고 즐거운 정원이었다.[38] 이 도취가 얼마나 지속됐는지 우리는 알지 못한다. 이 마법의 환상이 지나가는 동안은 아무도 꿈을 측정하지 않듯이 시간을 측정하지 않았다. 시간의 흐름은 정지되어 있었다. 한 주일이 한 세기와도 같았다. 그러나 그 꿈이 몇 해 동안 실현됐건, 몇 달 동안 실현됐건, 그것은 너무나 아름다웠다. 그래서 인류는 그때 이후 지금까지 그 꿈을 간직하면서 살아왔고, 또 지금도 그 꿈의 희미해진 향기를 맡는 것만으로 위안을 얻는다. 이만큼 큰 기쁨이 인간의 가슴속에서 용솟음친 적은 한번도 없었다. 어떤 때 인류는 이러한 노력에서, 즉 이 지구를 벗어나 높이 올라가려는 가장 힘찬 노력에서, 저들을 대지에 묶어 놓는 연추(鉛錘)의 무게와 여기 이 지상 생활의 여러 가지 슬픔을 잊어버렸다. 복이 있도다. 자신의 눈으로 이 신적(神的) 출현을 볼 수 있었고, 또 하루만이라도 이 비길 데 없는 환상에 참여할 수 있었던 자여! 그러나 모든 환상에서 벗어나 자기 자신 속에 하늘의 모습을 재현하고, 지복천년설 따위의 꿈이나 가공의 낙원이나 하늘에 나타나는 표적도 없이 자신의 올바른 뜻과 자신의 심령의 창조력에 의하여 다시금 자기 마음속에 참된 하나님의 나라를 창조하는 자는 더욱 복이 있다고 예수는 우리에게 말씀하실 것이다.

---

37) 『마가』 10:37:40-41.
38) 『누가』 23:43; 『고린도 후서』 12:4.

제12장 요한이 옥에서 예수에게 사자를 보냄
— 요한의 죽음 — 요한파와 예수의 관계

　기쁨에 넘친 갈릴리가 잔치 속에서 지극히 사랑하는 자의 도래를 축하하고 있는 동안, 슬픔에 잠긴 요한은 마케로에 있는 감방에서 기다림과 갈구에 지쳐 있었다. 몇 달 전 자기 교파에서 본 젊은 스승의 성공이 그에게까지 전해지고 있었다. 예언자들이 예언한 메시아, 이스라엘을 회복할 메시아가 와서 갈릴리에서 여러 가지 놀라운 일로 자신이 메시아임을 나타내고 있다고 사람들은 말했다. 요한은 소문의 진위를 알고 싶어 했다. 그리고 자기 제자들과 자유롭게 연락하고 있었기 때문에 그 중 둘을 택하여 갈릴리의 예수에게로 보냈다.[1]
　두 제자는 명성의 절정에 있는 예수를 발견했다. 그의 주위에 충만해 있는 잔치 분위기는 이 제자들을 놀라게 했다. 그들은 늘 금식하고 쉬지 않고 기도하고 갈망하는 생활을 해왔던 터라, 갑자기 환영의 기쁨 속에 찾아오자 놀라지 않을 수 없었다.[2] 그들은 예수에게 메시지를 전했다. "오실 그 이가 당신이오니까? 우리가 다른 이를 기다리오리까?" 이즈음 이미 메시아로서 자신의 고유한 역할에 주저하지 않고 있던 예수는 하나님의 나라의 도래의 특징이 될 여러

---
1) 『마태』 11:2 이하;『누가』 7:18 이하.
2) 『마태』 9:14 이하.

가지 역사(役事), 즉 병자의 치유, 가난한 자들에게 전해진 다가올 구원의 기쁜 소식을 그들에게 낱낱이 말해 주었다. 그는 이 모든 일을 하셨다. 그는 덧붙여 말씀하셨다: "누구든지 나를 믿는 사람은 행복하다!" 이 대답이 침례자 요한의 생존시에 전달되었는지, 또 이 대답을 듣고 이 엄격한 금욕자가 어떠한 태도를 취했는지는 알 길이 없다. 그가 자신이 예언한 자가 벌써 나타났다고 확신하고 위로를 얻고 죽었는지, 예수의 사명에 대해 여전히 의심을 품었는지에 대해 알려주는 자료는 하나도 없다. 하지만 요한의 교파가 그리스도교와 병행해서 이어진 것을 보면, 비록 그가 예수를 존경하고 있기는 했으나 예수를 하나님의 약속을 실현할 자로 보지는 않았던 것 같다. 그러나 죽음이 그의 모든 곤혹을 말끔히 해결해 주었다. 이 고독자의 억압하기 힘든 자유는 그 불안하고 괴로움 많던 생애를 그에 어울리는 유일한 종국으로 완결시키고야 말았다.

안티파스가 처음 요한에 대해서 가졌던 관대한 태도는 오래 가지 못했다. 그리스도교의 전승에 의하면, 이 분봉왕과 나눈 대화에서 요한은 이 분봉왕의 결혼이 불법이며 헤로디아를 돌려보내야 한다고 쉬지 않고 말했다.[3] 헤롯 대왕의 손녀가 이 귀찮은 충고자를 미워했으리라는 것은 쉽사리 짐작이 가는 일이다. 그녀는 이 충고자를 죽일 기회만을 찾고 있었다.

그녀의 첫 번째 결혼에서 난 딸이요, 또 그녀처럼 야심적이고 음탕했던 살로메가 그녀의 계획에 가담했다. 이 해(아마 30년) 안티파스는 자신의 생일날 마케로에 있었다. 이 분봉왕은 헤롯 대왕이 이 성채 안에 지어 놓은 화려한 궁전을 자주 거처로 삼았다. 그는 여기서 큰 잔치를 베풀었다. 그 때 살로메는 시리아의 상류 계급의 사람에게 잘 어울리는 춤을 추었다. 이 춤에 매혹된 안티파스는 살로메

---

3) 『마태』 14:4 이하;『마가』 6:18 이하;『누가』 3:19.

에게 원하는 것이 무엇인가 물었다. 그녀는 모친의 교사(敎唆)에 따라 "이 소반에 요한의 머리를"이라고 대답했다. 안티파스는 언짢게 여겼으나 거절하지는 않았다. 한 위병이 소반을 들고 옥에 가서 죄수의 머리를 베어 가지고 왔다.[4]

침례자의 제자들은 스승의 시체를 찾아 무덤에 묻었다. 백성들은 크게 불만이었다. 6년 후 하레트가 마케로를 탈환하여 전 왕비였던 딸의 불명예에 복수하기 위하여 안티파스를 공격하였다. 안티파스는 패배하였다. 사람들은 그의 패배를 요한을 죽인 벌이라 생각했다.

요한의 사망 소식은 침례자의 제자들에 의하여 예수에게 전해졌다.[5] 요한이 마지막으로 사람을 예수에게 보낸 것으로 말미암아 이 두 교파는 긴밀한 관계를 가지게 되었다. 예수는 안티파스의 악의가 더하게 될 것을 두려워하여 조심하고 광야로 물러갔다.[6] 많은 사람이 그를 따랐다. 아주 거친 음식을 먹을 수 있었던 거룩한 무리는 거기서 살았다. 사람들은 으레 여기에 기적이 있다고 믿었다.[7] 이 때 이후 예수는 전보다 훨씬 더 요한을 찬탄했다. 그는 요한이 예언자 이상의 사람이요, 율법과 옛 예언자들은 요한의 때까지밖에 힘이 없으며, 요한이 이것들을 폐지했지만, 이번에는 하늘나라가 요한을 폐지하리라는 것을 조금도 주저하지 않고 선언했다.[8] 끝으로 그는 요한에게 그리스도교의 오묘한 진리의 경륜에 있어서 특별한 지위를 주었는데, 요한은 이 지위로 인해 구약 시대와 신약 시대 사이의 연결 고리가 되었다.

예언자 말라기는 여기에 관해서 아주 고상한 생각을 품고 있었

---

4) 『마태』 14:3 이하;『마가』 6:14-19.
5) 『마태』 14:12.
6) 『마태』 14:13.
7) 『마태』 14:15 이하;『마가』 6:35 이하;『누가』 9:11 이하;『요한』 6:2 이하.
8) 『마태』 11:7 이하;『누가』 7:24 이하.

다.[9] 그는 사람들로 하여금 세계의 종말에 있을 갱신(更新)을 위해서 준비시킬 메시아의 선구자, 하나님이 택한 자에 앞서 와서 길을 평탄케 할 사자를 힘차게 예언했다. 이 사자는 다름 아닌 엘리야였다. 널리 퍼져 있던 신앙에 의하면, 그는 올라갔던 하늘로부터 얼마 안 있어 내려와서 사람들로 하여금 메시아가 오실 큰 날을 위하여 회개로 준비하게 하고 하나님과 그 백성을 화해시키리라는 것이었다.[10] 사람들이 한두 세기 전부터 높은 신성성(神聖性)을 돌리고 있던 족장 에녹이라든가,[11] 항상 하나님의 보좌 앞에서 백성을 위하여 골몰히 기도함으로써 백성에게 있어서 일종의 수호신으로 여겨지고 있던 예레미야[12]를, 때로는 엘리야와 결부시켰다.[13] 두 옛 예언자가 메시아의 선구자가 되기 위하여 부활한다는 사상은 조로아스터교도의 교리에 아주 명료하게 나타나 있기 때문에 그것이 페르시아에서 왔다고 믿어도 좋을 것 같다. 어쨌든 이 사상은 예수 당시 메시아에 대한 유대인의 여러 이론의 일부를 이루고 있었다. 회개의 거친 옷을 입은 〈충실한 두 증인〉의 출현이 바야흐로 전개되어 세계를 경악케 할 대희곡(大戱曲)이 준비되리라고 생각되고 있었다.[14]

이러한 사상을 가졌기 때문에 예수와 제자들이 침례자 요한의 사명에 대해 미심쩍어할 수 없었던 것을 잘 알 수 있다. 율법학자들이 엘리야가 오지 않았기 때문에 메시아는 아직 문제가 되지 않는다고 반대했을 때,[15] 그들은 엘리야가 왔으며, 요한이 바로 부활한 엘리야라고 대답했던 것이다.[16] 요한은 사실 그의 생활과 기성(旣成) 정권

---

9) 『말라기』 3장;4장;『집회서』 48:10.
10) 『마태』 11:14;17:10;『마가』 6:15;8:28;9:10 이하;『누가』 9:8;19.
11) 『집회서』 44:16.
12) 『마태』 16:14.
13) 『마카바이 하』 15:13 이하.
14) 『계시록』 11:3 이하.
15) 『마가』 9:10.

에 대한 반항으로 이스라엘의 옛 역사에 나오는 이 인물을 상기시켜 주었다.[17] 예수는 선구자의 공적과 탁월함을 칭찬하여 마지 않았다. 그는 사람의 아들들 가운데 요한보다 큰 이가 없었다고 말하곤 했다. 그는 바리새인들과 학자들이 요한의 침례를 받지 않았고, 또 그의 음성을 듣고 회심하지 않았다 하여 몹시 비난했다.[18]

예수의 제자들은 스승의 이 원칙들을 충실히 따랐다. 요한에 대한 존경은 그리스도교의 첫 세대에는 변함없는 전통이었다.[19] 그는 예수의 친척으로 생각되었다.[20] 그의 침례는 복음에 관한 이야기 전체의 최초의 사실이요, 이를테면 그 이야기에 없어서는 안 되는 서문으로 여겨졌다.[21] 요셉의 아들의 사명을 만인이 인정하는 증거 위에 세우기 위하여 사람들은 요한이 예수를 처음 보았을 때부터 그를 메시아라고 분명히 말했고, 자신이 예수만 못하고 예수의 신들메를 풀 가치도 없음을 인정했고, 처음에는 예수에게 침례를 주려 하지 않고 오히려 자기야말로 예수의 침례를 받아야 한다고 주장했다고 얘기했다.[22] 이것은 확실히 과장이요,[23] 요한의 마지막 메시지 속에 들어 있는 의아스런 말이 충분히 부정해주고 있는 것이다. 그러나 좀더 일반적인 의미에서는 요한은 역시 그리스도교의 전설에서도 그가 실제로 그러했던 것처럼 엄격한 준비자였고, 신랑이 도착하는 기쁨에 앞서 회개할 것을 외치는 음울한 설교자였고, 하나님의 나라를 예고하면서 그것을 보지 못하고 죽은 예언자였다. 그리스도교 창시

---

16) 『마태』 11:14;17:10-13;『마가』 6:15;9:10-12;『누가』 10:8.
17) 『누가』 1:17.
18) 『마태』 21:32;『누가』 7:29-30.
19) 『사도행전』 19:4.
20) 『누가』 1장.
21) 『사도행전』 1:22;10:37-38.
22) 『마태』 3:14 이하;『누가』 3:16;『요한』 1:15 이하;5:32-33.
23) 『마태』 11:2 이하;『누가』 7:18 이하.

시대의 거인, 메뚜기와 들꿀을 먹고 살던 자, 부정의 엄한 교정자인 이 요한은 하나님의 나라의 꿀을 맛볼 수 있도록 사람들의 입술에 발라진 쓴 쑥이었다. 헤롯으로 말미암아 참수된 그는 그리스도교 순교자들의 시대를 열었다. 즉, 그는 새로운 신앙의 최초의 증인이었다. 그의 속에 자신들의 진정한 적이 있는 것을 본 속인들은 그를 살려 둘 수 없었다. 그의 시체는 수족이 절단되고 그리스도교의 문턱에 버려져 뒤이어 다른 많은 사람들이 지나가게 될 피 묻은 길을 예시했다.

요한의 교파는 시조와 함께 죽지는 않았다. 그의 교파는 예수의 교파와는 별개로, 그리고 처음에는 의좋게 얼마 동안 존속했다. 두 스승이 죽은 후 여러 해 동안 사람들은 아직 요한의 침례를 받았다. 어떤 사람들은 동시에 이 두 교파에 속하고 있었다. 가령 성 바울의 경쟁자인 유명한 아폴로(54년경)와 에베소의 그리스도 교회의 다수의 교인이 그러했다.[24] 요세푸스는 바누우라는 금욕자의 교파에 들어갔는데(53년), 이 바누우는 요한과 아주 비슷하고, 또 아마 요한의 교파에 속했던 것 같다. 이 바누우는 나뭇가지를 몸에 두르고 광야에서 살았다. 그는 풀과 들에서 나는 과일만을 먹었고, 또 몸을 정결하게 하기 위하여 밤낮을 가리지 않고 냉수로 자주 몸을 씻었다. 사람들이 〈주의 형제〉라 부른 야고보도 이와 비슷한 금욕 생활을 했다. 그 후 1세기 말경 침례파는 특히 소아시아에서 그리스도교와 다투게 되었다. 『복음서』 기자 요한이 쓴 것으로 되어 있는 여러 글의 필자는 은근히 침례파에 대항하고 있는 것 같다.[25] 여예언자들의 시 가운데 하나는 이 파에서 나온 듯하다. 2세기에 시리아, 팔레스티나, 바빌로니아에 많이 퍼졌던 헤메로밥티스트[26], 침례파교도, 엘카자이[27](아

---

24) 『사도행전』 18 : 25 ; 19 : 1-5.
25) 『요한』 1 : 8 ; 26 ; 33 ; 4 : 2 ; 『요한 I 서』 5 : 6.
26) 헤메로밥티스트(hémérobaptistes) : 날마다 세례를 받던 그리스도 교파.

라비아에 관한 글에 나오는 사비엔스 sabiens, 모그타실라 mogtasila) 등의 교파는 그 여맥(餘脈)이 망다고 혹은 〈성 요한의 그리스도교도들〉이라는 이름으로 오늘날도 아직 남아 있는데, 이 교파들은 요한의 진정한 후예라기보다는 오히려 침례자 요한의 운동과 동일한 기원을 가지고 있는 교파들이다. 진정한 요한파는 그리스도교와 많이 융합되어 그리스도교의 작은 이단의 상태로 옮아가 아득히 사라지고 말았다. 요한은 미래에 대한 예감을 가지고 있었던 것 같다. 만일 그가 치사스러운 대항을 하고 있었다면, 오늘날 그는 당시의 무수한 교파 속에서 잊혀졌을 것이다. 그는 자애심(自愛心)보다도 더 높은 것을 가지고 있었기 때문에 인류의 종교의 만신전(萬神殿)에서 독자적 영광의 지위를 차지하기에 이르렀다.

---

27) 엘카자이(elchasaï):에비온 종파의 하나. 이 교파에서는 마법(魔法)과 점성학이 지배적 역할을 했다.

제13장 예루살렘에 대한 최초의 시도

예수는 거의 해마다 유월절을 위하여 예루살렘에 갔다. 이 여행 하나하나에 대해서는 자세한 것이 알려져 있지 않다. 왜냐하면 『공관 복음서』가 거기 대해 말하고 있지 않고, 또 이 점에 관한 『넷째 복음서』의 기사가 매우 애매하기 때문이다. 예수의 여러 차례의 수도 체류 가운데서 제일 중요한 것은 아마도 31년의, 그리고 확실히 요한이 죽은 후의 체류가 아닐까 한다. 많은 제자들이 그를 따랐다. 예수는 벌써부터 성지 순례를 별로 중시하지는 않았지만, 유대인의 여론을 건드리지 않기 위해 가끔 순례를 떠났다. 그는 아직 여론과 결별하고 있지는 않았다. 그런데 이 여러 차례의 여행은 그의 계획에는 없어서는 안 될 것이었다. 왜냐하면 그는 이미 첫 손가락 꼽히는 역할을 하려면 갈릴리를 떠나 유대교의 요새인 예루살렘을 공격해야만 한다고 느끼고 있었기 때문이다.

갈릴리의 이 작은 신도단은 여기서는 아주 타향 사람들 같이 보였다. 예루살렘은 오늘날과 거의 다름없이 당시에도 현학과 독설과 논쟁과 증오와 편협한 마음의 도시였다. 광신이 극에 달하였고, 종교상의 소동이 매일 일어나고 있었다. 바리새인들이 세력을 쥐고 있어서 쓸데없는 자질구레한 일들을 따지는, 그리하여 결의론자의 문제가 되고 만 율법 연구가 유일한 연구였다. 전적으로 신학적이고 교단법적인 이 교양은 마음을 닦는 데는 아무 도움도 되지 않는 것이었다. 그것은 회교의 탁발승의 무미건조한 교설, 즉 많은 시간을 허비하며 아무 소용없는 논변을 늘어놓으며 정신의 좋은 훈련에는 아무 유익함이 없는, 저 회교 사원 주변의 공허한 학문과 비슷한 데가 있었다. 현대의 성직자들을 위한 신학 교육은 매우 무미건조하기는 해도 결코 이와 같지는 않다. 이것은 르네상스가 우리의 모든 교육 속에, 심지어 가장 완고한 교육에도 아름다운 글을 쓰려는 문학과 훌륭한 방법의 일부를 끌어들여 급기야 스콜라 철학으로 하여금 어느 정도 인간미를 띠게 한 때문이다. 유대의 박사 소페르(sofer), 즉 율법학자의 학문은 아주 야만적이요, 아무 보람 없는 무의미한 것이요, 도덕적 요소가 전혀 없는 것이었다. 더욱 불행한 것은 이 학문이 그것을 습득하느라 지친 자에게 어처구니없는 교만을 잔뜩 넣어 주는 것이었다. 유대의 율법학자는 그렇게도 고생해 얻은 자신들의 이른바 지식에 자만을 품고 회교 학자가 오늘날 유럽 문명에 대해 가지고 있고 구파(舊派) 가톨릭 신학자가 세상 사람들의 지식에 대해서 가지고 있는 바와 같은 경멸을 그리스 문화에 대해서 가지고 있었다. 이들 스콜라 철학적 교양의 특징은 섬세한 모든 것에 대해 마음을 닫고 자신들이 일생동안 문제 삼았던, 그리고 그들이 엄숙을 자랑삼는 사람들에게 합당한 일로 보는 어린아이 장난 같은 어려운 문체만을 존중하는 것이었다.

  이 혐오할 세계는 북쪽 이스라엘 사람들의 부드러운 영혼과 곧은 마음을 무겁게 짓누르는 것이었다. 갈릴리 사람들에 대한 예루살렘 사람들의 경멸은 이러한 골을 더욱 깊게 했다. 갈릴리 사람들의 모든 욕망의 대상은 이 아름다운 성전에서는 종종 모욕을 당할 뿐이었다. "나는 오히려 나의 하나님의 집에서 문지기가 되기를 원하나이다."라는 순례자들의 시의 일절은 특히 그들을 위하여 지어진 것 같았다. 거만한 사제들은 갈릴리 사람들의 소박한 신앙을 비웃었다. 이것은 마치 옛날에 이탈리아에서 성전의 일에 익숙한 성직자들이 멀리서 온 순례자들의 열의를 냉정하게, 거의 조소하듯 대했던 것과 비슷하다. 갈릴리 사람들은 매우 야릇한 사투리로 말했고, 발음이 바르지 못했고, 또 여러 가지 발음을 혼동해서 썼기 때문에 듣는 사람이 다른 뜻으로 알아들어 또 많은 웃음거리가 되었다.[1] 종교상으로 사람들은 그들을 무식하고 정통에서 먼 자들로 여겼고, '바보 같은 갈릴리 사람'이라는 말이 속담 비슷하게 되었다. 갈릴리 사람들에게는 유대인의 피 속에 다른 피가 많이 섞여 있다고 믿고 있었고(이것은 까닭 없는 일이 아니다), 갈릴리에서는 예언자가 나오지 못한다는 것이 불변의 일로 여겨지고 있었다.[2] 이렇게 유대교 가장자리에, 아니 거의 그 테두리 바깥에 놓여 있던 가련한 갈릴리 사람들에게 희망을 북돋아주는 것이라고는 좀 잘못 해석된 다음과 같은 이사야의 한 구절밖에 없었다.[3] "스불론과 납달리 호수로 가는 길, 요단강 건너편 이방인의 갈릴리, 어둠 속에 앉은 백성이 큰 빛을 보겠고 죽음의 그늘진 땅에 사는 사람들에게 빛이 비치다." 예수가 태어난 마을의 평판은 특별히 나빴던 것 같다. "나사렛에서 무슨 신통한 것이 나올 수 있겠소?"[4] 하는 것이 널리 퍼져 있던 속담이었다고 한다.

 예루살렘 근교의 몹시 메마른 자연은 예수를 더욱 불쾌하게 했을 것이 틀림없다. 골짜기에는 물이 없었고 땅은 황폐하고 돌이 많았다. 사해의 낮은 지대를 내려다보면 경치는 자못 특이하다. 그러나 단조롭다. 오직 미스바의 언덕만이 이스라엘의 가장 오래된 역사의 추억을 간직하고 있어서 볼 만하다. 이 도시는 예수 당시에도 오늘날과

---

1) 『마태』 26:73 ; 『마가』 19:70 ; 『사도행전』 2:7.
2) 『요한』 7:52.
3) 『이사야』 9:1-2 ; 『마태』 6:13 이하.
4) 『요한』 1:46.

별로 다름없는 모습을 하고 있었다. 옛날의 기념이 될 만한 건축물은 하나도 없었다. 이것은 하스몬가 때에 이르기까지 유대인들이 모든 예술에 대해 거의 무관심했던 탓이다. 요한네스 히르카누스[5]가 이 도시를 미화하기 시작했고, 헤롯 대왕이 이곳을 화려한 도시로 만들었다. 헤롯이 지은 건물들은 그 웅대함과 그 완성된 모습과 재료의 아름다움에 있어서 고대의 가장 완성된 건물과 견줄 만하다. 이즈음 색다른 모양의 묘비가 예루살렘 근교에 많이 들어섰다. 이 건조물들의 양식은 그리스 양식이었으나, 유대인의 관례에 맞도록 만들어지고, 또 그들의 방침을 따라 많이 고쳐져 있었다. 인체 조각 장식들은 헤롯 왕가가 엄격주의자들의 큰 불만을 무릅쓰고 우겨 만들었던 것이지만, 이 도시에서 제거되고 대신 식물 장식이 들어섰다. 자연 그대로의 돌을 부수어 한 덩어리로 된 건조물을 짓기를 좋아한 페니키아와 팔레스티나의 옛 주민들의 취향이 바위를 쪼아내 만든 기이한 묘석들에서 되살아난 것 같았다. 또 이 묘석들에는 그리스 양식이 혈거민들의 건축에 아주 기묘하게 응용되고 있었다. 예술 작품을 허무하고 부화한 허식으로 보고 있던 예수는 이 모든 건조물을 언짢은 눈으로 바라보았다.[6] 그의 절대적 정신주의와, 낡은 세계의 모습이 바야흐로 사라져가고 있다는 그의 부동의 견해는 그로 하여금 심정에 관한 일만을 좋아하게 했다.

예수 당시 성전은 지은 지 얼마 되지 않아, 외부 공사가 끝나지 않은 상태였다. 헤롯은 이것을 다른 건축물들과 조화시키기 위하여 기원전 20년 혹은 21년에 개축하기 시작했다. 성전 내부는 일 년 반 만에 완성되었고, 주랑은 8년이나 걸려 완성되었다. 그러나 부속 부분은 천천히 계속되어 예루살렘 점령 조금 전에야 완성되었다. 예수

---

5) 요한네스 히르카누스(Johannes Hyrcanus):기원전 136년에서 106년까지 유대인의 대사제. 그의 부친 Simon Macchabée를 계승했다.
6) 『마태』 23:29;24:1 이하;『마가』 13:1 이하;『누가』 21:5 이하.

는 아마도 이 공사가 진행되는 것을 보았을 것이다. 그리고 마음속에 남모를 불쾌감이 있었을 것이다. 먼 미래에 대한 이 희망은 임박한 그의 도래를 모욕하는 것이나 다름없었다. 불신자들과 광신자들보다 더 투철한 통찰력을 가지고 있던 그는 이 장려한 건축물들이 오래 가지 못하리라는 것을 내다보고 있었다.[7]

하지만 성전은 놀랄 만큼 장려한 전체를 이루고 있어서 현재의 회교의 하람(haram)은 아름답기는 하나, 이 성전이 어떠했음을 알게 해주지는 못한다. 안마당과 주위의 주랑은 날마다 많은 무리들이 모이는 장소가 되었다. 그리하여 이 넓은 장소는 성전인 동시에 회의장이요 법정이요 대학이었다. 유대 종파들의 모든 종교적 토론, 모든 교단법 교육, 심지어 소송이나 민사 사건 등 한 마디로 민족의 모든 활동이 이곳에 집중되어 있었다.[8] 여기는 줄곧 떠들썩한 토론 마당이요 논쟁의 결투장으로서, 궤변과 미세한 문제들이 귀 아프게 들리고 있었다. 성전은 회교 사원과 비슷한 점이 많았다. 로마인들은 당시 외국 종교들이 그 고유한 영역에 머무르는 한 충분히 존중하던 터라, 성소에 들어가는 일을 스스로 금하고 있었다. 그리스어와 라틴어로 적힌 게시문이 붙어 있어서 유대인이 아닌 사람들은 더 들어가지 못하게 되어 있었다. 그러나 로마 군대의 사령부인 안토니아 탑은 전 구역을 내려다보고 있어서 무슨 일이 일어나고 있는지 잘 볼 수 있었다. 성전의 경찰은 유대인들에게 속해 있었다. 성전의 경비 대장이 이 경찰을 감독하여 문들을 여닫게 하고, 손에 막대기를 든 사람이나 신발에 흙이 묻은 사람이나 보따리를 든 사람이나 지름길을 가려는 사람이 구내를 지나가지 못하게 했다. 특히 법으로 규정한 부정한 몸으로 내부로 들어가는 사람이 절대로 없도록 주의하여 살피

---

7) 『마태』 24:2;26:61;27:40;『마가』 13:2;14:58;15:29;『누가』 21:6;『요한』 2:19-20.
8) 『누가』 2:46 이하.

고 있었다. 여자들을 위해서는 첫 번째 마당 복판에 나무로 두른 장소가 마련되어 있었다.

　예수는 예루살렘에 머무는 동안 여기서 날을 보내곤 했다. 제사가 있을 때에는 여느 때 볼 수 없는 많은 군중이 이 도시로 몰려들었다. 순례자들은 열 사람 스무 사람씩 떼지어 성전 구내 곳곳에 들어가 동방 사람들이 좋아하는 저 무질서한 혼잡 속에서 지냈다. 예수는 군중 속에 들어가 보이지 않게 되었고, 주위를 둘러싼 가엾은 갈릴리 사람들은 눈에 거의 띄지 않았다. 그는 아마도 멸시만을 가지고 자신을 맞이할, 적의를 띤 세계에 들어온 것처럼 느꼈을 것이다. 그가 본 모든 것은 그를 불쾌하게 했다. 사람들이 많이 드나드는 예배소가 대개 그러하듯, 성전은 조금도 신앙심을 높여 주지 않는 모습을 드러내고 있었다. 예배 의식은 매우 비위가 상하는 자잘한 일들을 많이 끌어들였는데, 상행위가 생겨나 마침내는 본격적인 가게들이 신성한 경내에 들어섰다. 거기서는 제사 지낼 짐승들을 팔았고, 또 가판대에서는 돈을 바꿔주기도 했다. 때때로 시장 안에 있는 것이 아닌가 착각할 지경이었다. 성전의 하급 직원들은 어느 시대의 성당지기에게서나 볼 수 있는 야비하고 비종교적인 마음을 가지고 직무를 행하고 있었음에 틀림없다. 신성한 물품들을 다루는 데 있어서 이러한 불경하고 부주의한 태도는 예수의 종교적 감정을 상하게 하였고 가끔 불안하게까지 했다.[9] 그는 기도하는 집을 사람들이 강도의 소굴로 만들었다고 말했다. 어떤 날은 아주 분노하여 이 무엄한 장사꾼들을 채찍으로 때리고 그들의 판을 둘러엎었다고 한다.[10] 도대체 그는 성전을 좋아하지 않았다. 그가 자신의 아버지를 위해 생각한 예배는 도수장의 광경과는 아무 상관도 없는 것이었다. 그는

---

9) 『마가』 9:16.
10) 『마태』 21:12 이하;『마가』 11:15 이하;『누가』 19:45 이하;『요한』 2:14 이하.

유대의 이 모든 옛 제도가 마음에 들지 않았고, 또 그것에 순응해야 한다는 것 때문에 괴로웠다. 그러므로 성전이나 그 경내는 그리스도교 내부에서는 유대교적 그리스도교도들에게 밖에는 경건한 감정을 불러일으키지 못했다. 참으로 새 사람이 된 그리스도교도들은 이 옛 성소를 혐오했다. 콘스탄티누스와 최초의 그리스도교도 황제들은 아드리아누스[11]가 지은 이교적 건축물들을 그대로 보존케 했다. 이 장소에 대해 생각한 것은 율리아누스[12]와 같은 그리스도교의 적들이었다. 오마르[13]가 예루살렘에 들어갔을 때 성전 경내는 유대인에 대한 증오 때문에 고의로 더럽혀졌다. 이 성전에 경의를 표한 것은 회교였다. 즉, 유대교가 더욱 셈적인 것을 가지고 있었다는 의미에서 일종의 부활한 유대교라 할 수 있는 회교였다. 이 장소는 언제나 반그리스도교적이었다.

유대인의 오만은 마침내 예수로 하여금 불만을 품게 했고, 또 그의 예루살렘 체류를 고달프게 했다. 이스라엘의 위대한 사상들이 성숙해 감에 따라 사제들의 지위는 낮아졌다. 회당의 제도는 율법 해석자나 학자를 사제보다 훨씬 우월한 지위에 두었다. 사제들은 예루살렘에만 있었으나, 여기서도 그들은 설교를 하지 못하게 되어 있는 우리의 소교구 사제들처럼 전적으로 의식에 관한 일만 맡았고, 회당의 설교자·결의론자·평신도에 지나지 않는 소페르, 즉 율법학자가 그들보다 상위에 있었다. 『탈무드』에 나오는 유명한 사람들은 사제들이 아니다. 그들은 당시의 관념을 따르면 학자다. 예루살렘의 고급

---

11) 아드리아누스(Adrianus 혹은 Hadrianus, 76년-138년): 로마 황제(재위 117년-138년).
12) 율리아누스(Julianus, 331년-363년): 로마황제(재위 361년-363년). 콘스탄티누스의 조카. 그리스도교를 버리고 이교(異敎)를 재건하려 했다.
13) 오마르(Omar): 634년에서 644년까지 제2대 할리파(Khalifa, 회교 국왕). 시리아, 페르시아, 이집트를 정복하였다.

사제들이 민족 가운데서 아주 높은 지위를 차지하고 있었던 것은 사실이다. 그러나 그들은 결코 종교 운동의 선두에 서지는 않았다. 헤롯에 의하여 그 관록이 이미 낮아져 있던 대사제는 더욱 로마의 관리가 되어 갔는데, 이 관직은 주목 받는 직위를 여러 사람들에게 주기 위하여 빈번히 파면되었다. 바리새인이 평신도들 가운데서 아주 열렬한 열성파였던 데 대하여, 사제들은 거의 모두 사두개인이었다. 즉, 성전 주위에 형성되고 제단에 의하여 생활하면서도 이것이 허무한 일임을 알고 있던 신앙 없는 귀족 계급에 속하는 사람들이었다. 사제 계급은 민족적 감정에서, 또 민족을 이끌고 가던 큰 종교 운동에서 이와 같이 아주 멀리 떨어져 있었기 때문에 '사두개인(sadoki)'[14]이라는 이름은 처음에는 사독[15]의 사제 집안을 가리키는 말이었으나, '물질주의자' 및 '향락주의자'의 동의어가 되고 말았다.

헤롯 대왕의 통치 이후 더욱 나쁜 요소가 하나 들어와 고위 사제들을 부패시켰다. 헤롯은 알렉산드리아의 보에투스의 아들 시몬이라는 사람의 딸 마리암네에게 연정을 품고 그녀를 취하려고 했는데(기원전 28년 경), 자신의 장인을 귀족이 되게 하고 자기만한 지위로 높이기 위해서는 대사제가 되게 하는 수밖에 없음을 알았다. 간책을 농하기를 잘하던 이 집안은 거의 아무 장애 없이 35년 동안 대사제의 직에 머물렀다. 이 집안은 왕가와 긴밀하게 결합되어 있었으므로 아켈라오가 폐위된 후에야 비로소 그 직위를 잃었다가 아그립파가 얼마 동안 헤롯 대왕의 사업을 재흥시킨 후 다시 얻었다(42년). 이리하여 보에투심(*Boethusim*)이라는 이름 아래 사두개인과 어울려 거의 하나가 된 아주 세속적이고 아주 믿음 없는 새로운 사제 귀족이 형성되었다. 『탈무드』와 랍비들의 저작에서는 언제나 보에투심,

---

14) 『사도행전』 4:1 이하:5:17;19:14.
15) 사두개인(Sadok):기원전 13세기의 유대인. 사두개파의 시조.

즉 보에투스당을 사두개인과 가까운 불신의 무리로 보고 있다. 이 모든 것의 결과로 성전 주위에는 기성 관습에서 이득을 얻기 때문에 성자들이나 개혁자들의 말을 들으려 하지 않으며, 지나친 열정으로 나아가지 않고 오히려 두려워하며, 정치를 하고 살아가는 일종의 로마 궁정이 생겼다. 이 향락주의적 사제들은 바리새인들의 과격함을 가지고 있지 않았다. 그들은 그저 안식만을 바라고 있었다. 예수가 못마땅하게 여긴 것은 그들의 도덕적 무관심과 냉정한 비종교적 태도였다. 사제들과 바리새인들은 서로 크게 달랐지만, 이와 같이 예수의 반감 속에서는 하나가 되어 있었다. 그러나 그는 외부에서 온 사람이요 명색이 있었던 것도 아니므로, 오랫동안 그 불만을 마음속에 간직해 두어야만 했고, 자신의 감회를 자기를 따른 친밀한 무리에게만 토로할 따름이었다.

예수의 여러 차례의 예루살렘 체류 가운데 마지막 체류는 가장 오랜 것이요, 죽음으로 끝난 것이었는데, 이 마지막 체류 이전에도 그는 자신의 말을 듣게 하려고 애썼다. 그는 설교했다. 사람들은 그에 관해서 서로 이야기했다. 그러나 이 모든 것으로부터는 예루살렘에 교회가 하나 서지도 않았고, 예루살렘 사람들로 된 제자 그룹이 하나 생기지도 않았다. 누구든지 자기를 사랑하기만 하면 용서해준 이 쾌활한 교사는 쓸데없는 논쟁과 고리타분한 제사로 세월을 보내는 이 성전에서는 큰 반향을 얻지 못했다. 그가 얻은 것은 몇몇 사람과의 좋은 사귐이었는데, 나중에 그는 이 사귐의 열매를 거두게 되었다. 그는 최후의 몇 달 동안 고난 속에서 많은 위로를 준 베다니의 가족과 이때부터 알고 있었던 것 같지는 않다. 그러나 아마도 마가의 어머니 마리아와 마가하고는 서로 연락하며 지냈을 것이다.[16] 이 마리아의 집은 여러 해 뒤 사도들의 집회소가 되었다. 또 그는 일찍

---

16) 『마가』 14:51-52; 『사도행전』 12:12.

부터 니고데모라는 사람의 주의를 끌고 있었다. 이 사람은 부유한 바리새인이요 유대교 최고 의회 의원으로 예루살렘에서 크게 존경 받고 있었다. 이 사람은 정직하고 성실했던 것 같은데, 이 젊은 갈릴리 사람에게 마음이 끌렸다. 그는 말썽이 생길 것을 꺼려 밤에 예수를 보러 와서 오랜 시간 이야기를 나누었다고 한다.[17] 그는 예수에게서 좋은 인상을 받았을 것이 틀림없다. 왜냐하면 나중에 그는 자신의 동료들의 편견에 반대하여 예수를 변호했고,[18] 또 예수가 죽자 주님의 시체를 경건하게 보살폈으니 말이다.[19] 니고데모는 그리스도교도가 되지는 않았다. 그는 자신의 지위로 보아 아직 저명한 인사가 가담하고 있지 않는 혁명 운동에 참가해서는 안 된다고 생각하고 있었다. 그러나 그는 예수에게 깊은 우정을 느껴 여러 가지로 도와주었다. 우리가 도달한 이 시기에는 이미 피할 수 없게 되어 있던 죽음의 손길에서 그를 빼낼 수는 없었지만 말이다.

당시 유명한 학자들에 관해서 말하면 예수는 그들과 관계가 없었다. 힐렐과 샴마이는 이미 죽었고, 당시 제일 큰 권위는 힐렐의 손자 가말리엘이었다. 이 사람은 활달하고 사교에 능한 사람으로서 세속의 학문도 하였고, 또 상류 사회와 접촉함으로써 아량도 몸에 배어 있었다. 아주 엄격한 바리새인은 얼굴을 가리거나 눈을 감고 걸었지만, 가말리엘은 여자들, 심지어 이교의 여자들까지도 쳐다보았다. 그리스어를 알고 있었던 것도 그렇지만, 이것도 전통이 그에게 허용한 일이다. 그가 궁전에 드나들고 있었기 때문이다. 예수가 죽은 후 그는 이 새 교파에 대해 매우 온건한 견해를 표명했다고 한다.[20] 성 바울은 가말리엘파에서 나왔다. 그러나 예수는 이 파에 들어간 적이

---

17) 『요한』 3:1 이하;7:50.
18) 『요한』 7:50 이하.
19) 『요한』 19:39.
20) 『사도행전』 5:34 이하.

없었던 것으로 보인다.

예수가 예루살렘으로부터 가지고 돌아온, 그리고 그 후 그에게 뿌리를 박은 듯이 보이는 적어도 한 가지 사상은 낡은 유대교와 화목할 생각을 일체 하지 말아야겠다는 것이었다. 그는 자신을 몹시 불쾌하게 한 희생 제사의 폐지, 믿음 없고 교만한 사제의 제거, 그리고 넓은 의미에서 율법의 폐지가 절대적으로 필요한 것이라고 생각했다. 이제부터 그는 유대교의 개혁자가 아니라 유대교의 파괴자로 자처한다. 메시아 사상의 신봉자들 가운데에는 메시아가 온 땅에 공통될 새 율법을 가져오리라는 것을 이미 인정한 사람들도 더러 있었다. 유대인이 아니라 해도 괜찮은 엣세네파 사람들도 성전과 모세의 계율에 대해서는 무관심했다. 그러나 이런 일은 고립된 혹은 공언되지 않은 대담성이었다. 예수야말로 처음으로 자기 이후로는, 아니 요한 이후로는[21] 율법이 존재하지 않는다고 감히 말한 사람이다. 가끔 그가 좀 신중한 말을 쓴 것은[22] 일반 사람들이 품고 있던 편견을 너무 혹독하게 힐책하지 않기 위해서였다. 사람들의 추궁을 받으면, 그는 가렸던 모든 것을 들추어내고, 율법은 이제부터 아무 힘도 없다고 분명히 말하였다. 여기 대해서 그는 힘찬 비유를 쓰곤 하였다. "낡은 옷에 새 천조각을 대고 깁는 사람은 없다…. 또 낡은 가죽 부대에 새 포도주를 담는 사람도 없다."[23] 여기에 실천적 스승으로서의, 창조자로서의 그의 행위가 있다. 성전은 거만한 게시(揭示)에 의하여 유대인이 아닌 사람들은 경내에 들어오지 못하게 한다. 예수는 이런 것을 원치 않았다. 이 편협하고 완악하고 사랑의 정신이 없는 율법은 아브라함의 자녀들을 위해서만 있다. 예수는 선의의 사람들은 누구든지, 그를 영접하고 그를 사랑하는 사람은 누구든지 아브라

---

21) 『누가』 16:16.
22) 『마태』 5:17-18.
23) 『마태』 9:16-17;『누가』 5:36 이하.

함의 아들이라고 주장한다.[24] 혈통의 교만은 그에게는 싸워야 할 제일 큰 원수로 보였다. 다시 말하면, 예수는 이제부터는 유대인이 아니다. 그는 최고 단계의 혁명가다. 그는 모든 사람을 오직 하나님의 자녀라는 유일한 자격 위에 세워진 종교로 부른다. 그가 선포하는 것은 유대인의 권리가 아니라 인간의 권리요, 유대인의 종교가 아니라 인간의 종교요, 유대인의 구원이 아니라 인간의 구원이다.[25] 아아! 율법의 이름으로 혁명을 외친 가울론의 유다나 마티아 마르갈로트 같은 사람으로부터 우리는 얼마나 멀리 있는가! 혈통이 아니라 마음에 세워진 인류의 종교가 창설되었다. 모세는 초극(超克)되었다. 성전은 이제 더 이상 존재 이유를 가지지 않으며 결정적으로 부인되었다.

---

24) 『누가』 19:9.
25) 『마태』 24:14;28:19;『마가』 13:10;16:15;『누가』 24:47.

제14장 예수와 이교도 및
     사마리아인의 관계

　이러한 원칙을 따라 그는 마음의 종교가 아닌 모든 것을 경멸했다. 신자들의 헛된 예배,[1] 외면적인 수식으로 구원을 얻으려는 엄격주의를 그는 불구대천의 원수로 삼고 있었다. 그는 금식하는 일에 별로 신경을 쓰지 않았다.[2] 그는 제사보다 용서를 더 귀하게 여겼다.[3] 하나님을 사랑하는 것・자비・상호간의 용서, 이것이 그의 율법의 전부였다.[4] 이것처럼 비사제적인 것은 없다. 사제는 직무상 언제나 공공의 희생을 드릴 것을 주장하고, 그 제사를 집전하게 마련이다. 사제는 될수록 사적인 기도를 못하게 한다. 사적 기도는 사제 없이도 제사드릴 수 있는 방법이기 때문이다. 예수가 장려한 종교적 의식을 『복음서』에서 찾는 것은 헛된 일일 것이다. 침례는 그에게 있어서 이차적 중요성밖에 가지고 있지 않으며,[5] 또 기도에 관해서는 진심으로 해야 한다는 것 외에는 아무 것도 규정하고 있지 않다. 늘 있는 일이지만, 많은 사람들은 약한 사람들의 선의가 선에 대한 참

---

1) 『마태』 15:9.
2) 『마태』 9:14;11:19.
3) 『마태』 5:23 이하;9:13;7:7.
4) 『마태』 22:37 이하;『마가』 12:29 이하;『누가』 10:25 이하.
5) 『마태』 28:19 및 『마가』 16:16은 예수의 진정한 말씀들을 보여주지 않는다. 『사도행전』 10:47;『고린도 전서』 1:17과 비교해 볼 것.

된 사랑의 대신이 될 줄로 알았고, 그에게 랍비, 랍비 하면 하늘나라를 차지할 줄로만 생각했다. 그는 이런 사람들을 물리치고, 자신의 종교는 곧 선을 행하는 것이라고 선언했다.[6] 가끔 그는 『이사야』의 다음과 같은 구절을 인용했다: "이 백성이 입술로는 나를 공경하여도 마음은 나에게서 멀리 있구나!"[7]

안식일은 바리새인들의 궁리와 까다로운 의논이라는 건물을 받쳐주는 주춧돌이었다. 옛날의 이 훌륭한 제도는 결의론자의 한심스러운 논쟁의 구실이 되고 허다한 미신적 신앙의 원천이 되어 있었다. 사람들은 자연도 안식일을 지킨다고 믿고 있었다. 간헐천은 모두 〈안식일적〉인 것으로 여겨지고 있었다. 안식일은 또한 예수가 반대자들에게 가장 즐겨 도전했던 문제였다.[8] 그는 공공연히 안식일을 범했고, 그로 인한 비난에 대해서는 교묘한 조롱으로 답하였다. 더군다나 인습이 율법에 부가했기 때문에 신자들에게는 가장 소중했던 많은 새로운 계율을 그는 경멸했다. 목욕이라든가, 깨끗한 물건과 부정한 물건에 대한 지나치게 까다로운 구별이라든가에 대해서 그는 냉담했다. 그는 말씀하셨다: "너희는 너희 마음도 씻을 수 있느냐? 입으로 들어가는 것은 사람을 더럽히지 않는다. 더럽히는 것은 오히려 입에서 나오는 것이다." 이러한 허례의 선전자인 바리새인들이야말로 그의 표적이었다. 예수는 그들이 율법을 떠받들고 도저히 지킬 수도 없는 계율을 생각해내 사람들에게 죄짓는 계기만을 만드는 것을 힐난하였다. 그는 말씀하셨다: "소경을 인도하는 소경이여, 구덩이에 빠지지 않도록 조심하라." 또 그는 감히 덧붙여 말했다: "이 독사의 족속들아! 그렇게 악하면서 어떻게 선한 말을 할 수 있겠느냐? 결국 마음에 가득 찬 것이 입으로 나오는 법이다. 선한 사람은 선한

---

6) 『마태』 7:21;『누가』 6:46.
7) 『마태』 15:8;『마가』 7:6.
8) 『마태』 12:1-14;『마가』 2:23-28;『누가』 6:1-5;13:14 이하;14:1 이하.

것을 내놓고, 악한 사람은 악한 것을 마음에 쌓아 두었다가 내놓는 것이 아니겠느냐!"[9]

그는 이방인을 잘 알지 못했기 때문에 그들을 개종시켜 어떤 영속적인 것을 세우려고 생각해 보지 않았다. 갈릴리에는 많은 이방인들이 살고 있었으나, 거짓 신들에 대한 공적이고 조직적인 예배는 없었던 것 같다. 예수는 이러한 예배가 아주 광휘에 넘쳐서 두로와 시돈 지방, 가이사랴 빌립보, 그리고 데가볼리로 퍼져 가는 것을 볼 수 있었다. 그는 이것에 아무 주의도 하지 않았다. 그에게는 당시의 유대인들의 따분한 현학, 알렉산드로스 이래 그의 동종자(同宗者)들에게서 흔히 볼 수 있고, 또 『지혜서』에 가득 차 있는[10] 것과 같은 저 우상 숭배를 반대하는 열렬한 웅변이 없다. 이교도에게서 그가 충격을 받은 것은 저들의 우상 숭배가 아니라, 저들의 노예 근성이었다.[11] 이 젊은 유대의 민주주의자는 — 이 점에서 그는 가울론의 유다의 형제이거니와 — 주로 하나님 외에는 인정하지 않기 때문에 사람들이 군주들을 둘러싸고 떠받드는 것과 군주들에게 마음에 없는 존칭을 붙이는 것에 아주 비위가 상하였다. 이밖에는 이교도를 만날 경우 그는 큰 관용의 태도를 보여 주고 있다. 때로는 유대인들보다 그들에게 더 희망을 거는 것 같기도 하다.[12] 하나님의 나라는 그들에게로 옮겨질 것이다. "포도원 주인이 그 포도원을 맡은 사람들을 못마땅하게 여기면, 이 사람들을 어떻게 하겠느냐? 좋은 열매를 맺도록 해주는 다른 사람들에게 주리라."[13] 유대적 관념에 의하면, 메시아가

---

9) 『마태』 12:34;15:1 이하;12 이하;23장 전부;『마가』 7:1 이하;15 이하;『누가』 6:45;11:39 이하.
10) 13장 이하.
11) 『마태』 20:25;『마가』 10:42;『누가』 22:23.
12) 『마태』 8:5 이하;15:22 이하;『마가』 7:25 이하;『누가』 4:25 이하.
13) 『마태』 21:41;『마가』 12:9;『누가』 20:16.

오시는 가장 확실한 징조는 이방인들의 개종이기 때문에 예수는 이 생각을 더욱 굳게 품지 않을 수 없었다.[14] 그는 그의 하나님의 나라에서 잔치에 임하여 멀리 사방에서 온 사람들을 아브라함과 이삭과 야곱 곁에 앉히지만, 나라의 본 자손들은 바깥으로 내쫓고 있다.[15] 그가 제자들에게 내리는 명령 속에 가끔 이와 정반대되는 경향이 있어 보이는 것도 사실이다. 즉, 그는 정통 유대인들에게만 구원의 복음을 전하라고 권하고 있는 듯이 보인다.[16] 또 이교도에 관하여 유대인의 편견에 어울리는 말을 하고 있기도 하다.[17] 그러나 제자들의 정신이 편협하여 아브라함의 아들 자격에 대한 예수의 숭고한 무차별을 이해하지 못하고, 스승의 교훈을 자신들의 관념으로 굴절시키기 일쑤였다는 것을 상기해야만 한다. 또 마치 마호메트가 유대인을 자기편으로 끌어들이고 싶어 하고 안 하고에 따라 『코란』에서 유대인에 관하여 때로는 아주 존경하는 말투로, 또 때로는 아주 냉혹하게 말하고 있는 것처럼, 예수가 이 점에 관해 생각이 달라졌다는 것은 충분히 있을 수 있는 일이다. 사실, 전승에서는 예수가 개종 권유에 아주 정반대되는 두 원칙을 가지고 있었고, 그것들을 번갈아 활용한 것으로 되어 있다. "우리를 반대하지 않는 사람은 우리를 지지하는 사람이다." "내 편에 서지 않는 사람은 나를 반대하는 사람이다."[18] 격렬한 싸움에는 거의 언제나 이런 모순이 따르게 마련이다.

확실한 것은 그의 제자들 가운데 유대인들이 '그리스인'이라 부른 사람들이 많이 있었다는 것이다.[19]

이 말은 팔레스티나에서 여러 가지 의미를 지니고 있었다. 때로는

---

14) 『이사야』 2:2 이하;60;『마가』 9:11 이하;『예레미야』 3:17;『말라기』1:11.
15) 『마태』 8:11-12;21:33 이하;22:1 이하.
16) 『마태』 7:6;10:5-6;15:24;21:43.
17) 『마태』 5:46 이하;6:7;32:18;『누가』 6:32 이하;12:30.
18) 『마태』 12:30;『마가』 9:39;『누가』 9:50;11:23.
19) 『요한』 12:20-21.

제14장 예수와 이교도 및 사마리아인의 관계 249

이교도를, 때로는 그리스어를 말하며 이교도들 사이에서 사는 유대인들을, 때로는 본래는 이교도이지만 유대교로 개종한 사람들[20]을 가리켰다. 예수가 공감을 얻은 것은 아마도 이 마지막 부류의 그리스인들에게서일 것이다.[21] 유대교에 입교하는 데에는 많은 단계가 있었다. 그러나 개종자는 유대인으로 태어난 사람에 비하여 언제나 낮은 처지에 있었다. 이들은 〈문간의 개종자들〉 혹은 〈하나님을 두려워하는 사람들〉이라 불렸고, 모세의 계명이 아니라 노아의 계명을 지키도록 되어 있었다.[22] 이와 같이 그들이 낮은 자리에 있었기 때문에 예수에게 접근할 수 있었고, 또 그 호의를 사게 된 것이 아닌가 싶다.

그는 사마리아인에게도 이와 마찬가지 태도로 대했다. 사마리아는 유대교의 두 큰 지역(유대와 갈릴리) 사이에 마치 작은 섬처럼 끼어 있어서 팔레스티나에서는 일종의 포위된 지역을 이루고 있었고, 거기서는 예루살렘의 종교의 형제요 대항자인 가리짐[23]의 옛 종교가 보존되고 있었다. 이 가엾은 종파는 소위 유대교의 특질도 교묘한 조직도 가지고 있지 않아서 예루살렘 사람들로부터 극히 냉대를 받고 있었다.[24] 이 종파는 이교도와 같은 동아리로 여겨져 좀 더 미움을 샀다.[25] 예수는 일종의 반감에서 이 종파에 호의를 가지고 있었다. 가끔 그는 정통 유대인들보다 사마리아인을 더 좋게 여기고 있었다. 다른 경우에는 그가 자신의 복음을 순수한 이스라엘 사람들에

---

20) 특히 『요한』 7:35;12:20;『사도행전』 14:1;17:4;18:4;21:28.
21) 『요한』 12:20;『사도행전』 8:27.
22) 『사도행전』 8:27;10:2;22;35;13:16;26;43;50;16:14;17:4;17:18:7;『갈라디아』 2:3.
23) 가리짐산(Garizim):팔레스티나의 사마리아에 있는 산. 세겜의 남쪽에 있다. 여기에 므낫세가 예루살렘 성전에 대항하는 성전을 세웠다.(우리말 성경에는 그리심산-역자주)
24) 『요한』 8:48.
25) 『마태』 10:5;『누가』 17:18.

게만 전하고 사마리아인들에게는 전하러 가지 말라고 제자들에게 명하고 있는 것 같기도 하지만,[26] 사실 그것은 당시의 특수한 사정을 보고 하신 훈계였는데도 제자들이 너무 절대적인 의미를 부여한 것이다. 사마리아인들은 예수를 같은 종교를 믿고 있으나 편견에 젖은 사람이라고 생각하고 가끔은 좋지 않게 대했다.[27] 이것은 마치 오늘날 회교도가 유럽의 자유주의 사상가를 언제나 광신적인 그리스도교도로 보고 적으로 생각하는 것과 같다. 예수는 이 오해에 초연할 수 있었다.[28] 그는 세겜에 많은 제자를 가지고 있었던 것 같고, 또 이곳에서 적어도 이틀을 지냈다.[29] 어떤 때 그가 감사와 참된 신앙심을 접한 것은 오직 한 사마리아인을 통해서였다.[30] 그의 가장 아름다운 비유의 말씀의 하나는 여리고로 가는 길에서 부상당한 사람의 비유이다. 한 사제가 지나가면서 이 부상당한 사람을 보고 그냥 지나간다. 한 레위 인은 지나가던 발길을 멈추지 않는다. 한 사마리아인은 그를 측은히 여겨 다가가서 상처에 기름을 붓고 싸매 준다.[31] 예수는 거기서 참된 형제애는 자애에 의하여 사람들 사이에 생기는 것이지 교리를 믿음으로써 생기는 것이 아니라고 결론지었다. 유대교에서는 '이웃'이라고 하면, 특히 동일한 종교를 믿는 사람을 가리켰다.[32] 그러나 예수에게는, 종파의 구별 없이 동포를 측은히 여기는 사람이 이웃이었다. 가장 넓은 의미에서 인간의 형제애가 그의 모든 교훈에 넘쳐 흘러나온 것이다.

---

26) 『마태』 10:5-6.
27) 『누가』 9:53.
28) 『누가』 9:56.
29) 『요한』 4:39-43.
30) 『누가』 17:16 이하.
31) 『누가』 10:30 이하.
32) 『레위기』 19:18:33 이하의 구절들은 제법 관대한 내용을 보여 주고 있다. 그러나 유대인의 동포애의 범위는 자꾸 좁아만 갔다.

예루살렘을 떠날 때 예수를 사로잡고 있던 이 사상은 귀로에 일어난 일로 전해지는 한 일화 속에 선명하게 표현되었다.[33] 예루살렘에서 갈릴리로 가는 길은 세겜에서 반 시간쯤 가노라면 에발산과 가리짐산을 높이 쳐다보는 골짜기 입구 앞을 지난다. 순례하는 유대인들은 대체로 이 길을 피했다. 그들은 사마리아인들에게서 모욕을 당하거나 사마리아인들에게 무엇을 구하느니보다는 차라리 멀리 베레아를 돌아서 여행하기를 좋아했다. 사마리아인들과 함께 먹고 마시는 것은 금지되어 있었다.[34] "사마리아인의 빵 덩어리는 돼지고기다."라는 것은 몇몇 결의론자들의 잠언이었다. 그러므로 이 길을 가게 될 때에는 미리 양식을 준비했다. 그래도 싸움과 천대를 면하기가 어려웠다. 예수는 이러한 염려나 두려움을 가지고 있지 않았다. 이 길을 가다가 왼편에 세겜의 골짜기가 열리는 곳까지 왔을 때 그는 피곤함을 느끼고 우물가에 발길을 멈추었다. 사마리아인은 지금도 그렇지만 그때도 그들의 골짜기의 모든 장소에 족장 시대의 추억에서 이름을 끌어대어 붙이는 습관이 있었다. 그들은 이 우물을 '야곱의 우물'이라 불렀다. 아마도 이 우물은 지금도 *비르-야굽(Bir-iakoub)*이라 불리는 바로 그 우물일 것이다. 제자들은 골짜기로 들어가 마을로 양식을 사러 갔다. 예수는 우물가에 앉았다. 그의 눈앞에는 가리짐산이 솟아 있었다.

때는 정오쯤이었다. 세겜의 한 여자가 물을 길으러 왔다. 예수는 그 여자에게 물을 좀 달라고 했다. 유대인은 보통 사마리아인과는 일체 상종하지 않기로 하고 있었기 때문에 예수의 이 청은 이 여자를 크게 놀라게 했다. 예수의 말씀에 마음이 끌린 이 여자는 예수를 예언자로 알아보았다. 그래서 자신의 종교에 대해 비난할 줄을 짐작

---

33) 『요한』 4:4 이하.
34) 『누가』 9:53 ; 『요한』 4:9.

하고 선수를 쳤다. "우리 조상은 저 산에서 하나님께 예배드렸는데 선생님네들은 예배드릴 곳이 예루살렘에 있다고 합니다." 예수는 대답했다: "여자여 내 말을 믿으라. 사람들이 아버지께 예배를 드릴 때에 '이 산이다' 또는 '예루살렘이다' 하고 굳이 장소를 가리지 않아도 될 때가 올 것이다…. 진실하게 예배하는 사람들이 영적으로 참되게 아버지께 예배를 드릴 때가 올 터인데 바로 지금이 그때이다."[35]

그가 이 말씀을 하신 날, 그는 정녕 하나님의 아들이었다. 처음으로 영원한 종교의 건물이 그 위에 설 말씀을 하신 것이다. 그는 기한도 없고 조국도 없는 순수한 종교, 높은 마음을 품은 모든 사람이 세상 끝날까지 지킬 종교를 세웠다. 그의 종교는 그때 그저 인류의 좋은 종교였을 뿐만 아니라 또한 절대의 종교였다. 그리고 만일 다른 유성(遊星)에도 이성과 덕성을 갖춘 주민들이 있다고 하면, 그들의 종교도 예수가 야곱의 우물곁에서 선포하신 종교와 다른 것일 수 없다. 인간은 이 종교를 그대로 지킬 수 없었다. 왜냐하면 인간은 한 순간밖에는 이상에 이르지 못하기 때문이다. 예수의 말은 캄캄한 밤의 섬광이었다. 인류의 눈이(뭐라고 말하는 것이 좋을까? 인류의 극히 적은 사람들의 눈이) 이 빛에 익숙하게 되는 데 천 8백년이나 걸려야 했다. 그러나 이 섬광은 한낮이 될 것이다. 그리고 인류는 온갖 과오의 소용돌이를 지난 후 바로 이 말씀으로, 즉 그의 신앙과 희망의 불멸의 표현인 이 말씀으로 되돌아올 것이다.

---

35) 『요한』 4:21-23.

제15장 예수에 관한 전설의 시작
― 자신의 초자연적 역할에 대해 스스로 품고 있던 생각

예수는 자신의 유대교적 신앙을 완전히 버리고, 또 혁명적 열정에 넘쳐 갈릴리로 돌아왔다. 그의 사상은 이제 아주 명확히 표현된다. 일부를 자기 이전의 랍비들에게서 얻은 그의 최초의 예언자적 시대의 순진한 풍자(諷刺)들과 그의 둘째 시기의 아름다운 도덕적 설교들은 하나의 단호한 정책으로 나아간다. 율법은 폐지되지 않으면 안 된다. 그것을 폐지할 자는 곧 그 자신이다.[1] 메시아는 왔다. 그가 곧 메시아다.[2] 하나님의 나라가 바야흐로 출현하려 하고 있다. 이 나라는 그에 의하여 출현될 것이다. 그는 자신의 대담함이 희생될 것을 잘 알고 있었다. 그러나 하나님의 나라는 무리하지 않고는 얻어질 수 없다. 하나님의 나라는 격변과 찢어지는 듯한 고통을 통해서 세워져야만 한다.[3] 〈사람의 아들〉은 그가 죽은 후 천사들의 무리를 거느리고 영광 속에 올 것이요, 그를 배척할 생각이 있었던 자들은 당황하게 될 것이다.

우리는 이러한 생각의 대담함에 놀라서는 안 된다. 예수는 오래 전부터 하나님과 자신의 관계를 아버지와 아들의 관계로 보고 있었

---

1) 『사도행전』 6:13-14 참조.
2) 이 점에 관한 예수의 확신의 발전은 『마태』 16:13 이하;『마가』 1:24;25;34;8:27 이하;『누가』 9:18 이하를 비교하면 잘 알 수 있다.
3) 『마태』 11:12.

다. 다른 사람들에게서는 참을 수 없는 오만이라 할 수 있는 것도 그에게는 건방진 일이라 할 수 없다.

〈다윗의 아들〉이라는 칭호는 그가 받아들인 최초의 칭호였다.[4] 아마도 그는 사람들이 이 칭호를 그에게 붙이려고 하여 저지른 악의 없는 속임수에는 관여하지 않았을 것이다. 다윗의 집안은 오래 전에 단절되어 있었던 것으로 보인다. 사제 계급 출신인 하스몬가도, 헤롯도, 로마인들도 설마 자기들 주변에 옛 왕조의 권리를 대표하는 사람이 누군가 있으리라고는 꿈에도 생각지 않았다. 그러나 하스몬가의 말기 이래, 옛 왕들의 후손으로 세상에 알려지지 않은 자가 민족의 원수를 갚아 주리라는 꿈이 만인의 머리 속에서 움직이고 있었다. 누구나 메시아는 다윗의 아들일 것이고[5] 다윗처럼 베들레헴에서 나시리라 믿었다.[6] 예수의 최초의 생각은 바로 이런 것은 아니었다. 그의 나라는 유대인 대중의 마음을 사로잡고 있던 다윗의 추억과는 아무런 공통점도 없었다. 그는 자신을 하나님의 아들이라 믿었고, 다윗의 아들이라고는 믿지 않았다. 그의 나라와 그가 묵상한 구원은 이와 아주 다른 질서에 속하는 것이었다. 그러나 여론은 그에게 일종의 억지를 부렸다. "예수는 메시아다."라는 명제로부터 대뜸 "예수는 다윗의 아들이다."라는 또하나의 명제가 나왔다. 그는 그것이 없으면 아무런 성공도 바랄 수 없었던 이 칭호가 자신에게 주어지는 것을 내버려 두었다. 그는 마침내 이 칭호를 좋아하게 된 것 같다. 왜냐하면 이러한 칭호로 그를 부르면서 청하는 기적을 가장 기꺼이 행했으니 말이다.[7] 예수는 이 경우에도 그의 생애의 다른 여러 경우에서처럼 자신의 사상과 똑같지는 않았던 당시 유행하던 사상을 따

---

4) 『로마』 1:3;『계시록』 5:5:22:16.
5) 『마태』 22:42;『마가』 12:35;『누가』 1:32;『사도행전』 2:29 이하.
6) 『마태』 2:5-6;『요한』 7:41-42.
7) 『마태』 9:27;12:23;15:22;20:30-31;『마가』 10:47:52;『누가』 18:38.

랐다. 그는 자신의 〈하나님의 나라〉의 교리에 마음과 상상을 뜨겁게 불타오르게 하는 모든 것을 결부시켰다. 그렇기 때문에 요한의 침례는 틀림없이 그에게는 크게 중요한 것이 못 되지만, 이것도 채택하였다.

아주 어려운 문제가 하나 생겼다. 그것은 그가 나사렛에서 탄생한 사실인데, 이것은 세상이 다 아는 일이었다. 예수가 이 반박에 대해 싸웠는지는 알 길이 없다. 아마 이 반박은 갈릴리에서는 일어나지 않았을 것이다. 이 지방에서는 다윗의 아들이 베들레헴 사람이어야 한다는 생각이 그다지 널리 퍼져 있지 않았다. 뿐만 아니라 이상주의적 갈릴리 사람들에게는 〈다윗의 아들〉이라는 칭호는 만일 이 칭호를 받는 사람이 그 민족의 영광을 드높이고 이스라엘의 영화의 날들을 다시 오게 하기만 하면 충분히 정당한 것이었다. 그를 받드는 사람들은 그가 왕의 후예임을 입증하기 위하여 가공적 족보를 상상했는데, 그가 이것을 침묵으로 묵인한 것인가?[8] 그가 베들레헴에서 태어났다고 하기 위해서 꾸며진 전설들, 특히 그가 베들레헴에서 태어났다는 것을 총독 구레뇨의 명령으로 시행된 호적 등록에 결부시킨 사람들의 계교에 관해서 그가 뭔가 좀 알고 있었는가?[9] 여기 대해서 우리는 아는 바 없다. 여러 개의 족보가 부정확하고 서로 모순되는 것으로 미루어, 이것들은 대중이 여러 가지 입장에서 꾸민 결과요, 그 중 어느 것도 예수의 인정을 받지 못했던 것으로 생각된다. 그가 자기 입으로 자신이 다윗의 아들이라 한 적은 한번도 없다. 예수보다 훨씬 식견이 적은 제자들은 그가 자기 자신에 관해서 말한 것을 가끔 과장했다. 그리고 대개의 경우 이러한 과장을 알지 못했다. 덧붙이거니와, 처음 3세기 동안 그리스도교의 유력한 분파들은

---

8) 『마태』 1:1 이하;『누가』 3:23 이하.
9) 『마태』 2:1 이하;『누가』 2:1 이하.

예수가 왕의 후예라는 것과 여러 족보의 진정성을 완강히 부인하였다.

그러므로 그의 전설은 완전히 자발적인 커다란 계략의 열매였고, 또 생존시부터 주위에서 꾸며지고 있었다. 그리고 예수는 이러한 민중의 창조를 막으려 해도 막을 수 없었다. 특출한 사람은 일반적인 남성과 여성의 관계에서 출생할 수는 없다는 고대에 널리 퍼져 있던 사상에 의해서건, 메시아는 동정녀에게서 나시리라는 것을 적고 있다고 사람들이 생각한 『이사야 서』의 오해된 한 절에 호응하기 위해서건,[10] 끝으로 신의 실체로 여겨졌던 〈하나님의 숨결〉이 아이를 배게 하는 힘이라는 사상을 따라서건,[11] 초자연적 탄생을 그에게 돌리게 될 여러 가지 이야기가 싹트고 있는 것을 명민(明敏)한 눈은 아마도 이미 그 때부터 알고 있었을 것이다.[12] 예수의 유년 시절에 관해서는 메시아적 이상의 성취를, 좀 더 적절히 말하면, 그 당시의 비유적 해석이 메시아에 결부시킨 여러 가지 예언의 성취를 예수의 전설 속에서 증명해 보이려는 목적에서 생각된 일화가 아마도 여럿 이미 퍼져 있었던 것 같다.[13] 일반적으로 믿어지고 있던 사상은 메시아가 한 별에 의하여 예고될 것이요, 메시아가 탄생하는 즉시 먼 나라에 사는 백성들의 사자가 그에게 와 경배하고 예물을 드리리라는 것이었다.[14] 사람들은 신탁이 이때 예루살렘을 향하여 오리라던 소위 갈대아의 천문학자들에 의해 성취되었다고 상상했다.[15] 또 어떤 때에는 그가 요람 시절부터 유명한 사람들, 침례자 요한·헤롯 대왕·

---

10) 『이사야』 7:14.
11) 『창세기』 1:2.
12) 『마태』 1:18 이하;『누가』 1:26 이하.
13) 『마태』 1:15:23;『이사야』 7:14 이하.
14) 『이사야』 60:3;『시편』 72:10.
15) 『마태』 2:1 이하.

높은 성스러움의 추억을 남긴 두 노인 시므온 및 안나와 관계가 있었다는 이야기도 지어졌다.[16] 이렇게 연관짓는 것은 대부분 실제 사실이 잘못 전해진 데 기인하지만, 또 매우 부정확한 연대가 붙여지게 마련이었다. 그러나 따뜻하고 어진 특이한 정신, 깊은 민중적 감정이 이 모든 지어낸 이야기에 스며들고 있어서 설교를 보충해주었다.[17] 이러한 이야기들이 크게 발전한 것은 특히 예수가 죽은 다음의 일이다. 하지만 그것들은 이미 그가 살아있을 때부터 경건한 신심과 순진한 찬탄만을 얻으면서 퍼지고 있었다고 할 수 있다.

예수가 결코 자신을 하나님의 화신으로 여기게 하려고 하지는 않았다는 것은 의심할 수 없는 일이다. 이러한 사상은 유대인의 정신과는 아주 무관한 것이다.『공관 복음서』에는 그런 흔적이 전혀 없다. 다만 예수의 사상의 반향으로서는 받아들이기 가장 힘든 『넷째 복음서』의 여러 부분에서만 찾아볼 수 있을 뿐이다. 때때로 예수는 이러한 교리를 멀리 하려고 조심하고 있는 것 같다.[18] 자신을 하나님이나 하나님과 동등한 자라고 하는 데 대한 비난은 유대인들의 비방이라고『넷째 복음서』에도 나와 있다.[19] 이『넷째 복음서』에서 예수는 자신을 그의 아버지보다 작은 자라고 분명히 말하고 있다.[20] 다른 곳에서는 아버지가 그에게 모든 것을 밝혀 주지는 않았다고 고백하고 있다.[21] 그는 자신이 보통 사람 이상이지만, 하나님으로부터는 무한한 거리가 있다고 믿고 있다. 그는 하나님의 아들이요, 또 하나님의 아들이 될 수 있다.[22] 만인은 날마다 하나님을 자신의 아버지라

---

16) 『누가』2:25 이하.
17) 『마태』1장과 2장;『누가』1장과 2장.
18) 『마태』4:10;7:21;22:19;17;『마가』1:44;3:12;10:17;18;『누가』18:19.
19) 『요한』5:18 이하;10:33 이하.
20) 『요한』14:28.
21) 『마가』13:35.
22) 『마태』5:9;45;『누가』3:38;6:35;20:36;『요한』1:12-13;10:34-35.

부르지 않으면 안 된다. 또 부활한 자는 모두 하나님의 자녀가 될 것이다.[23] 『구약성서』에서는 하나님과 조금도 동등하다고 생각되지 않던 사람들이 하나님의 아들이라 일컬어지고 있었다.[24] 〈아들〉이라는 말은 셈족의 여러 언어와 『신약성서』의 언어에서 극히 광범한 비유적 의미를 가지고 있다.[25] 물론 예수가 가졌던 인간의 관념은 냉정한 이신론(理神論)이 끌어들인 바와 같은 겸손한 관념이 아니다. 그의 시적 자연관에서는 오직 하나의 숨결만이 우주를 꿰뚫어 스며들고 있다. 사람의 숨결은 하나님의 숨결이다. 사람이 하나님 안에 있고 하나님을 통하여 살아가는 것처럼, 하나님은 사람 속에 있고 사람을 통하여 사신다.[26] 예수의 초월적 이상주의는 그 자신의 인격에 대해서 명료한 관념을 가지는 것을 절대로 허용하지 않는다. 그는 그의 아버지요, 그의 아버지는 그다. 그는 그의 제자들 안에서 산다. 그는 그의 제자들과 함께 어디에나 있다.[27] 그와 그의 아버지가 하나인 것처럼 그와 제자들도 하나다.[28] 그에게는 관념이 전부다. 사람들을 구별케 하는 육체는 아무 것도 아니다.

그리하여 〈하나님의 아들〉 혹은 그저 〈아들〉이라는 칭호는 예수에게는 〈사람의 아들〉이라는 칭호와 비슷한 것이 되었고, 또 〈사람의 아들〉로서 〈메시아〉도 같은 뜻의 말이 되었다. 다만 거기에는 그가 자기 자신을 사람의 아들이라 불렀고, 〈하나님의 아들〉이라는 말은 자기 자신에 대해서 쓰지 않았던 것 같다는 차이밖에 없다. 〈사람의 아들〉이라는 칭호는 심판자로서의 그의 자격을 표현하는 것이요, 지

---

23) 『누가』 20:36.
24) 『창세기』 6:2;『욥기』 1:6;2:1;28:7;『시편』 2:7;82:6;『사무엘 하』 7:14.
25) 악마의 자식(『마태』 13:38;『사도행전』 13:10);이 세상의 아들(『누가』 20:34); 빛의 아들(=자녀,『누가』 16:8);지옥의 자식(『마태』 23:15) 등.
26) 『사도행전』 17:28 참조.
27) 『마태』 18:20;17:21.
28) 『요한』 10:30;17:21.

고의 경륜에 대한 그의 참여와 그의 권능을 표현하는 것이었다. 이 권능에는 한계가 없다. 그의 아버지는 그에게 모든 능력을 주셨다. 그는 심지어 안식일도 변경시킬 권리를 가지고 있다.[29] 그를 통하지 않고는 아무도 아버지를 알지 못한다.[30] 아버지는 심판하는 권리를 그에게 넘겨주셨다.[31] 자연은 그에게 순종한다. 그러나 자연은 또한 누구든지 믿고 기도하는 사람에게 순종한다. 믿음은 모든 것을 할 수 있다.[32] 불가능의 한계를 긋는 자연 법칙의 관념은 그의 마음속에나 청중의 마음속에 하나도 떠오르지 않았음을 상기할 필요가 있다. 그의 기적을 목격한 사람들은 〈사람에게 이런 권한을 주신〉 하나님께 감사하고 있다.[33] 그는 죄를 사한다.[34] 그는 다윗이나 아브라함이나 솔로몬이나 예언자들보다 크다.[35] 이러한 긍정들이 어떤 형식이고 또 어느 정도까지였는지 우리는 알지 못한다. 예수를 우리의 조그마한 편의의 척도로 판단해서는 안 된다. 제자들의 흠앙(欽仰)은 그를 포위하고 그로 하여금 제자들에게 끌려가게 했다. 그가 처음에는 만족했던 〈랍비〉라는 칭호가 이제는 충분한 것이 못 됨이 명백해졌다. 〈예언자〉나 〈하나님의 사자〉라는 칭호도 이제는 그의 사상에 호응하는 것이 못 되었다. 그가 스스로 취한 것은 초인간적 존재의 위치였고, 또 그는 다른 사람들보다 훨씬 더 높은 관계를 하나님과 가지고 있다고 여겨지기를 바랐다. 그러나 우리들의 시시한 신학에서 빌려 온 이 '초인간적'이니 '초자연적'이니 하는 말은 예수의 높은 종교적 의식 속에서는 무의미했다는 것에 주의하지 않으면 안 된

---

29) 『마태』 12:8;『누가』 6:5.
30) 『마태』 11:27;28:18;『누가』 10:22.
31) 『요한』 5:22.
32) 『마태』 17:18-19;『누가』 17:6.
33) 『마태』 9:8.
34) 『마태』 9:2 이하;『마가』 2:5 이하;『누가』 5:20;7:47-48.
35) 『마태』 12:41-32:22:43 이하;『마가』 12:6;『요한』 8:25 이하.

다. 그에게는 자연도 인류의 발전도 하나님을 떠나 있는 유한한 세계가 아니었고, 어처구니없을 정도로 엄밀한 법칙들에 매여 있는 빈약한 현실도 아니었다. 그에게는 자연이라는 것이 없었기 때문에 초자연이라는 것도 없었다. 그는 무한한 사랑에 취하여 포로의 마음을 묶는 무거운 사슬을 잊어버렸다. 평범하고 용렬한 인간의 능력이 사람과 하나님 사이에 파 놓은, 대부분의 사람에게는 건널 수 없는 심연을 그는 단숨에 뛰어넘었다.

예수의 이 긍정들 속에 그를 〈말씀〉 혹은 〈제2의 하나님〉 혹은 〈하나님의 맏아들〉 혹은 유대 신학이 독자적으로 창조하고 있던 〈보좌에 배석하는 천사〉와 동일시하여 나중에 신적 실재가 되게 할 교리의 새싹이 있었음을 부인할 사람은 없을 것이다.[36] 이 유대 신학은 낡은 일신론의 극도의 엄격성을 정정하여, 영원하신 하나님이 우주의 통치를 맡긴 것으로 되어 있는 한 배석자를 하나님 곁에 두기 위한 일종의 필요에서 생겨났다. 하나님의 능력 혹은 〈힘〉이 어떤 사람의 몸을 입고 나타난다는 신앙이 퍼지기 시작하고 있었다. 이즈음 사마리아인들 사이에는 〈하나님의 큰 능력〉과 동일시된 마술쟁이가 한 사람 있었다.[37] 200년쯤 전부터 유대교의 사색적인 인물들은 신의 속성이나 그것에 결부된 몇몇 표현을 인격화하려는 경향이 있었다. 그리하여 『구약성서』에 자주 나오는 〈하나님의 숨결〉은 하나의 독립된 존재로, 즉 〈성령〉으로 여겨졌다. 마찬가지로 〈하나님의 지혜〉, 〈하나님의 말씀〉도 그 자신에 의하여 존재하는 인격이 되었다. 이것은 카발라[38]의 *세피로트(sephiroth)*, 그노시스파의 *아이온(éons)*, 그리스도교의 삼위, 즉 일신교가 하나님 속에 다양성을 끌어들이려고 할 때 도움을 빌지 않으면 안 되는 인격화된 추상으로 성립된 모

---

36) 특히 『요한』 14장 이하 참조.
37) 『사도행전』 8:40.
38) 카발라(Cabala) : 성서에 대한 유대 랍비들의 신비적 해석.

든 무미건조한 신화를 낳는 과정의 발단이었다.

예수는 이윽고 세계를 쓸데없는 논쟁으로 채우게 된 신학의 이 모든 천착(穿鑿)과는 끝내 상관이 없었던 것 같다. 그와 동시대 사람인 필론의 저작이나 갈대아어 번역 『성서』나 또 이미 『지혜서』[39]에서 볼 수 있는 바와 같은 〈말씀〉에 관한 형이상학적 이론은 마태의 〈로기아〉에서도, 또 일반적으로 예수의 말씀의 가장 권위 있는 해석자라 할 수 있는 『공관 복음서』에서도 찾아 볼 수 없다. 사실 〈말씀〉의 교리는 메시아 사상과 아무런 공통점도 가지고 있지 않았다. 예수를 〈말씀〉과 동일시하고, 또 이 원리에서 출발하여 하나님의 나라의 신학과 아주 다른 전혀 새로운 신학을 만들어내게 된 것은 훗날의 일이다.[40] 〈말씀〉의 본질적 역할은 창조자와 섭리의 역할이다. 그런데 예수는 세계를 창조했다고도 또 세계를 다스린다고도 결코 주장하지 않았다. 그의 역할은 세계를 심판하고 세계를 갱신케 하는 것이었다. 인류의 최후의 심판을 주재하는 자격, 이것이 예수가 자신에게 주는 임무요, 모든 초대 그리스도교가 그에게 돌리는 직분이다.[41] 큰 날이 올 때까지 그는 하나님의 오른편에 배석자로서 재상으로서 그리고 미래의 복수자로서 앉는다.[42] 비잔티움 예배당들의 후진(後陣)의 초인간적인 그리스도는 그와 동등한 위치에 있고 그저 모시고 시중드는 천사들보다는 높은 위치에 있는 사도들의 중앙에 세계의 심판자로 앉아 있는데, 이 그리스도야말로 이미 『다니엘 서』에서 그 최초의 특색이 아주 힘차게 제시된 〈사람의 아들〉이라는 개념을 매우 정확하게 그려내고 있다.

---

39) 『지혜서』 9:1-2; 16:12.
40) 『계시록』 19:13; 『요한』 1:1-14.
41) 『사도행전』 10:42; 『로마』 2:16; 『고린도 후서』 5:10.
42) 『마태』 26:64; 『마가』 16:19; 『누가』 22:69; 『사도행전』 7:55; 『로마』 8:34; 『에베소』 1:20; 『골로새』 3:1; 『히브리』 1:3; 13:8:1:10; 12:2; 『베드로 전서』 3:22.

하여간 사변적 스콜라 철학의 엄밀성은 결코 이러한 세계의 것이 아니었다. 우리가 방금 말한 사상 전체는 제자들의 마음속에서는 전혀 결정적인 신학 체계의 꼴을 못 얻은 상태였기 때문에 그들은 하나님의 아들, 즉 하나님의 분신이라 할 이 존재를 순전히 인간으로서 행동케 하고 있다. 그는 유혹을 받으며 여러 가지 많은 일을 모르며 자신의 잘못을 고치며 생각을 바꾼다.[43] 그는 쓰러지고 낙담한다. 그는 시련을 자신에게서 멀리해 줄 것을 그의 아버지께 구한다. 그는 하나님께 아들로서 순종한다.[44] 세계를 심판할 그가 심판의 날을 모른다.[45] 그는 자신의 안전을 위하여 조심한다.[46] 그는 태어나 얼마 되지 않아 자신을 죽이려는 권력자들을 피하기 위하여 도망가지 않으면 안 된다.[47] 그가 악귀를 내쫓을 때 악귀는 군소리를 늘어놓으며 고분고분 나오지 않는다.[48] 기적을 행할 때 그는 고된 노력을, 즉 무엇인가 자신에게서 빠져 나간 것 같은 피로를 느낀다.[49] 이 모든 것은 그가 오로지 하나님의 사자, 즉 하나님이 사랑하시고 보호하시는 사람이라는 사실이다.[50] 여기서 논리나 결론을 찾아서는 안 된다. 자신을 믿게 하려는 예수의 욕구와 제자들의 열성이 여러 가지 모순된 생각을 쌓아 올렸다. 그는 지복천년설파의 메시아주의자들이나 『다니엘 서』와 『에녹 서』에 열중해 있는 독자들에게는 〈사람의 아들〉이었다. 보통의 신앙을 가진 유대인이나 『이사야』와 『마가』의 독자들에게는 다윗의 아들이었다. 제자들에게는 〈하나님의 아들〉 혹은 그저 〈

---

43) 『마태』 10:5;『마가』 7:24;27:29.
44) 『마태』 26:39 이하;『마가』 14:32 이하;『누가』 22:42 이하;『요한』 3:27.
45) 『마가』 13:32.
46) 『마태』 12:14-16;14:13;『마가』 3:6-7;9:29-30;『요한』 7:1 이하.
47) 『마태』 2:20.
48) 『마태』 17:20;『마가』 9:25.
49) 『누가』 8:45-46;『요한』 11:33;38.
50) 『사도행전』 2:22.

아들〉이었다. 또 옛날의 예언자들이 다시 살아나 메시아의 때를 준비하러 온다는 민간 신앙을 따라, 그를 다시 살아난 예언자 요한이라거나 엘리야라거나 예레미야라고 생각한 사람들도 있었다. 제자들은 이런 사람들을 나무라지 않았다.[51]

하나의 절대적 신념, 좀더 적절히 말하면 한 점 의심도 남게 하지 않은 열렬한 신앙이 이 모든 대담함을 뒤덮고 있었다. 이렇게 어떤 사상에 사로잡혀 그 사도가 되는 것은 냉정하고 소심한 성격을 가진 우리로서는 도저히 이해할 수 없는 일이다. 정신을 바짝 차리고 살아가는 우리들에게는 신념이란 자기 자신에 대한 성실이다. 그러나 예민한 비판 정신에 생소한 동방의 민족들에게는 자기 자신에 대한 성실이란 대단한 의미가 없다. 우리의 엄격한 양심에서 보면, 정직과 기만은 서로 용납할 수 없는 것으로서 대립되는 말이다. 동방에서는 이 두 말 사이에 무수한 도피로와 우회로가 있다.『다니엘 서』와『에녹 서』같은 외경(外經)의 저자들은 매우 열성적인 사람들이지만, 그들은 목적을 위해서는 우리라면 허위라고 할 일을 아무런 거리낌도 없이 저질렀다. 글자 그대로의 진리는 동방인에게는 거의 아무런 가치도 없는 것이었다. 그들은 자신의 선입견, 자신의 이해, 자신의 욕망을 통해서 모든 것을 본다.

진실에는 많은 척도가 있다는 것을 분명히 인정하지 않는 한, 역사는 불가능하다. 신앙은 그것이 진리라고 믿는 것의 이해(利害) 이외에는 다른 율법을 알지 못한다. 그것이 추구하는 목적이 그 신앙에는 절대적으로 신성한 것이기 때문에 그것이 주장하려는 것을 위하여 좋은 논의가 성공하지 못할 때에는 좋지 못한 논의도 거리낌 없이 끌어들인다. 한 증명이 신통치 못하다면 다른 많은 확실한 증명이 있다…! 그 어떤 신기한 일은 사실이 아니더라도, 다른 많은

---

51)『마태』14:2;16:14;17:3 이하;『마가』6:14-15;8:28;『누가』9:8 이하;19.

신기한 일은 사실이었다…! 얼마나 많은 신앙심 깊은 사람들이 자신들의 종교가 진리임을 확신하고, 불충분한 것임을 스스로 잘 알고 있던 방법으로, 사람들의 완고함을 이기려 했던가! 수녀원의 얼마나 많은 성흔(聖痕)을 가진 여자들이, 열광적 신도들이, 귀신들린 듯 외곬으로 행동하는 여자들이 남에게 뒤지지 않으려고, 혹은 위험에 처한 대의(大義)를 지탱시키려고, 그녀들이 사는 세계의 영향으로, 또 그녀들 자신의 믿음에 의하여, 겉과 속이 다른 행위에 끌려들어 갔던가! 모든 위대한 일은 민중에 의하여 이루어진다. 그런데 민중의 사상에 자기 자신을 적응시켜야만 민중을 이끌어 갈 수 있다. 이것을 알면서도 고립을 택하고 자신의 고결함으로 물러서는 철인은 높이 찬양할 만하다. 그러나 인류를 그 모든 환상과 함께 받아들이고 인류에 대하여 그리고 또 인류와 더불어 일하려는 사람을 비난할 수는 없다. 가이사는 자기가 비너스의 아들이 아님을 잘 알고 있었다. 프랑스는 만일 사람들이 랭스[52]의 성스러운 기름단지[53]를 천 년 동안이나 믿지 않았다면, 오늘날과 같은 프랑스가 되어 있지는 않았을 것이다. 우리들처럼 무력한 사람들은 이것을 망상이라 부르고, 또 우리의 소심한 정직을 스스로 믿고, 다른 상황 속에서 생의 투쟁을 해나간 영웅들을 경멸하기 쉽다. 저들이 망상을 가지고 해 놓은 일을 우리가 세심한 정신을 가지고 해 놓을 수 있을 때, 우리는 저들을 혹평할 권리를 가질 수 있다고 하겠다. 적어도 모든 것이 철저하게 성찰되는 우리 사회와 같은 사회와 여러 세기를 지배해온 여러 가지 신앙이 생겨난 소박하고 경신적(輕信的)인 사회를 깊이 구별하지 않으면 안 된다. 위대한 건설치고 전설에 기초를 두지 않은 것은 없다. 이런 경우 죄가 있는 유일한 것은 속기를 원하는 인류다.

---

52) 프랑스 동북 지방의 도시.
53) 성스러운 기름단지 : 프랑스 왕들의 대관식에 쓰인, 기름이 가득 들어 있는 단지.

제16장 기적

　예수의 동시대인들의 견해로는 기적과 예언의 성취, 이 두 가지 증명법만이 초자연적 사명을 증명할 수 있는 것이었다. 예수와 특히 그의 제자들은 이 두 증명법을 아주 성실하게 사용하였다. 일찍부터 예수는 예언자들의 글이 오직 자신을 예언한 것이라고 확신하고 있었다. 그는 그들의 신성한 신탁들 속에서 자신을 재발견했다. 그는 자신을 이스라엘의 모든 예언적 정신이 거기서 미래를 읽는 거울이라고 보았다. 그리스도교파는 아마도 시조의 생존시부터 예언자들이 예언한 메시아와 예수가 완전히 일치한다는 것을 증명하려 했다.[1] 많은 경우 이 비교는 전적으로 외면적이고, 우리에게는 잘 납득이 가지 않는 것이다. 제자들에게 『시편』이나 예언서의 어떤 구절을 상기시키는 것은, 대부분의 경우, 스승의 생활에서 우연한 혹은 별로 중요하지 않은 일들이었다. 그리고 이런 경우 그들은 줄곧 자신들의 생각에 골몰해 있었기 때문에 눈앞에 전개된 것이 바로 그런 구절들에 있는 것이라 생각했다.[2] 그리하여 당시의 『성서』해석은 거의 모두가 부자연스럽게 제멋대로 인용하여 말장난하는 것으로 이루어져

---

1) 예컨대, 『마태』 1:22;2:5-6;15:18;4:15.
2) 『마태』 1:23;4:6;14:26;31:54;56;27:9;35;『마가』 14:27;15:28;『요한』 12:14-15;18:19;19:19;24:28;36.

있었다. 유대교 회당은 앞으로 임할 나라에 관한 구절들에 대해 공적으로 결정된 의사 표시를 하고 있지 않았다. 메시아에 대한 적용은 자유로웠고, 진지한 주장이라기보다는 오히려 기교적 양식을 보여 주었다.

기적에 관해서 말하면, 당시 사람들은 기적을 하나님에게서 온 자의 특징이요, 예언자의 표적이라 생각했다. 엘리야나 엘리사의 전설에는 기적이 그득했다. 메시아가 많은 기적을 행하리라는 것은 당연한 일로 여겨지고 있었다.[3] 예수가 살던 곳에서 몇 킬로미터 떨어진 곳, 사마리아에 사는 시몬이라는 마술사는 여러 요술로 거의 신과 같은 역할을 하고 있었다.[4] 그 후 사람들이 티아나의 아폴로니오스[5]의 인기를 높이고, 그의 생애가 이 지상으로의 하나님의 여행이었음을 증명하려 했을 때, 그가 일련의 무수한 기적을 행했다는 이야기를 만들어내지 않고서는 그 증명에 성공하지 못하리라고 생각했다. 알렉산드리아의 철학자들, 곧 플로티노스와 그 밖의 사람들도 여러 가지 기적을 행한 것으로 생각되고 있었다. 따라서 예수는 자신의 사명을 포기하든가 기적을 행하는 자가 되든가 두 가지 길 가운데 하나를 선택하지 않으면 안 되었다. 그리스의 여러 위대한 과학적 학파와 그 문하의 로마인들을 제외하고는 모든 고대인이 기적을 인정하고 있었던 것을 상기해야 할 것이다. 또 예수가 기적을 믿고 있었을 뿐만 아니라 자연의 질서가 법칙들에 의하여 규제된다는 관념을 조금도 가지고 있지 않았다는 것을 잊어서는 안 된다. 이 점에 관한 예수의 지식은 동시대인들의 것보다 조금도 나을 게 없었다. 더군다나 그의 마음속에 가장 깊이 뿌리박고 있던 견해 중 하나는 밑

---

3) 『요한』 7:31.
4) 『사도행전』 8:9 이하.
5) 티아나(Tyana)의 아폴로니오스(Apollonios, 1세기): 소아시아의 신피타고라스학파의 철학자. 모랄리스뜨, 마술사.

음이 있고 기도만 하면 사람이 자연에 대해 무엇이든지 할 수 있다는 것이었다.[6] 기적을 행하는 능력은 하나님이 사람에게 자주 나누어 준 일종의 특허로 여겨지고 있어서[7] 조금도 놀랄 것이 없는 것이었다.

시대의 차이는 위대한 시조의 능력이었던 것을 어딘지 모르게 우리의 비위를 상하게 하는 것으로 만들고 말았다. 만일 예수의 종교가 인류 속에서 쇠미해지는 일이 있다고 하면, 그것은 그를 믿게 한 바로 그 행위들 때문일 것이다. 비평은 이러한 역사적 현상들 앞에서 조금도 당황하지 않는다. 오늘날의 기적을 행하는 사람은 성흔(聖痕)을 가진 몇몇 독일 여자에게서 볼 수 있었던 바와 같은 아주 순진한 데가 없다고 하면, 가증스럽기 짝이 없다. 왜냐하면 그는 기적을 믿지 않으면서 기적을 행하기 때문이다. 그는 사기꾼이다. 그러나 아씨지의 성 프란체스코를 생각해보면 문제는 아주 달라진다. 성 프란체스코 교단의 탄생과 관련된 일련의 기적은 우리를 불쾌하게 하기는커녕 오히려 진정한 기쁨을 준다. 그리스도교 건설자들은 적어도 성녀 클라라나 트레스 소키이(tres socii, 3인조)만큼 완전한 시적 무지 상태에서 살고 있었다. 그들은 자신들의 스승이 모세나 엘리야와 만나고 자연력들에 명령하고 병자들을 고치는 것을 아주 간단한 일로 생각하고 있었다. 뿐만 아니라, 모든 사상은 실현되기를 갈망하자마자 그 순수성을 얼마간 상실하게 된다는 것을 잊어서는 안 된다. 성공하려면, 섬세한 마음이 반드시 얼마간의 상해를 입게 마련이다. 이렇게 인간의 정신은 약하기 때문에 최선의 목적도 보통 좋지 못한 이유에서만 받아들인다. 그리스도교 초기의 호교론자들의 증명은 매우 빈약한 논법에 기초를 두고 있다. 모세, 크리스토퍼 콜

---

6) 『마태』 17:19-21:21-22; 『마가』 11:23-24.
7) 『마태』 9:8.

롬버스, 마호메트 등이 갖가지 장애를 극복한 것은 오로지 날마다 사람들의 약함을 고려하고, 또 진리에 대해 반드시 참된 이유만을 알려 주지는 않았기 때문이다. 예수를 둘러싸고 있던 사람들이 그처럼 숭고했던 그의 설교보다도 그의 기적에 더 감동했다는 것은 있음직한 일이다. 틀림없이 민간의 소문이 예수가 죽기 이전과 이후에 이런 종류의 사실들의 숫자를 아주 과장했다는 것을 덧붙여 두기로 하자. 사실, 『복음서』에 나오는 기적의 유형은 그다지 다양하지 않다. 그것들은 되풀이되고 있고, 또 극소수 원형에서 복사되어 그 지방의 기호에 어울리는 것이 되어 있는 성싶다.

　『복음서』에서 싫증나도록 들려주는 기적의 이야기들 가운데서 예수의 생전이건 사후건 여론에 의하여 그가 행한 것으로 되어 있는 기적들과 그가 자진해서 적극적 역할을 맡은 기적들을 구별하는 것은 불가능한 일이다. 근육의 통증·불안·몸을 떠는 것 같은 보기 딱한 정황, 이밖에 속임수의 냄새가 나는 다른 특색들이[8] 정말 역사적인 사실인지, 아니면 요술에 정신이 팔려 있었고, 또 그런 점에서 오늘날의 〈교령자(交靈者)들〉의 세계와 비슷한 세계에 살고 있던 편집자(編輯者)들의 신앙의 소산인지를 아는 것은 더군다나 불가능한 일이다.[9] 사실, 일반 민중은 귀신의 힘이 사람 속에서 간질이나 경련 같은 것을 일으킨다고 생각하고 싶어 했다.[10] 예수가 실행했다고 믿은 기적들은 거의 모두 병을 고치는 기적이었던 것 같다. 당시 유대 의술은 오늘날도 아직 동방에 있는 의술과 다름이 없었다. 즉, 전혀 과학적이지 않고, 전적으로 개인적 영감에 맡겨진 것이었다. 5세기 전에 그리스에서 형성된 과학적 의학은 예수 당시 팔레스티나의 유대인에게는 거의 알려져 있지 않았다. 이러한 지적 상태에서는 병자

---

8) 『누가』 8:45-46;『요한』 11:33;38.
9) 『사도행전』 2:2 이하;4:31;8:15 이하;10:44 이하.
10) 『마가』 5:30;『누가』 6:19;8:46;『요한』 11:3;38.

를 따뜻하게 보살펴 주고 다정한 몸짓으로 병자에게 회복을 보증해 주는 뛰어난 사람이 곁에 있으면 결정적으로 병이 낫는 일이 자주 있었다. 아주 명확한 상해를 제외하고 대부분의 경우 남달리 훌륭한 인물과의 접촉이 약제에 의한 치료만 못하다고 누가 감히 말할 수 있을까? 그 인물을 보는 기쁨이 병을 고쳐준다. 그가 줄 수 있는 것은 결코 무익하지 않다.

예수는, 대다수 동향인들과 마찬가지로, 합리적인 의료 과학의 관념을 가지고 있지 않았다. 그는 거의 모든 사람과 마찬가지로 치유가 특히 종교적인 방법으로 이루어져야 한다고 믿고 있었는데, 이러한 신념은 아주 당연한 것이었다. 병이 결코 신체적 원인들에서 생기는 것이 아니고, 죄에 대한 벌[11]이나 악귀의 소행[12]으로 여겨지고 있던 때 최고의 의사는 초자연적인 권능을 가지고 있던 성인이었다. 치료는 정신적인 일로 생각되고 있었다. 자신의 정신력을 믿고 있던 예수는 자신이 병을 고치는 능력을 특별히 타고났다고 믿었을 것임에 틀림없다. 자신의 옷을 만지는 것,[13] 자신의 손을 얹는 것,[14] 자신의 침을 바르는 것[15]이 병자들에게 좋은 효과가 있음을 확신하고 있던 터에, 만일 자신의 힘으로 병을 낫게 해줄 수 있는 병자들에게 도움을 주지 않았다면, 그는 무정한 사람이었을 것이다. 병자의 회복은 하나님의 나라의 표적으로 여겨지고 있었고, 또 언제나 가난한 자의 해방과 관련지어지고 있었다.[16] 이 양자는 모두 뭇 약자를 다시 일으켜 주게 될 대혁명의 징조였다. 예수와 아주 친밀한 관계를 가지고

---

11) 『요한』 5:14;9:1 이하;34.
12) 『마태』 9:32-33;12:22;『누가』 13:11;16.
13) 『누가』 8:45-46.
14) 『누가』 5:13;13:13.
15) 『마가』 8:23;『요한』 9:6.
16) 『마태』 11:5;15:30-31;『누가』 9:1-2;6.

있던 엣세네파 역시 매우 효험이 큰 정신적 의사로 여겨지고 있었다.

예수가 제일 자주 행한 치료 가운데 하나는 악귀를 내쫓는 것이었다. 악귀를 믿는 일이 모든 사람들의 마음을 지배하고 있었다. 악귀가 어떤 사람들을 사로잡고 그들로 하여금 자신의 생각과 다른 행위를 하게 한다는 것은 유대만이 아니라 온 세계가 믿고 있던 일반적 견해였다. 『아베스타』에서 여러 번 아에슈마 다에바(Aëschma daëva), 즉 〈사욕의 신〉이라 불렀고, 유대인들이 아스모데(Asmodée)[17]라는 이름으로 받아들인 페르시아의 신 디브(div)는 여자들의 모든 히스테리적 질환의 원인으로 여겨지고 있었다.[18] 환자가 자신의 몸을 제 맘대로 할 수 없는 것으로 보이는 간질이나 정신 및 신경성 질환이나, 귀머거리·벙어리 같은 원인 불명의 질환[19]도 동일하게 설명되고 있었다. 예수보다 4세기 반 전에 여기에 대한 의학의 참된 원리를 세운 히포크라테스의 「신적 질환에 관하여」라는 훌륭한 논문도 이런 오류를 세계에서 추방하지 못하고 있었다. 악귀를 내쫓는 일은 의사와 마찬가지로 떳떳한 하나의 직업이었다.[20] 예수가 생존시부터 이 기술의 가장 깊은 이치를 알고 있다는 평판을 얻고 있었음은 의심의 여지가 없는 일이다.[21] 당시 유대에는 광인이 많았다. 아마도 정신이 비상하게 격앙한 때문이었을 것이다. 오늘날도 이 지역에서 그렇듯이 사람들은 이 광인들이 돌아다니는 것을 그냥 내버려두었지만, 이들은 떠돌아다니는 사람들이 늘 비바람을 피하여 들어가 지내는 버려진 묘굴(墓窟)에 살고 있었다. 예수는 이 불

---

17) 『토비트』 3:8;4:14.
18) 『마가』 16:9;『누가』 8:2와 비교해볼 것.
19) 『마태』 9:33;12:22;『마가』 9:16;24;『누가』 11:14.
20) 『토비트』 8:2-3;『마태』 12:27;『마가』 9:38;『사도행전』 19:13.
21) 『마태』 17:20;『마가』 9:24 이하.

행한 사람들에게 큰 힘을 발휘했다.[22] 사람들은 그의 치료에 관해 괴이한 이야기를 수없이 하였는데, 그 이야기에는 당시의 온갖 경솔한 믿음이 뒤섞여 있었다. 그러나 여기서도 여러 가지 곤란이 과장되어서는 안 된다. 귀신이 들린 것으로 설명된 질환들은 흔히 아주 가벼운 것이었다. 오늘날, 시리아에서는 어딘가 조금만 이상한 사람들도 광인이나 악귀 들린 사람[23]으로 여겨지고 있다(이 두 관념은 다 같이 *메쥬눈(medjnoun)*이라 하여 결국 한 관념을 이루고 있다). 이런 경우 악귀를 내쫓는 데에는 한 마디 부드러운 말로 족하다. 예수가 사용한 방법도 바로 이런 것이었을 것이다. 악귀를 내쫓는 자로서의 그의 명성이 저도 모르는 사이에 높아졌던 것이 아닐까? 동방에 사는 사람들은 이윽고 자신이 의사나 마술사나 보물의 발견자로 크게 이름이 나는 것을 보고, 어떤 사실들이 이런 상상을 낳았는지 잘 이해할 수 없어 놀라는 일이 가끔 있다.

뿐만 아니라, 당시의 여러 가지 사정으로 미루어 보아, 예수는 나중에 가서야 기적을 행하는 자가 되고, 또 이것은 그의 생각에 없는 것이었던 듯싶다. 가끔 그는 간청을 받은 후에야 좀 언짢아하면서, 또 그에게 청한 사람들에게 마음이 무딘 것을 나무라면서 기적을 행하고 있다.[24] 겉으로 보면 설명할 수 없는 한 가지 특이한 일은 그가 자신의 기적을 은밀하게 행하려고 조심하고 있고, 또 병을 고쳐준 사람들에게는 아무에게도 말하지 말라고 당부하고 있는 점이다.[25] 악귀들이 그를 하나님의 아들이라 부르고자 할 때 그는 악귀들로 하여금 입을 열지 못하게 하고 있는데, 악귀들이 그를 이렇게 알아보

---

22) 『마태』 8:28;9:34;12:43 이하;17:14 이하;20;『마가』 5:1 이하;『누가』 8:27 이하.
23) '악귀 들린(Daemonium habes)'이라는 이 문구(『마태』 11:18;『누가』 7:33;『요한』 7:20;8:48 이하;10:20 이하)는 '(너는) 미쳤다'라고 번역되어야 한다.
24) 『마태』 12:39;16:4;17:16;『마가』 8:17 이하;9:18;『누가』 9:41;11:29.
25) 『마태』 8:4;9:30-31;12:16 이하;『마가』 1:44;7:24 이하;8:26.

는 것은 그의 뜻에 어긋나는 것이다.[26] 이런 특색들은 다른 무엇보다도 기적과 악귀를 내쫓는 일을 문제 삼고 있는 『복음서』인 『마가』에 특히 두드러지게 나타나 있다. 이 『복음서』의 기초가 되는 정보를 제공한 제자는 기적에 대한 찬탄으로 예수를 성가시게 했던 것 같다. 또 스승은 자기에게 덮어 씌워지는 명성을 귀찮게 여겨 이 제자에게 "아무 말도 하지 말라"고 자주 말했던 것 같다. 한 번은 이러한 불일치가 평소에는 볼 수 없었던 감정의 격발을 일으키고,[27] 참다못해 분노케 하고 있다. 예수는 마음이 둔한 사람들의 이 끊임없는 요청에 지칠 대로 지쳐 있었다. 때때로 기적을 행하는 사람의 역할은 그에게 불쾌한 것이고, 이를테면 그의 발 아래에서 생기는 기적적인 일을 될수록 사람들에게 알리지 않도록 애쓰고 있다고 할 수 있다. 그의 적들이 그에게 기적, 특히 하늘의 기적, 기상의 기적을 구할 때 그는 완강히 거부하고 있다.[28] 그러므로 기적을 행하는 사람이라는 그의 명성은 사람들이 그에게 덮어씌운 것이요, 그는 여기 대해서 그다지 반대하지는 않았으나 사람들이 이렇게 하는 것을 돕는 일은 조금도 하지 않았다. 하여튼 그는 이런 일에 대한 여론의 허무함을 느끼고 있었다고 생각해도 좋을 것이다.

여기서 우리의 혐오를 너무 내세우는 것은 올바른 역사의 방법에 어긋나는 일일 것이다. 참된 비평에 없어서는 안 될 조건은 시대의 차이를 파악하고, 순전히 합리적인 교육으로 말미암아 생긴 본능적 습관에서 탈피하는 것이다. 예수의 성격에 대하여 제기되기 쉬운 반대를 피하기 위하여 그의 동시대인들의 눈앞에 놓여 있었던 사실들을 무시해 버릴 필요는 없다. 이 사실들은 스승보다 훨씬 열등했고 스승의 참된 위대성을 깨닫지 못하여 합당치 않은 명성으로 그를 높

---

26) 『마가』 1:24-25 ; 3:12 ; 『누가』 9:41.
27) 『마태』 17:16 ; 『마가』 9:18 ; 『누가』 9:41.
28) 『마태』 12:38 이하 ; 16:1 이하 ; 『마가』 8:11 ; 『누가』 11:29 이하.

이려 한 제자들이 보탠 것이라고 말하기는 어려운 일이 아니다. 그러나 예수의 생애를 전한 네 기자는 이구동성으로 그의 기적을 자랑삼고 있다. 그 중 한 사람, 사도 베드로의 대변자인 마가는 이 점을 어찌나 강조하고 있는지, 만일 그의 『복음서』만을 따라서 그리스도의 성격을 더듬는다면, 예수를 보기 드문 매력을 가진 귀신을 쫓아내는 사람으로, 사람들에게 공포감을 주고 피했으면 하는 생각을 갖게 하는 매우 힘 있는 마법사로 생각하게 될 것이다.[29] 그러므로 지금은 환상이나 광기로 여겨질지도 모르는 행위도 예수의 생애에서는 중요한 자리를 차지하고 있었다는 것을 서슴없이 인정해야 할 것이다. 이러한 대수롭지 않은 측면 때문에 그와 같은 한 생애의 숭고한 측면도 무시해야 할 것인가? 이런 일을 삼가자. 그저 마법사에 지나지 않는 사람은 예수가 이룩한 바와 같은 정신적 혁명을 일으키지는 못할 것이다. 만일 예수에게서 마법사의 요소가 도덕가요 종교 개혁가로서의 예수를 압도하고 있었다고 한다면, 그에게서 마법파는 나왔을지언정 그리스도교는 나오지 않았을 것이다.

뿐만 아니라, 이런 문제는 모든 성자와 종교의 시조에 대해서도 마찬가지로 제기된다. 오늘날 병적인 것으로 여겨지는 간질이나 환각 같은 사실들도 옛날에는 힘과 위대성의 원동력이었다. 의학은 마호메트를 성공케 한 병[30]이 무엇인지 알고 있다. 거의 오늘날에 이르기까지 동포의 복지를 위하여 가장 많이 힘쓴 사람들(저 훌륭한 뱅쌍 드 뽈[31])은 스스로 원했건 원치 않았건 기적을 행하는 사람들이었다. 우리가 19세기에 도무지 이치에 맞지 않거나 사기 비슷한 것이라고 보이는 행위를 한 것으로 전해지는 역사적 인물은 모두 광인

---

29) 『마가』 5:15 ; 17:33 ; 6:49-50.
30) 근육 히스테리.
31) 뱅쌍 드 뽈(Vincent de Paul, Saint 1581년-1660년) : 자애(慈愛)로 유명했던 사제. 뿌이(Pouy)에서 출생해 여러 자선 기관을 설립하였다.

이 아니면 사기꾼이었다는 원칙에서 출발하면, 모든 비평은 그릇된 것이 되고 만다. 알렉산드리아학파는 고상한 학파였지만, 그러면서도 아주 엉뚱한 마법의 실행에 몰두했다. 소크라테스와 빠스깔에게도 환각이 없지 않았다. 사실들은 거기 비례되는 원인들에 의하여 설명되지 않으면 안 된다. 인간 정신의 여러 가지 약함은 약함만을 낳는다. 위대한 일은 언제나 인간의 본성 속에 위대한 원인을 가지고 있다. 하기는 위대한 일이 생길 때에는 또한 여러 가지 편협한 일이 따르고, 또 마음이 얕은 사람들에게는 이 편협한 일들로 저 위대한 일들의 위대함을 가리는 일이 자주 있기는 해도 말이다.

그러므로 일반적 의미에서, 예수는 본의 아니게 기적을 행하는 사람이요 귀신을 쫓는 사람이 되었을 따름이라고 말하는 것이 옳다. 위대한 신적 생애에 있어서는 언제나 그렇듯 그는 기적을 행했다기보다는 여론이 요구한 기적들을 행한 것으로 여겨진다. 기적은 보통 군중이 만들어낸 것이지, 그것을 행했다고 사람들이 말하는 사람의 소행은 아니다. 예수는 군중이 자신을 위하여 지어낸 기이한 일을 행하기를 완강히 거부했다. 가장 큰 기적은 그가 기적을 행하지 않았다는 것이리라. 역사와 민중 심리의 법칙이 이처럼 큰 저촉을 입은 적은 한번도 없었을 것이다. 예수는 기적에 대한 군중과 제자들의 갈망을 억제하는 데 있어, 성 베르나르나 아씨지의 성 프란체스코보다 더 자유롭지는 못했다. 예수의 기적은 그의 시대가 그에게 가한 하나의 억지요, 일시적 필요가 그에게서 빼앗은 하나의 양보였다. 그러므로 귀신을 쫓는 사람과 기적을 행하는 사람은 간 곳 없지만, 종교 개혁가는 영원히 살아 있을 것이다.

그를 믿지 않았던 사람들도 이 여러 행위에 감동하여 그의 증인이 되고자 했다.[32] 이교도들과 아직 잘 믿지 않고 있던 사람들은 공포감

---

32) 『마태』 14:1 이하 ; 『마가』 6:14 ; 『누가』 9:7 ; 23:8.

을 품었고, 예수를 자신들의 지방에서 떠나게 하려고 했다.[33] 아마도 많은 사람들이 반란 운동을 위하여 그의 이름을 남용하려 했을 것이다.[34] 그러나 순전히 정신적이고 전적으로 비정치적인 예수의 성향은 그로 하여금 이런 운동에 말려들지 않게 해주었다. 그의 왕국은 그에 못잖은 상상의 젊음과 하늘에 대한 똑같은 예상으로 그의 주위에 모여 그를 떠나지 않았던 제자들의 모임 속에 있었다.

---

33) 『마태』 8:34;5:17;8:37.
34) 『요한』 6:14-15.

제17장 하나님의 나라에 관한
    예수의 사상의 결정적 형식

　예수의 최후 활동기는 31년 유월절을 쇠러 성지에 갔다가 돌아온 때로부터 32년 초막절을 쇠러 여행한 때까지 약 1년 반이었다고 짐작된다.[1] 이 기간에 예수의 사상에는 새로운 요소가 하나도 늘지 않았다. 그러나 그의 마음속에 있는 모든 사상은 줄곧 더 강력하고 더 대담하게 발전하고 또 세상에 알려졌다.
　예수의 근본 사상은 처음부터 하나님의 나라의 건설이었다. 그러나 이미 말한 바와 같이, 예수는 이 하나님의 나라를 여러 가지 의미에서 이해하고 있었던 것 같다. 때때로 그는 그저 가난한 사람들과 무상속자들의 세상을 바라는 민주적 수령으로 보인다. 하나님의 나라는 또 어떤 때에는 메시아에 관한 계시록적 환상을 문자 그대로 성취하는 것이다. 끝으로, 가끔 심령의 나라요, 다가올 구원은 마음의 구원이다. 이렇게 되면 예수가 바란 혁명은 실지로 있었던 혁명, 곧 모세의 종교보다도 더 순수한 새로운 종교의 수립이다. 이 모든 사상이 예수의 마음속에 동시에 있었던 것 같다. 하지만 첫째 사상, 즉 일시적 혁명의 사상은 그의 마음을 크게 사로잡지는 못했던 것 같다. 예수는 한번도 땅이나 지상의 부나 물질적 권력을 애써 차지할 만한 것이라고 여긴 적이 없다. 그는 외면적 야망을 전혀 가지고 있

---

1) 『요한』 5:1;7:2.

지 않았다. 가끔 자연적 추세로, 그의 큰 종교적 세력은 사회적 세력으로 변할 뻔했다. 어떤 사람들은 그에게 와서 자신들의 이해 문제에 대한 재판자가 되고 중재자가 되어 주기를 청하기도 했다. 예수는 이런 제안을 마치 모욕을 당한 것처럼 결연히 물리쳤다.[2] 그는 하늘의 이상으로 충만해 있었던 터라, 자신의 고매한 청빈을 결코 버리지 않았다. 하나님의 나라에 관한 다른 두 관념에 대해서 말하면, 예수는 늘 이것들을 동시에 품고 있었던 것 같다. 만일 그가 민중의 상상을 배양해 주고 있던 계시록적인 것들에 마음이 쏠린 열광자에 지나지 않았다면, 그는 이런 방면의 사상을 내놓은 사람들보다 못한 이름 없는 한 신도가 되고 말았을 것이다. 만일 그가 채닝[3]이나 사부아의 조제[4] 같은 한 퓨리턴에 지나지 않았다고 하면, 물론 아무런 성공도 거두지 못했을 것이다. 그의 체계의 이 두 부분, 좀 더 정확히 말하면, 하나님의 나라에 관한 그의 두 관념은 서로 의존하고 있었는데, 이 상호 의존은 그로 하여금 유례없는 성공을 거두게 하였다. 초대 그리스도교도들은 우리라면 몽상이라고 규정지을 일련의 관념 속에서 움직이고 있는 환상에 사로잡힌 사람들이었다. 그러나 동시에 그들은 양심을 해방케 한, 그리고 시조에 의하여 선포되어 오랜 후에는 마침내 순수한 신앙을 낳은 하나의 종교를 수립케 한 사회적 전쟁의 영웅들이었다.

예수의 계시록적 사상을 가장 완전한 형식으로 요약하면 다음과 같다. 인류의 현재의 질서는 그 종말에 다다르고 있다. 이 종말은 하

---

2) 『누가』 12:13-14.
3) 윌리엄 엘러리 채닝(William Ellery Channing, 1708년-1782년):미국의 유니태리안파 목사.
4) 사부아의 조제(Vicaire Savoyard):쟝 쟈끄 룻소의 『에밀』의 주목할 만한 삽화 가운데 하나. 이 삽화에서는 사부아의 조제가 신앙고백을 하고 있는데, 룻소는 이 삽화를 통하여 자연에 대한 명상과 내적 감정에 기초를 둔 순전히 개인적인 종교의 필요성을 역설하고 있다.

나의 커다란 혁명이요, 분만의 고통 비슷한 〈고뇌〉다. 또 음울한 재앙에 뒤따르는, 그리고 이상한 현상들에 의하여 예고되는[5] 팔링게네시아(*palingenesia*), 즉 (예수 자신의 말대로) 〈신생〉[6]이기도 하다. 그 큰 날에 사람의 아들의 징조가 하늘에 나타날 것이다. 그것은 시내산에서와 같은 빛나고 환한 광경일 것이요, 큰 뇌우가 구름을 찢고, 한 줄기 번개 빛이 순식간에 동에서 서로 번쩍 지나갈 것이다. 메시아가 영광과 위엄을 갖추고 나팔소리와 함께 천사들을 거느리고 구름을 타고 오실 것이다.[7] 그의 제자들은 그의 곁의 보좌에 앉을 것이다. 그때 죽은 자들은 살아나고 메시아는 심판을 주재하실 것이다.[8]

이 심판에서 사람들은 그들이 행한 일에 따라 두 부류로 나뉠 것이다.[9] 천사들은 선고를 내린다.[10] 택함 받은 자들은 세상의 처음부터 그들을 위하여 준비되어 있는 안락한 집으로 들어갈 것이다.[11] 거기서 그들은 빛으로 몸을 감고, 아브라함과 족장들과 예언자들이 준비해온 잔치에 참석할 것이다.[12] 이들의 수는 적을 것이다.[13] 나머지 사람들은 게엔나(*géhenna*)에 가게 된다. 게엔나는 예루살렘 서쪽의 골짜기다. 사람들은 여기서 여러 시기에 불의 제사를 지냈는데, 이 곳은 일종의 쓰레기장이 되어 있었다. 그러므로 게엔나는 예수의 생각으로는 어둡고 더러운 골짜기요, 불이 가득 찬 지하의 심연이다.

---

5) 『마태』 24:3 이하:『마가』 13:4 이하:『누가』 17:22 이하:21:7 이하.
6) 『마태』 19:28.
7) 『다니엘』 7:13:『묵시록』 1:7과 비교해 볼 것.
8) 『마태』 16:27;19:28;20:21;23:39;24:30 이하;25:31 이하;26:64;『마가』 14:62;『누가』 13:35;22:30;69;『고린도 전서』 15:52;『데살로니가 전서』 4:15 이하.
9) 『마태』 13:38 이하;25:33.
10) 『마태』 13:39;41;49.
11) 『마태』 25:34;『요한』 14:2와 비교해 볼 것.
12) 『마태』 8:11;13:43;26:29;『누가』 13:28;16:22.
13) 『누가』 13:23 이하.

하늘나라에서 제외된 자들은 여기서 사탄과 그 수하인 반역의 천사들과 함께 불에 타고 벌레에 파 먹힌다.[14] 거기서 그들은 통곡하고 이를 갈게 될 것이다.[15] 하나님의 나라는 이 어두움과 괴로움의 세상 한가운데 있는 내부가 밝은 닫힌 방과 같을 것이다.[16]

사물의 이 새 질서는 영원할 것이다. 낙원과 게엔나에는 끝이 없을 것이다. 건널 수 없는 심연이 이 두 곳을 갈라놓고 있다. 사람의 아들이 하나님의 오른편에 앉아서 세계와 인류의 이 종국의 상태를 다스릴 것이다.[17]

이 모든 것을 제자들과 때로는 스승 자신이 문자 그대로 받아들이고 있었다는 것은 당시의 저작에 아주 명백히 나타나 있다. 초대 그리스도교도가 깊고 변함없는 한 가지 믿음을 가지고 있었다고 하면, 그것은 세계의 마지막이 가까웠고[18] 그리스도의 크신 〈나타나심〉[19]이 곧 있게 되리라는 믿음이다. 『계시록』의 첫머리와 끝에 있는 "때가 가까웠다!"[20]는 힘찬 선언, "들을 귀가 있는 사람은 알아들어라"[21]는 끊임없이 거듭되는 호소는 사도 시대 전체를 통해 희망과 결집의 외침이 되었다. 마란 아타(Maran atha)[22] 즉 "주여 어서 오소서"라는 시리아어 표현은 신자들이 저희들끼리 믿음과 희망을 굳게 하기

---

14) 『마태』 8:11;13:43;26:29;『누가』 13:28;16:22.
15) 『마태』 5:22;8:12;10:28;13:40;42;50;18:8;24:51;25:30;『마가』 9:43 등.
16) 『마태』 8:12;22:13;25:60
17) 『마가』 3:29;『누가』 22:69;『사도행전』 7:55.
18) 『누가』 18:8;『사도행전』 2:17;3:19 이하;『고린도 전서』 15:23-24;52;『데살로니가 전서』 3:13;4:14 이하;5:23;『데살로니가 후서』 2:1-11 등.
19) 『누가』 17:30;『고린도 전서』 1:7-8;『데살로니가 후서』 1:7;『베드로 전서』 1:7;13;『계시록』 1:1.
20) 『계시록』 1:3;22:10.
21) 『마태』 11:15;13:9;43;『마가』 4:9;23;7:16;『누가』 8:8;14:35;『계시록』 2:7;11;27;29;3:6;13:22;13:9.
22) 『고린도 후서』 16:22.

위하여 주고받는 일종의 암호가 되었다. 68년에 저술된 『계시록』[23]은 종말이 3년 반 안에 있을 것이라고 단정하고 있다.[24] 『이사야 승천기』도 이와 아주 비슷한 계산을 하고 있다.

예수는 결코 이렇게 정확하게 말하지는 않았다. 사람들이 그가 오실 때를 물었을 때, 그는 언제나 대답하기를 거부했다. 어떤 때에는 이 큰 날의 날짜는 오직 아버지만 아시고, 아버지는 천사들에게도 아들에게도 알려 주지 않았다고 선언하기도 했다.[25] 그는 하나님의 나라를 불안한 호기심을 가지고 찾는 때야말로 바로 그 나라가 오지 않는 때라고 말하였다.[26] 그 나라는 노아와 롯의 때처럼 불의에 오리라는 것, 떠날 준비를 언제나 하고 정신을 차리고 있어야 한다는 것, 혼인집에 갔다가 갑자기 돌아오는 주인을 맞는 종처럼 각자 깨어 있고 등불을 켜놓고 있어야 한다는 것,[27] 사람의 아들은 마치 도적 같이 생각지도 않는 때에 오리라는 것,[28] 사람의 아들은 또한 번개가 하늘 아래 이편에서 번득여 하늘 아래 저편까지 비치듯이 나타나리라는 것을[29] 그는 줄곧 거듭 말하였다: 그러나 종말의 가까움에 대한 그의 선언에는 애매한 점이 조금도 없다.[30] 그는 말하였다: "이 세대가 지나기 전에 이 모든 일이 이루어지리라. 여기 서 있는 사람들 중에 죽기 전에 사람의 아들이 자기 나라에 왕으로 오는 것을 볼

---

23) 『계시록』 17장. 저자가 그 당시의 통치자로 거론하고 있는 것은 갈바이다. 장차 올 짐승은 네로인데, 그 이름은 숫자로 표시되어 있다(13:18).
24) 『계시록』 11:2;3;12:6;14.
25) 『마태』 24:36;『마가』 13:32.
26) 『누가』 17:20.
27) 『마태』 24:36 이하;『마가』 13:32 이하.
28) 『누가』 12:40;『베드로 후서』 3:10.
29) 『누가』 17:24.
30) 『마태』 10:23;24-25장 전부;특히 24:29;34;『마가』 13:30;『누가』 13:35;21:28 이하.

사람도 있다."³¹⁾ 그는 자기를 믿지 않는 사람들이 미래의 왕국의 여러 징조를 읽지 못함을 꾸짖었다. 그는 말했다: "너희는 저녁 때에는 '하늘이 붉은 것을 보니 날씨가 맑겠구나' 하고, 아침에는 '하늘이 붉고 흐린 것을 보니 오늘은 날씨가 궂겠구나' 한다. 이렇게 하늘을 보고 날씨는 분별할 줄 알면서 왜 시대의 징조는 분별하지 못하느냐?"³²⁾ 예수는 모든 위대한 개혁자에게 공통되는 환상 속에서, 목적이 실제보다 훨씬 가까이 있다고 상상하고 있었다. 그는 인류의 운동이 느리다는 것을 미처 생각하지 못했다. 그는 1,800년이 지나도 아직 성취되었을 리 없는 일이 하루에 실현되리라고 상상하고 있었다.

아주 당연한 이 선언들은 약 70년 동안 그리스도교도 가족의 마음을 사로잡고 있었다. 제자들 가운데 몇몇 사람이 죽기 전에 그리스도의 종국의 나타나심을 보리라는 것은 당연한 일로 여겨지고 있었다. 특히 요한이 이런 사람들 가운데 끼일 것이라고 생각되고 있었다.³³⁾ 요한이 결코 죽지 않으리라고 믿고 있던 사람도 많았다. 이것은 아마도 요한이 오래 살았기 때문에 1세기 말경에 생긴 나중의 견해였을 것이다. 그 때문에 사람들은 하나님이 예수의 말씀을 실현시키기 위하여 요한을 큰 날까지 무한정 살려 두시리라고 믿게 되었다. 그러나 마침내 요한이 죽자 많은 사람들의 믿음이 흔들렸고, 또 예수의 제자들은 예수의 설교에 좀 더 온건한 의미를 부여하게 되었다.³⁴⁾

예수는 유대의 외경(外經)에서 볼 수 있는 바와 같은 계시록적 신앙을 충분히 인정함과 동시에 또한 그 신앙을 보충하는, 좀 더 정확히 말하면, 그 신앙의 조건이 되는 교리, 즉 죽은 자의 부활을 인정

---

31) 『마태』 16:28;23:36;39;24:34;『마가』 8:39;『누가』 9:27;21:32.
32) 『마태』 16:2-4;『누가』 12:54-56.
33) 『요한』 21:22-23.
34) 『요한』 위와 같은 곳. 『요한』 21장은 추가된 것이다.

했다. 이미 말한 바와 같이, 이 교리는 이스라엘에서는 매우 새로운 것이어서 이 교리를 알지 못하거나 믿지 않는 사람이 많았다.[35] 이 교리는 바리새인들과 메시아 신앙을 열렬히 받드는 자들이 믿는 바였다.[36] 예수는 이 교리를 전적으로 받아들였으나, 언제나 가장 이상주의적인 의미에서 받아들였다. 부활한 자들의 세계에서도 먹고 마시고 결혼한다고 상상하는 사람들이 많았다. 예수도 그의 나라에 하나의 새로운 유월절, 새로운 포도주를 곁들인 식탁을 허용한다.[37] 그러나 결혼은 단연코 배제하고 있다. 사두개인들은 이 문제에 대해서 겉보기에는 엉성하나 근저에서는 낡은 신학과 무척 일치하는 이론을 가지고 있었다. 옛 현인들에 의하면, 사람은 오직 그 자녀를 통해서만 삶을 이어가는 것이었음을 우리는 상기해야 한다. 모세의 법전은 이 족장 시대적 이론을 수혼제(嫂婚制)[38]라는 기묘한 제도로 신성시하고 있었다. 사두개인들은 이 이론으로부터 부활을 부인하는 미묘한 결론을 끌어내고 있었다. 예수는 영생에서는 성의 차별이 없고, 사람은 천사들과 같게 되리라는 것을 단호히 선언함으로써 이 결론을 피하였다.[39] 때때로 그는 악인들은 아주 죽어 없어지고 영영 허무 속에서 머무는 징벌을 받는다고 보고, 의인들에게만 부활을 약속하고 있는 듯이 보인다.[40] 하지만 이보다 더 자주 예수는 부활을 악인들에게도 적용하여 이들을 영원히 낭패케 하려 하고 있다.[41]

---

35) 『마가』 9:9;『누가』 20:27 이하.
36) 『다니엘』 12:2 이하;『마카바이 하』 7장 전부;12:45-46;14:46;『사도행전』 23:6;8.
37) 『마태』 26:29;『누가』 22:30.
38) 수혼제(嫂婚制):사망한 형제의 아내를 형이나 동생이 취하는 혼인 제도.
39) 『마태』 22:24 이하;『누가』 20:34-38.
40) 『누가』 14:14;20:35-36. 이것은 성 바울의 견해이기도 하다;『고린도 전서』 15:23 이하;『데살로니가 전서』 4:12 이하.
41) 『마태』 25:32 이하.

주지하는 바와 같이, 이 이론들에는 아주 새로운 것이란 하나도 없었다. 『복음서』들과 사도들의 저작은 계시록적 교설에 관해서는 본래 유대에서 나온 『다니엘 서』・『에녹 서』・『여예언자들의 신탁』・『모세 승천기』에 이미 있는 것 외에는 아무 것도 포함하고 있지 않다. 예수는 동시대인들 사이에 일반적으로 퍼져 있던 이 사상들을 받아들였다. 그는 이 사상들을 자신의 행동 거점으로 삼았다. 좀 더 정확하게 말한다면, 자신의 여러 거점 중 하나로 삼았다. 그는 자신의 진정한 사업에 대해 너무나 깊은 정감을 가지고 있었던 까닭에 이렇게 깨어지기 쉽고 이렇게 여러 가지 사실로부터 결정적 반증이 제시될 위험이 있는 원리 위에만 그 사업을 세울 수는 없었기 때문이다.

사실, 이러한 교설이 문자 그대로 받아들여져서는 아무런 장래도 없다는 것은 명백한 일이다. 세계는 끈기 있게 존속해 갔고, 이 교설이 잘못된 것임을 보여 주었다. 그것은 기껏해야 한 세대 정도의 수명밖에 가지지 못했다. 그리스도교의 첫 세대의 신앙은 이해할 수 있다. 그러나 둘째 세대의 신앙은 도저히 이해할 수가 없다. 요한이든 누구든 주님을 본 사람들 가운데 맨 마지막 생존자가 죽은 후 주님의 말씀은 맞지 않았다고 생각되었다. 만일 예수의 교설이 세계의 종말이 가까움을 믿는 것에 지나지 않았다면, 그것은 오늘날 확실히 망각 속에 잠들고 있었을 것이다. 그러면 그것을 살려준 것은 무엇인가? 복음의 여러 가지 사상이 아주 광대했기 때문에 동일한 상징을 가지고도 아주 다양한 여러 층의 지적 상태에 적합한 사상들을 찾을 수 있었다. 세계는 예수가 예고한 것처럼, 제자들이 믿은 것처럼 끝나지는 않았다. 그러나 세계는 새로워졌다. 그리고 어떤 의미에서는 예수가 바란 대로 새로워졌다. 그의 사상이 열매를 맺은 것은 그것이 이중적인 면을 가지고 있었기 때문이다. 그의 환상은 인간의

제17장 하나님의 나라에 관한 예수의 사상의 결정적 형식

머리에 떠올랐던 다른 많은 환상과 같은 운명을 가지지는 않았다. 왜냐하면 그의 환상은 하나의 생명의 씨앗을 간직하고 있었고, 이 씨앗은 우화와 같은 것에 감싸여 인간의 마음속 깊이 들어가 거기서 영원한 열매를 맺었기 때문이다.

이것은 그의 꿈이 현실에 의하여 처참하게 무너진 데서 우리의 위대한 스승의 명예를 구출하기 위해서 상상해낸 호의적인 해석이라고 말해서는 안 된다. 결코 그렇지 않다. 하나님의 참된 나라, 각자가 왕이 되고 사제가 되는 이 정신의 나라, 겨자씨처럼 세계를 뒤덮고 그 가지에 새들이 와서 깃들이는 나무가 되는 나라, 예수가 이해하고 바라고 세운 것은 바로 이런 나라였다. 그는 화려하게 군림하리라는 그릇되고 냉정하고 불가능한 관념을 가지고 있기는 했지만, 또한 현실적인 하나님의 도움, 진정한 〈신생〉, 산상의 설교, 약자에 대한 예찬, 민중에 대한 사랑, 가난한 사람에 대한 애호, 모든 참되고 순박한 것의 명예 회복이라는 생각을 품고 있었다. 이 명예 회복을 그는 비할 데 없는 예술가로서 불멸의 솜씨로 표현했다. 우리들 각자는 그의 덕택에 그의 속에 있는 최선의 것을 가지고 있다. 그가 헛된 계시록적 희망, 큰 승리 속에 구름을 타고 하늘로부터 오리라는 희망을 품었던 것을 용서하자. 아마도 이것은 그 자신의 과오라기보다는 오히려 다른 사람들의 과오일지도 모른다. 그러나 만인이 품고 있던 이 환상을 그도 품은 것이 사실이라 해도 무슨 문제가 되겠는가? 그의 꿈은 죽음에 대해서 그를 강하게 했고, 아마도 그가 잘 감당하지 못했을지도 모를 싸움에서 이겨 나가게 했으니 말이다.

그러므로 예수가 생각한 하나님의 나라에는 여러 가지 의미가 있다고 보아야 한다. 만일 그의 독특한 사상이, 세상이 마지막에 가까웠고, 여기에 대해서 준비해야 한다는 데 그치는 것이었다면, 그는 침례자 요한보다 나은 데가 없었을 것이다. 바야흐로 무너지려는 세상을 버리는 것, 조금씩 현재의 생활에서 벗어나는 것, 쉬 오게 될 나라를 바라는 것, 이런 것이 그가 설교하는 궁극적인 것이었다. 예수의 교훈은 언제나 보다 더 넓은 의미를 지니고 있었다. 예수는 인류의 새로운 상태를 창조하려 했으며, 그저 현재 있는 상태의 종말을 준비하려고만 하지는 않았다. 엘리야나 예레미야가 사람들로 하여금 최대의 위기에 준비케 하기 위해서 왔다고 해도, 결코 예수처럼 설교하지는 않았을 것이다. 정녕, 예수가 최후의 시기에 제창한 것으로 되어 있는 도덕은 영원한 도덕이요, 인류를 구원하는 도덕이다. 예수 자신은, 많은 경우, 계시록적 이론에서는 전혀 찾아볼 수 없는 말투를 쓰고 있다. 가끔 그는 하나님의 나라는 이미 시작됐고, 모든 사람은 자기 마음속에 이 나라를 가지고 있고, 또 자격이 있으면 이 나라를 차지할 수 있으며, 누구나 참된 회심에 의하여 조용히 이 나라를 창조할 수 있다고 선언하고 있다.[42] 그렇다면 하나님의 나라는 선이요,[43] 현재보다 나은 사물의 질서일 따름이며, 신자가 자신의 분수를 따라 그 건설을 도와야 할 정의의 세상일 따름이다. 또 혹은 해탈에서 생기는 불교적 〈해방〉과 닮은 데가 있는 심령의 자유이다. 이러한 진리는 우리에게는 순전히 추상적인 것이지만, 예수에게는 생생한 현실이었다. 모든 것이 그의 사상에서는 구체적이고 알맹이가 있는 것이다. 예수는 이상의 현실성을 누구보다도 힘차게 믿은 사람이다.

　이리하여 예수는 그의 시대와 그의 민족의 여러 가지 유토피아를 받아들이면서도, 많은 열매를 맺은 몇 가지 오해 덕택에 이 유토피아들을 높은 진리가 되게 할 수 있었다. 그의 하나님의 나라는, 틀림없이, 이윽고 하늘에 전개될 계시록적인 것이었다. 그러나 그것은 또

---

42) 『마태』 6:10, 33 ; 『마가』 12:34 ; 『누가』 11:2 ; 12:31 ; 17:20, 21 이하.
43) 특히 『마가』 12:34 참조.

한 다른 무엇보다도 덕 있는 사람이 아버지의 품안에서 느끼는 자유와 자녀로서의 정감에 의하여 창조되는 심령의 나라였다. 그것은 제사도 없고 신전도 없고 사제도 없는 순수한 종교였다. 그것은 의인의 양심과 민중의 팔에 맡겨진 세계의 도덕적 심판이었다. 이것이야말로 살아있어야만 했던 것이요, 이것이야말로 살아있어 온 것이다. 한 세기 동안 헛되이 기다린 끝에 세계의 종말이 금방 오리라던 물질주의적 희망이 사라졌을 때 참된 하나님의 나라는 그 모습을 드러낸다. 그럴 듯한 여러 가지 설명이 좀처럼 오지 않는 이상의 세계에 휘장을 친다. 파피아스처럼 예수의 말씀을 문자 그대로 믿는 완고한 사람들은 편협하고 뒤떨어진 사람으로 취급된다. 『신약성서』의 소위 첫째가는 책인 요한의 『계시록』은 임박한 종말 사상에 너무나 명백하게 물들어 있어서, 이해하기 힘든 것으로 생각되고, 여러 가지로 왜곡되고 또 거의 배척되어 제2급 저작으로 떨어지고 있다. 적어도 그 성취는 언제 있을지 모를 미래의 일로 미루어지고 있다. 세상이 온통 반성적이 된 시기에 여전히 초대 제자들의 희망을 그대로 간직하고 있던, 시대에 뒤떨어진 몇몇 사람들은 그리스도교의 웅덩이에 빠져 이단자(에비온파, 지복천년론자들)가 되고 만다. 인류는 또다른 하나님의 나라로 옮아갔다. 예수의 사상에 깃들어 있는 진리의 측면이 이 사상을 흐리게 하고 있던 환상을 압도하고 만 것이다.

  하지만, 우리의 생명의 양식인 성스러운 구근(球根)의 엉성한 껍질이었던 이 환상을 경멸하지는 말자. 그리스도교가 그 오랜 역사를 통해서 줄곧 골몰했던 이 공상적인 하늘나라, 하나님의 나라에 대한 이 끝없는 추구는 조아생 드 피오르[44]로부터 오늘날의 프로테스탄트 교파에 이르는 모든 개혁자들, 즉 『계시록』의 집요한 제자들에게 활

---

44) 조아생 드 피오르(Joachim de Fiore 혹은 de Flore, 1130년-1202년): 피오르(Fiore) 수도회의 창설자. 성지로 여행하여 시또오(Citeaux) 수도회단에 가입하고 피오르(Fiore)의 첫 수도원장이 되었다.

기를 넣어 준, 미래에 대한 큰 의욕의 원동력이었다. 완전한 사회를 건설하려는 이 노력은 소기의 목적을 달성하지는 못했으나, 참된 그리스도교로 하여금 항상 현재와의 싸움에서 굳센 투사가 되게 한 비상한 긴장의 원천이었다. 그리하여 〈하나님의 나라〉의 관념과 이 관념의 완결된 표상인 『계시록』은 어떤 의미에서는 인류 진보의 가장 높고 가장 시적인 표현이다. 물론 이 관념으로부터는 여러 가지 큰 착란도 나오게 마련이었다. 세계의 종말은 영구한 위협인 양 인류 위에 부유하면서 여러 세기 동안 주기적으로 공포심을 자아냄으로써 속계의 모든 발전에 많은 해를 끼쳤다. 사회는 그 존속에 대해서 더 이상 자신을 가질 수 없게 되고, 이로 인하여 일종의 전율을 일으키기도 하고, 또 중세를 고대나 근대보다 아주 열등한 것이 되게 하는 비굴한 겸양의 습관에 빠지게도 했다. 뿐만 아니라, 그리스도의 도래를 대하는 태도에도 깊은 변화가 일어났다. 처음으로 인류가 지구의 종말이 가깝다는 말을 들었을 때, 인류는 마치 미소 지으면서 죽음을 맞는 아이처럼 맛본 적이 없는 강렬한 기쁨이 용솟음치는 것을 느꼈다. 그러나 세월이 흐름에 따라 세계는 생에 집착하기 시작했다. 갈릴리의 순진한 사람들이 그렇게도 오랫동안 고대한 은혜의 날은 이 암흑의 여러 세기에게는 진노의 날이 되었다. 즉, *디에스 이라이, 디에스 일라!*(*Dies irae, dies illa!* 이 날이야말로 진노의 날이라!)라고 하게 되었던 것이다. 그러나 몽매의 한복판에서도 하나님의 나라의 관념은 여전히 열매를 맺었다. 중세 전반의 증서들 가운데는 〈세상의 저녁이 가까이 이르러〉라는 서식으로 시작하고 있는 것들이 있는데, 이것들은 해방증서이다. 교회가 봉건적이었음에도 불구하고 여러 종파, 여러 수도회, 여러 성자들은 복음의 이름으로 세상의 불의에 대항하기를 계속했다. 오늘날 예수의 진정한 후계자라고는 그를 거부하는 듯이 보이는 사람들밖에 없는 이 혼탁한 시대에

제17장 하나님의 나라에 관한 예수의 사상의 결정적 형식 **289**

서도 사회를 이상적으로 조직하려는 꿈은 초기 그리스도교의 여러 종파의 갈망과 무척 흡사하여, 어떤 의미에서는 동일한 사상의 개화일 따름이다. 즉, 〈하나님의 나라〉를 영구히 근간으로 삼고 미래에 대한 모든 사상을 싹트게 하는 거대한 나무의 한 가지일 따름이다. 인류의 모든 사회 혁명은 〈하나님의 나라〉라는 이 말 위에 접목될 것이다. 그러나 엉성한 유물론에 물들어 불가능한 것을 갈망하는, 즉 만인의 지상(至上)의 행복을 정치적 및 경제적 시책에 의하여 세우고자 갈망하는 현대의 〈사회주의적〉 시도들은 예수의 진정한 정신, 즉 절대적 이상주의, 다시 말하면 땅을 차지하려면 땅을 버려야 한다는 교훈을 준칙으로 삼기 전에는 언제까지나 열매를 맺지 못할 것이다.

한편, '하나님의 나라'라는 말은 운명에 대한 보충이라든가 현실의 생활에 대한 보상이라든가에 대해서 심령이 느끼는 요구를 보기 드물게 아주 잘 표현하고 있다. 인간이 두 실체로 되어 있다는 것을 인정하지 않고 영혼 불멸에 대한 이신론적(理神論的) 교리가 생리학과 모순된다고 생각하는 사람들은 지금은 알 수 없는 형식 아래 인간의 마음의 요구를 채워주게 될 종말의 보상에 대한 희망 속에서 안식을 얻기를 좋아한다. 수백만 세기가 지나는 동안에는 진보의 마지막 단계가 우주의 절대적 의식을 가져오고, 또 이러한 의식 속에서 지난날 살았던 모든 것이 깨어나지 않을지 누가 알겠는가? 백만 년의 잠은 한 시간의 잠보다 더 길지 않다. 이런 가정에서 성 바울이 인 익투 오쿨리(*In ictu oculi*, 눈 깜짝할 사이에)[45]라고 한 것은 아직도 정당하다. 정신적이고 유덕한 사람이 복수를 하게 되리라는 것, 언젠가는 정직하고 불쌍한 사람이 세계를 심판하리라는 것, 그리고 그 날에는 예수의 이상적인 모습이 덕을 믿지 않았던 경박한 사람과

---

45) 『고린도 전서』 15:52.

덕을 가지게 되지 못했던 이기적인 사람을 당황케 하리라는 것은 확실하다. 그러므로 예수가 즐겨 쓴 이 말은 언제까지나 영원한 아름다움으로 충만해 있다. 일종의 웅대한 예견이 이 말로써 비할 데 없는 우리 주님을 인도하고 또 갖가지 진리를 동시에 포용하면서 그를 막연한 숭고함 속에 붙들어 두었던 것 같다.

제18장 예수가 세운 것

　예수가 결코 계시록적 사상에 전적으로 몰두하고 있지 않았음을 잘 입증해 주는 것은 그가 이 사상에 가장 깊이 전념하고 있던 때에도 보기 드문 확실한 예견을 가지고 영속할 교회의 기초를 쌓고 있었다는 사실이다. 제자들 가운데서 특별히 〈사도들〉 혹은 〈열두 사람〉이라 불린 사람들을 택한 것은 조금도 의심할 수 없는 일이다. 그가 죽은 후 그들은 곧 하나의 단체를 만들고, 그들 가운데서 생긴 공석을 선거로 메우고 있으니 말이다.[1] 열두 제자는 요나의 두 아들, 세베대의 두 아들, 알패오의 아들인 야고보, 빌립, 나다나엘 바돌로매오, 도마, 마태, 열심 당원인 시몬, 다대오, 즉 레배오, 가롯 유다였다.[2] 이것이 이스라엘 열두 지파의 관념과 무관하지 않았다는 것은 있음 직한 일이다.[3] 하여간 이 〈열두 사람〉은 특권을 가진 제자 그룹을 형성했고, 베드로는 이 그룹의 맏형격을 차지했다.[4] 예수는 베드로에게 자기 사업을 전파하는 일을 맡겼다. 규모 있게 조직된 사제단 같은 냄새는 조금도 나지 않았다. 우리에게 전해진 〈열두 사람〉의 명단에

---

1) 『마태』 10:1 이하;『마가』 3:13 이하;『누가』 4:13;『요한』 6:70;8:18;15:16;『사도행전』 1:15 이하;『고린도 전서』 15:5;『갈라디아』 1:10;『묵시록』 21:12.
2) 『마태』 10:2 이하;『마가』 3:16 이하;『누가』 6:14 이하;『사도행전』 1:13.
3) 『마태』 19:28;『누가』 22:30.
4) 『사도행전』 1:15;2:14;5:2-3:29;8:19;15:7;『갈라디아』 1:18.

는 부정확한 점과 모순점이 많이 보인다. 그 중 두세 사람은 끝내 전혀 알려지지 않았다. 또 적어도 두 사람 베드로와 빌립은 결혼하여 아이들이 있었다.

예수는 분명히 여러 가지 비밀을 이 열두 사람에게만 말하고, 아무에게도 알리지 말라고 명했다.[5] 자신을 어떤 신비로 감싸고 이에 대한 큰 증거는 자신이 죽은 후에 내어놓게 하고, 제자들에게만 자신을 명백히 드러내고, 나중에 이것을 세상에 알리는 일은 제자들에게 맡기는 것이 그의 계획이었던 것 같다.[6] "내가 어두운 데서 말하는 것을 너희는 밝은 데서 말하고, 귀에 대고 속삭이는 말을 지붕 위에서 외쳐라." 그래서 그는 너무 명확하게 말하지 않아도 좋았고, 또 여론과 자기 사이에 일종의 매개물을 만들어 놓았다. 그가 사도들에게만 준 교훈이 있었는데, 그는 이것들을 많은 비유로 전개시켰고, 대중에게는 그 의미가 불명료한 채로 내버려두었던 것만은 확실하다.[7] 수수께끼 같은 표현과 관념 상호간의 좀 기묘한 연결법은 『피르케 아보트』의 문장에서 보는 바와 같이, 유대 학자들의 교훈에 유행하고 있었다. 예수는 친근한 제자들에게 자신의 잠언과 우화에 나오는 기이한 말들을 설명해 주었고, 또 가끔 자신의 교훈을 애매하게 하는 풍부한 비유로부터 교훈을 끄집어내 보여 주기도 했다.[8] 이런 설명 가운데 많은 것이 정성껏 보존되었던 것 같다.[9]

예수가 살아 있을 때부터 사도들은 복음을 전했으나,[10] 결코 그로부터 멀리 떠나는 일은 없었다. 뿐만 아니라, 그들의 설교는 하나님

---

5) 『마태』 16:20;17:9;『마가』 8:30;9:8.
6) 『마태』 10:26,27;11:20;『마가』 4:21 이하;8:30;『누가』 8:17;9:21;12:2 이하; 『요한』 14:22.
7) 『마태』 13:10 이하;34 이하;『마가』 4:10 이하;33 이하;『누가』 8:9 이하;12:41.
8) 『마태』 16:6 이하;『마가』 7:17-23.
9) 『마태』 13:18 이하;『마가』 7:18 이하.
10) 『누가』 9:6.

의 나라가 가까이 이르렀음을 예고하는 데 국한되어 있었다.[11] 그들은 환대를 받으면서, 좀더 적절하게 말하면 그들 스스로가 환대를 구하면서 마을에서 마을로 다녔다. 동방에서는 손님이 큰 권위를 가진다. 즉, 손님이 집주인보다 윗자리를 차지하고, 집주인은 손님을 최대한 신용한다. 이렇게 가정에서 설교하는 일은 새로운 교리 보급에 썩 좋은 일이다. 사람들이 알지 못하는 것을 전해 주고, 그럼으로써 자신이 받은 대접에 보답한다. 예절과 호의도 여기에 도움이 되어, 그 집안이 감동하고 회심한다. 동방의 이러한 손님 대접이 없었던들 그리스도교의 전파는 불가능했을 것이다. 예수는 오래된 좋은 습속을 매우 귀중하게 여겼던 터라, 여관들이 있는 큰 도시에서는 아마도 폐지되었을 이 옛 공법(公法)을 조금도 주저하지 않고 이용하도록 제자들에게 권했다. 그는 말했다. "일꾼이 품삯을 받는 것은 당연한 일이다." 일단 어떤 집에 들어가면 사명이 끝날 때까지 거기 머물며, 공궤(供饋)되는 것을 먹고 마셔야 했다.[12]

예수는 복음의 사자들이 자신을 본받아 친절하고 따뜻한 태도로 설교함으로써, 사람들의 마음을 흡족하게 해주기를 바랐다. 그는 제자들이 어떤 집에 들어갈 때에는 셀람(selâm), 즉 평안의 축원을 하게 했다. 몇몇 제자들은 주저했다. 셀람은 오늘날에도 그렇지만 그 당시에도 동방에서는 종교적 사귐을 나타내는 인사말이었고, 그 신앙이 어떤 것인지 확실치 않은 사람들에게는 함부로 하지 않는 것이었기 때문이다.[13] 예수는 말했다: "조금도 두려워하지 말라. 만일 그 집의 아무도 너희가 빈 평안에 합당하지 아니하면 평안이 너희에게 돌아오리라."[14] 실제로 가끔 하나님의 나라 사도들은 냉대를 받았고,

---

11) 『누가』 10:11.
12) 『마가』 6:10 이하.
13) 『요한Ⅱ서』 10-11.
14) 『마태』 10:11 이하; 『누가』 10:5 이하.

예수에게 와서 불평을 호소했다. 그럴 때면 예수는 그들을 달래는 것이 보통이었다. 그들 가운데에는 스승의 전능을 확신하여 이렇게 참는 것을 언짢아하는 자도 더러 있었다. 세베대의 아들들은 냉대한 마을에 예수가 하늘로부터 불을 내리기를 바랐다.[15] 예수는 이들의 분개를 교묘한 풍자로 다루고, 다음과 같은 말로 막았다: "내가 온 것은 사람들을 멸하려 함이 아니요, 도리어 구원하려 함이라."

그는 온갖 방법으로, 그의 사도들이 바로 그 자신이라는 것을 원칙으로 세우려고 했다.[16] 저들은 예수가 자신들에게 놀라운 힘을 주었다고 믿고 있었다. 저들은 악귀를 내쫓고, 예언하고, 또 유명한 귀신을 쫓는 자의 일파를 형성하고 있었다.[17] 하긴 그들의 힘으로 감동시킬 수 없는 경우도 있긴 했다.[18] 저들은 또한 병을 고치기도 했다. 그 방법은 동방 의술의 기본적 방법으로서, 곧 안수하거나 기름을 바르는 것이었다.[19] 끝으로 그들은 마치 뱀을 취급하는 사람들처럼 뱀을 조종할 줄도 알았고, 독약을 마시고도 아무 탈이 나지 않을 수도 있었다.[20] 예수에게서 멀어질수록 이 마법은 더욱 불쾌한 것이 되어 간다. 그러나 이 마법이 초대 교회에서 일반적으로 받아들여지고 있었고, 또 당시 사람들이 무엇보다도 주목하고 있었던 것은 의심의 여지가 없는 일이다.[21] 당연히 예기되는 일이지만, 사기꾼들이 잘 믿는 민중의 마음의 움직임을 이용했다. 예수의 생존시부터 많은 사람이 그의 제자도 아니면서 그의 이름으로 악귀를 내쫓았다. 진짜 제자들은 이것을 아주 못마땅하게 여겨 못하게 하려고 했다. 예수는

---

15) 『누가』 9:52 이하.
16) 『마태』 10:40-42;25:35 이하;『마가』 9:40;『누가』 10:16;『요한』 13:20.
17) 『마태』 7:22;10:1;『마가』 3:15;6:13;『누가』 10:17.
18) 『마태』 17:18-19.
19) 『마가』 6:13;16:18;『야고보』 5:14.
20) 『마가』 16:18;『누가』 10:19.
21) 『마가』 16:20.

이런 일이 자신의 명성에 경의를 표하는 것으로 보고, 이런 사람들에게 너무 엄하게 대하지는 않았다.[22] 뿐만 아니라, 이러한 여러 초자연적 능력이, 이를테면 직업화해 갔음을 주목하지 않으면 안 된다. 어떤 사람들은 엉뚱한 논리를 끝까지 밀고 나아가 악귀의 왕 바알세불[23]에 힘입어 악귀를 쫓아내고 있었다. 악귀들의 왕인 이 바알세불은 그 부하들에 대하여 모든 권위를 가지고 있을 것이요, 그에 힘입어 일하면 사람 속에 침입한 귀신을 영락없이 쫓아낼 수 있으리라 생각되었다.[24] 심지어 예수의 제자들에게 전수된, 기적을 행하는 능력의 비밀을 그들로부터 사려는 사람들도 있었다.[25]

교회의 발단은 이때부터 나타나기 시작했다. 합하여 하나가 된 사람들(ecclesia)의 힘에 대한 관념은 예수의 관념이었던 것 같다. 사랑으로 결합된 곳에 마음도 있다는 아주 이상주의적인 교리로 충만해 있던 그는 몇몇 사람이 자신의 이름으로 모일 때에는 언제나 자신이 그들 가운데 있으리라고 선언했다. 그는 매고 풀며(즉, 어떤 일을 혹은 합법적인 것이 되게 하고 혹은 불법적인 것이 되게 하며), 죄를 사하며, 징계하며, 권위를 가지고 권고하며, 반드시 이루어지는 기도를 드리는 권한을 교회에 맡긴다.[26] 후일 사람들이 예수의 권위에 대치시키려 한 집단적 권위에 근거를 주기 위해서, 이러한 말씀들이 대부분 주님께서 하신 것처럼 전해지게 되었다는 것은 있음직한 일이다. 어쨌든 여러 특수한 교회가 서게 된 것은 그가 죽은 후 비로소 이루어진 일이었다. 그리고 이 첫 구성도 전적으로 유대교 회당을 흉내낸 것이었다. 예수를 사랑하고 그에게 큰 희망을 걸었던

---

22) 『마가』 9:37-38; 『누가』 9:49-50.
23) 블레셋의 옛 신. 유대인들은 악귀로 본다.
24) 『마태』 12:24 이하.
25) 『사도행전』 8:18 이하.
26) 『마태』 18:17 이하; 『요한』 20:23.

많은 인물들, 가령 아리마대의 요셉·막달라의 마리아·니고데모 같은 사람들은 이 교회들에 들어가지 않았던 것 같고, 예수에 대해서 품었던 따뜻하고 존경에 넘치는 추억에만 잠길 따름이었다.

뿐만 아니라, 예수의 교훈 속에는 도덕이 무엇에 적용된 흔적도, 교회법 같은 것이 조금이라도 규정된 흔적도 전혀 없다. 오직 한 번 혼인에 관해서 그는 분명하게 소견을 말하고 이혼을 금하고 있다.[27] 또 아무런 신학도, 아무런 신조도 없다. 아버지·아들·성령에 관한 견해가 약간 엿보이고,[28] 여기서 사람들이 나중에 삼위일체설과 (그리스도의) 화신론(化身論)을 끌어내게 되지만, 이 견해들도 아직은 불확정한 상상의 상태에 머물러 있었다. 유대교 경전의 마지막 몇 권의 책에는 이미 '성령'이라는 말이 보이는데, 이것은 일종의 신적 실재로서 가끔 '지혜' 혹은 '말씀'과 동일시되고 있다.[29] 예수는 이 성령에 관해 역설하고,[30] 요한의 침례보다 훨씬 나은, 불과 성령에 의한 침례를 제자들에게 주고자 했다.[31] 예수에게는 이 성령이 아버지이신 하나님께로부터 끊임없이 흘러나오는 영시(靈示)와 다른 것이 아니었다.[32] 그 후 사람들이 여기에 대해 세밀한 생각을 첨가하게 된 것이다. 그리하여 예수가 사후 자신을 대신할 성령을 보낼 것을 제자들에게 약속했고, 이 성령은 그들에게 모든 것을 가르칠 것이요, 또 예수 자신이 전파한 모든 진리에 대해서 증거를 내어놓게 되리라고 생각했다.[33] 어느 날 사도들은 큰 바람과 불의 혀 같은 것으로 이 성령의 세례를 받았다고 믿었다.[34] 이 성령을 가리키기 위하여 *페라*

---

27) 『마태』 19:3 이하.
28) 『마태』 28:19.
29) 『지혜서』 1:7;7:7;7:9;9:17;12:1;『집회서』 1:9;15:5;24:27;39:8;『요한』 16:17.
30) 『마태』 10:20;『누가』 12:12;24:49;『요한』 14:26;15:26.
31) 『마태』 3:11;『마가』 1:8;『누가』 3:16;『요한』 1:26;3:5;『사도행전』 1:5;8;10:47.
32) 『마태』 10:20;『마가』 13:11;『누가』 12:12;21:15.
33) 『요한』 15:26;16:13;16.

클리트(*Peraclit*)라는 말을 쓰기도 했는데, 이 말은 시리아·갈대아어가 그리스어에서 얻어온 것이요, 또 이 경우 〈변호자·협조자〉,[35] 혹은 〈하늘의 진리의 통역자〉,[36] 또 혹은 '아직 감춰진 신비들을 사람들에게 드러내어 주는 임무를 맡은 학자'[37] 같은 뉘앙스를 가지고 있었던 것 같다. 예수가 이 말을 쓰고 있었다는 것은 매우 의심스럽다. 이 말에는 유대교 신학과 그리스도교 신학이 여러 세기 동안 따르게 될, 그리고 메타트로노스(*métatrône*)·쉬나델포스(*synadelphos*) 혹은 산달폰(*sandalphon*) 같은 일련의 배석 천사들 전부 및 유대인들의 신비적인 성서 해석에서 인격화된 모든 것을 만들어내게 될 하나의 방법이 적용되었다. 다만 유대교에서는 이렇게 만들어진 것들이 사적이고 자유로운 사색에 머무는 것이었으나, 그리스도교에서는 4세기 이래 정통파 및 보편적 교리의 본질이 되기에 이르렀다.

법전과 신앙 조항을 포함하는 하나의 종교적 경전을 만들려는 생각이 예수의 사상에서 얼마나 먼가 하는 것은 새삼스레 주의할 필요조차 없다. 그는 책을 쓰지 않았을 뿐더러, 또한 성전(聖典)을 지으려는 초기의 자신의 교파의 정신에도 반대하는 태도를 취했다. 사람들은 당장 내일이라도 세상의 종말의 큰 이변이 있으리라 믿고 있었다. 메시아는 율법과 예언자들의 완성을 위해서 왔으며, 새로운 경전을 반포하러 오지는 않았다. 그러므로 어떤 의미에서 초대 그리스도교의 유일한 계시서인 『계시록』을 제외하고는 사도 시대의 저작들은 그때 그때 형편에 따라 지은 글들이요, 완전한 교리 전체를 제공하려는 의향은 조금도 가지고 있지 않았다. 『복음서』들은 처음에는 전

---

34) 『사도행전』 2:1-4 ; 11:15 ; 19:6.
35) 페라클리트(peraklit)에 반대되는 말로는 카티고르(katigor, [κατήγορος]) 즉 '고발자' 내지 '비난자'가 쓰였다.
36) 『요한』 14:16 ; 『요한Ⅰ서』 2:1.
37) 『요한』 14:26 ; 15:26 ; 16:7 이하.

적으로 사적인 성격의 것이었고 전승보다 훨씬 작은 권위를 지니고 있었다.

하지만 이 교파가 어떤 성례, 어떤 의식, 가맹(加盟)의 어떤 표시 같은 것을 가지고 있지는 않았는가? 한 가지 가지고 있었다. 그리고 모든 전승은 이것이 예수로부터 나온 것이라고 말하고 있다. 주님이 좋아한 사상의 하나는 자신이 새로운 빵, 즉 만나보다도 더 좋고 인류가 그것으로 살아가게 될 빵이라는 것이었다. 성찬의 발단인 이 사상은 가끔 예수의 입에서 유달리 구체적인 형식을 취하였다. 특히 한번은 가버나움의 회당에서 대담하게 마음이 움직이는 대로 설교하여 많은 제자를 잃었다. "정말 잘 들어 두어라. 하늘에서 빵을 내려다가 너희를 먹인 사람은 모세가 아니다. 하늘에서 너희에게 진정한 빵을 내려 주시는 분은 내 아버지이시다.".[38] 그는 이어 이렇게 말하였다: "내가 바로 생명의 빵이다. 나에게 오는 사람은 결코 배고프지 않고 나를 믿는 사람은 결코 목마르지 않을 것이다.".[39] 이 말씀은 시끄러운 말썽을 일으켰다. 사람들은 말하였다: "아니, 저 사람은 요셉의 아들 예수가 아닌가? 그의 부모를 우리가 다 알고 있는 터인데 하늘에서 내려왔다니 말이 되는가?" 예수는 더욱 힘주어 말하였다: "나는 생명의 빵이다. 너희의 조상들은 광야에서 만나를 먹고도 다 죽었지만 하늘에서 내려온 이 빵을 먹는 사람은 죽지 않는다. 나는 하늘에서 내려온 살아 있는 빵이다. 이 빵을 먹는 사람은 영원히 살 것이다. 내가 줄 빵은 곧 나의 살이다. 세상은 그것으로 생명을 얻게 될 것이다."[40] 격분은 절정에 다다랐다. "이 사람이 어떻게 자기 살을 우리에게 먹으라고 내어 줄 수 있단 말인가?" 예수는 다시 더 힘을

---

38) 『요한』 6:32 이하.
39) 『요한』 4:10 이하에 이 비슷한 말이 있다.
40) 이 말씀들은 『넷째 복음서』의 말투를 강하게 나타내고 있다. 이 『복음서』 6장의 일화에는 역사적 진실이 없지 않다고 하겠다.

주어 말하였다: "정말 잘 들어 두어라. 만일 너희가 사람의 아들의 살과 피를 먹고 마시지 않으면 너희 안에 생명을 간직하지 못할 것이다. 그러나 내 살을 먹고 내 피를 마시는 사람은 영원한 생명을 누릴 것이며, 내가 마지막 날 그를 살릴 것이다. 내 살은 참된 양식이며 내 피는 참된 음료이기 때문이다. 내 살을 먹고 내 피를 마시는 사람은 내 안에서 살고, 나도 그 안에서 산다. 살아 계신 아버지께서 나를 보내셨고, 내가 아버지의 힘으로 사는 것과 같이 나를 먹는 사람도 나의 힘으로 살 것이다." 이러한 역설의 고집은 많은 제자들에게 반감을 일으켰고, 이들로 하여금 그를 찾아오지 않게 만들었다. 예수는 자신의 말을 취소하지 않았다. 다만 다음과 같은 말을 보탤 뿐이었다. "육적인 것은 아무 쓸모가 없지만 영적인 것은 생명을 준다. 내가 너희에게 한 말은 영적인 것이며 생명이다." 이 기이한 설교에도 불구하고 열두 제자는 끝내 충실했다. 이 때 특히 게바는 절대적 헌신을 보여주고, 다시 한 번 "선생님은 살아 계신 하나님의 아들 그리스도이십니다."라고 분명히 말했다.

  이때부터 이 교파의 회식에서 가버나움 사람들이 아주 언짢게 여긴 설교에 관련된 어떤 습관이 생긴 것은 있을 법한 일이다. 그러나 이 점에 관한 사도들의 여러 전승은 서로 아주 다르고, 또 아마도 일부러 불완전하게 되어 있었던 것 같다. 『공관 복음서』에 있는 이야기는 성 바울에 의하여 시인되고 있는데, 이 『공관 복음서』에서는 오직 한번 성례적 행사가 있었고, 그것이 신비적 의식의 기초가 되었으며, 또 그 행사는 최후의 만찬 때 있었던 것으로 되어 있다.[41] 바로 가버나움의 회당에서 있었던 일을 우리에게 전해 주고 있는 『넷째 복음서』는 최후의 만찬에 관해서는 길게 이야기하고 있으면서도, 이러한

---

41) 『마태』 26:26 이하;『마가』 14:22 이하;『누가』 22:14 이하;『고린도 전서』 11:23 이하.

행사에 대해서는 아무 말도 하지 않고 있다. 다른 곳에서는, 예수가 빵을 떼자 곧 예수인 것이 알려지고 있어서,[42] 마치 빵 떼는 몸짓이 그를 따르던 사람들에게는 예수라는 인물의 가장 특색 있는 점인 양 되어 있다. 그가 죽은 후 제자들의 경건한 추억에 나타난 그의 모습은 신비스런 잔치 웃머리에 앉아 빵을 들고 그것을 축복하면서 떼어 자리에 있는 사람들에게 나누어주는 모습이었다.[43] 이와 같이 하는 것은 그의 습관의 하나요, 이렇게 할 때 그는 특별히 친절하고 인자했던 것으로 보인다. 식탁에 생선이 있었다는 것은 그 의식이 디베리아 호숫가에서 있었음을 증명하는 뚜렷한 증거인데, 이러한 물질적 사정은 그 자체가 거의 성례적인 것이었고, 또 사람들의 마음속에 그려진 성찬 광경의 필수적인 일부가 되었다.[44]

식사는 초대된 교도들에게 가장 흐뭇한 순간의 하나였다. 이때 사람들은 서로 만났다. 주님은 한 사람 한 사람에게 말을 건네고 아주 유쾌하고 매력 있는 담소를 나누었다. 예수는 이 순간을 좋아했고, 또 자신의 정신적인 가족이 이렇게 주위에 모인 것을 보고 기뻐하였다.[45] 유대 관례는 식사를 시작할 때 집주인이 빵을 들고 기도로 축복하고 그리고는 뜯어 회식하는 사람들 한 사람 한 사람에게 나누어주는 것이었다. 포도주도 이와 비슷하게 축사하는 것이었다.[46] 엣세네파와 테라페우트파에서 성만찬은 나중에 그리스도교의 성찬식이 가지게 될 의식적 중요성과 발전을 이미 가지고 있었다. 같은 빵을 나누는 것은 일종의 사귐, 상호 연계로 여겨지고 있었다.[47] 예수는

---

42) 『누가』 24:30;35.
43) 『누가』 같은 곳;『요한』 21:13.
44) 『요한』 21:13;『누가』 24:42-43.
45) 『누가』 22:15.
46) 『마태』 14:19;『누가』 24:30;『사도행전』 27:35.
47) 『사도행전』 2:46;20:7:11;『고린도 전서』 10:16-18.

이 점에 관해서 극히 힘찬 용어를 사용했는데, 이 용어는 나중에 멋대로 문자 그대로 해석되었다. 예수는 사상에 있어서는 아주 이상주의적이면서, 동시에 표현에 있어서는 아주 물질주의적이다. 신자는 그로 말미암아 살며, 그의 전체, 즉 예수의 전체(살과 피와 혼)가 참된 신자의 생명이라는 사상을 표현하기 위해 제자들에게 "나는 너희 양식이다."라고 말했다. 이 말이 비유적 형식을 취하여 "내 살은 너희 빵이요, 내 피는 너희 음료다."가 되었다. 이렇게 되고 나자 언제나 아주 구체적인 예수의 언어 습관은 그로 하여금 더욱 앞으로 나아가게 했다. 식탁에서 음식물을 가리키면서 그는 "여기 내가 있다."고 말했다. 빵을 들고는 "이것이 내 살이다."라고 했고, 포도주를 들고는 "이것이 내 피다."라고 했다. 이 모든 표현은 결국 "나는 너희 양식이다"라는 말과 같은 것이었다.

　이 신비스러운 의식은 예수 생존시부터 큰 중요성을 띠고 있었다. 그것은 아마도 예루살렘으로의 마지막 여행보다 훨씬 앞서 생겼고, 또 어떤 일정한 행사의 결과라기보다는 오히려 일반적 교리의 결과였을 것이다. 예수가 죽은 후, 그것은 그리스도교의 교제의 큰 상징이 되었고,[48] 사람들은 그것이 구세주의 생애 중 가장 숭고한 순간에 설정된 것이라고 말하게 되었다. 사람들은 빵과 포도주를 가지고 축사하는 일을 예수가 세상을 떠나면서 제자들에게 남긴 작별의 기념으로 보고 싶어 했다.[49] 사람들은 이 성찬식에서 예수 자신을 다시 보았다.[50] 마음이 한자리에 모인다는 아주 정신적인 사상 — 이 사상은 주님이 늘 품고 있던 사상들 가운데 하나요, 그로 하여금 가령 제자들이 "그의 이름으로 모이면 그 자신도 친히 그 가운데 있으리라."[51]고 말하게 한 것인데 — 은 이것을 쉽사리 받아들일 수 있게

---

48) 『사도행전』 2:42;46.
49) 『누가』 22:19;『고린도 전서』 11:20 이하.
50) 『고린도 전서』 10:16.

했다. 앞서 말한 바와 같이 예수는 개성을 이루는 것에 대한 아주 일정한 관념을 가진 적은 한번도 없었다. 그가 도달한 단계의 마음의 고양(高揚)에서는 사상이 다른 모든 것을 압도하고 있었고, 육체는 아무 것도 아니었다. 서로 사랑하면, 서로 의지하면서 살면, 우리는 하나다. 어떻게 그와 제자들이 하나가 아닐 수 있겠는가?[52] 그의 제자들도 똑같은 말을 썼다.[53] 여러 해 동안 그와 더불어 생활한 사람들은 그가 늘 빵을 들고 다음에는 〈그 거룩하시고 귀하신 손에〉[54] 잔을 들고, 자기 자신을 저희들에게 주시는 것을 눈에 선하게 보았다. 사람들은 바로 그를 먹고 그를 마셨다. 그는 참된 유월절의 어린 양이 되었다. 옛날 유월절은 그의 피로 폐지되었으니 말이다. 비유, 혹은 좀 더 적절히 말하여, 관념에 충분한 실제성을 부여하는 것을 본질적 특색으로 삼는 어법(語法)의 습관을, 고유한 의미와 비유가 언제나 엄밀하게 구별되어야 한다는 아주 명확한 규정을 가진 우리의 관용어로 번역한다는 것은 불가능한 일이다.

---

51) 『마태』 18:20.
52) 『요한』 12장 전부.
53) 『에베소』 3:17.
54) 그리스와 라틴 미사의 주요한 기도와 의식에서 쓰인 (아주 오래된) 말이다.

제19장 차츰 더해 가는 열정과 흥분

　오로지 하나님의 나라를 기다린다는 생각 위에 세워진 이러한 종교 사회가 그 자체로는 매우 불완전한 것일 수밖에 없다는 것은 명백한 일이다. 그리스도교의 첫 세대는 전적으로 기다림과 꿈에 의하여 살았다. 내일이라도 세계의 종말을 보게 될 것이므로, 오직 세계를 존속시키는 데만 이바지하는 모든 것이 쓸데없는 것으로 여겨지고 있었다. 재물을 좋아하는 것은 온전하지 못한 일로 여겨졌다.[1] 사람을 땅에 붙들어 매는 모든 것, 하늘로 가는 길에서 벗어나게 하는 모든 것을 피해야만 했다. 많은 제자들이 결혼하고 있기는 했으나, 이 종파에 들어간 후로는 혼인을 하지 않았던 것 같다.[2] 독신은 공공연히 권장되었다. 이것은 바울의 한결같은 교설이다.[3] 어떤 때 주님은 하나님의 나라를 바라고 자기 수족을 절단하는 사람들을 옳게 보고 있는 것 같다.[4] 이것은 다음과 같은 그의 원칙과 일치하는 것이었다. "손이나 발이 죄를 짓게 하거든 그것을 찍어 던져 버려라. 두 손과 두 발을 가지고 영원한 불 속에 던져지는 것보다는 차라리 불구의 몸이 되더라도 영원한 생명에 들어가는 편이 낫다. 또 눈이

---

1) 『마태』 19:21 ; 『누가』 14:33 ; 『사도행전』 4:32 이하 ; 5:1-11.
2) 『마태』 19:10 이하 ; 『누가』 18:29 이하.
3) 『계시록』 14:4와 비교해 볼 것.
4) 『마태』 19:12.

죄를 짓게 하거든 그것을 빼어 던져 버려라. 두 눈을 가지고 불타는 지옥에 던져지는 것보다는 한 눈을 잃더라도 영원한 생명에 들어가는 편이 더 낫다."[5] 생식(生殖)을 단절하는 것이 가끔 하나님의 나라의 표적이요 조건으로 생각되었다.[6]

 예수의 교훈 속에 여러 가지 씨가 아주 많이 들어 있지 않았더라면, 이 초대 교회는 결코 영속적인 사회를 이루지 못했을 것이다. 진정한 그리스도 교회, 즉 세계를 회심시킨 그리스도 교회가 이 〈마지막 날의 성도들〉의 작은 종파를 탈피하여 전 인류 사회에 적용될 수 있는 기본 체제가 되려면 아직도 한 세기 이상이 걸릴 것이다. 아닌 게 아니라 이와 같은 일은 불교에서도 있었다. 불교도 처음에는 수도승들만을 위해서 세워졌다. 이와 같은 일은 또한 성 프란체스코 교단이 그들의 주장대로 전 인류 사회의 규칙과 표준이 되는 데 성공했더라면 이 교단에서도 생겼을 것이다. 여기에서 말한 대건설들은 유토피아의 상태로 탄생하여, 또한 저들의 과장에 의하여 성공하긴 했지만, 이것들이 세계를 뒤덮은 것은 스스로를 깊이 수정하고 지나친 점을 제거한 다음에 비로소 이루어진 일이었다. 예수는 불가능한 일을 거리낌 없이 시도할 수 있다고 믿는, 아주 수도자적인 이 초기 시대를 넘어서지 못했다. 그는 불가피한 일에 대해서 아무런 양보도 하지 않았다. 그는 자연에 대한 싸움과 혈연과의 완전한 절교를 대담하게 가르쳤다. "나는 분명히 말한다. 하나님 나라를 위하여 집이나 아내나 형제나 부모나 자녀를 버린 사람은 누구나 이 세상에서 여러 갑절 상을 받을 것이며, 오는 세상에서는 영원한 생명을 얻을 것이다."[7]

 예수가 제자들에게 일러 준 것으로 생각되는 말들은 한결같이 드

---

5) 『마태』 18 : 8-9.
6) 『마태』 22 : 30 ; 『마가』 12 : 25 ; 『누가』 20 : 35.
7) 『누가』 18 : 29-30.

제19장 차츰 더해 가는 열정과 흥분 305

높은 의기로 가득 차 있다.[8] 외부의 사람들에게는 아주 관대하여 미지근한 태도에도 가끔 만족하고 있는 그가[9] 자기 자신의 제자들에게는 매우 엄격하다. 그는 무슨 일이나 대강 해치우는 것을 원치 않았다. 그의 〈교단〉은 가장 엄격한 규칙들로 조직되어 있었다고 할 수 있다. 생활에 대한 걱정이 사람을 괴롭히고 또한 비루하게 한다는 사상에 충실했던 예수는 그를 따르는 자들에게 지상의 생활을 완전히 초월하여 벗어버릴 것과 그의 사업에 절대적으로 헌신할 것을 요구했다. 저들은 돈이나 길 가면서 먹을 양식이나, 심지어 짐꾸러미나 갈아입을 옷도 몸에 지녀서는 안 된다. 저들은 완전히 가난을 실천하여 동냥과 후의(厚誼)에서 준 물건으로 살지 않으면 안 된다. "너희가 거저 받았으니 거저 주어라"[10]고 그는 아름다운 말로 말씀하셨다. "관원에게 붙들려 재판관 앞에 끌려갔을 때 무슨 말을 할까 염려할 것이 아니다. 해야 할 말을 하늘에 계신 변호자가 영감을 통해서 주신다. 아버지께서 하늘로부터 그 성령을 저들에게 보내 주실 것이다. 이 성령은 저들의 모든 행위의 원리요, 저들의 생각의 인도자요, 세상을 살아가는 데 있어서의 안내자다."[11] 어떤 마을에서 쫓겨나면 그 마을에다가 신발의 먼지를 떨어버리되, 하나님의 나라가 가까웠음을 증언하여 나중에 자기는 몰랐노라고 핑계대지 못하게 해야 한다." 그는 덧붙여 말했다. "너희가 이스라엘의 모든 동네를 다 다니기 전에 사람의 아들이 오리라."

하나의 이상한 열정이 이 모든 말씀에 활기를 띠게 하고 있다. 이 말씀들은 부분적으로는 제자들의 열심에서 생긴 것이지만, 그렇다

---

8) 『마태』 10장 전부;24:9;『마가』 6:8 이하;9:40;13:9-13;『누가』 9:3 이하;10:1 이하;12:4 이하;21:47;『요한』 15:18 이하;17:14.
9) 『마가』 9:38 이하.
10) 『마태』 10:8.
11) 『마태』 10:20;『요한』 14:16 이하;26:16;7:13.

하더라도 간접적으로는 역시 예수에게서 온 것이다. 이러한 열심이 생기도록 한 것도 바로 그이기 때문이다. 예수는 그를 따르려는 사람들에게 인류의 큰 박해와 증오를 예고한다. 그는 마치 어린 양들을 이리 떼 속에 보내는 것처럼 저들을 보낸다. 저들은 회당에서 매질을 당할 것이며, 옥에 갇힐 것이다. 형이 동생을, 아들이 아버지를 관원에게 내주어 죽게 할 것이다. 한 지방에서 박해를 받으면, 다른 지방으로 피하도록 한다. 그는 말했다: "제자가 스승보다 더 높을 수 없고 종이 주인보다 더 높을 수 없다…. 육신은 죽여도 영혼은 죽이지 못하는 사람들을 두려워하지 말라. 참새 두 마리가 단돈 한 닢에 팔리지 않느냐? 그러나 그런 참새 한 마리도 너희 아버지께서 허락하지 않으시면 땅에 떨어지지 않는다. 아버지께서는 너희 머리카락까지도 낱낱이 다 세어 두셨다. 그러니 두려워하지 말라. 너희는 수많은 참새보다 훨씬 더 귀하다."[12] 그는 다시 말했다: "누구든지 사람들 앞에서 나를 안다고 증언하면 나도 하늘에 계신 내 아버지 앞에서 그를 증언하겠다. 그러나 누구든지 나와 내 말을 부끄럽게 여기면 사람의 아들도 아버지의 영광에 싸여 올 때에 그를 부끄럽게 여길 것이다."[13]

이러한 엄격한 생각에서 그는 육체를 아예 없애 버리는 데까지 나아갔다. 그의 요구에는 이제 한계가 없었다. 그는 인간의 본성의 건전한 한계를 경멸하고, 사람들이 오직 그를 위해서만 존재하며 오직 그만을 사랑할 것을 바랐다. 그는 말했다. "누구든지 나에게 올 때 자기 부모나 처자나 형제 자매나 심지어 자기 자신마저 미워하지 않으면 내 제자가 될 수 없다.[14] 너희 가운데 누구든지 나의 제자가 되려면 자기가 가지고 있는 것을 모두 버려야 한다."[15] 인간 이상의 어

---

12) 『마태』 10:24-31 ; 『누가』 12:4-7.
13) 『마태』 10:32-33 ; 『마가』 8:38 ; 『누가』 9:26 ; 12:8-9.
14) 『누가』 14:26.

떤 것, 이상한 그 무엇이 이때 이 말씀에는 섞여 있었다. 그것은 마치 생명을 뿌리째 삼켜 버리고 모든 것을 무서운 황무지가 되게 하는 불과도 같았다. 세상을 혐오하고 극도로 자신을 부정하는 매섭고 음울한 감정은 그리스도교적 완성의 특징을 이루는 것이다. 이 감정은 그 건설자로서 초기의 재기 있고 기쁨에 넘친 모랄리스뜨가 아니라 일종의 웅대한 예감 때문에 차츰 인류 밖으로 밀려 나가고 있던 침울한 거인을 가지고 있었다. 마음의 가장 당연한 요구에 대해서 이렇게 싸울 때, 그는 생활하고 사랑하고 보고 느끼는 기쁨을 잊고 있었다고 말할 수 있다. 모든 척도를 넘어서면서 그는 감히 말했다: "나를 따르려는 사람은 누구든지 자기를 버리고 … 나를 따르라. 아버지나 어머니를 나보다 더 사랑하는 사람은 내 사람이 될 자격이 없고, 아들이나 딸을 나보다 더 사랑하는 사람도 내 사람이 될 자격이 없다…. 자기 목숨을 살리려는 사람은 잃을 것이며 나를 위하여 또 복음을 위하여 자기 목숨을 잃는 사람은 얻을 것이다. 사람이 온 세상을 얻는다 해도 제 목숨을 잃는다면 무슨 이익이 있겠느냐?"[16] 두 개의 일화가 인성에 대한 이 무시를 잘 그려내고 있다. 이 일화들은 실제로 있었던 일로는 인정할 수 없는 종류의 것이지만, 특색 있는 면을 확대시켜 보여 주려 하고 있다. 어떤 사람에게 "나를 따르라!"고 하자, 그 사람이 "주님, 그러나 먼저 집에 가서 아버지 장례를 치르게 해주십시오."라고 대답하자 예수는 말했다: "죽은 자들의 장례는 죽은 자들에게 맡겨 두고 너는 가서 하나님의 나라의 소식을 전하여라." 또 다른 어떤 사람이 그에게 말하기를, "저는 선생님을 따르겠습니다. 그러나 먼저 집에 가서 식구들과 작별 인사를 나누게 해주십시오."라고 하자, 예수는 그 사람에게 말했다: "쟁기를 잡고

---

15) 『누가』 14:33.
16) 『마태』 10:37-39;16:24-26;『마가』 8:34-37;『누가』 9:23-25;14:26-27;17:33;『요한』 12:25.

뒤를 자꾸 돌아다보는 사람은 하나님의 나라에 들어갈 자격이 없다."[17] 비상한 확신과 가끔은 유달리 부드러운 어조가 우리의 모든 관념을 뒤집고, 이 과장된 말들을 당연한 것으로 여기게 하고 있었다. 그는 외쳤다: "고생하며 무거운 짐을 지고 허덕이는 사람은 다 나에게로 오너라. 내가 편히 쉬게 하리라. 나는 마음이 온유하고 겸손하니 내 멍에를 메고 나에게 배워라. 그러면 너희의 영혼이 안식을 얻을 것이다. 내 멍에는 편하고 내 짐은 가볍다."[18]

놀랄 만큼 힘 있고 어마어마한 말로 표현된 이 기운 찬 도덕의 앞날에는 하나의 커다란 위험이 따랐다. 사람을 지상의 생활에서 떠나게 한 나머지, 생활을 부수어 버린 것이다. 그리스도교도가 만일 그리스도를 위하여 자기 부친에게 반항하고 자기 조국과 싸운다면, 좋지 않은 아들, 좋지 않은 애국자로서 오히려 칭찬받을 것이다. 고대의 도시국가, 만민의 어머니인 공화국, 만인에게 공통되는 법률, 이 모든 것이 하나님의 나라와 적대 관계에 서게 되었다. 신정 정치의 숙명적인 맹아(萌芽)가 세계에 도입되었다.

또하나 다른 귀결이 이때부터 엿보이기 시작한다. 한 위기의 때를 위하여 생긴 이 도덕이 평온한 상태에, 또 자기 자신의 존속을 확신하고 있는 사회에 옮겨지면, 불가능한 것으로 보였을 것이 틀림없다. 그리하여 〈복음〉은 그리스도교도에게는 안타까이 실현하려고 애쓰는 사람이 거의 없는 하나의 유토피아가 될 수밖에 없었다. 이 엄격한 격률들은 대다수 사람들에게는 깊은 망각 속에 잠든 것이 될 수밖에 없었고, 또 이 망각은 성직자들 자신에 의하여 조장되었다. 복음적인 사람은 위험인물이 될 것이다. 모든 인간 가운데 가장 이기적이고 가장 교만하고 가장 냉혹하고 가장 시정(詩情)이 없는 사람,

---

17) 『마태』 8:21-22;『누가』 9:56-62.
18) 『마태』 11:28-30.

가령 루이 14세 같은 사람도 〈복음〉은 어찌 되었든 그가 그리스도교 도라는 것을 설득하는 사제들을 찾아낼 수 있었다. 그러나 또한 예수의 숭고한 역설들을 글자 그대로 받아들이는 성자들도 없지 않았다. 완전은 사회의 일반적인 상태 속에는 없고, 완전한 복음적 생활은 세계를 떠난 곳에서만 가능한 것이라 하여 금욕주의와 수도적 생활의 원칙이 세워졌다. 그리스도교 사회는 두 가지 도덕률을 갖게 되었다. 하나는 보통 사람들을 위한 어중간하게 영웅적인 것이요, 또 하나는 완전한 사람을 위한 극도로 높은 것이다. 그리고 완전한 사람이란 〈복음〉의 이상을 실현한다고 다짐하는 기율(紀律)에 복종하는 수도사다. 이러한 이상은 설사 독신과 가난을 지키기만 하면 되는 것이었다 하더라도, 일반법이 될 수는 없었다. 이리하여 어떤 면에서는 수도사만이 참된 그리스도교도이다. 속인의 상식은 이러한 지나친 일들에 반항한다. 상식을 따르면, 불가능한 것을 요구하는 것은 결함과 오류의 징후다. 그러한 속인의 상식은 큰일이 문제일 때에는 서투른 판단을 한다. 인류에게서 어떤 적은 것이라도 얻으려면, 많은 것을 요구하지 않으면 안 된다. 〈복음〉으로 말미암은 도덕의 막대한 진보는 〈복음〉에 있는 과장들로부터 온다. 과장이 있었기 때문에 〈복음〉은 스토아 철학과 마찬가지로 그러나 그것과는 비교가 안 될 만큼 알차게 인간 속에 있는 여러 가지 숭고한 힘에 대한 살아 있는 논증이었고, 의지의 힘을 위해서 세워진 기념비였다.

 우리가 지금 도달한 시기의 예수에게는 하나님의 나라가 아닌 모든 것이 완전히 사라져 버렸다는 것은 상상하기 어렵지 않은 일이다. 그는, 이를테면, 완전히 자연 밖에 있었다. 즉, 가족이나 애정이나 조국이 그에게는 이제 아무 의미도 없었다. 틀림없이 그는 이때부터 자신의 생명을 희생으로 바치고 있었다. 가끔 우리는 자기 자신의 죽음이 자신의 나라를 세우는 수단이 된다고 보아, 그가 일부러 죽임을 당할 결의를 품게 되었다고 생각하게 된다.[19] 또 어떤 때에는 (이런 생각은 훨씬 후에야 교리가 된 것인데), 죽음이 그에게는 그의 아버지의 분노를 풀고 사람들을 살리기 위해서 드리는 희생으로 여겨지고 있다.[20] 박해와 처형을 오히려 반겨 맞는 특이한 감정이 그를 온통 사로잡고 있었다.[21] 그에게는 자신의 피가 자신의 몸을 담글 제2의 침례의 물로 보였다. 그리고 그는 자신의 목마름을 멈추게 해줄 유일한 이 침례 앞으로 바삐 달려가려는 이상하게 설레는 기분에 사로잡혀 있었던 것 같다.[22]

미래에 대한 그의 전망의 웅대함에는 가끔 놀랄 만한 것이 있었다. 그는 바야흐로 그가 세상에 일으키려고 한 파란을 숨기지 않았다. 그는 담대하고 아름답게 말했다: "내가 세상에 평화를 주러 온 줄로 생각하지 말아라. 평화가 아니라 칼을 주러 왔다.[23] 나는 아들은 아버지와 맞서고 딸은 어머니와 맞서고, 며느리는 시어머니와 서로 맞서게 하려고 왔다. 집안 식구가 바로 자기 원수다."[24] 그는 다시 말했다: "사람들은 너희를 회당에서 쫓아낼 것이다. 그리고 너희를 죽이는 사람들이 그런 짓을 하고도 그것이 오히려 하나님을 섬기는 일이라고 생각할 때가 올 것이다.[25] 세상이 너희를 미워하거든 너희보다 나를 먼저 미워했다는 것을 알아두어라… 종은 그 주인보다 더 나을 수가 없다고 한 내 말을 기억하여라. 그들이 나를 박해했으면 너희도 박해할 것이다."[26]

---

19) 『마태』 16:21-23;17:12:21-22.
20) 『마가』 10:45.
21) 『누가』 6:22 이하.
22) 『누가』 12:50.
23) 『마태』 10:34-36;『누가』 12:51-58.
24) 『누가』 12:49.
25) 『요한』 16:2.
26) 『요한』 15:18-20.

이 무서운 열정의 진통에 이끌려 점점 더 격앙해 가는 설교의 필연적 기세에 지배되어 예수는 이제 자유롭지 못했다. 가끔 사람들은 그가 정신이 돌았다고 말했다. 그에게는 고뇌와 내적 동요 같은 것이 있었다.[27] 하나님의 나라의 크나큰 환상이 쉴 새 없이 눈앞에서 불타올라 눈부시게 했다. 가끔 친척들은 그가 미쳤다고 생각했고,[28] 적들은 그가 귀신 들렸다고 공언했음을[29] 상기해야 한다. 극도로 정열적인 그의 기질은 줄곧 그를 인간의 한계 밖으로 몰아갔다. 그의 사업은 이성의 사업이 아닌 까닭에, 인간 정신의 모든 규칙과 표준을 우습게 보면서 그가 가장 명령적으로 요구한 것은 다름 아닌 〈믿음〉이었다.[30] 이 말은 이 작은 단체에서 가장 자주 되풀이된 말이었다. 이 말은 모든 대중 운동의 표어다. 만일 대중 운동을 하는 사람이 논리적으로 연역(演繹)된 올바른 증명에 의하여 그 제자를 한두 사람씩 얻어야만 한다고 하면 도대체 이러한 운동이 생기지 않았으리라는 것은 명백한 일이다. 숙고는 의심으로 인도할 따름이다. 만일 프랑스 혁명의 주모자들이 충분한 시일을 두고 여러 가지로 깊이 생각함으로써 미리 확신을 얻어야만 했다고 하면, 그들은 모두 아무 일도 하지 못한 채 늙어 버리고 말았을 것이다. 마찬가지로 예수도 정상적인 설득보다는 오히려 억지로라도 끌고 가는 쪽을 지향했다. 그는 강제적이고 명령적이어서 어떠한 반대도 허용하지 않았다. 회심하여야 하고 기다려야 한다는 것이었다. 그의 본래의 너그러움은 그에게서 떠난 듯싶었다. 그는 때때로 화를 내기도 하고 또 기묘한 태도를 취하기도 했다.[31] 제자들은 간혹 그를 이해할 수 없게 되었

---

27) 『요한』 12:27.
28) 『마가』 3:21 이하.
29) 『마가』 3:22;『요한』 7:20;8:48 이하;10:20 이하.
30) 『마태』 8:10;9:2;22;28-29;17:19;『요한』 6:29 등.
31) 『마태』 17:17;『마가』 3:5;9:19;『누가』 8:45;9:41.

고, 또 그 앞에서 일종의 두려운 감정을 느꼈다.[32] 그는 모든 항거에 대해 언짢아한 나머지 납득할 수 없고 표면상으로는 엉뚱한 행위까지 했다.[33]

　이것은 그의 덕이 저하한 때문이 아니다. 오히려 이상을 위해서 현실과 싸우는 그의 싸움이 견딜 수 없는 것이 된 때문이다. 그는 지상과의 접촉에서 상처를 입고 싫증이 났다. 장애가 그를 초조하게 했다. 하나님의 아들이라는 그의 생각이 흔들리고 또 과장되었다. 신성(神性)에는 간단(間斷)이 있다. 즉, 일생 동안 쭈욱 하나님의 아들일 수는 없다. 사람은 어떤 때 돌연한 광명에 의하여 하나님의 아들이 되지만, 이 광명은 이윽고 오랜 암흑 속으로 사라진다. 어떤 사상이 사람들을 회심시키려 하자마자 그 사상을 쇠퇴시키는 저 피할 길 없는 법칙이 예수에게도 적용되었다. 사람들이 그와 접촉하여 그를 자기들 수준으로 끌어내렸다. 그가 가지고 있던 탄력은 몇 달밖에는 더 유지될 수 없었다. 이제는 죽음이 찾아와 극도로 긴장된 상황을 해소시키고, 탈출구 없는 길의 온갖 불가능에서 그를 빼내 주고, 너무 오래된 시련에서 그를 건져 앞으로는 한 점 흠 없이 평화로운 하늘나라로 들어가게 할 때가 왔다.

---

32) 특히 『마가』에서 이 특징을 볼 수 있다. 4:40;5:15;9:31;10:32.
33) 『마가』 11:12-14:20 이하.

제20장 예수에 대한 반대

　예수는 그 생애의 초기에는 심각한 반대세력을 만나지는 않았던 것 같다. 갈릴리에서 사람들이 극도의 자유를 누리고 있었고 또 아주 많은 교사(教師)들이 도처에서 일어나고 있던 덕택으로 그의 설교는 매우 제한된 범위의 사람들 사이에서만 광채를 발하고 있었다. 그러나 예수가 기적과 공적 성공의 빛나는 길로 들어서면서부터 파란이 일기 시작했다. 몸을 숨기고 도망쳐야만 했던 일이 한두 번이 아니었다.[1] 하지만 안티파스는 예수가 자신에 대해서 아주 혹독한 말을 했어도 한번도 그를 구속하지는 않았다.[2] 이 분봉왕이 평소 거처하던 디베리아에서 예수가 자신의 활동 터전으로 택하고 있던 지방까지는 10리 내지 20리 거리밖에 안 되었다. 그는 예수의 기적을 소문으로 들었고, 아마도 그것을 신통한 재주라 여겼으며, 또 그것을 보았으면 했을 것이다.[3] 당시 믿지 않는 사람들은 이런 요술에 매우 흥미를 가지고 있었다. 예수는 평소의 기지를 발휘하여 이를 거부했다. 그는 공연히 장난거리로 삼으려 한 불신 세력에 말려들지 않도록 조심했다. 그가 갈망한 것은 오직 민중의 마음을 얻는 것 뿐이었

---

1) 『마태』 12 : 14-16;『마가』 3:7;9:29-30.
2) 『마가』 8:15;『누가』 13:32.
3) 『누가』 9:9;23:8.

다. 그는 순박한 사람들을 위하여 이들에게만 유효한 방법을 고수했다.

한 때, "예수는 바로 죽은 자들 가운데서 다시 살아난 침례자 요한이다."라는 소문이 퍼졌다. 안티파스는 걱정되고 불안해졌다.[4] 그는 모략을 써서 이 새 예언자를 자신의 영지에서 내쫓으려 했다. 예수를 위하는 척하는 바리새인들이 예수에게 와서 안티파스가 죽이려 한다고 말했다. 예수는 대단히 순진한 사람이었지만, 그 함정을 간파하고 다른 곳으로 떠나지는 않았다.[5] 아주 온화한 그의 몸가짐과 민중의 소요를 멀리하는 태도는 마침내 이 분봉왕을 안심시키고 위험을 해소시켰다.

갈릴리의 모든 마을에서 이 새로운 교설은 결코 한결같은 환영을 받지는 못했다. 불신의 나사렛이 그 고장을 빛나게 할 이 사람을 계속 배척하고 있었을 뿐만 아니라, 또 그의 형제들이 끝내 그를 믿지 않았으며,[6] 또한 대체로 그를 환영한 호숫가 마을들도 모두가 회심하지는 않았다. 예수는 그가 만난 불신과 마음의 완악함을 가끔 탄식하고 있다. 그리고 이러한 탄식에는 설교자의 과장이 있다고 보는 것이 당연한 일이기는 해도, 또 예수가 침례자 요한에게서 모방하기를 좋아한 콩위키움 세쿨리(convicium seculi, 세상에 대한 비판)가 느껴지기는 해도[7] 이 지방이 온통 하나님의 나라로 마음을 돌이키기에는 거리가 있었던 것만은 분명하다. 그는 외쳤다: "고라신아, 너는 화를 입으리라. 벳새다야, 너는 화를 입으리라. 너희에게 베푼 기적들을 디로와 시돈에서 보였더라면 그들은 벌써 베옷을 입고 재에 앉아 회개하였을 것이다. 그러나 잘 들어라. 심판 날에 디로와 시돈

---

4) 『마태』 14:1 이하;『마가』 6:14 이하;『누가』 9:7 이하.
5) 『누가』 18:31 이하.
6) 『요한』 7:5
7) 『마태』 12:39;45;13:15;16:4;『누가』 11:29.

이 너희보다 오히려 가벼운 벌을 받을 것이다. 너 가버나움아! 네가 하늘에 오를 성싶으냐? 지옥에 떨어질 것이다. 너에게 베푼 기적들을 소돔에서 보였더라면 그 도시는 오늘까지 남아 있었을 것이다. 그러니 잘 들어라. 심판 날에 소돔 땅이 너보다 오히려 더 가벼운 벌을 받을 것이다."[8] 그는 다시 덧붙여 말했다: "심판 날이 오면 남쪽 나라의 여왕이 이 세대 사람들과 함께 일어나 그들을 단죄할 것이다. 그는 솔로몬의 지혜를 배우려고 땅 끝에서 왔던 것이다. 그러나 여기에는 솔로몬보다 더 큰 사람이 있다. 심판 날이 오면 니느웨 사람들이 이 세대와 함께 일어나 이 세대를 단죄할 것이다. 그들은 요나의 설교를 듣고 회개했던 것이다. 그러나 여기에는 요나보다 더 큰 사람이 있다."[9] 그의 방랑 생활은 처음에는 그에게 넘치는 기쁨을 주었으나, 이와 같이 차츰 그를 괴롭히기 시작했다. 그는 말했다: "여우도 굴이 있고 하늘의 새도 보금자리가 있지만, 사람의 아들은 머리 둘 곳조차 없다."[10] 그는 명백한 증거를 보고도 믿지 않는 불신의 무리를 힐책했다. 마음속에 고뇌와 비난이 더욱 더 일어났다.

사실, 예수는 세상에서 서로 겨루는 갖가지 사상의 이유를 이해해 주고 남들이 자기와 같은 생각을 가지지 않음을 아주 대범하게 보아 넘기는 철학자의 냉정함을 가지고 반대를 맞이할 수는 없었다. 유대인의 결함 가운데 하나는, 논쟁에 있어서 모질고 또 거의 언제나 그 논쟁에 남을 헐뜯는 어조가 있다는 점이다. 세상에 유대인들끼리의 논쟁만큼 격렬한 것은 없다. 사람을 점잖게 해주고 온전하게 해주는 것은 의견 차이에 대한 아량이다. 그런데 이 아량의 결핍은 셈족의 정신의 가장 불변하는 특징 중 하나다. 가령 플라톤의 『대화편』들 같은 멋있는 작품은 이 백성에게는 아주 낯선 것이다. 예수는 예외적

---

8) 『마태』 11:21-24 ; 『누가』 10:12-15.
9) 『마태』 12:41-42 ; 『누가』 11:31-32.
10) 『마태』 8:20 ; 『누가』 9:58.

으로 자기 민족이 가진 모든 결함을 거의 가지고 있지 않았으며, 또 그의 지배적인 성격은 바로 무한한 따뜻함이었으나, 논쟁에서는 별 수 없이 뭇 사람들의 방식을 따르게 되었다.[11] 침례자 요한처럼[12] 그는 반대자들에 대하여 매우 혹독한 말을 썼다. 순박한 사람들에게는 아주 온후했으나, 불신의 무리에 대해서는 아무리 얌전한 사람이라 하더라도 아주 매섭게 대했다.[13] 이제 그는 아직 반대도 곤란도 당해보지 않은, 「산상의 설교」의 다정한 스승이 아니었다. 그의 성격 밑바닥에 있던 격정은 그를 가장 통렬한 비웃음과 꾸짖음으로 나아가게 했다. 이 기이한 혼합을 보고 놀랄 것은 없다. 현대인으로서 이와 꼭 같은 대조를 보기 드물 만큼 힘차게 보여 준 사람이 있다. 그는 라므내[14]이다. 그의 아름다운 저서 『한 신자의 말』에는 다시없이 분방한 분노와 다시없이 상쾌한 평정이 마치 신기루처럼 뒤섞여 있다. 이 사람은 극히 온화한 교제를 하면서 살고 있었는데, 자기와 생각이 다른 사람에 대해서는 심지어 미친 사람처럼 되어 손을 댈 수가 없었다. 마찬가지로, 예수가 『이사야 서』의 한 절을[15] 자기에게 적용한 것은 까닭 없는 일이 아니었다. "그는 다투지도 않고 큰 소리도 내지 않으리니, 거리에서 그의 소리를 들을 자 없으리라. 그는 상한 갈대도 꺾지 않고, 꺼져 가는 심지도 끄지 않으리라."[16] 하지만, 그가 제자들에게 주는 권고의 말 대부분은 진정한 열광적 신앙의 맹아(萌芽),[17] 후일 중세가 철저하게 발육시킨 새싹을 내포하고 있었다. 그

---

11) 『마태』 7:34;15:14;23:33.
12) 『마태』 3:7.
13) 『마태』 12:30;『누가』 21:23.
14) 라므내(Lamennais, 1782년-1854년): 프랑스의 작가. 신교(新敎)의 자유를 주장하였다.
15) 『마태』 42:2-3.
16) 『마태』 12:19-20.
17) 『마태』 10:14-15;21 이하;34 이하;『누가』 19:27.

렇다고 해서 그를 비난해야 될까? 어떤 혁명도 약간의 난폭 없이는 성취되지 못한다. 루터나 프랑스 혁명의 주모자들이 예절을 지켜야만 했다고 하면, 종교 개혁과 프랑스 혁명은 조금도 수행되지 못했을 것이다. 마찬가지로, 예수가 한 시민 계급에 대한 모욕을 벌하는 어떠한 법률에도 걸리지 않은 것을 다행스럽게 여기자. 바리새인들은 건드려서는 안 되는 족속이었는지도 모른다. 인류의 모든 위대한 일은 절대적 원리의 이름 아래 성취되었다. 비판 철학자라면 제자들에게 이렇게 말할 것이다: "남의 의견을 존중하라. 그리고 아무도 자신은 완전히 옳고 반대자는 완전히 틀렸다고 할 수 없다는 것을 잘 알라." 그러나 예수의 행동에는 철학자의 담담한 사색과 공통되는 점이 전혀 없다. 우리가 한때 이상에 도달했는데 몇몇 사람의 악의 때문에 거기서 멀어지게 되었다고 생각한다는 것은 열렬한 마음을 품은 사람에게는 견디기 어려운 일이다. 더군다나 새로운 세계를 건설하려는 사람이 어떻게 이런 생각을 할 수 있겠는가?

   예수의 사상에 대해서 무너뜨릴 수 없는 장애가 된 것은 특히 바리새인들로부터 왔다. 예수는 〈정통〉이라는 말을 듣는 유대교에서 점점 더 멀어져 갔다. 그런데 바리새인들은 유대교의 신경(神經)이요 핵심체였다. 이 파는 예루살렘을 본거지로 하고 있기는 했으나, 갈릴리에도 한 패거리가 있었고, 가끔 북쪽으로 오곤 했다.[18] 이들은 대체로 편협하고 외면을 많이 차리는 사람들이었고, 그 신앙은 거만하고 형식적이었으며, 또 이러한 신앙에 만족하여 안주하고 있었다.[19] 그들의 태도는 우스워서, 그들을 존경하는 사람들도 비웃었다. 사람들이 그들에게 붙인 풍자화 비슷한 데가 있는 별명들이 그 증거다. 〈안짱다리 바리새인(*nikfi*)〉들은 다리를 질질 끌며 돌부리에 걸리면

---

18) 『마가』 7:1; 『누가』 5:17 이하; 7:36.
19) 『마태』 6:2;5:16;9:11,14 ;12:2;23:5;15;23; 『누가』 5:30;6:2;7:11,39 이하;18:12; 『요한』 19:16.

서 길을 걸었고, 〈이마에 피가 흐르는 바리새인(kizai)〉들은 공잇대 모양으로 몸을 둘로 꺾고 다녔으며, 〈어깨 센 바리새인(schikmi)〉들은 마치 자기 어깨에 율법을 짊어진 양 등을 구부리고 걸었으며, 〈무슨 일이든지 내가 한다는 바리새인〉들은 계명을 모조리 지키느라고 늘 계명을 찾아다녔다. 이 밖에 가끔 〈염색한 바리새인〉이라 하는 별명도 쓰였다. 이들의 잘 믿는 체 하는 외모는 모두 위선적인 겉치레에 지나지 않았다. 이러한 엄격주의는 사실 외면적인 것에 불과한 경우가 비일비재했고, 실상 대단한 정신적 이완을 숨기고 있었다.[20] 하지만, 민중은 그것에 속고 있었다. 아무리 개인적 문제에 관해서 갈피를 잡지 못하고 있을 때에도 민중은 그 본능이 언제나 선한 법이어서 가짜 열성 신자에게도 아주 쉽사리 속아 넘어간다. 민중은 이들 속에 있는 좋고 사랑할 만한 것을 사랑한다. 그러나 외모와 실상을 판별하는 통찰력이 없다.

이렇게 열중한 세계에서, 대뜸 예수와 이런 성격의 사람들 사이에 적대감이 커지지 않을 수 없었음은 이해하기 어렵지 않은 일이다. 예수는 마음의 종교만을 원했다. 바리새인의 종교는 거의 전적으로 율법을 지키는 일만으로 성립되어 있었다. 예수는 천한 사람들과 온갖 학대받던 사람들을 찾았다. 바리새인들은 이것을 이른바 점잖은 사람들의 종교에 대한 모욕으로 보았다. 바리새인은 잘못을 저지르는 법이 없고 흠이 없는 사람이요, 자신의 옳음을 확신하는 교사요, 회당에서 상좌에 앉고, 큰길에서 기도하며, 나팔 소리를 울리고 적선을 하여, 사람들이 자기에게 인사하는지 눈여겨보는 자였다. 예수는 누구나 두려운 생각과 떨리는 마음으로 하나님의 심판을 기다려야 한다고 주장했다. 물론 바리새주의가 대표하는 좋지 못한 종교적 경향이 무턱대고 지배하고 있었던 것은 아니다. 예수 이전이나 당시의

---

20) 『마태』 5:20; 15:4; 23:3:16 이하; 『요한』 8:7.

많은 사람들, 가령 나사렛 예수의 진정한 조상 가운데 한 사람인 시락의 아들 예수, 가말리엘, 소코의 안티고네, 특히 온화하고 고결한 힐렐 같은 사람들은 훨씬 더 높은, 그리고 벌써 거의 복음적인 종교적 교리들을 가르친 바 있었다. 그러나 이 좋은 씨앗들은 짓눌려 있었다. 율법 전체를 공평이라 요약한 힐렐의 아름다운 잠언[21]은 잊혀지거나 배척당했다. 편협하고 배타적인 정신의 소유자인 샴마이가 승리를 거두었다. 굉장히 많은 〈전통〉이 율법을 보호하고 해석한다는 구실 아래 율법을 질식시켰다.[22] 물론 이러한 보수적 조처도 유용한 점이 없지는 않았다. 유대인이 광적으로 율법을 사랑했던 것은 좋은 일이다. 왜냐하면 이 광적 애착이 안티오코스 에피파네스와 헤롯 치하에서 모세의 율법을 구함으로써 그리스도교의 탄생에 필요한 누룩을 보존했기 때문이다. 그러나 이러한 조처를 그 자체로 본다면, 그 속에 있는 낡은 배려는 그저 유치하기만 했다. 이런 것들을 열심히 문제 삼던 회당은 이제 오류의 모태일 뿐이었다. 회당의 치세는 끝나 있었다. 그럼에도 불구하고 회당에게 퇴위를 요구하는 것은 기성 세력이 결코 하지 않았던 일이요, 할 수도 없는 일이었다.

권세 잡은 위선에 대한 예수의 투쟁은 계속되었다. 우리가 방금 묘사한, 그리고 '전통적 형식주의'라 부를 수 있는 종교적 상태에 나타나는 개혁자들이 보통 쓰는 전술은 〈성전(聖典)〉의 〈본문〉을 〈전통〉에 대립시키는 것이다. 종교적 열정은 극도의 보수주의를 자부하고 있을 때에도 언제나 혁신적인 것이다. 현대의 신 가톨릭파가 줄곧 『복음서』에서 멀어지고 있는 것처럼 바리새인들도 한 걸음 한 걸음 『성서』에서 멀어지고 있었다. 바로 이런 까닭에 퓨리턴 개혁자는 늘 본질적으로 〈성서적〉임을 표방하고 세대에 따라 변천하는 세상

---

21) 『집회서』 17:21 이하;35:1 이하.
22) 『마태』 15:2.

사람들의 신학을 비판하기 위하여 확고부동한 『성서』 본문에서 출발한다. 나중에 카라이트파[23]나 프로테스탄트들이 한 일도 바로 이런 것이다. 예수는 이보다 훨씬 더 힘차게 도끼로 나무뿌리를 후려쳤다. 가끔 그가 바리새인의 그릇된 *마소레스*(*masores*), 즉 전통에 대하여 『성서』의 본문을 끌어대어 반대하고 있는 것은 사실이다.[24] 그러나 대체로 그는 『성서』 해석을 별로 하지 않는다. 오히려 그는 양심에 호소한다. 그는 본문과 주석을 한꺼번에 해치우고 있다. 그는 바리새인들에게 그들이 자신들의 전통을 가지고 모세의 계율을 크게 변경하고 있음을 분명히 보여 준다. 그러나 그는 결코 스스로 모세에게 돌아가려고는 하지 않는다. 그의 목적은 뒤에 있지 않고 앞에 있었다. 예수는 낡은 종교의 개혁자 이상의 사람이었다. 그는 인류의 영원한 종교의 창조자였다.

논쟁은 특히 전통으로 말미암아 생긴 많은 외적 실천 사항에 관하여 벌어졌다. 예수와 제자들은 다 같이 이것들을 지키지 않았다.[25] 그래서 바리새인들은 예수를 맹렬히 비난하고 있었다. 그는 바리새인의 집에서 식사를 할 때 손 씻는 관례를 굳이 따르려 하지 않음으로써 그들을 분개시켰다. 그는 말했다: "너희가 가지고 있는 것으로 구제하라. 그리하면 모든 것이 너희에게 깨끗하리라."[26] 그의 섬세한 마음을 극도로 상하게 한 것은 종교적 문제들에 대해 바리새인들이 가지고 있던 자신만만한 태도였으며, 마음을 고치는 일에는 전혀 생각이 없고 쓸데없이 상좌와 칭호를 바라고 찾기만 하는 그들의 비루

---

23) 카라이트파(Karaïtes): 랍비 사상과 『탈무드』 사상에 반대하고, 성서 해석 위에 신조를 세운 유대의 이단파. 765년 아난 벤 다비드(Anan ben Dabid)가 바그다드에 세웠다. 처음에는 널리 퍼졌으나, 지금은 그 교세가 미약하다.
24) 『마태』 15:2 이하: 『마가』 7:2 이하.
25) 『마태』 15:2 이하: 『마가』 7:4;8: 『누가』 11:38 이하.
26) 『누가』 11:41.

한 신앙이었다. 이런 생각은 훌륭한 비유로 무한히 아름답게, 그리고 확실하게 표현되었다. 그는 말했다: "두 사람이 기도하러 성전에 올라갔는데 하나는 바리새파 사람이었고 또 하나는 세리였다. 바리새파 사람은 보란 듯이 서서 "오, 하나님! 감사합니다. 저는 다른 사람들과는 달리 욕심이 많거나 부정직하거나 음탕하지 않을 뿐더러 세리와 같은 사람은 아닙니다"하고 기도하였다. 한편 세리는 멀찍이 서서 감히 하늘을 우러러보지도 못하고 가슴을 치며 "오, 하나님! 죄 많은 저에게 자비를 베풀어주십시오"라고 기도하였다. 잘 들어라. 하나님께 올바른 사람으로 인정받고 집으로 돌아간 사람은 바리새파 사람이 아니라 바로 그 세리였다."[27]

죽이지 않고서는 끝나지 않을 증오가 이 싸움의 귀결이었다. 이미 침례자 요한이 이런 적의를 불러일으킨 바 있었다.[28] 그러나 요한을 경멸하고 있던 예루살렘의 귀족들은 단순한 사람들이 그를 예언자로 보는 것을 묵인했다.[29] 그러나 이번 싸움은 결사적이었다. 하나의 새로운 정신이 세상에 나타나 이전의 모든 것의 권력을 잃게 만들고 있었다. 침례자 요한은 매우 유대적이었으나, 예수에게는 유대적인 데가 없었다. 예수는 언제나 섬세한 도덕적 감정에 호소한다. 그는 바리새인들에 대해 반론을 펼치면서도, 거의 언제나 그랬듯이 반대자들이 그로 하여금 그들 자신의 어조로 말하지 않을 수 없게 할 때에만 논쟁을 하고 있다.[30] 그의 절묘한 조롱과 짓궂은 도발적 언사는 언제나 그들의 가슴을 찔렀다. 이것들은 영원한 상처 자국이 되어 언제까지나 상처에 달라붙어 있었다. 바리새인들의 자손인 유대인이 예수 이후 18세기 동안 갈기갈기 찢긴 누더기 모양 질질 끌고 다니

---

27) 『누가』 18:9-14.
28) 『마태』 3:7 이하;17:12-13.
29) 『마태』 14:5;21:26;『마가』 11:32;『누가』 20:6.
30) 『마태』 12:3-8;23:16 이하.

는 가소로운 넷소스의 속옷[31]을 신묘한 솜씨로 짠 것은 다름 아닌 예수였다. 그의 솜씨는 고매한 조소의 걸작으로서 낙인처럼 위선자들과 가짜 신자들의 살에 아로새겨졌다. 비할 데 없는 솜씨요 하나님의 아들에 합당한 솜씨다! 하나님만한 자만이 이렇게 죽일 수 있다. 소크라테스와 몰리애르[32]는 그저 피부를 스칠 뿐이었다. 예수는 불과 극심한 고통을 뼛속까지 침투시킨다.

그러나 풍자의 대선생이 승리를 위하여 생명을 버리게 된 것도 당연한 일이었다. 갈릴리 때부터 바리새인들은 그를 없애고자 책략을 썼다. 이 책략은 나중에 예루살렘에서 성공을 거두게 된다. 그들은 그들의 싸움에 그때 수립된 새 정치 조직의 당원들을 이용하려고 애썼다.[33] 갈릴리에서는 예수가 쉽사리 피할 수 있었고, 또 안티파스의 정부가 약했기 때문에 그러한 기도가 실패하고 말았다. 그는 스스로 위험에 몸을 내맡기고 나아갔다. 그는 갈릴리에만 머물러 있어서는 자신의 행동이 어쩔 수 없이 제약받으리라는 것을 잘 알고 있었다. 유대는 마력을 가진 양 그를 끌었다. 그는 이 완악한 도읍을 회심시키려는 최후의 노력을 하고자 시도했고, 또 "선지자가 예루살렘 밖에서는 죽는 법이 없다."라는 속담이 옳음을 증명하려고 힘쓰는 것 같았다.[34]

---

31) 넷소스(Nessos)의 속옷 : 넷소스는 그리스 신화에 나오는 반인반마(半人半馬)의 괴물이다. 헤라클레스(Herakles)의 아내 데이아니라(Deianira)를 강간하려다 헤라클레스가 쏜 독 묻은 화살을 맞고 죽었다. 넷소스는 죽으면서 데이아니라에게 자신의 피에 그녀 남편의 속옷을 적셨다가 입히면 남편의 마음이 그녀에게서 떠났다가도 다시 그녀를 사랑하게 되리라고 말했다. 그러나 헤라클레스가 이 속옷을 입었더니, 그 독이 너무나 괴로워 스스로 목숨을 끊었다. 그러므로 '넷소스의 속옷'이란 떼어버릴 수 없는 해독(害毒)을 말한다.
32) 몰리애르(Molière, 1622년-1673년) : 프랑스의 희극 작가.
33) 『마가』 3:6.
34) 『누가』 13:33.

제21장 예수의 마지막 예루살렘 여행

오래 전부터 예수는 자신을 둘러싸고 있는 위험을 느끼고 있었다.[1] 1년 6개월로 추산되는 기간 동안 그는 성도(聖都)로 순례 가기를 피했다.[2] (우리가 채택한 가정에 따르면) 32년의 초막절(草幕節)에 늘 악의를 품고 믿지는 않았던 그의 형제들이 성도로 가기를 권했다.[3] 『복음서』 기자는 이 권유에 그를 없애려는 어떤 숨은 계획이 있었음을 비치려 하고 있는 것 같다. 그들은 예수에게 말했다: "이곳을 떠나 유대로 가서 당신이 행하시는 그 훌륭한 일들을 제자들에게 보이십시오. 널리 알려지려면 숨어서 일해서는 안 됩니다. 이런 훌륭한 일들을 할 바에는 자신을 세상에 드러내는 것이 좋겠습니다." 예수는 무슨 모략이 있는 것이 아닌가 의심하여 처음에는 거절했다. 그러나 순례자들 일행이 떠난 후 그는 아무도 모르게 혼자서 길을 떠났다.[4] 이것은 그가 갈릴리에 고한 마지막 작별이었다. 초막절은 추분 때에 있었다. 피할 수 없는 최후까지는 아직 여섯 달이 남아 있었다. 그러나 그 동안 예수는 자신이 사랑하던 북쪽 지방을 다시는 보지 못했다. 즐겁던 때는 다 지나갔다. 이제는 죽음의 고뇌로 끝날

---

1) 『마태』 16:20-21 ; 『마가』 8:30.
2) 『요한』 7:1.
3) 『요한』 7:2-4.
4) 『요한』 7:10.

괴로운 길을 한 발자국 한 발자국 걸어가야만 했다.[5]

그를 섬기던 제자들과 잘 믿는 여인들은 그를 유대에서 다시 만났다. 그러나 나머지 모든 사람은 얼마나 변했던가! 예수는 예루살렘에서는 나그네였다. 그는 그곳에 뚫고 들어갈 수 없는 저항의 벽이 있음을 느꼈다. 그는 올가미와 반대에 둘러싸여 끊임없이 바리새인들의 악의에 쫓겨 다녔다.[6] 갈릴리에서 그가 본 것은 천성이 젊은 사람들의 행복스러운 장점인 어디까지나 잘 믿는 능력이요, (언제나 다소의 악의와 고집에서 생기는) 반대를 조금도 하지 않는 선량하고 온유한 주민이었지만, 여기서는 그가 가는 곳마다 만난 것은 완고한 불신이었다. 이 불신에 대해서는 북쪽에서 그렇게 큰 성공을 거두었던 방법도 소용이 없었다. 제자들은 갈릴리 사람들이라 하여 무시당했다. 예수가 전에 예루살렘에 여행했을 때 밤에 한번 그에게 와서 이야기를 나눈 일이 있는 니고데모는 최고 의회에서 예수를 변호하려다 위험에 빠질 뻔했다. 사람들은 그에게 말하였다: "당신도 갈릴리 사람이란 말이오? 『성서』를 샅샅이 뒤져보시오. 갈릴리에서 예언자가 나온다는 말은 없소."[7]

이미 말한 바와 같이, 이 도읍은 예수를 불쾌하게 했다. 이때까지 그는 늘 큰 중심지를 피하고, 자신의 사업을 위하여 시골과 별로 중요하지 않은 작은 도시들을 택하곤 했다. 자신의 사도들에게 준 그의 교훈은 대부분 하층 사람들의 순박한 사회 밖에서는 전적으로 부적당한 것이었다.[8] 세상이 어떤 것인지 전혀 모르고 갈릴리에서 네 것 내 것 없이 지내던 따뜻한 생활에 젖어 있던 그의 입에서는 줄곧 순진한 말이 흘러나왔지만, 예루살렘에서는 그것이 이상하게 보였을

---

5) 『마태』 27:55;『마가』 15:41;『누가』 23:49:55.
6) 『요한』 7:20:25:30:32.
7) 『요한』 7:50 이하.
8) 『마태』 10:11-13;『마가』 6:10;『누가』 10:5-8.

것이다.[9)] 그의 상상력과 자연을 사랑하는 마음은 이 성벽에서 숨이 막혔다. 참된 종교는 소란스런 도시에서가 아니라 조용한 전원에서 나와야 했다.

사제들의 거만한 태도는 그로 하여금 성전의 성소에 대해 불쾌감을 품게 했다. 하루는 제자들 가운데 그보다 예루살렘을 더 잘 알고 있던 몇몇 사람이 성전 건축의 아름다움과 재료를 아주 잘 선택한 것과 벽을 덮고 있는 풍부한 봉납물에 주목하게 하려 했다. 그러나 그는 말했다: "저 모든 건물을 잘 보아 두어라. 나는 분명히 말한다. 저 돌들의 어느 하나도 제 자리에 그대로 얹혀 있지 못하고 다 무너지고 말 것이다."[10)] 그는 조금도 찬탄하려 하지 않았다. 마침 그때 거기 와서 헌금 궤에 조그마한 동전 한 푼을 던진 가엾은 과부만을 찬탄할 따름이었다. 그는 말하였다: "저 가난한 과부가 어느 누구보다도 더 많은 돈을 헌금 궤에 넣었다. 다른 사람들은 다 넉넉한 데서 얼마씩 넣었지만 저 과부는 가난하면서도 있는 것을 다 털어 넣었으니 생활비를 모두 바친 셈이다."[11)] 예루살렘에서 행해지는 모든 것을 비판적으로 바라보고, 조금 밖에 드리지 않은 가난한 자를 칭찬하고, 많이 바치는 부자를 낮추고,[12)] 백성의 복리를 위하여 아무 것도 하지 않는 호사스러운 성직자들을 욕하는 이러한 언행은 자연히 사제 계급을 격노케 했다. 보수적 귀족 계급의 거성인 성전은 이를 계승한 회교의 하람과 마찬가지로, 세상에서 혁명이 성공하기가 가장 어려운 곳이었다. 오늘날 어떤 개혁자가 오마르의 회교 사원 주위에 회교의 복멸(覆滅)을 설교하러 간다고 생각해보라! 그러나 성전이야말로 유대인의 생활의 중심이었고, 승리하든가 죽든가 둘 중 하나를

---

9) 『마태』 21:3; 『마가』 11:13;14:13-14; 『누가』 19:31;22:10-12
10) 『마태』 24:1-2; 『마가』 13:1-2; 『누가』 19:44;21:5;6.
11) 『마가』 12:41 이하; 『누가』 21:1 이하.
12) 『마가』 12:41.

택해야 할 지점이었다. 확실히 예수가 골고다에서보다 더 고통스러워 한 이 갈보리 산상에서 그의 나날은 논쟁과 고뇌 속에서, 교단법과 성서 해석에 관한 싫증나는 논변 한가운데에서 흘러갔다. 이 논변에서는 그의 위대하고 숭고한 도덕적 성품도 별로 유리하지 못했다. 오히려 그를 어딘가 모자라는 것처럼 보이게 했다.

 이러한 불안한 생활 속에서 예수의 다정다감한 마음은 다행히 한 피난처를 얻었고, 여기서 많은 친절을 맛보았다. 성전에서 논쟁으로 하루를 보낸 후, 예수는 저녁이면 기드론 골짜기로 내려가 주민들의 유원지였던 겟세마네[13]라는 (아마도 기름을 짜던) 농장 과수원에서 잠깐 쉬고, 밤에는 마을 동쪽 끝에 있는 올리브산에 가서 지내곤 했다.[14] 예루살렘 근처에서는 그래도 여기만이 좀 아늑하고 초록빛이 감도는 모습을 보여주고 있다. 올리브나무·무화과나무·종려나무가 벳바게·겟세마네·베다니의 마을들 주변 농장이나 울타리 안에 많이 있었다. 올리브산에는 큰 백양목이 두 그루 있었는데, 이 나무는 흩어진 유대인들의 추억에 오래 남아 있었다. 그 가지에는 비둘기가 떼지어 깃들여 있었고, 그 그늘 아래에는 작은 가게들이 자리 잡고 있었다. 이 교외 전체가 이를테면 예수와 제자들의 집회소였다. 그들은 이곳의 들 하나하나, 집 하나하나를 다 알고 있었다.

 특히 베다니촌은 예수가 특별히 좋아한 곳으로, 언덕 꼭대기 사해와 요단강이 바라다 보이는 경사 위에 자리 잡고 있는, 예루살렘에서 한 시간 반쯤 걸리는 곳이었다.[15] 그는 이 마을에서 두 자매와 또 한 사람, 모두 세 사람이 함께 사는 한 가족을 알게 되었는데, 이들의 애정은 그가 보기에 참으로 아름다웠다.[16] 이 자매 가운데 한 사

---

13) 『마가』 11:19 ; 『누가』 22:39 ; 『요한』 18:1-2.
14) 『누가』 21:37 ; 22:22 ; 22:39 ; 『요한』 8:1-2.
15) 『마태』 21:17-18 ; 『마가』 11:11-12.
16) 『요한』 11:15 ; 35-36.

람인 마르다는 남을 잘 도와주고 착하고 부지런한 여자였다.[17] 마리아라는 다른 한 여인은 이와 반대로 어딘가 슬퍼 보이고,[18] 사색적 본능이 아주 발달하여 예수를 기쁘게 해주었다. 가끔 그녀는 예수의 발아래 앉아 그의 말을 듣느라 실생활의 의무를 잊곤 했다. 그럴 때면 마르다는 모든 일을 자기가 해야 되었으므로 부드럽게 불평을 했다. 그러면 예수는 그녀에게 말하곤 했다: "마르다야, 마르다야, 너는 많은 일에 다 마음을 쓰며 걱정하지만 실상 필요한 것은 한 가지뿐이다. 마리아는 참 좋은 몫을 택했다. 그것을 빼앗아서는 안 된다."[19] 시몬이라는 나병 환자가 이 집의 주인이었다. 이 사람은 마리아와 마르다의 오빠가 아니면, 적어도 친척이었던 것 같다.[20] 여기서 예수는 경건한 애정에 싸여 공적 생활의 여러 가지 불쾌한 일을 잊곤 했다. 이 내적 평온 속에서 그는 바리새인들과 율법학자들에게 쉴 새 없이 시달린 마음을 스스로 위로했다. 그는 가끔 올리브산에 앉았다.[21] 눈앞에는 모리아산이 있고, 눈 아래에는 성전의 전망대와 금속판으로 덮인 지붕의 장려한 전망이 펼쳐져 있었다. 이 경치는 나그네들의 찬탄을 자아내고 있었다. 특히 해 뜰 무렵 눈부시게 빛나는 성스러운 산은 눈과 황금의 큰 덩어리처럼 보였다. 그러나 깊은 애수에 잠겨 있던 예수에게는 다른 모든 이스라엘 사람을 기쁨과 자랑에 넘치게 했던 그 경치도 그저 역겹기만 했다. 그는 이렇게 마음이

---

17) 『누가』 10:38-42;『요한』 12:2.
18) 『요한』 11:20.
19) 『누가』 10:38 이하.
20) 『마태』 26:6;『마가』 14:3;『누가』 7:40;43 『요한』 11:1 이하;12:1 이하.『넷째 복음서』가 마리아와 마르다의 오빠라 하여 들고 있는 나사로라는 이름은 『누가』 16:19 이하의 비유에서 온 것 같다(특히 30-31절을 주의할 것). 시몬에게 붙인, 그리고 『누가』 16:20-21의 '종기'에 부합하는 병명이 『넷째 복음서』의 이상한 체계를 낳았을 것이다. 『요한』 11:1-2의 서투른 실수는 나사로가 마리아와 마르다보다 전승에서 근거가 덜 확실함을 잘 보여 준다.
21) 『마가』 13:3.

쓰라릴 때면 소리 높여 말했다: "예루살렘아! 예루살렘아! 너는 예언자들을 죽이고, 너에게 보낸 이들을 돌로 치는구나. 암탉이 병아리를 날개 아래 모으듯 내가 몇 번이나 내 자녀를 모으려 했던가. 그러나 너는 응하지 않았다."[22]

여기서도 갈릴리에서와 마찬가지로 많은 선량한 사람들이 감동하기는 했다. 그러나 정통파 세력이 압도적이어서 감동했노라고 감히 말한 사람은 극히 적었다. 사람들은 한 갈릴리인의 종파에 들어감으로써 예루살렘 사람들에게 백안시(白眼視)당하는 것을 두려워했다. 자칫 잘못하면 회당에서 내쫓길지도 모르는 터였다. 이것은 완강하여 사리에 어둡고 비루한 사회에서는 다시없이 불명예스러운 일이었다.[23] 더군다나 이렇게 내쫓기면 재산 몰수가 뒤따랐다.[24] 유대인이기를 그만두었다고 해서 로마인이 되는 것도 아니었다. 그저 세상에 둘도 없을 만큼 준엄한 신정 정치적 입법 아래 아무 보호도 받지 못하고 지내야만 했다. 하루는 예수의 강론에 참석했다가 큰 감동을 받은 성전의 하급 관리들이 사제들에게 나아가 자신들의 의심을 털어놓았는데, 그에 대한 대답은 이러했다: "우리 지도자들이나 바리새파 사람들 중 단 한 사람이라도 그를 믿는 사람을 보았느냐? 도대체 율법도 모르는 그 따위 무리는 저주받을 족속이다."[25] 이리하여 예수는 예루살렘에서는 끝내 한 시골 사람이었고, 같은 시골 사람들의 경모를 받았지만, 그 민족의 귀족들로부터는 배척당했다. 종파의 수령들은 숫자가 너무 많아서 새로 또 하나 나타난다고 해서 사람들이 크게 감동받는 일은 없었다. 예수의 음성은 예루살렘에서 별로 사람들의 이목을 끌지 못했다. 『복음서』의 정신의 직접적인 적인 민

---

22) 『마태』 23:37;『누가』 13:34.
23) 『요한』 7:13;12:42-43;19:38.
24) 『에즈라』 10:8;『히브리』 10:34.
25) 『요한』 7:45 이하.

족과 종파에 대한 편견이 이곳에는 너무나 깊이 뿌리 박혀 있다.

예수의 교훈은 이 새로운 세계에서 많이 변형되지 않을 수 없었다. 언제나 청중의 왕성한 상상력과 순수한 도덕적 양심에 효과가 있도록 마련된 그의 아름다운 설교가 여기서는 산산이 부서졌다. 아름다운 작은 호숫가에서는 그렇게도 마음이 편했던 그도 이 사이비 학자들 앞에서는 가슴이 옥죄어 갈피를 잡지 못했다. 그의 끊임없는 자기 긍정도 좀 지루하게 되었다.[26] 그도 논쟁자가 되고 법률가가 되고 『성서』 해석자가 되고 신학자가 되지 않으면 안 되었다. 보통은 우아함이 넘치는 그의 담론도 논쟁의 연발 사격이 되고,[27] 언제 그칠지도 모르는 스콜라적 논쟁의 연속이 되었다. 그의 잘 조화된 천성은 율법과 예언자들에 관한 싱거운 변론에 지칠 대로 지쳤다.[28] 우리는 가끔 예수가 스스로 이런 변론에 도전하지 않았으면 하는 때도 있다.[29] 그는 재주도 없는 궤변가들이 내놓은 음흉한 시험에 우리가 유감스럽게 여길 정도로 관대하게 응하고 있다.[30] 대체로 그는 아주 교묘하게 어려운 처지에서 빠져나갔다. 가끔은 그의 이론 전개가 미묘했던 것은 사실이다(마음의 순박함과 미묘함은 서로 비슷한 데가 있다. 순박한 사람이 이론을 전개할 때에는 언제나 좀 궤변적인 데가 있다). 우리는 가끔 그가 일부러 잘못 알아들은 척하고 변론을 오래 끌고 있는 것을 볼 수도 있다. 아리스토텔레스의 『논리학』의 규칙들에 비추어 보면, 그의 논법은 매우 약하다. 그러나 그의 정신의 유례없는 마력이 나타났을 때 거기에는 승리가 있었다. 어느 날 사람들은 간음한 한 여자를 그에게 데리고 와서 이 여자를 어떻게 처리

---

26) 『요한』 8:13 이하.
27) 『마태』 21:23 이하.
28) 『마태』 22:23 이하.
29) 『마태』 22:41 이하.
30) 『마태』 22:36 이하;46.

해야 할 것인가 물음으로써 골탕 먹일 수 있다고 믿었다. 우리는 예수의 경탄할 만한 대답을 알고 있다.[31] 속세의 사람에 대한 교묘한 조소는 숭고한 자애로 완화되어, 이보다 더 훌륭한 솜씨로는 표현될 수 없었다. 그러나 도덕적 위대성에 결부된 기지는 어리석은 사람들이 가장 용서하지 않는 것이다. "너희 중에 죄 없는 자가 먼저 돌로 치라!"는 극히 정당하고 순수한 말로 예수는 위선자들의 폐부를 찔렀고, 동시에 자신의 사형 판결에 서명했다.

사실, 이렇게 신랄한 설봉으로 격노를 산 일이 없었다면, 예수는 오랫동안 세상에 알려지지 않고 있다가 이윽고 유대 민족 전체를 휘몰아가게 될 저 무서운 폭풍우 속으로 사라졌을지도 모른다. 고급 사제들과 사두개인들은 그를 증오하기보다는 오히려 경멸하고 있었다. 큰 사제 집안이었던 보에투스가(家)나 하난가(家)는 자기들의 안녕에 관계되는 일 이외에는 열광적이 되는 법이 없었다. 사두개인들은 예수와 마찬가지로 바리새인들의 〈전승〉을 배척하고 있었다. 매우 이상한 일이지만, 부활하여 구전되어 오는 율법과 천사들의 존재를 부인하는 이 불신의 무리들이 진정한 유대인이었다. 좀더 적절히 말한다면, 옛 율법은 단순하여 이제는 시대의 종교적 요구를 만족시켜 주지 못하게 된 때문에 신자들에게는 이 율법을 엄격하게 고집하고 당대의 여러 가지 창의를 배격하는 사람들이 불경건한 자로 보였다. 이것은 오늘날 복음주의적인 프로테스탄트가 정통주의의 나라에서 무신앙자로 여겨지고 있는 것과 어느 정도 비슷한 데가 있다. 어떻든 이러한 사람들로부터는 예수에 대한 아주 맹렬한 반동이 오지는 않았다. 권세 있는 사제들은 정치 권력에 눈을 돌리고 있었고 또 정치 권력과 결탁하고 있어서 이런 열렬한 운동에 대해서는 아무 것도 알지 못하고 있었다. 새로 나타난 선생의 교설을 경계하고, 이 교

---

31) 『요한』 8:3 이하.

설로 말미암아 자신들의 편견과 이익이 실제로 위협받은 것은 중류 바리새인들이었다. 즉, 〈전승〉의 지식에 의하여 생활하는 무수한 소페르들, 곧 율법학자들이었다.

바리새인들의 가장 변함없는 노력 가운데 하나는 예수를 정치 문제의 영역으로 끌어들여 가울론의 유다의 일당과 한몫에 곤경에 빠뜨리는 것이었다. 계략은 교묘했다. 왜냐하면 예수가 하나님의 나라를 선포하였음에도 불구하고 아직 로마의 권력과 충돌하지 않은 데에는 필경 예수에게 깊은 지혜가 있었을 것이기 때문이다. 그들은 이 애매한 점을 찔러 예수로 하여금 해명하지 않을 수 없게 했다. 하루는 바리새인들과 '헤롯 당원'이라는 사람들(아마도 보에투스가의 사람들)이 떼지어 그에게 나아가 경건한 열정을 가진 척 말했다: "선생님, 우리는 선생님이 진실하신 분으로서 사람을 겉모양으로 판단하지 않기 때문에 아무도 꺼리지 않고 하나님의 진리를 참되게 가르치시는 줄 압니다. 그래서 선생님의 의견을 듣고자 합니다. 가이사에게 세금을 바치는 것이 옳습니까, 옳지 않습니까?" 그들은 예수를 빌라도에게 넘길 구실을 줄 대답을 기대하고 있었다. 예수의 대답은 훌륭했다. 그는 화폐의 두상(頭像)을 자신에게 보이게 하고 말했다: "가이사의 것은 가이사에게, 하나님의 것은 하나님에게 바치라."[32] 그리스도교의 장래를 결정한 심원한 말씀이여! 정신적인 것과 물질적인 것의 구별을 세우고 참된 자유주의와 참된 문화의 기초를 놓은 완전한 정신주의와 놀라운 정당성을 갖춘 말씀이여!

그가 제자들하고만 같이 있을 때 그의 부드럽고 명철한 천성은 매력에 넘치는 말을 불러일으켰다. "정말 잘 들어 두어라. 양 우리에 들어갈 때 문으로 들어가지 않고 딴 데로 넘어 들어가는 사람은 도둑이며 강도다. 양치는 목자는 버젓이 문으로 들어간다. 양들은 목자

---

[32] 『마태』 22:15 이하;『마가』 12:13 이하;『누가』 20:20 이하.

의 음성을 알아듣는다. 목자는 자기 양들을 하나하나 불러내 밖으로 데리고 나간다. 이렇게 양떼를 불러낸 다음 목자는 앞장 서 간다. 양떼는 그의 음성을 알고 있기 때문에 그를 뒤따라간다…. 도둑은 다만 양을 훔쳐서 죽여 없애려고 온다…. 목자가 아닌 삯꾼은 양들이 자기 것이 아니기 때문에 이리가 가까이 오는 것을 보면 양을 버리고 도망쳐 버린다…. 나는 착한 목자다. 나는 내 양들을 알고, 내 양들도 나를 안다…. 나는 내 양들을 위하여 목숨을 바친다."[33] 인류의 위기가 바야흐로 해결되려 하고 있다는 생각이 그의 말씀에 자주 나타났다. 그는 말하였다: "무화과나무를 보고 배워라. 가지가 연해지고 잎이 돋으면 여름이 가까워진 것을 알게 된다…. 저 밭들을 보아라. 곡식이 이미 다 익어서 추수하게 되었다."[34]

그의 비상한 웅변은 위선과 싸울 때면 언제나 되살아나곤 했다.

"율법학자들과 바리새파 사람들은 모세의 자리를 이어 율법을 가르치고 있다. 그러니 그들이 말하는 것은 다 실행하고 지켜라. 그러나 그들의 행실은 본받지 말라. 그들은 말만 하고 실행하지는 않는다. 그들은 무거운 짐을 꾸려 남의 어깨에 메어 주고, 자기들은 손가락 하나 까딱하려 하지 않는다."

"그들이 하는 일은 모두 남에게 보이기 위한 것이다. 그래서 이마나 팔에 성구 넣은 패[35]를 크게 만들어 매달고 다니며, 윗단에는 기다란 술[36]을 달고 다닌다. 그리고 잔치에 가면 맨 윗자리에 앉으려 하고, 회당에서는 제일 높은 자리를 찾으며, 길을 나서면 인사 받기

---

33) 『요한』 10:1-6.
34) 『마태』 24:32; 『마가』 13:28; 『누가』 21:30; 『요한』 4:35.
35) totafôth 혹은 tefillên. 율법의 구절들을 기록한 금속판이나 양피지. 유대교 신자들은 『출애굽기』 13:9; 『신명기』 6:8 등에 있는 말씀을 문자 그대로 실행하느라고 이것을 이마나 왼쪽 팔에 차고 다녔다.
36) Zizith: 유대인들이 자기들을 이교도들과 구별하기 위하여 겉옷 귀에 붙인 빨간 술.

를 좋아하고 사람들이 스승이라 불러 주기를 바란다. 저희들에게 화 있을진저…!"

"율법학자들과 바리새파 사람들아, 너희 같은 위선자들은 화를 입을 것이다. 너희는(학문의 열쇠를 가졌으되) 하늘나라의 문을 닫아 놓고 사람들을 가로막아 자기도 들어가지 않으면서 들어가려는 사람마저 못 들어가게 한다…. 또한 과부들의 가산을 등쳐먹으면서 남에게 보이려고 기도는 오래 한다. 이런 사람이야말로 그만큼 더 엄한 벌을 받을 것이다…. 율법학자들과 바리새파 사람들아, 너희 같은 위선자들은 화를 입을 것이다. 너희는 겨우 한 사람을 개종시키려고 바다와 육지를 두루 다니다가, 개종시킨 다음에는 그 사람을 너희보다 갑절이나 더 악한 지옥의 자식으로 만들고 있다……. 너희는 드러나지 않는 무덤과 같다. 사람들은 무덤인 줄도 모르고 그 위를 밟고 지나다닌다."[37]

"율법학자들과 바리새파 사람들아, 너희 같은 위선자들은 화를 입을 것이다. 너희는 박하와 회향과 근채에 대해서는 십 분의 일을 바치라는 율법은 지키면서, 정의와 자비와 신의 같은 아주 중요한 율법은 대수롭지 않게 여긴다. 십 분의 일 세를 바치는 일도 소홀히 해서는 안 되겠지만 정의와 자비와 신의도 실천해야 하지 않겠느냐? 이 눈먼 인도자들아, 하루살이는 걸러내면서 낙타는 그대로 삼키는 것이 바로 너희들이다."

"율법학자들과 바리새파 사람들아, 너희 같은 위선자들은 화를 입을 것이다. 너희는 잔과 접시의 겉만은 깨끗이 닦아 놓지만, 속에는 착취와 탐욕이 가득 차 있다. 이 눈 먼 바리새파 사람들아, 먼저 잔

---

37) 무덤에 몸이 닿으면 몸이 더러워진다고 생각되었다. 그래서 사람들은 무덤 주위를 평토(平土)보다 높게 하여 표시했다. 예수가 여기서 바리새파 사람들을 비난하고 있는 것은 그들이 자질구레한 계율을 많이 만들어 사람들로 하여금 미처 생각도 못하는 사이에 그것들을 어기고 율법을 위반하게 하는 데 대해서였다.

속을 깨끗이 닦아라. 그래야 겉도 깨끗해질 것이다."

"율법학자들과 바리새파 사람들아, 너희 같은 위선자들은 화를 입을 것이다. 너희는 겉은 그럴싸해 보이지만 그 속에는 죽은 사람의 뼈와 썩은 것이 가득 차 있는 회칠한 무덤 같다. 이와 같이 너희도 겉으로는 옳은 사람처럼 보이지만, 속은 위선과 불법으로 가득 차 있다."

"율법학자들과 바리새파 사람들아, 너희 같은 위선자들은 화를 입을 것이다. 너희는 예언자들의 무덤을 단장하고 성자들의 기념비를 장식해놓고는 '우리가 조상들 시대에 살았더라면, 조상들이 예언자들을 죽이는 데 가담하지 않았을 것이다.'라고 떠들어댄다. 이것은 너희가 예언자를 죽인 사람들의 후손이라는 것을 스스로 실토하는 것이다. 그러니 너희 조상들이 시작한 일을 마저 하여라. 그래서 하나님의 지혜가 '나는 예언자들과 현인들과 학자들을 너희에게 보내겠다. 그러나 너희는 그들을 더러는 죽이고, 더러는… 이 동네 저 동네로 잡으러 다닐 것이다. 그래서 마침내 죄 없는 아벨의 피로부터 성소와 제단에서 살해된 베레갸의 아들 스가랴의 피에 이르기까지 땅에서 흘린 무고한 피값이 모두 너희에게 돌아갈 것이다.'고 하셨던 것이다. 분명히 말해둔다. 이 모든 죄에 대한 형벌이 이 세대에 내리고야 말 것이다."[38]

이방인들이 대신 하나님의 나라에 들어가리라는 그의 무서운 교리, 즉 본래 하나님의 나라에 들어가게 되어 있는 자들은 원치 않으므로[39] 다른 사람들에게 하나님의 나라가 주어지려 하고 있다는 사상은 피비린내 나는 협박인 양 귀족 계급에게 거듭 전해졌다. 그리고 날카로운 비유를 통해 자신이 하나님의 아들임을 공공연히 시인

---

38) 『마태』 23:2-36 ; 『마가』 12:38-40 ; 『누가』 11:39-52 ; 20:46-47.
39) 『마태』 8:11-12 ; 20:29:1 이하 ; 21:28 이하 ; 33 이하 ; 43:22:1 이하 ; 『마가』 12:1 이하 ; 『누가』 20:9 이하.

하고,[40] 적들로 하여금 하늘에서 파송된 자들을 죽이는 자의 역할을 맡게 하고 있는 것은 정통 유대교에 대한 도전이었다. 그가 비천한 사람들에게 담대하게 호소한 것은 더욱 모반적인 일이었다. 그는 자기가 소경들의 눈을 밝게 하고, 눈이 밝다고 생각하는 자들의 눈을 어둡게 하기 위해서 왔노라고 공언했다.[41] 하루는 성전에 대해서 불쾌한 기분에 젖어 있던 그의 입에서 다음과 같은 당돌한 말이 나왔다. "나는 사람의 손으로 지은 이 성전을 헐어 버리고, 사람의 손으로 짓지 않은 새 성전을 사흘 안에 세우겠다."[42] 예수의 제자들이 이 말에서 억지로 몇 가지 비유를 찾아내려고 하기는 했지만, 예수 자신이 이 말을 어떤 의미로 했는지 분명히 알 수는 없다. 그러나 사람들은 구실만을 얻어내려 하고 있었기 때문에 이 말을 재빨리 적어 간직해 두었다. 이 말은 예수의 사형 판결 이유들 속에 나타났고 또 골고다에서 최후의 고민을 겪을 때 그의 귀에 울려올 것이다. 노여움을 일으키는 이 논박들은 결국에는 언제나 큰 파란을 일으키곤 했다. 바리새인들은 그에게 돌을 던졌다.[43] 이것은 백성들을 옛 신앙으로부터 떠나게 하는 자라면 예언자건 마술사건 그 말에 귀를 기울이지 말고 모두 돌로 쳐 죽이라고 명하고 있는 율법의 한 조항을 실행한 것에 지나지 않았다.[44] 또 어떤 때에는 그들은 예수를 광인, 귀신들린 자, 사마리아인이라 불렀고,[45] 심지어 죽이려고까지 했다.[46] 사람들은 로마 정부가 아직 폐지하지 않고 있던 완고한 신정 정치의

---

40) 『마태』 21:37 이하;『마가』 12:6;『누가』 20:9;『요한』 10:36 이하.
41) 『요한』 9:39.
42) 이 말의 가장 본래적인 형식은 『마가』 14:58;15:29에 있는 것인 듯싶다.
43) 『요한』 8:39;10:31;11:8.
44) 『신명기』 13:1 이하;『누가』 20:6;『요한』 10:33;『고린도 후서』 11:25와 비교해 볼 것.
45) 『요한』 10:20.
46) 『요한』 5:18;7:1;20:25;30;8:37,40.

법률을 적용하여 함정에 빠뜨리려고 그의 말을 기록해 두었다.[47]

---

47) 『누가』 11:53-54.

제22장 예수의 적들의 간계(奸計)

예수는 가을과 겨울 한동안 예루살렘에서 지냈다. 그곳 겨울은 무척 추웠다. 복도가 여러 개 있는 솔로몬 행각(行閣)은 그가 늘 소요하는 곳이었다.[1] 이 행각은 옛 성전 건축물 중 잔존하는 유일한 것으로서, 두 줄의 원주와 기드론 골짜기를 굽어보는 벽으로 된 두 개의 회랑으로 구성되어 있었다. 외부와의 교통은 수사 문을 통해서 하고 있었는데, 이 문의 문설주는 오늘날 〈황금의 문〉이라 불리는 곳 내부에 아직도 남아 있다. 골짜기 저편은 이때 이미 호사스런 무덤으로 장식되어 있었다. 거기 보이는 비석들 가운데 몇 개는 아마도 옛 예언자들을 추모하기 위한 기념비였을 것이다. 예수는 행각에 앉아 이 거대한 건조물 배후에 위선과 허영을 은폐하고 있는 거만한 계급을 꾸짖었을 때, 이 옛 예언자들을 생각하고 있었다.[2]

12월 말, 안티오코스 에피파네스가 신성을 모독한 후 성전을 정결하게 한 것을 기념하기 위하여 유대 마카바이가 세운 축제가 예루살렘에서 열렸다.[3] 이 축제는 '등화절'이라 불렸는데, 8일간의 이 축제 기간 동안 집집마다 등불을 켰기 때문이었다. 이 축제를 지내고 얼

---

1) 『요한』 10:23.
2) 『마태』 23:29;『누가』 11:47.
3) 『요한』 10:22.

마 후 예수는 베레아와 요단 강변으로 여행을 떠났다. 이곳은 수 년 전 그가 요한의 교파를 찾았을 때 가 본 적이 있고,[4] 자신이 침례를 행한 적이 있는 바로 그 지방이었다. 그는 특히 여리고에서 다소 위안을 얻었던 것 같다. 매우 중요한 가도의 기점이어서인지, 또는 여러 향료원과 풍요한 경작지가 있어서인지 여리고에는 상당히 큰 수세소(收稅所)가 있었다. 세리장이요 부자인 삭게오가 예수를 보고 싶어 했다.[5] 그는 키가 작았기 때문에 예수 일행이 지나가게 되어 있던 길옆에 있는 뽕나무 위로 올라갔다. 예수는 신분 있는 한 관리의 이 순진함에 감동했다. 그는 말썽이 일어날 것을 각오하고 삭게오의 집에 들어가 머물기로 했다. 아닌 게 아니라 사람들은 그가 죄인의 집을 찾아 들어감으로써 그 집을 영광되게 하는 것을 보고 못마땅한 듯 수군거렸다. 그 집을 떠나면서 예수는 집주인을 아브라함의 착한 아들이라 선언했다. 또 정통파 사람들로 하여금 더욱 약이 오르게 하려는 듯 삭게오는 성자가 되었다. 즉 그는 자기 재산 절반을 가난한 사람들에게 주고 또 자기가 남에게 끼쳤을지도 모르는 손해의 네 곱절을 갚았다. 하지만, 예수의 기쁨은 이것만이 아니었다. 그 읍을 떠나려 할 때 거지 바디매오[6]가 사람들이 잠잠하라고 엄명하는 것을 무릅쓰고 집요하게 그를 '다윗의 아들'이라 불러 크게 기쁘게 했던 것이다. 갈릴리에서 행한 일련의 기적이 이 지방에서 한때 다시 시작되는 듯싶었다. 이 지방은 북쪽의 여러 지방과 비슷한 데가 많았다. 그 당시는 아주 물이 많았던 여리고의 오아시스는 시리아에서 가장 아름다운 곳 가운데 하나였을 것이 틀림없다. 요세푸스는 이곳에 대해서 갈릴리에 대해서와 마찬가지로 찬탄의 말을 하고 있으며, 이 지방을 갈릴리 지방과 마찬가지로 〈거룩한 곳〉이라 부

---

4) 『요한』 10:40.
5) 『누가』 19:1 이하.
6) 『마태』 20:29; 『마가』 10:46 이하; 『누가』 18:35.

르고 있다.

　예수는 자신이 처음 예언자적 활동을 한 이 여러 곳을 돌아보는 여행을 마치고 사랑하는 베다니로 돌아와 머물렀다.[7] 예루살렘에서 신앙이 두터운 갈릴리 사람들을 서운하게 했을 것이 틀림없는 것은 그가 거기서 기적을 행하지 않은 것이었다. 예수의 벗들은 하나님의 나라가 수도에서 받은 냉대에 역정이 나서, 예루살렘 사람들의 불신앙을 호되게 때리는 큰 기적을 가끔 바랐던 것 같다. 그들도 틀림없이 죽은 사람을 다시 살리는 것이 사람들로 하여금 가장 굳게 확신시키는 것이라고 생각했을 것이다. 마리아와 마르다가 이런 생각을 예수에게 말했다고 상상된다. 예수가 이미 이런 기적을 두세 번 행했다는 소문이 돌고 있었다.[8] 잘 믿던 이 자매는 틀림없이 이렇게 말했을 것이다: "만일 죽은 자 가운데 다시 살아나는 자가 있으면, 아마도 살아 있는 자들이 회개하리이다." 예수는 여기에 대해서 이렇게 대답했을 것이다: "아니다. 어떤 사람이 죽었다가 다시 살아난다 해도 믿지 않을 것이다."[9] 그리고는 그가 자주 들어 익히 알고 있던 한 이야기, 즉 온 몸이 종기로 덮여 고생하다 죽은 후 천사들이 아브라함의 품에 데려간 착하고 가엾은 사내 이야기를 들려주면서 이렇게 덧붙였을지도 모른다: "나사로가 되살아날지라도 사람들은 그것을 믿지 않으리라." 나중에 오해가 생겼다. 가정이 사실로 바뀐 것이다. 사람들은 나사로가 살아났고, 이러한 증언에 반대하는 것은 용서할 수 없는 고집이라고들 말하였다. 나사로의 〈종기〉와 나병 환자 시몬의 〈나병〉이 혼동되었고, 또 일부 전승에서는 마리아와 마르다에게 나사로라는 오빠가 있었고 예수가 이 나사로를 무덤에서 나오게 했다는 것이 인정되었다. 동방의 도읍에서 남의 말하기 좋아하

---

7) 『요한』 11:1.
8) 『마태』 9:18 이하;『마가』 5:22 이하;『누가』 7:11 이하;8:41 이하.
9) 『누가』 16:30-31.

는 사람들이 만들어 낸 이야기가 얼마나 부정확한 것이고 얼마나 앞뒤가 맞지 않는 것인가를 안다면, 이런 소문이 예수 생존시부터 예루살렘에 퍼져서 그에게 불행한 결과를 가져온 것이 불가능한 일로는 보이지 않는다.

사실, 몇 가지 뚜렷한 증거로 미루어, 베다니에서 생긴 어떤 원인들이 예수의 죽음을 재촉하는 데 이바지했던 것 같다.[10] 가끔 이 베다니의 가족이 어떤 경솔한 짓을 했거나 지나친 열정에 빠지지 않았나 하는 생각이 든다. 아마도 자기들의 벗의 사명을 모욕적으로 부정한 사람들의 입을 다물게 하려는 열렬한 욕망이 이 열정적인 사람들로 하여금 모든 한계를 넘어서게 했을 것이다. 불순하고 답답한 도성 예루살렘에서 예수가 더 이상 제 정신을 가질 수 없었음을 상기하지 않으면 안 된다. 그의 의식은 그의 잘못이 아니라 사람들의 잘못으로 말미암아 초기의 청명함을 얼마간 잃어버리고 있었다. 절망하고, 갈 데까지 간 그는 이제 더 이상 자신을 가눌 수가 없었다. 사명이 그를 짓눌렀고, 세찬 흐름에 순종했다. 죽음이 며칠 안에 찾아와 신적인 자유를 주고, 또 시간마다 더욱 다급해지고 더욱 감당하기 어렵게 되어 가는 운명적 역할의 필연에서 그를 떼어 내려 하고 있었다.

줄곧 더해 가는 자신의 격앙과 유대인들의 냉담한 태도의 대조가 끊임없이 커져 갔다. 동시에 관권은 그에게 더욱 짓궂어 갔다. 2월부터 또는 3월 초부터 사제들의 모임이 열리고[11] 이 모임에서 다음과 같은 문제가 명료하게 제기되었다. "예수와 유대교가 공존할 수 있는가?" 문제를 내어놓는 것은 곧 문제를 해결하는 것이다. 그리고 『복음서』기자가 말하고 있는 것처럼, 예언자가 아니면서도 대사제

---

10) 『요한』 11:46 이하;12:2;9 이하;17 이하.
11) 『요한』 11:47 이하.

는 피비린내 나는 격률을 제법 잘 밝힐 수 있었다. "한 사람이 온 백성을 위하여 죽는 것이 유익하다."라고.

'그 해의 대사제'라는 『넷째 복음서』의 표현은 대사제의 재직기간이 줄어든 것을 잘 나타내고 있지만, 어쨌든 그 해의 대사제는 왈레리우스 그라투스에 의해 임명된, 그리고 로마인에게 아주 충실한 요셉 가야바였다. 예루살렘이 총독에 종속하게 된 이래 대사제직은 파면할 수 있는 것이 되어, 거의 해마다 면직 처분이 내렸다. 하지만 가야바는 다른 누구보다도 오래 그 직위를 유지했다. 그는 25년에 그 직위를 얻고 35년에 처음으로 잃었다. 그의 성격이 어떠했는지는 전혀 알려져 있지 않다. 당시의 여러 사정으로 미루어 그의 권력은 유명무실했다고 생각된다. 그의 곁에 그리고 그의 위에 언제나 또 하나의 인물이 있었음을 우리는 안다. 이 인물이 우리가 지금 문제삼고 있는 결정적 시기에 우세한 권력을 행사하고 있었던 것 같다.

이 인물은 가야바의 장인으로, 하난 혹은 안나스라는 사람이었다. 그는 셋의 아들이요 퇴직한 늙은 대사제로, 이렇게 대사제직이 불안정한 가운데서 사실상 모든 권력을 장악하고 있었다. 하난은 서기 7년에 총독 퀴리노에게서 대사제직을 받았는데, 디베리오 즉위로, 14년에 그 직위를 잃었다. 그러나 그는 여전히 매우 중시되었다. 비록 그가 직위를 떠나기는 했으나, 사람들은 계속하여 그를 '대사제'라 불렀고,[12] 모든 중대한 문제에 관해서는 그의 의견을 물었다. 50년 동안 대사제직은 거의 중단 없이 그의 집안에서 차지했다. 그의 사위인 가야바 외에도, 그의 아들 가운데 다섯이 연이어 이 높은 자리를 얻었다. 사람들은 마치 사제직이 이 집안의 세습인 양 '사제 집안'이라 불렀다. 성전의 요직도 거의 모두 그들에게 귀속되었다. 다른 한 집안, 즉 보에투스 집안이 하난 집안과 번갈아 가면서 대사제

---

12) 『요한』 18:15-23; 『사도행전』 4:6.

직을 차지한 것은 사실이다. 그러나 보에투스 집안의 사람들은 그다지 명예롭지 못한 이유로 그 신분을 얻고 있어서, 신앙 있는 시민 계급으로부터 훨씬 덜 존경받고 있었다. 그러므로 하난이 사실상 사제들의 우두머리였다. 가야바는 무슨 일을 하든지 하난을 따랐다. 사람들은 이들의 이름을 함께 붙여서 부르는 버릇이 있었는데, 그때 먼저 부르는 것은 언제나 하난의 이름이었다.[13] 사실, 총독의 변덕에 의하여 해마다 대사제직이 교체되는 체제 아래서는 전통의 비밀을 쥐고 있어서 자기보다 미숙한 많은 사람들이 서로 뒤를 잇는 것을 보고, 또 집안의 서열로 보아 자기 손아래 있는 사람들에게 권력을 넘겨주게 할 수 있을 만큼 세력이 있던 노(老)사제가 필시 매우 중요한 인물이었으리라는 것은 어렵지 않게 짐작되는 일이다. 성전의 모든 귀족들과 마찬가지로,[14] 그도 사두개인이었다. 요세푸스의 말로 하면, '그 재판이 특별히 가혹한 일파'의 사람이었다. 그의 아들들도 모두 열렬한 박해자들이었다. 그 중 한 아들은 이름이 자기 아버지와 같이 하난이었는데, 그는 예수의 죽음과 아주 비슷한 사정 속에서 주님의 형제인 야고보를 돌로 쳐 죽이게 하였다. 이 집안의 정신은 오만하고 대담하고 잔인했다. 이 집안은 유대 정치의 특색을 이루는 저 특별한 종류의 교만하고 음험한 악의를 가지고 있었다. 그러므로 이제부터 나오는 모든 행위의 책임은 마땅히 하난과 그 일가가 져야 한다. 예수를 죽인 것은 하난이었다(혹은 그를 대표로 하는 일당이었다고 해도 좋다). 하난은 이 무서운 극의 주연이었다. 그리고 가야바보다도 빌라도보다도 더욱 인류의 저주를 받아 마땅한 자였다.

『넷째 복음서』의 기자는 예수에게 사형을 선고하게 한 결정적인

---

13) 『누가』 3:2.
14) 『사도행전』 5:17.

말이 가야바의 입에서 나온 것으로 보고하고 있다.[15] 대사제는 어떤 예언 능력을 가지고 있는 것으로 상상되고 있었다. 그리하여 그 말은 그리스도 교단에 대해서는 깊은 의미가 있는 하나의 신탁이 되었다. 그러나 그 말을 한 자가 누구이건, 그런 말은 사제 일당 전체의 생각이었다. 이 일당은 민중의 반란에 대해서는 강력히 반대하고 있었다. 이 일당은 열광적 종교가들이 격앙된 설교를 함으로써 온 나라를 멸망케 할 것이라 예견하고, 이 종교가들을 잡아 가두려 했다. 그들이 이렇게 내다본 것은 바로 본 것이었다. 예수가 일으킨 소요는 현세적인 데가 전혀 없는 것이었으나, 사제들은 이 소요의 최후의 결과로 로마의 압박이 가중되어 자신들의 부와 명예의 원천인 성전이 궤멸하리라 보았다.[16] 37년 후 예루살렘의 멸망을 초래한 원인은 확실히 초대 그리스도교에는 없었다. 하지만 당시 상황에서 사제들이 내세운 구실이 아주 부당하기만 하여 악의만을 드러내고 있다고는 말할 수 없다. 넓은 의미에서 예수는 만일 성공했더라면 정말 유대 민족의 멸망을 초래했을 것이다. 그러므로 하난과 가야바가 모든 고대 정치에서 인정된 원칙에서 출발하여, "한 사람이 온 백성을 대신해서 죽는 편이 더 낫다."고 말한 것은 당연한 일이었다. 우리 생각으로는 이것은 타기할 논법이었다. 그러나 이 논법은 인간 사회의 맨 처음부터 보수적 당파의 논법이었다. 〈질서의 당파〉(나는 이 표현을 좋지 않은 좁은 의미에서 쓴다)는 언제나 똑같았다. 이 당파는 민중의 정열을 방해하는 것이 정부의 최고 의무라고 생각하기 때문에 요란스럽게 끓어오르는 피를 법률적 살해로 막음으로써 애국적 행위를 하고 있다고 믿는다. 장래의 일을 조금도 염려하지 않는 이 당파는 모든 창의에 대해 전쟁을 선포함으로써 언젠가는 승리하

---

15) 『요한』 11:49-50.
16) 『요한』 11:48.

게 되어 있는 사상을 짓눌러 없애 버리는 것이 아닌가라는 생각은 꿈에도 하지 않는다. 예수의 죽음은 이러한 정책의 무수한 적용 가운데 한 예였다. 그가 이끌어가던 운동은 전적으로 정신적인 것이었다. 그러나 그것은 하나의 운동이었다. 그러니 질서의 사람들은 인류에게 가장 요긴한 것이 전혀 동요하지 않는 것이라고 확신하고 있는 터이므로 새로운 정신이 만연하는 것을 막지 않으면 안 되었다. 이러한 행동이 얼마나 그 목적에 반대되는 것인가를 이 실례처럼 뚜렷하게 보여 준 일은 지금까지 없었다. 그냥 자유로웠다면, 예수는 불가능한 일에 대한 절망적인 투쟁에 지칠 대로 지쳤을 것이다. 원수들의 어리석은 증오는 그의 사업의 성공을 결정지었고, 또 그의 신성을 완전케 해 주었다.

이리하여 예수의 죽음은 2월 또는 3월부터 결정되어 있었다.[17] 그러나 예수는 아직 얼마 동안 피해 있었다. 그는 예루살렘에서 하루면 충분히 갈 수 있는 베델 곁 광야 언저리에 있는 에브라임 혹은 에브론이라는 별로 알려지지 않은 마을로 물러갔다.[18] 여기서 그는 파란은 아랑곳하지 않고 제자들과 여러 주간을 지냈다. 성전 주변에는 그를 보는 대로 체포하라는 명령이 내려졌다. 유월절의 성전(盛典)이 다가오고 있었다. 사람들은 예수가 그 습관을 따라 이 절기를 지키러 예루살렘에 오리라 생각하였다.

---

17) 『요한』 11:53.
18) 『요한』 11:54.

제23장 예수의 마지막 주간

과연, 그는 제자들을 거느리고 다시 한 번 마지막으로 불신의 도성을 보러 떠났다. 그를 둘러싼 사람들의 희망은 더욱 더 드높아 갔다. 예루살렘으로 올라가면서 누구나 하나님의 나라가 거기서 실현되리라 믿었다.[1] 사람들의 불신앙은 절정에 달해 있었는데, 이것은 세상의 종말이 가까움을 보여 주는 징조였다. 제자들은 이 점에 대해서 아주 확신하고 있었기 때문에 벌써 그 나라에서 상석을 차지할 것을 다투고 있었다.[2] 살로메가 두 아들을 위하여 사람의 아들의 좌우의 두 자리를 청한 것은 바로 이때의 일이었다고 한다.[3] 이에 반하여 주님은 심각한 생각에 잠겨 있었다. 때때로 적들에 대하여 어두운 원한의 생각이 스며드는 것을 어찌할 수가 없었다. 그는 어떤 귀인의 이야기를 하였다. 이 귀인은 왕국을 상속받기 위하여 먼 나라로 떠났다. 그러나 그가 떠나자마자 그의 동향인들은 그를 원치 않는다. 그는 왕이 되어 돌아와, 그가 왕으로서 다스리는 것을 원치 않는 사람들을 자기 앞에 끌어오도록 명하여 그들을 모두 죽이게 한다.[4] 또 어떤 때에는 예수는 제자들의 환상을 정면으로 부수어 버렸

---

1) 『누가』 19:11.
2) 『누가』 22:24 이하.
3) 『마태』 20:20 이하;『마가』 10:35 이하.
4) 『누가』 19:12-27.

다. 예루살렘 북쪽의 자갈길을 걷고 있었을 때 예수는 생각에 잠겨 무리의 앞에 서서 걸었다. 모두 두려운 생각을 품고 감히 무슨 말을 물어 보지도 못하고 잠잠히 그를 바라보았다. 이미 여러 차례 거듭하여 그는 자신이 장차 당할 고난을 그들에게 말했고, 그들은 싫어하는 낯빛으로 그의 말을 들었다.[5] 예수는 마침내 말문을 열어, 더 이상 자기의 예감을 숨기지 않고 최후가 가까웠음을 이야기했다.[6] 이것은 거기 있던 모든 사람들에게 큰 슬픔이었다. 제자들은 얼마 안 가서 구름 속에 징조가 나타나는 것을 기다리고 있었다. "주의 이름으로 오시는 이여, 찬미 받으소서"[7]라는 하나님의 나라가 시작됨을 알리는 외침은 이미 이 무리들 속에서 기쁨에 넘친 목소리로 울려 나오고 있었다. 그러나 예수의 피비린내 나는 전망은 그들을 불안케 했다. 운명의 길을 한 발자국 한 발자국 걸어 나아갈 때 하나님의 나라는 그들의 꿈의 신기루 속에서 가까워졌다. 예수는 어떠했는가 하면, 자신이 이제 곧 죽을 것이지만, 자신의 죽음이 세상을 구하리라고 확신하고 있었다.[8] 그와 제자들 사이의 오해는 순간마다 더 깊어져 갔다.

예루살렘으로는 미리 마음을 준비하기 위하여 유월절이 오기 여러 날 전에 가는 것이 관례였다. 예수는 다른 사람들보다 늦게 도착했다. 그래서 한때 적들은 그를 잡으려는 희망이 좌절된 것으로 생각했다.[9] 절기의 엿새 전(니산월[10] 8일 토요일 즉 3월 28일) 그는 마침내 베다니에 당도했다. 그가 늘 하던 대로 마르다와 마리아의 집,

---

5) 『마태』 16:21 이하 ; 『마가』 8:31 이하.
6) 『마태』 20:17 이하 ; 『마가』 10:31 이하 ; 『누가』 18:31 이하.
7) 『마태』 23:39 ; 『누가』 13:35.
8) 『마태』 20:28.
9) 『요한』 11:56.
10) 니산월(Nisan) : 유대 교회 달력의 첫째 달. 태양력의 3~4월에 해당한다.

즉 나병 환자 시몬의 집에서[11] 저녁 식사를 할 때 새 예언자를 보려는 사람들이 많이 모여들었다. 전하는 바로는 며칠 전부터 소문이 자자하던 나사로를 보려고 모였다고도 한다. 식탁에 앉은 나병 환자 시몬은 아마도 이미 많은 사람들에게는 소위 다시 살아난 사람으로 생각되고 있어서 사람들의 주목을 끌고 있었을 것이다. 마르다는 여전히 시중을 들고 있었다. 그들은 더욱 존경하는 태도를 드러내어, 모인 무리들의 냉담함을 이기고 자신들의 손님의 높은 품위를 크게 드러내려 하는 것 같았다. 마리아는 이 향연에 더욱 큰 환대의 분위기가 감돌도록 하기 위하여 향유 단지를 들고 식사하는 데 들어와 예수의 발에 뿌렸다. 그리고는 귀한 손님을 접대하는 데 쓴 그릇을 깨뜨리는 옛 관습에 따라 그 단지를 깨뜨렸다. 마지막에는 그녀의 존경의 표시를 그때까지 세상에 없던 지나친 행동으로 옮겨, 무릎을 꿇고 자신의 긴 머리털로 스승의 발을 닦았다. 향유의 좋은 냄새가 온 집 안에 가득 차서 모든 사람을 크게 기쁘게 했으나, 인색한 가롯 유다만은 기쁜 빛이 없었다. 이 신도단의 검약하는 습관에서 보면, 이것은 참으로 큰 낭비였다. 욕심 많은 이 회계는 이 향유가 얼마에 팔리며, 그 돈이 가난한 사람들의 호주머니에 얼마나 들어갈 것인가를 즉시 계산했다. 사랑이 부족한 이 감정은 예수를 불쾌하게 했다. 어떤 것을 자기보다 더 높은 데 두려는 것으로 생각되었던 것이다. 그는 명예를 좋아했다. 왜냐하면 명예는 다윗의 아들이라는 그의 칭호를 확립시킴으로써 그의 목적에 도움이 되었기 때문이다. 그리하여 가난한 자를 운운하는 말을 듣고 그는 매우 격렬하게 답하였다: "가난한 사람들은 언제나 너희 곁에 있겠지만, 나는 너희와 언제까지나 함께 있지는 않을 것이다." 그리고는 소리를 가다듬어, 이 위기의 때에 자신에게 사랑의 증거를 보여 준 이 여인에게 영생을 보증

---

11) 『마태』 26:6; 『마가』 14:3.

하였다.[12]

 이튿날(니산월 9일 일요일), 예수는 베다니에서 예루살렘으로 내려갔다.[13] 올리브 산정의 우회로에서 눈앞에 도성이 전개되고 있는 것을 보고 그는 이 도성에 대해서 눈물을 흘리고 작별 인사를 했다고 한다.[14] 산허리에 벳바게[15]라는, 특히 사제들이 많이 사는 성곽 밖 가까운 곳에서 예수는 다시 잠깐 동안 인간적인 만족을 맛보았다.[16] 그가 온다는 소문이 널리 퍼져 있었다. 절기를 지내러 와 있던 갈릴리 사람들은 크게 기뻐했고, 그를 위하여 자그마한 환영을 준비했다. 사람들은 암나귀 한 필을 끌고 왔다. 암나귀에는 으레 새끼가 따르게 마련인데, 이때에도 새끼가 따라왔다. 갈릴리 사람들은 자신들의 제일 좋은 겉옷을 안장 방석 대신 이 빈약한 탈 것의 등에 얹고 예수를 앉혔다. 그러는 동안 다른 사람들은 그들의 옷을 길 위에 펴고 푸른 작은 나뭇가지로 덮었다. 앞뒤로 걸어가는 무리는 종려나무 가지를 손에 들고 외쳤다. "호산나, 다윗의 자손! 주의 이름으로 오시는 이여, 찬미 받으소서." 어떤 사람들은 그에게 심지어 이스라엘의 왕이라는 칭호까지 드렸다.[17] 바리새인들은 그에게 말했다: "선생님, 제자들이 저러는데 왜 꾸짖지 않으십니까?" 예수는 "잘 들어라. 그들이 입을 다물면 돌들이 소리 지를 것이다."라고 대답하고 도성 안으로 들어갔다. 그를 잘 알지 못하던 예루살렘 사람들은 그가 누군가고 물었다. "갈릴리 나사렛의 예언자 예수요."라고 사람들은 대답했다. 예루살렘은 인구가 5만쯤 되는 도읍이었다. 별로 알려져 있지 않

---

12) 『마태』 26:6 이하;『마가』 14:3 이하;『요한』 11:2;12장 이하.
13) 『요한』 12:12.
14) 『누가』 19:41 이하.
15) 『마태』 21:1;『마가』 11:1;『누가』 19:29.
16) 『마태』 21:1 이하;『마가』 11:1 이하;『누가』 19:29 이하;『요한』 12:12 이하.
17) 『누가』 19:38;『요한』 12:13.

은 한 이방인이 이 도읍에 들어온다든가, 시골 사람들의 한 떼가 도착한다든가, 이 도읍의 큰 길에서 사람들이 무슨 움직임을 일으킨다든가 하는 따위의 조그마한 사건도 평소라면 금세 소문이 퍼지곤 했다. 그러나 명절에는 극도로 혼잡했다. 명절이 든 여러 날은 예루살렘은 외부에서 온 사람들의 것이었다. 따라서 감동은 바로 이 사람들 가운데서 가장 격렬했을 것으로 보인다. 명절을 쇠러 와 있던 그리스어를 쓰는 유대 사람들은 호기심이 생겨 예수를 보고 싶어 했다. 그들은 예수의 제자들에게 가서 청했다.[18] 이렇게 만나서 청한 결과가 어떻게 되었는지는 잘 알 수 없다. 예수는 그의 습관대로 그가 사랑하는 베다니로 가서 밤을 지냈다.[19] 다음 사흘 동안(월요일·화요일·수요일)도 그는 한결같이 예루살렘에 내려갔다가 해가 지면 베다니나 아니면 친구가 많이 있는 올리브산 서쪽 비탈에 있는 농장으로 올라갔다.[20]

예수는 평소에는 쾌활하고 명랑했지만, 이 마지막 여러 날은 큰 슬픔이 마음에 가득 찼던 것 같다. 모든 얘기는 한결같이 그가 체포되기 전 한때 마음이 괴로웠고 예감된 고민 같은 것을 가졌다고 전하고 있다. 어떤 얘기에 의하면, 그가 갑자기 이렇게 소리 질렀다고 한다. "내 마음이 괴롭다. 오오 아버지, 나를 구원하여 이때를 면하게 하여 주소서!"[21] 사람들은 그때 하늘에서 무슨 소리가 들려왔다고 생각했다. 천사가 와서 그를 위로했다고 말하는 사람도 있었다.[22] 널리 퍼져 있던 이야기에 의하면, 이 일은 겟세마네 동산에서 있었다. 예수는 게바와 세베대의 두 아들만을 데리고 제자들이 자고 있는 데

---

18) 『요한』 12:20 이하.
19) 『마태』 21:17; 『마가』 11:11.
20) 『마태』 21:17-18; 『마가』 11:11-12:19; 『누가』 21:37-38.
21) 『요한』 12:27 이하.
22) 『누가』 22:43; 『요한』 12:28-29.

서 돌을 던지면 닿을 만한 곳에 따로 갔다.[23] 그때 그는 땅에 얼굴을 대고 기도했다. 그는 서글퍼 죽을 지경이었다. 무서운 고민이 그를 짓눌렀다. 그러나 하나님의 뜻대로 하려는 생각이 그로 하여금 이기게 했다.[24] 이 장면은 『공관 복음서』의 편찬을 지배한, 그리고 『공관 복음서』로 하여금 이야기들을 배열함에 있어 가끔 편의라든가 효과 같은 이유를 따르게 한 본능적 기교의 결과로, 예수의 최후의 밤과 그가 체포되던 때에 있었던 것으로 되어 있다. 만일 이런 이야기가 옳다고 한다면, 이렇게도 감동적인 사실을 직접 목격했을 요한이 제자들에게 이에 대해서 아무 말도 하지 않고 있는 것, 『넷째 복음서』의 기자가 목요일 밤의 일은 자세히 이야기하고 있으면서 그 이야기에서 이 일화를 말하지 않고 있는 것은 도저히 이해할 수 없는 일이다. 다만 한 가지 말할 수 있는 것은, 이 마지막 여러 날 동안 그가 받은 사명의 무거운 짐이 몹시 그를 짓눌렀다는 것이다. 인간의 본성이 한 순간 눈을 떴던 것이다. 아마 그는 자신의 사명에 대해 의심했는지도 모른다. 공포와 주저가 그를 사로잡아 죽는 것보다도 못한 낙담 속으로 내던졌다. 위대한 사상을 위하여 자신의 휴식과 생의 정당한 보수를 희생시킨 사람은 죽음의 그림자가 처음으로 그에게 나타나고, 모든 것이 헛됨을 그에게 설득시키려 할 때 언제나 쓸쓸히 자기 자신에게로 되돌아온다. 가장 강한 마음을 가진 사람들이 간직하는, 그리고 어떤 때 날카로운 칼처럼 그들의 마음을 찌르는, 저 가슴을 메이게 하는 추억 몇 개가 아마도 그 순간 예수의 마음속에 되살아났을지도 모를 일이다. 그는 시원한 물을 마시고 기운을 차릴 수 있었던 갈릴리의 맑은 샘이나 그 그늘 아래 앉을 수 있었을 포도나무와 무궁화 나무, 혹은 아마도 그를 사랑하기로 했었을 젊은

---

23) 『누가』 22:41.
24) 『마태』 18:36 이하;『마가』 14:32 이하;『누가』 22:39 이하.

처녀들을 떠올렸던 것일까? 다른 모든 사람에게는 기쁨을 주면서 자신에게는 주지 않는 야속한 운명을 저주했던 것일까? 자신의 너무나도 높은 성질을, 그리고 자기의 위대함의 희생이 된 것을 뉘우치고 나사렛의 질박한 목수로 그냥 있지 않은 것을 아프게 후회했던 것일까? 여기에 대해서 우리는 아는 바 없다. 왜냐하면 이 모든 내적 고뇌는 분명히 제자들에게는 끝내 봉해진 편지였기 때문이다. 그들은 여기에 대해서 아무 것도 이해하는 바 없었고, 스승의 위대한 마음 속에 있었던 것으로 자기들이 잘 알지 못했던 것에 대해서 소박한 추측으로 메웠다. 하지만, 적어도 그의 신적 본질이 쉬 다시 우세하게 된 것만은 확실하다. 그는 아직 죽음을 피할 수가 있었다. 그러나 그는 그것을 원치 않았다. 자기의 사업에 대한 사랑이 그를 휘몰아 갔다. 그는 고난의 잔을 찌꺼기까지 마시기로 했다. 사실, 이때 이후로 예수는 다시금 온전하게 되고 의심의 구름이 한 점도 없게 되었다. 논쟁자의 교묘함, 기적을 행하고 악귀를 내쫓는 자의 경신(輕信)은 잊혀졌다. 이제 남은 것은 오직 비길 데 없는 수난의 영웅, 자유로운 신앙의 권리의 창건자, 고난을 당하는 모든 사람이 자기를 강하게 하고 위안하기 위하여 명상하는 완전한 모범 뿐이다.

벳바게의 환영, 시골 사람들이 예루살렘 성문에서 저들의 왕 메시아의 입성을 축하한 이 대담한 행위는 바리새인들과 성전의 귀족 계급을 격노케 하고 말았다. 수요일(니산월 12일), 요셉 가야바의 집에서 다시 새로운 논의가 있었다.[25] 예수를 즉각 체포할 것이 결의되었다. 무엇보다도 질서와 보수적 경비를 보전하고자 하는 생각이 모든 조치를 지배했다. 소란을 피우지 않는 것이 중요한 일이었다. 이 해에는 유월절이 금요일 저녁에 시작하도록 되어 있었는데, 이때에는 혼잡하고 흥분하게 되기 때문에 이 절기에 앞서 일을 치르기로 결정

---

25) 『마태』 26:1-5 ; 『마가』 14:1-2 ; 『누가』 22:1-2.

했다. 예수는 인기가 높았다.[26] 그래서 그들은 소동이 일어날 것을 두려워했다. 사제의 권위에 반항한 사람들을 화형 같은 것에 처하여 백성들에게 종교적 공포감을 일으킴으로써 온 백성이 모여든 성전을 더욱 장엄하게 하는 것이 관례이기는 했으나, 이때에는 아마도 그러한 처형이 제사 기간 동안에는 행해지지 않도록 배려했던 것 같다. 그래서 이튿날인 목요일에 체포하기로 결정되었다. 또한 그를 그가 매일 오곤 하던 성전 안에서는 잡지 않고,[27] 어떤 은밀한 곳에서 붙잡기 위하여 그의 습관을 염탐하기로 결정했다. 사제들의 명령을 받든 관원들이 제자들과 접촉하여, 그들의 약점이나 단순한 마음에서 무슨 유용한 정보를 얻을까 하여 살펴보았다. 그들은 자기들이 구하던 것을 가롯 유다에게서 찾았다. 이 불행한 사나이는 어째서 그랬는지 설명할 수 없는 동기에서 스승을 배반하고, 필요한 모든 정보를 제공하고, 또 심지어 (이러한 지나친 극악무도는 좀처럼 믿기 어렵지만) 예수를 체포할 무리를 인도하는 일을 맡았다. 이 사나이의 어리석음이나 악의가 그리스도교의 전승 속에 혐오할 추억을 남겼기 때문에 여기서도 얼마간의 과장이 있었을 것이 틀림없다. 그때까지만 해도 유다는 다른 사람과 다를 바 없는 제자였다. 사도의 칭호를 가지고 있었고, 또 기적도 행하고 악귀를 내쫓기도 했다. 전설은 뚜렷한 색채만을 원하는지라, 열한 명의 성자와 한 사람의 악인 밖에 인정할 수 없었다. 실상은 결코 이렇게 절대적 구별이 있는 것이 아니다. 『공관 복음서』에서는 여기서 문제되는 범죄의 동기가 탐욕이라고 하지만, 이것은 충분한 설명이 못 된다. 회계를 맡고 있고 주인이 죽으면 얼마나 손해가 된다는 것을 알고 있는 사람이 자신의 직책에서 생기는 이득[28]을 얼마 되지 않는 금액과 맞바꾸었다

---

26) 『마태』 21:46.
27) 『마태』 26:55.
28) 『요한』 12:6.

는 것은 이상한 일이다.[29] 유다는 베다니에서의 식사 때 꾸중을 듣고 자존심이 상했던 것인가? 이것도 충분한 설명이 못 된다. 『넷째 복음서』의 기자는 유다를 처음부터 도둑이요 믿지 않는 자였다고 하고 싶어 하지만,[30] 이것은 전혀 사실 같지 않다. 오히려 어떤 질투의 감정, 내부의 어떤 불화 같은 것이 그 동기가 아닐까 한다. 요한이 지은 것으로 되어 있는 『복음서』에서 볼 수 있는, 유다에 대한 특별한 증오[31]가 이 가정을 뒷받침해 준다. 다른 사람들보다 마음이 깨끗하지 못한 유다는 자신도 모르는 새 자기의 직무에 대해서 편협한 생각을 가지게 되었을 것이다. 직무 수행에 흔히 따르기 쉬운 한 가지 좋지 못한 버릇으로 해서 그는 회계의 이해를 회계가 목적으로 삼고 이바지해야 할 사업보다 더 소중히 여기게 되었을 것이다. 관리자가 사도를 죽였을 것이다. 베다니에서 그의 입에서 흘러나온 불평의 소리로 미루어 보건대, 스승이 그 정신적 가족에게 비용이 너무 과하다고 그는 가끔 생각했던 것 같다. 이런 치사스러운 검약은 이 조그마한 사회 안에서 이밖에도 많은 불쾌한 일을 야기했을 것이 틀림없다.

그러므로 우리는 가롯 유다가 스승의 체포에 조력했음을 부인하지는 않으나, 사람들이 그에게 퍼붓고 있는 저주에는 좀 부당한 데가 있다고 믿는다. 아마도 그의 행위에는 사악함보다는 옹졸함이 더 많았던 것이 아닌가 싶다. 공동 생활을 하는 사람의 도덕적 의식은 활발하고 올바르지만, 불안정하고 모순이 많다. 그러한 의식은 순간적 유혹에 저항하지 못한다. 프랑스 공화당의 여러 비밀 결사들은 많은 신념과 성실성을 간직하고 있었으나, 그 속에는 또한 고발자도

---

29) 『넷째 복음서』는 유다가 받은 보수 같은 것에 대해서는 언급조차 하고 있지 않다. 『공관 복음서』들에서 은 30편이라 하고 있는 것은 『스가랴』 11:12-13에서 따온 것이다.
30) 『요한』 6:65;71-72;12:6;13:2;27 이하.
31) 『요한』 6:65;7:6.

많았다. 대수롭지 않은 일로 언짢은 생각을 품었던 것도 신도를 반역자가 되게 하기에는 충분했다. 그러나 설사 은화 몇 닢에 대한 어리석은 욕망이 가엾은 유다의 머리를 돌게 했다손 치더라도, 그가 도덕감을 완전히 잃었다고는 생각되지 않는다. 왜냐하면 그는 자신의 잘못의 결과를 보고 뉘우쳤고,[32] 또 전하는 바에 의하면 자살했다고 하니 말이다.

이때에 이르러서는 일각일각이 장중하게 되었고, 또 인류 역사의 몇 세기 전체보다도 길었다. 이제는 니산월 13일(4월 2일) 목요일이 되었다. 이튿날 저녁이면, 어린양을 잡아먹는 향연과 함께 유월절이 시작될 것이었다. 절기는 이때부터 7일간 계속되었고, 사람들은 그 동안 누룩 없는 빵을 먹었다. 7일간의 첫날과 마지막 날은 특별히 장중한 분위기였다. 제자들은 벌써 명절 준비에 바빴다.[33] 예수는 어떠했는가 하면, 유다의 배반을 알고 있었고 또 자신을 기다리고 있는 운명을 예측하고 있었던 것으로 생각된다. 저녁에 그는 제자들과 함께 마지막 식사를 했다. 이것은 후일 사람들이 날짜를 하루 잘못 계산하여 상상한 바와 같은, 유월절 의식의 향연이 아니었다. 그러나 초대 교회로서는 목요일의 만찬이야말로 진정한 유월절이요 새로운 언약의 표징이었다. 제자마다 자신의 가장 흐뭇한 추억을 여기에 결부시키고, 또 각자가 자기 마음속에 간직한 감격적인 스승의 특징들이 이 식사와 관련이 되어서, 이 식사는 그리스도교 신앙의 초석이 되고 또 가장 풍요한 제도들의 출발점이 되었다.

사실, 자신을 둘러싼 조그마한 교회에 대해서 예수의 가슴에 넘쳐 있던 부드러운 애정이 이때 흘러 나왔다는 것은 조금도 의심할 여지가 없는 일이다.[34] 조용하고 강한 그의 마음은 자신을 에워싸고 있던

---

32) 『마태』 27:3 이하.
33) 『마태』 26:1 이하 ; 『마가』 14:12 ; 『누가』 22:7 ; 『요한』 18:29.

음울한 우려의 무거운 그늘 아래서도 그저 가볍기만 했다. 그는 벗한 사람 한 사람에게 말을 걸었다. 특히 그 중 두 사람 요한과 베드로에게는 따뜻한 애정을 표시했다. 요한은 긴 의자에 예수 곁에 비스듬히 누워 스승의 가슴에 머리를 얹고 있었다.[35] 식사가 끝날 무렵 예수의 가슴을 내리누르고 있던 비밀이 그의 입에서 새어 나오고야 말았다. "나는 분명히 말한다. 너희 가운데 한 사람이 나를 배반할 것이다."[36] 그것은 이 순박한 사람들에게는 안타깝고도 괴로운 순간이었다. 그들은 서로 쳐다보고, 각자 자기 마음에 물었다. 유다도 거기 있었다. 얼마 전부터 유다를 의심할 까닭이 있었던 예수는 아마도 이 말로 유다의 눈초리 또는 그의 당황한 몸가짐에서 그의 죄의 고백을 끌어내려 했을 것이다. 그러나 이 부실한 제자는 낯빛을 바꾸지 않았다. 그는 심지어 다른 제자들처럼 "선생님, 저는 아니지요?"라고 감히 묻기까지 했다.

그러는 동안에도 곧고 선량한 베드로는 몹시 괴로웠다. 그는 요한에게 눈짓을 보내 스승이 누구를 두고 말씀하신 것인지 알아보게 했다. 다른 사람들에게 들리지 않게 소곤소곤 예수와 말할 수 있었던 요한은 이 수수께끼 같은 말씀의 뜻이 무엇인지 물었다. 예수는 의심을 품고 있는 데 지나지 않았기 때문에 누구의 이름도 입 밖에 내려 하지는 않았다. 다만 그는 자기가 한 조각의 음식을 소스에 찍어 주는 자가 누군지 잘 보라고 요한에게 말했다. 동시에 그는 음식 한 조각을 찍어 유다에게 주었다. 요한과 베드로만이 이것을 알았다. 예수는 유다에게 몇 마디 매섭게 꾸짖었으나, 그 자리에 있던 사람들은 그것이 무슨 말인지 몰랐다. 그들은 예수가 이튿날의 명절을 위

---

34) 『요한』 13:1 이하.
35) 『요한』 13:23.
36) 『마태』 26:21 이하;『마가』 14:18 이하;『누가』 20:21 이하;『요한』 13:21 이하;21:20.

해서 무슨 분부를 한 것으로 생각했다. 그러자 유다는 밖으로 나갔다.[37]

　이때에는 이 식사가 아무에게도 감동을 주지 않았다. 그리고 주님이 제자들에게 일러 준, 그리고 제자들이 잘 이해하지 못한 염려 외에는 특별한 일이 아무 것도 없었다. 그러나 예수가 죽은 후 사람들은 이 저녁에 특별히 장중한 의미를 부여했고, 또 신자들의 상상은 거기에 달콤한 신비의 색조가 감돌게 했다. 사랑하는 사람에 관해서 우리가 가장 잘 기억하는 것은 그의 최후의 시절이다. 하나의 불가피한 착각으로 말미암아 사람들은 그때 그 사랑하던 사람과 주고 받은 말들에다 그의 죽음으로 비로소 그 말들이 가지게 된 의미를 부여한다. 그러고는 여러 해의 추억을 수 시간 속에 몰아넣는다. 대부분의 제자는 우리가 방금 말한 만찬이 있은 후 다시는 스승을 보지 못했다. 그것은 고별 만찬이었다. 다른 많은 식사 때와 마찬가지로[38] 이 식사 때에도 예수는 빵을 뜯어 나누어주는 신비스러운 의식을 행하였다. 일찍이 교회의 초기부터 사람들은 이 식사가 유월절날에 있었고 또 유월절의 잔치였다고 믿고 있었기 때문에 성찬의 제도는 바로 이 최후의 때에 생겼다는 생각이 자연히 떠올랐다. 예수가 자신이 언제 죽을지 미리부터 정확하게 알고 있었다는 가정에서 출발하여 제자들은 예수가 많은 중요한 행위를 최후의 여러 시간을 위하여 보류하고 있었다고 상상할 수밖에 없었다. 뿐만 아니라 예수의 죽음은 옛 율법의 모든 희생을 대체하는 한 희생이라는 것이 초대 그리스도교도들의 근본적 관념이었기 때문에, 수난 전날 단 한 번 있었다고 생각된 〈최후의 만찬〉은 다른 무엇보다도 더 진정한 희생으로서 새 언약을 성립시키는 행위가 되었으며, 만인의 구원을 위하여

---

37) 『요한』 13:21 이하.
38) 『누가』 24:30-31:35.

흘린 피의 표적이 되었다.[39] 이리하여 죽음 자체와 결부된 빵과 포도주는 예수가 그 고난을 가지고 봉인한 신약의 상징이 되고, 그리스도가 다시 오실 때까지 그 희생의 기념이 되었다.[40]

일찍부터 이 비의(秘儀)는 성례에 관한 짤막한 이야기로 고정되었는데, 이 이야기를 우리는 서로 매우 비슷한 네 형식으로 가지고 있다.[41] 『넷째 복음서』의 기자는 성찬에 관한 사상에 아주 열중해 있고,[42] 마지막 식사에 관해서 아주 길게 이야기하고 있으며, 또 이 식사에다 그렇게도 많은 사연과 강론의 말씀을 결부시키고 있으면서도,[43] 이 성례에 관한 이야기는 모르고 있다. 이것은 전승을 대표하는 종파에서는 성찬 제도가 최후의 만찬이라는 특수한 사건에서 생겼다고 보지 않는다는 증거다. 『넷째 복음서』의 기자에게는 발을 씻는 것이 바로 최후의 만찬 의식이다. 초대 그리스도교의 가정에서는 이 발 씻는 의식이 중요하게 여겨졌고, 그 후 이 중요성이 없어졌으리라 생각된다.[44] 의심할 여지 없이 예수는 어떤 경우에 가끔 제자들의 발을 씻어 형제 간에서와 같은 겸손의 덕을 가르쳤다. 예수의 도덕상 및 의식상의 큰 권고를 모두 최후의 만찬 주위에 모으려 한 경향 때문에 이 의식도 그의 죽음 전날에 있었던 것이라고 하게 되었다.

뿐만 아니라, 사랑과 화합과 자비와 상호 겸양 등의 높은 감정이 예수의 마지막 저녁과 관련되어 간직되어 있다고 생각된 여러 가지 추억에 생기를 불어넣어 주고 있었다.[45] 그리스도교의 전승이 이 축복된 시간으로 거슬러 올라가 결부시키는 신조들 및 강론들의 핵심

---

39) 『누가』 22:20.
40) 『고린도 전서』 11:26.
41) 『마태』 26:26-28; 『마가』 14:22-24; 『누가』 22:19-21; 『고린도 전서』 11:23-25.
42) 『누가』 6장.
43) 『누가』 13-17장.
44) 『요한』 13:14-15.
45) 『요한』 18:1 이하.

은 언제나 예수 혹은 그의 정신에 의하여 설정된 교회의 통일이다. 이 축복된 시간에 그는 말했다: "나는 너희에게 새 계명을 주겠다. 서로 사랑하여라. 내가 너희를 사랑한 것처럼 너희도 서로 사랑하여라. 너희가 서로 사랑하면, 세상 사람들이 그것을 보고 너희가 내 제자라는 것을 알게 될 것이다."[46] 이 성스러운 순간에도 얼마간의 경쟁심, 윗자리를 차지하려는 다툼이 있었다.[47] 예수는 스승인 자신도 제자들 가운데서 마치 종과 같은 일을 해왔는데, 하물며 제자들은 더욱 서로를 섬겨야 한다는 것을 깨닫게 했다. 어떤 사람이 전하는 바에 의하면, 그는 포도주를 마시면서 이렇게 말했다: "하나님의 나라에서 새 포도주를 마실 그날까지 나는 결코 포도로 빚은 것을 마시지 않겠다."[48] 또 어떤 사람에 의하면, 그는 그들에게 쉬 하늘에서 잔치를 베풀고, 그들로 하여금 자기 곁의 보좌에 앉게 하리라고 약속했다고도 한다.[49]

그날 저녁 모임이 끝날 무렵, 예수의 예감이 제자들에게 전달되었던 것 같다. 누구나 큰 위험이 주님을 위협하고 있고, 또 위기가 닥쳐오고 있다고 느꼈다. 한 순간 예수는 몇 가지 조심하여 미리 준비할 것을 생각하고 검에 대해 말했다. 그를 따르던 무리 속에는 두 자루의 검이 있었다. "그만하면 되었다."[50]라고 그는 말했다. 하지만 이 생각을 밀고 나가려고는 하지 않았다. 겁 많은 시골 사람들이 예루살렘의 큰 권세자들의 군대 앞에서 버텨낼 수 없으리라는 것을 잘 알고 있었던 것이다. 열정이 넘치고 자기 자신에 대해서 확신하고 있던 게바는 예수와 함께 옥에까지 또 죽음에까지 함께 가겠다고 맹

---

46) 『요한』 13:33-35; 15:12-17.
47) 『누가』 22:24-27.
48) 『마태』 26:29; 『마가』 14:25; 『누가』 22:18.
49) 『누가』 22:29-30.
50) 『누가』 22:36-38.

세했다. 예수는 평소처럼 교묘한 말로 약간의 의심을 표명했다. 아마도 베드로에게서 나왔으리라 싶은 한 전승에 의하면, 예수는 닭이 울 때 베드로가 자신을 부인하리라고 분명히 밝혔다.[51] 다른 제자도 모두 게바처럼 겁을 내지 않으리라고 맹세하였다.

---

51)『마태』 26:31 이하;『마가』 14:29 이하;『누가』 22:33 이하;『요한』 13:36 이하.

제24장 예수의 체포와 고소

밤이 다 되어[1] 사람들은 방을 나섰다. 예수는 늘 하던 대로 기드론 골짜기를 지나 제자들을 데리고 올리브 산기슭에 있는 겟세마네 동산에 이르렀다.[2] 그는 거기 앉았다. 그는 막대한 우월성으로 벗들을 압도하면서 깨어 기도했다. 그들은 그의 곁에서 잠들고 있었는데, 그때 갑자기 한 떼의 무장한 사람들이 횃불을 들고 나타났다. 몽둥이를 든 성전의 군졸들이었다. 그들은 사제들의 수하에 있는 일종의 경찰대였다. 그들 뒤에는 로마 병사의 일대가 검을 가지고 따르고 있었다. 체포 영장은 대사제 및 의회로부터 나온 것이었다.[3] 예수의 습관을 알고 있던 유다가 이 장소에서 제일 쉽게 예수를 붙들 수 있다고 알려 주었던 것이다. 초기의 전승이 이구동성으로 말하고 있는 바에 의하면, 유다는 이 군졸들을 따라왔다고 하고,[4] 또 어떤 전승에 의하면, 그 가증한 짓에 더하여 입맞춤으로 그 배반의 표적을 삼기까지 했다 한다. 여기에 관한 사정이 어떠했건, 제자들이 반항을 시작한 것만은 확실한 일이다. 전하는 바로는, 베드로가 검을 빼어 대

---

1) 『요한』 13:30.
2) 『마태』 26:36; 『마가』 14:32; 『누가』 22:39; 『요한』 18:1-2.
3) 『마태』 26:47; 『마가』 14:43; 『요한』 18:3:12.
4) 『마태』 26:47; 『마가』 14:43; 『누가』 22:47; 『요한』 18:3; 『사도행전』 1:16; 『고린도전서』 11:23.

사제의 종 말코스라는 자의 귀를 베었다.[5] 예수는 이 최초의 동작을 말렸다. 그는 병졸들에게 스스로 몸을 내어 주었다. 제자들은 약하고, 더군다나 큰 위세를 떨치고 있던 권력자들에게 끝내 대항할 수도 없어서 결국 흩어져 도망치고 말았다. 베드로와 요한만이 멀찍이 스승이 보이는 곳에서 떠나지 않았다. 또 한 청년이 가벼운 옷을 입고 예수의 뒤를 따랐다. 병졸들이 이 청년을 붙잡으려 했으나, 그는 병졸들 손에 옷을 버려 둔 채 도망쳤다.[6]

사제들이 예수에 대하여 취하기로 결정한 절차는 기성 법률과 딱 맞는 것이었다. 종교의 순수성을 더럽히려는 〈유혹자(mésith)〉에 대한 소송 절차는 『탈무드』에 자세히 설명되어 있는데, 이것을 읽어보면, 그 소박한 파렴치함에 실소를 금할 수 없다. 거기서는 재판상의 간책(奸策)이 범죄자를 심리하는 중요한 부분이 된다. 어떤 사람이 〈유혹〉의 죄로 고소되면, 두 증인으로 하여금 벽 뒤에 숨어 지켜보게 하고, 그 옆방에 형사 피고인을 들어가게 하여, 이 피고인은 보지 못하는 데서 두 증인이 그의 말을 듣게 한다. 피고인 곁에는 촛불이 두 개 켜 있어서, 증인들이 〈그를 보고 있다〉는 것이 잘 느껴지게 한다. 그리고 나서 피고인으로 하여금 다시 한 번 모독의 말을 하게 한다. 그리고는 그 말을 취소하라고 권한다. 만일 고집하면, 그의 말을 듣고 있던 두 증인이 그를 법정으로 끌고 나간다. 그러면 사람들이 돌로 친다. 이와 같이 사람들이 예수에게 행했다는 것, 예수는 두 사람의 증인의 증언에 의하여 정죄되었다는 것, 뿐만 아니라, 〈유혹〉의 죄에 대해서만 이렇게 증인들을 준비한다는 것을 『탈무드』는 부언하고 있다.

사실, 예수의 제자들은 스승에게 씌워진 죄목이 〈유혹〉이었음[7]을

---

5) 『요한』 18:10.
6) 『마가』 14:51-52.
7) 『마태』 27:63;『요한』 7:12;47.

제24장 예수의 체포와 고소 **363**

우리에게 전해 주고 있고, 또 랍비들의 상상의 소산인 몇몇 자세한 이야기를 제외하면, 『복음서』의 이야기는 『탈무드』에 규정되어 있는 소송 절차와 하나하나 부합하고 있다. 적들의 계획은 증인 신문과 고백에 의하여 그로 하여금 모세의 종교를 모독하고 방해했음을 스스로 인정케 하고, 법에 의하여 그를 사형에 처하고, 그러고는 빌라도에게 이 판결을 시인케 하는 것이었다. 이미 고찰한 바와 같이, 사제의 권력은 사실상 전적으로 하난의 수중에 있었다. 체포하라는 명령은 아마도 하난에게서 나왔을 것이다. 예수는 맨 먼저 이 권세가에게 끌려갔다.[8] 하난은 예수에게 그 교리와 그 제자들에 관하여 신문(訊問)했다. 예수는 올바르게 자중하여 길게 설명하는 일은 하지 않았다. 그는 자신이 가르친 것이 세상에 널리 알려져 있음을 말했고, 비밀 교리를 가져 본 적은 한번도 없었음을 언명했고, 자신의 말을 들은 사람들에게 알아보라고 이 퇴직한 대사제에게 권했다. 이 대답은 아주 자연스러운 것이었다. 그러나 지나친 존경이 이 늙은 대사제를 둘러싸고 있었기 때문에 이 대답은 건방진 것으로 보였다. 곁에 있던 자 하나가 손으로 예수를 쳤다고 한다.

  베드로와 요한은 하난의 저택까지 스승을 따라갔다. 요한은 그 집 사람들에게 알려져 있어 어렵지 않게 안으로 들어갈 수 있었다. 그러나 베드로는 문간에서 저지당해 요한이 문지기에게 그를 들어가게 해주도록 간청해야만 했다. 밤은 추웠다. 베드로는 사랑채에 머물러 하인들이 빙 둘러앉아 쬐고 있는 숯불 가까이 갔다. 이윽고 그는 피고인의 제자임이 드러났다. 이 불행한 사나이는 갈릴리 사투리 때문에 신분이 드러나고, 그를 겟세마네에서 본 적이 있는 말코스의 친척을 포함한 하인들에게 여러 가지 질문을 받자, 자신은 예수와 손톱만치도 관계가 없다고 세 번 부인하였다. 그는 예수가 자신의

---

8) 『요한』 18:13 이하.

말을 들을 수 없으려니 생각했고, 또 겉으로는 점잖을 뺀 이 비겁한 태도가 크게 부끄러운 일이라고는 꿈에도 생각지 않았다. 그러나 워낙 선량한 그는 이윽고 자신이 지금 막 저지른 과실을 깨달았다. 그때 마침 우연히 닭 우는 소리가 들려와 예수가 하신 말씀이 생각났다. 가슴이 메이는 듯 슬퍼진 그는 밖으로 나가 심히 통곡하기 시작했다.[9]

하난은 이윽고 이루어진 법적 살해의 진정한 주창자이기는 했으나, 예수의 형을 선고할 권한은 가지고 있지 않았다. 그래서 그는 예수를 공적 권한을 가지고 있던 자신의 사위 가야바에게 보냈다. 이 사람은 장인의 꼭두각시였기 때문에 으레 모든 것을 시인할 수밖에 없었다. 그의 집에서 의회가 다시 열렸다.[10] 신문이 시작되었다. 『탈무드』에 설명된 신문 절차에 따라 미리 준비된 여러 증인이 법정에 출두했다. 예수가 실제로 말한 바 있는, "내가 성전을 헐고, 사흘 안에 다시 지으리라."라는 치명적인 말이 두 증인에 의하여 입증되었다. 유대 법률에 의하면, 하나님의 성전을 모독하는 것은 곧 하나님 자신을 모독하는 것이었다.[11] 예수는 침묵을 지켜, 제소된 말에 대해 설명하기를 거부했다. 어떤 이야기에 의하면, 대사제가 예수에게 엄히 명하여 그가 메시아인지 아닌지 말하게 했고, 예수는 그렇다고 공언했고, 또 그의 하늘나라가 곧 임하리라는 것을 회중 앞에서 선언하기까지 했다고 한다.[12] 죽기로 결심한 예수의 용기로 보아 이런 이야기는 가당치 않다. 여기서도 하난의 집에서처럼 침묵을 지켰다는 것이 더 사실에 가깝다고 하겠다. 대체로 이렇게 침묵을 지키는

---

9) 『마태』 26:29 이하 : 『마가』 14:66 이하 : 『누가』 22:54 이하 : 『요한』 18:15 이하:25 이하.
10) 『마태』 16:57 : 『마가』 14:53 : 『누가』 22:66.
11) 『마태』 23:16 이하.
12) 『마태』 26:64 : 『마가』 14:62 : 『누가』 2:69.

것이 최후의 순간에서 예수의 행동 원칙이었다. 판결은 이미 정해져 있었다. 그저 구실만을 찾고 있었다. 예수는 이것을 감지하고, 쓸데없는 변호를 하려 하지 않았다. 정통 유대교의 관점에서 보면, 그는 그야말로 기성 종교의 모독자요 파괴자였다. 그런데 이런 범죄는 율법에서 사형에 처해야 할 것으로 되어 있었다.[13] 의회는 이구동성으로 그를 가장 중한 죄를 지은 자라고 선언했다. 은근히 예수를 좋게 여기고 있던 의원들은 그 자리에 없든가, 그렇지 않으면 기권했다.[14] 오래 전부터 권세를 잡아오던 귀족들에게서 흔히 볼 수 있는 경박함 때문에 재판관들은 자신들이 내린 선고 결과에 대해서 시일을 두고 깊이 생각하지 못했다. 그리하여 인간의 생명이 아주 쉽사리 희생되었다. 아마도 의회 의원들은 이렇게도 냉담한 모멸을 가지고 선고된 판결 때문에 자기 자손들이 성난 후세 사람들에게 변명하지 않으면 안 되게 되리라고는 꿈에도 생각지 못했을 것이다.

    의회는 사형을 집행할 권한을 가지고 있지 않았다.[15] 그러나 당시 유대를 지배하고 있던 권력의 혼란 속에서 예수는 벌써 그 순간부터 죄인임을 면할 수 없었다. 그는 가차 없이 모욕하는 천한 머슴들의 학대를 받으면서 그날 밤의 남은 시간을 보냈다.[16]

    아침에 제사장들과 장로들이 다시 모였다.[17] 의회가 선고했으나, 로마의 점령 때문에 무효가 된 이 판결을 빌라도로 하여금 비준케 해야만 했던 것이다. 이 총독은 시리아에 있는 제국 총독처럼 생살여탈의 권리는 가지고 있지 않았다. 그러나 예수는 로마 시민이 아니었기 때문에 예수에게 선고된 판결이 유효하게 되는 데에는 총독

---

13) 『레위기』 24:14 이하;『신명기』 13:1 이하.
14) 『누가』 23:50-51.
15) 『요한』 18:31.
16) 『마태』 24:67-68;『마가』 14:65;『누가』 22:63-65.
17) 『마태』 27:1;『마가』 15:1;『누가』 22:66;23:1;『요한』 18:28.

의 허가만 있으면 충분했다. 한 정략적 민족이 민법과 종교법을 혼동하고 있는 민족을 정복할 때에는 언제나 그렇지만, 로마인들도 유대 법률을 어느 정도 공적으로 지지하고 있었다. 로마법은 유대인들에게는 적용되지 않았다. 알제리아의 아라비아인들이 아직도 회교 법전에 의하여 통치되고 있는 것처럼, 유대인들은 『탈무드』에 기재되어 있는 바와 같은 교단법 아래 있었다. 그래서 로마인들은 종교 문제에서는 중립적이었지만, 종교적 범죄에 대한 처벌은 아주 자주 승인하였다. 이 사정은 영국 통치하의 인도의 여러 성도(聖都)의 사정과 비슷한 데가 있었다. 또는 시리아가 유럽의 어떤 민족에게 정복된 다음날 다메섹에서 일어난 사태와도 흡사했다. 요세푸스의 주장에 의하면, 이교도가 더 이상 들어가서는 안 된다는 말이 새겨져 있는 비주(碑柱)를 로마인이 지나가면, 로마인들 자신이 그 사람을 유대인에게 넘겨 사형에 처하게 했다고 한다(물론 이것은 의심이 가는 말이다).

그리하여 사제의 부하들이 예수를 결박하여 안토니아 탑에 인접해 있는 헤롯의 옛 궁전이었던 총독 관저로 끌고 갔다. 때는 어린 양을 먹어야 하는 유월절날 아침이었다. 유대인들은 총독 관저에 들어가면 부정을 타서 성스러운 식사를 할 수 없는 것으로 생각하고 있었다. 그래서 그들은 밖에 서 있었다.[18] 빌라도는 그들이 왔다는 말을 듣고 *비마(bima)*, 즉 옥외에 설치된 재판관석에 올라앉았다.[19] 이 장소는 땅에 판돌을 깔고 있었기 때문에, '가바다' 혹은 그리스어로 '리포스트로토스'라 불리고 있었다.

빌라도는 고소 내용을 듣자마자, 이 사건에 관여하게 된 데 대해 불쾌한 기색을 드러냈다.[20] 그리고는 예수와 함께 관저로 들어가 버

---

18) 『요한』 18:28.
19) 『마태』 27:27 : 『요한』 18:33.
20) 『요한』 18:29.

리고 말았다. 여기서 그들이 서로 무슨 대화를 나누었는지 자세한 내용은 모른다. 아무도 그것을 듣고 제자들에게 말해줄 수 없었기 때문이다. 그러나 대체적인 윤곽은 『넷째 복음서』의 기자가 잘 추단(推斷)했던 것 같다. 어쨌든 이 기자의 이야기는 대화를 나눈 두 사람의 상황에 관해서 역사가 우리에게 알려주는 것과 완전히 일치하고 있다.

이 총독 폰티우스는 틀림없이 그 자신이나 그 조상 가운데 한 사람이 장식으로 쓰고 있던 필룸(pilum), 즉 명예의 투창 때문에 필라투스란 별명이 붙여지고 있었는데, 이때까지 이 새 종파와는 아무 관계도 가지고 있지 않았다. 유대인들의 내분에 무관심했던 그는 종파들의 이 모든 움직임을 그저 어처구니없는 상상과 착란된 사고의 결과로 볼 따름이었다. 그는 도대체 유대인들을 좋아하지 않았다. 그러나 유대인들은 오히려 더욱 그를 싫어했고, 그를 냉혹하고 교만하고 성급한 사람으로 보았으며, 있음직하지 않은 범죄로 그를 비난하고 있었다. 민중의 큰 소요의 중심 예루살렘은 걸핏하면 폭동이 일어나는 도읍이었고, 이국인들에게는 체류하기가 거북한 곳이었다. 열광자들은 바로 이 새 총독이 유대인의 법률을 폐지하려는 계획을 결정했다고 주장하고 있었다. 그들의 편협한 광신, 그들의 종교적 증오는 아무리 평범한 로마인이라 하더라도 어디서나 지니고 있던 정의와 세속 정권에 대한 너그러운 감정을 상하게 하여 그로 하여금 불쾌하게 했다. 빌라도는 우리에게 알려져 있는 그의 모든 행위로 미루어 보아 좋은 행정관이었던 것 같다. 취임 초 그는 피치자(被治者)들과 몇 차례 충돌을 일으키고 아주 잔혹한 방법으로 해결했다. 그러나 사태의 근본을 캐어 보면, 그가 옳았던 것 같다. 유대인들은 그가 보기에 뒤떨어진 사람들이었을 것이 틀림없다. 그는 필시 관대한 지사가 예전에 새로운 도로와 학교 설립을 반대하는 하부 브르따아

뉴 사람들을 판단한 것처럼, 유대인들을 판단하고 있었을 것이다. 이 나라의 복리를 위한, 특히 토목에 관한 모든 사업에서 그의 아무리 좋은 계획도 율법이라는 건너뛸 수 없는 장애에 부닥쳤다. 율법은 생명을 몹시 졸라매기 때문에 생명은 어떤 변화나 어떤 개량에도 반대하게 되어 있었다. 로마인의 건조물은 아무리 유용한 것이라 하더라도 광신적인 유대인들에게는 큰 반감의 대상이었다. 글자가 새겨져 있는 두 개의 봉납 방패를 빌라도가 성소에 인접해 있는 자기 저택에 갖다 놓게 한 것은 더욱 격렬한 분노를 샀다. 총독은 처음에 이 과민한 감정을 대수롭지 않게 여겼다. 그리하여 그는 피비린내 나는 탄압을 하지 않을 수 없게 되었고, 이로 인하여 후일 결국 면직 당하였다. 그는 많은 분쟁을 경험함으로써 이렇게 다루기 힘든 민족과의 관계에서 매우 조심하게 되었다. 이 민족은 자기들의 지배자로 하여금 자기들에게 끔찍스럽게 엄혹한 일을 하지 않을 수 없게 해 놓고는 복수하였다. 빌라도는 자신이 증오하는 법률을 위하여 이 새 사건에서 잔혹한 역할을 맡아야 한다는 것을 알고 몹시 불쾌했다.[21] 그는 종교적 열광이 세속 정부로부터 어떤 폭력적 조처를 취해도 좋다는 허락을 받으면, 다음에는 누구보다 앞서 이 정부에 그 조처의 책임을 전가하고 정부를 비난한다는 것을 알고 있었다. 아주 공평치 못한 행위였다. 이런 경우 정말 죄를 지은 자는 교사자(敎唆者)이니 말이다!

그러므로 빌라도는 예수를 살려 주고 싶어 했다. 아마도 피고의 조용한 태도가 그에게 감명을 주었을 것이다. 확실치 않은 한 전승에 의하면,[22] 예수는 총독 부인의 지지를 얻었는데, 이 부인은 예수에 관해서 무서운 꿈을 꾸었노라고 말했다고 한다. 그녀는 성전 뜰

---

21) 『요한』 18:35.
22) 『마태』 27:19.

에 면한 궁전의 어느 창을 통해 이 온유한 갈릴리 사람이 지나가는 것을 보았을지도 모른다. 아마도 이 사람을 꿈에서 다시 보았고, 또 바야흐로 흘리게 될 이 훌륭한 청년의 피가 그녀로 하여금 악몽을 꾸게 했을 것이다. 하여간 빌라도가 자신에게 호감을 가지고 있음을 예수가 안 것만은 확실하다. 총독은 기소를 벗어나게 할 온갖 수단을 찾기 위해 친절하게 심문했다.

'유대인의 왕'이라는 칭호는 예수가 한번도 자신에게 붙여 본 일이 없는 것이지만, 적들은 그것을 마치 그의 역할과 그의 주장의 요지인 양 제시했다. 이 칭호는 자연히 로마 관헌의 의혹을 자극하기에 가장 좋은 구실이 되었다. 사람들은 이것을 들춰내 가지고 예수를 반도(叛徒)로, 또 국사범으로 몰기 시작했다. 이보다 더 부당한 일은 없었다. 왜냐하면 예수는 언제나 로마 제국을 기성 권력으로 인정하고 있었기 때문이다. 그러나 보수적 종교인들은 욕을 먹는다고 해서 물러설 사람들이 아니다. 그들은 예수가 무슨 말을 하건 아랑곳없이 그의 교리에서 모든 결론을 끌어냈고, 그를 가울론의 유대의 제자로 만들어 버렸고, 그가 가이사에게 세금을 바치지 못하게 했다고 주장했다.[23] 빌라도는 그에게 정말 유대인의 왕이냐고 물었다.[24] 예수는 자신이 생각하고 있던 것을 조금도 숨기지 않았다. 그러나 그를 힘 있게 하고 있던, 그리고 그가 죽은 후에 그의 왕국을 구성하게 될 큰 애매성이 이번에는 재앙을 가져왔다. 정신과 물질을 구별하지 않았던 이상주의자였던 예수는 『계시록』의 비유에 의하면, 양편에 날이 선 검을 입에 물고 있어서, 지상의 권력자들을 완전히 안심시킨 적은 한번도 없었다. 『넷째 복음서』를 믿는다면, 그는 자신이 왕임을 자백했지만, 동시에 "내 나라는 이 세상의 것이 아니다."

---

23) 『누가』 23:2;5.
24) 『마태』 27:11;『마가』 15:2;『누가』 23:3;『요한』 18:33.

라는 심원한 말을 토로하기도 했다. 그리고는 자신의 왕권의 성질을 설명하여, 진리의 소유 및 선언이라고 알뜰하게 요약했다. 빌라도는 이 뛰어난 이상주의를 전혀 이해하지 못했다.[25] 예수는 아마도 무해한 몽상가라는 인상을 주었을 것이다. 당시 로마인들은 종교나 철학에 대한 열의를 전혀 가지고 있지 않았기 때문에, 진리에 대한 헌신을 하나의 몽상으로 보고 있었다. 그런 논쟁들은 그들에게 권태감을 주었고, 또 무의미한 것으로 보였다. 새 사상들 속에 제국을 위태롭게 할 씨가 있는 것을 보지 못했기 때문에, 그들은 이런 경우 폭력을 쓸 이유가 전혀 없다고 생각했다. 그들은 다만 쓸데없는 까다로운 문제를 가지고 와서 형벌을 요구하는 사람들을 불만스럽게 여길 따름이었다. 20년 후 갈리오도 유대인들을 이와 똑같이 취급했다.[26] 예루살렘이 멸망할 때까지 로마인의 행정 방침은 이러한 종파 상호간의 싸움에 대해서는 완전히 국외자의 입장을 취하는 것이었다.

총독의 머리에는 자기 자신의 감정과 이미 여러 차례 자신에게 압박감을 준 광신적인 사람들의 요구를 화해시킬 방도가 떠올랐다. 유월절에는 죄수 한 사람을 백성들에게 내어 주는 것이 관례로 되어 있었다. 빌라도는 예수가 붙들린 것이 오직 사제들의 질투 때문임을 알고 있었기 때문에[27] 예수에게 이 관례의 혜택을 주고 싶었다. 그는 다시 *비마* 위에 나타나 〈유대인의 왕〉을 놓아 줄 것을 무리에게 제안했다. 이런 말로 이렇게 제안한 것은 빈정거리는 생각도 있었지만 동시에 어느 정도 아량이 있음을 보여 주려는 것이었다. 사제들은 이 제안에 위험이 있음을 알았다. 그들은 즉각 행동을 개시하였다.[28] 그리고 빌라도의 제안에 대항하기 위하여 예루살렘에서 대단히 인

---

25) 『요한』 18:38.
26) 『사도행전』 18:14-15.
27) 『마가』 15:10.
28) 『마태』 27:20; 『마가』 15:11.

기가 있었던 한 죄수의 이름을 군중에게 시사했다. 기이한 우연이지만, 이 죄수의 이름도 예수였는데, 바르-아바(Bar-Abba) 혹은 바르 라반(Bar-Rabban)이라는 별명을 가지고 있었다.[29] 이 사람은 폭동을 일으키고 사람을 죽인 끝에 살인죄로 체포된 아주 유명한 인물이었다.[30] 온 무리가 소리 질러 외쳤다: "그 사람은 말고 예수 바르 라반을 놓아 주시오." 빌라도는 예수 바르 라반을 석방할 수밖에 없게 되었다.

빌라도는 더욱 당황했다. 그는 사람들이 유대인의 왕이라는 칭호를 붙인 피고를 너무 두둔하다가는 자신의 신변이 위태롭게 되지 않을까 두려워했다. 뿐만 아니라, 저들의 광신은 자기와의 거래에 그 모든 힘을 동원하고 있다. 빌라도는 좀 양보하지 않으면 안 되리라고 생각했다. 그러나 자기가 싫어한 사람들을 위하여 피를 흘리는 데 대해서는 아직 주저하고 있었기 때문에 이 사건을 희극으로 만들고자 했다. 사람들이 예수에게 붙인 어마어마한 칭호를 자신이 우습게 여긴다는 것을 보이려고, 그는 예수를 채찍으로 때리게 했다.[31] 채찍질은 보통 십자가 처형의 예비 행위였다. 아마 빌라도는 이 형의 판결이 이미 내려졌다고 믿게 하여, 이 예비 행위로써 일이 끝나기를 바랐을 것이다. 어느 이야기든지 한결같이 전하는 바에 의하면, 이때 아주 눈에 거슬리는 광경이 벌어졌다. 몇몇 병사가 예수의 등에 빨간 옷을 걸쳐 주고, 가시로 엮은 면류관을 그 머리에 씌우고, 갈대를 손에 쥐어 주었다. 이렇게 이상한 모습을 만들어 민중 앞에 있는 재판정 위로 끌고 갔다. 병정들은 그의 앞을 줄지어 지나가면서 한 사람씩 뺨을 때리고 또 무릎을 꿇고 소리 질렀다. "유대인의 왕, 만세!" 어떤 자들은 침을 뱉고, 갈대로 그의 머리를 때렸다.[32] 중

---

29) 『마태』 27:16.
30) 『마가』 15:7; 『누가』 23:19.
31) 『마태』 27:26 이하; 『마가』 15:16 이하; 『누가』 23:11; 『요한』 19:2 이하.
32) 『마태』 27:27 이하; 『마가』 15:16 이하; 『누가』 23:11; 『요한』 19:2 이하.

후한 로마인이 이렇게도 후안무치(厚顔無恥)한 행위를 했다는 것은 이해하기 어려운 일이다. 빌라도가 총독으로서, 휘하에 보조 군대만을 가지고 있었던 것은 사실이다. 로마 제국의 군인은 로마 시민이었기 때문에 이렇게까지 비열한 행위는 하지 않았을 것이다.

 빌라도는 당장 처지가 곤란하게 된 일에서 일단 이렇게 피함으로써 책임을 면하려고 했던 것일까? 유대인의 증오에 좀 동조해주고,[33] 비극적 결말 대신 우스꽝스러운 종말을 두어 이 사건이 이렇게 끝날 가치 밖에 없다고 생각하게 함으로써, 예수에게 밀어닥친 위기를 돌리려고 했던 것일까? 만일 그의 생각이 이러했다면, 이 생각은 성공하지 못했다. 소란은 더 커지고 그야말로 하나의 반란이 되고 말았다. "십자가에 못 박으시오! 십자가에 못박으시오!"라는 외침이 사방에서 일어났다. 사제들은 더욱 강한 어조로 이 유혹자가 사형에 처해지지 않으면 율법이 위태롭게 된다고 선언했다.[34] 빌라도는 예수를 살리기 위해서는 이 잔인한 소란을 억압하지 않으면 안 된다는 것을 분명히 깨달았다. 그래도 그는 시간을 벌려고 애썼다. 그는 관저로 다시 들어가 예수가 자기 소관이 아님을 밝힐 구실을 찾으려고 그가 어디 사람이냐고 물었다.[35] 어떤 전승에 의하면, 그는 예수를 안티파스에게 보내기까지 했다. 안티파스는 그 때 예루살렘에 있었다고 한다. 예수는 그의 호의 있는 노력에는 전혀 보답하지도 않고, 가야바의 집에서처럼 품위 있고 무거운 침묵을 지켜 빌라도를 놀라게 했다. 밖의 외침은 더욱 더 협박조가 되어 갔다. 사람들은 가이사의 적을 두둔하는 관리에게 열의가 부족함을 고발하고 있었다. 로마의 통치에 대해 누구보다도 맹렬히 반대하는 자들이 너무 지나치게 관대한 총독을 대역죄로 몰 권리를 얻기 위하여 갑자기 디베료의 충

---

33) 『누가』 23:16:22.
34) 『요한』 19:7.
35) 『요한』 19:9.

성스런 신하가 되어 있었다. 그들은 말하였다: "우리의 왕은 가이사 밖에는 없습니다. 만일 그 자를 놓아준다면 총독님은 가이사의 충신이 아닙니다. 누구든지 자기를 왕이라고 하는 자는 가이사의 적이 아닙니까?"[36] 마음이 약한 빌라도는 고집하지 못했다. 그는 자신의 적들이 로마에 사람을 보내어 디베료의 원수를 도와주었다는 비난의 보고를 하리라는 것을 미리 짐작했다. 이미 봉납(奉納)의 방패 사건 때 유대인들은 황제에게 글을 올려 보낸 일이 있었고, 또 그들이 옳았음을 인정받기도 했다. 그는 자신의 지위를 걱정했다. 그의 이름을 역사의 채찍에 맡기게 될 겸양의 생각으로 그는 양보했고, 또 바야흐로 일어나려는 사건의 모든 책임을 유대인들이 지게 했다고 한다. 그리스도교도들의 말에 의하면, 이 유대인들은 이것을 전적으로 받아들이고, "그 사람의 피에 대한 책임은 우리와 우리 자손들이 지겠습니다"[37]라고 외쳤다.

그들이 정말로 이 말을 했을까? 꼭 그랬다고 믿을 필요는 없다. 그러나 이 말은 깊은 역사적 진실의 표현이다. 로마인들이 유대인에게 취한 태도로 미루어보면, 빌라도는 달리 어찌할 도리가 없었다. 종교상의 불관용으로 말미암아 내려진 얼마나 많은 사형선고가 세속 권력의 손을 강요했던가! 광신적 성직자들의 마음에 들기 위해서 자기 신하를 수백 명씩이나 화형에 처하도록 내어 준 스페인 왕은 빌라도보다 더 비난받아 마땅했다. 왜냐하면 그는 33년경 예루살렘에서 로마인들이 쥐고 있던 권력보다 더 완전한 권력을 가지고 있었기 때문이다. 세속 권력이 사제의 청원으로 박해자가 되고 귀찮게 구는 자가 되는 것은 그 권력이 약하다는 증거다. 그러나 이런 면에서 죄가 없는 정부는 빌라도에게 먼저 돌을 던지라. 배후에 잔혹한 성직자들

---

36) 『요한』 19:12;15.
37) 『마태』 27:24-25.

이 웅크리고 있는 〈세속 재판권〉에는 죄가 없다. 자신의 집행자들로 하여금 피를 흘리게 하면서 자신은 피를 보기 싫어한다고는 아무도 말할 수 없다.

그러므로 예수를 처형한 것은 디베료도 아니요, 빌라도도 아니다. 그것은 낡은 유대당이요, 모세의 율법이었다. 우리의 근대적 사상에 의하면, 도덕적 결함이 아버지에게서 그 아들에게 유전된다는 것은 있을 수 없는 일이다. 각자 자신이 한 일로써만 인간의 정의와 신의 정의에 대하여 책임을 진다. 따라서 오늘날도 아직 예수의 살해 때문에 해를 받고 있는 유대인은 누구나 불평할 권리를 가지고 있다. 왜냐하면 그는 구레네 사람 시몬이었을 수도 있고, 혹은 적어도 "그를 십자가에 못박으시오"라고 외친 사람들 속에 끼어 있지 않았을 수도 있기 때문이다. 그러나 개인과 마찬가지로 민족에게도 책임이 있다. 그런데, 한 민족의 죄라 할 것이 도대체 있다고 하면, 예수의 죽음이야말로 바로 그런 죄다. 이 죽음은 바로 민족의 혼이었던 율법이 그 제1원인이었다는 의미에서 〈합법적인〉 것이었다. 모세의 율법은 사실 그 당시로는 근대적이었으나, 승인되어 있던 그 형식에 있어서 기성 종교를 변화시키려는 모든 기도에 대해 사형을 선고하고 있었다. 그런데 예수는 분명히 이 종교를 공격하고 있었고, 또 그것을 파괴할 것을 절실히 바라고 있었다. 유대인들은 이것을 아주 솔직하게 빌라도에게 말했다: "우리에게는 율법이 있습니다. 율법대로 하면 그 자는 스스로 하나님의 아들이라고 했으니 죽어 마땅합니다."[38] 이 법은 타기할 만한 것이었다. 그러나 그것은 고대의 잔인성을 띤 법이었으며, 또 그것을 폐지하기 위하여 몸을 바친 영웅은 무엇보다도 먼저 이 법의 형을 받아야만 했다.

아아! 그가 바야흐로 흘릴 피가 열매를 맺는 데에는 천 8백 년 이

---

38) 『요한』 19:7.

상이 걸릴 것이다. 그의 이름으로 여러 세기 동안 그에 못지않게 고상한 사상가들이 고문과 죽음을 당하게 될 것이다. 오늘날도 아직 그리스도교를 믿는다고 자칭하는 여러 나라에서 종교적 범죄에 대해 형벌이 언도되고 있다. 예수는 이러한 미망에 책임이 없다. 그는 그릇된 상상을 하는 사람들이 언젠가는 자신을 구운 고기를 욕심껏 먹어 치우는 끔찍스러운 몰록[39]으로 생각하게 되리라는 것을 예견하지는 못했다. 그리스도교는 불관용적이었다. 그러나 불관용은 본래부터의 그리스도교적인 사실은 아니다. 불관용은 유대교가 처음으로 신앙에 있어서의 절대라는 이론을 세우고, 백성을 참된 종교로부터 멀어지게 하는 사람은 누구나, 설사 기적을 행하여 자신의 교리를 뒷받침한다 해도 재판도 없이 돌팔매질 당하고 뭇 사람의 돌에 맞아 죽어야 한다는 원칙을 세웠다는 의미에서 유대적인 사실이다.[40] 물론 이교의 백성들에게도 종교적 폭행이 없지 않았다. 그러나 만일 저들이 바로 이런 율법을 가지고 있었다고 하면, 어떻게 그리스도교도가 될 수 있었겠는가? 그러므로 『모세 오경』은 종교적으로 공표된 최초의 법전이었다. 유대교는 검을 쥔 부동의 교리의 본을 보여 주었다. 만일 그리스도교가 맹목적 증오를 가지고 유대인들은 괴롭히지 않고 자신의 시조를 죽인 제도를 폐기했더라면, 그리스도교는 얼마나 더 본래의 정신을 따르는 것이 되었고, 얼마나 더 인류에게 이바지했을 것이랴!

---

39) 몰록(Moloch) : 암몬족의 신. 이 신에게 제사지낼 때에는 아기들을 잡아 불에 구워 희생제물로 바쳤다. 그 얼굴은 수소 모양을 하고 있는 것으로 표상되었다.
40) 『신명기』 13:1 이하.

제25장 예수의 죽음

　예수의 죽음의 진정한 이유는 종교적인 것이었으나, 적들은 그를 국사범으로 총독 관저에 보내는 데 성공했다. 그들은 이론자(異論者)라는 이유로는 회의적인 빌라도로부터 형의 언도를 얻어내지 못했을 것이다. 이러한 생각에 따라, 사제들은 군중으로 하여금 십자가의 형을 요구하게 했다. 이 형은 본래 유대의 형이 아니었다. 만일 예수의 형의 언도가 순전히 모세의 율법에 의한 것이었다면, 사람들은 그를 돌로 쳐 죽여야만 했을 것이다. 십자가는 로마의 형으로서, 노예들과 사형을 받은 사람을 더욱 모욕하려는 경우에만 가해지는 것이었다. 이것을 예수에게 적용한다는 것은 예수를 한길의 도둑, 강도, 산적으로, 혹은 로마인들이 검으로 죽이는 명예를 주지 않은 하층 계급에 속하는 적으로 취급하는 것이었다. 이단의 교리론자가 아니라, 가공의 〈유대인의 왕〉을 처벌하는 것이었다. 이런 생각 때문에 형의 집행은 로마인들에게 맡기지 않으면 안 되었다. 당시 로마인들의 사회에서는 적어도 정치범의 경우에는 병사들이 사형 집행을 수행했다. 그러므로 예수는 백인대장(百人隊長)이 지휘하는 보조군의 한 분견대(分遣隊)에 넘겨졌고,[1] 새 정복자의 잔인한 습속이 들여온 온갖 역겨운 형벌이 가해졌다. 때는 정오경이었다.[2] 재판대 위에서

---

1) 『마태』 27:54 ; 『마가』 15:39, 44, 45 ; 『누가』 23:47.

뭇 사람의 눈에 띄게 하려고 벗겼던 옷을 다시 입혔다. 보병대는 사형수인 두 사람의 도둑을 가두고 있었기 때문에 세 죄수를 함께 결박해서 줄을 지어 형장으로 걸어가게 했다.

이 형장은 〈골고다〉라는 곳으로 예루살렘 성곽에서 가까운 곳에 있었다.[3] 골고다라는 이름은 〈두개골〉을 의미한다. 이것은 프랑스어로 쇼몽(chaumont)에 해당하는 것 같은데, 아마도 대머리 모양을 한 벌거숭이 언덕을 가리켰던 것 같다. 이 언덕이 어디에 위치하고 있었는지 정확히 알 수는 없다. 분명히 예루살렘 북쪽이나 서북쪽에 성벽과 기드론 및 힌놈의 두 골짜기 사이에 펼쳐져 있는 기복이 심한 고원에 있었다. 이 지역은 매우 지저분했고, 또 큰 도시에 인접해 있는 곳의 여러 가지 한심스러운 일들로 서글픈 풍경을 보여 주고 있었다. 콘스탄티누스 이래 온 그리스도교도가 숭상해 온 바로 그 장소에 골고다가 있었다고 할 결정적 이유는 없다. 그러나 이 점에 관해서 그리스도교도들의 추억을 동요시킬 만한 무게 있는 이론도 없다.

십자가의 처형을 받게 된 자는 그 형틀을 자신이 짊어지고 가야만 했다. 그러나 예수는 다른 두 사람보다 몸이 약해서 십자가의 무게를 지탱할 수 없었다. 병사들은 마침 시골에서 올라와 그곳을 지나던 구레네의 시몬이라는 사람을 만나, 외국 주둔군의 사나운 버릇대로 강제로 이 운명의 나무를 지고 가게 했다. 로마인들은 이 욕된 나무를 자기들 자신이 맡을 수 없었기 때문에 아마도 이렇게 함으로써 자기들에게 허용된 부역의 권리를 행사했을 것이다. 후일 시몬은 그리스도교단의 일원이 된 것 같다. 그의 두 아들 알렉산더와 루포[4]는 매우 유명했다. 시몬은 아마도 자신이 목격한 광경을 낱낱이 이야기

---

2) 『요한』 19:14.
3) 『마태』 27:33 ; 『마가』 15:22 ; 『요한』 19:20 ; 『히브리』 13:12.
4) 『마가』 15:21.

해 주었던 것 같다. 이때 예수의 주위에는 제자가 한 사람도 없었다.

드디어 형장에 이르렀다. 유대의 관례로는 마시면 취하는 아주 강한 향기가 나는 포도주를 사형수에게 마시게 하였다. 이것은 죄수를 측은히 여겨 감각을 잃게 하기 위한 것이었다. 흔히 예루살렘의 아낙네들이 처형되는 불쌍한 사람들에게 몸소 이 마지막 포도주를 갖다 주었던 것 같다. 이렇게 해 주는 여인이 한 사람도 없을 때에는 공금으로 사 주었다. 예수는 술그릇에 혀끝을 대 보고 마시기를 거부했다.[5] 범속한 죄수들의 고통을 덜어주는 이 서글픈 진정제는 예수의 고매한 성격에 맞지 않았다. 그는 완전히 맑은 정신을 가지고 목숨을 버리고, 자기가 바라고 부른 죽음을 또렷한 의식을 가지고 기다리는 편을 택했다. 그러자 사람들은 그의 옷을 벗기고,[6] 십자가에 매달았다. 십자가는 T자형으로 묶어 붙인 두 개의 통나무로 되어 있었다. 그것은 조금도 높은 것이 아니어서, 죄수의 발이 거의 땅에 닿을 정도였다. 맨 처음에 이것을 세우고 그 다음에 죄수의 손에 못을 박아 거기다가 붙였다. 발에도 못을 박는 일이 가끔 있었으나, 그저 끈으로 묶기만 하는 때도 있었다.[7] 한 조각의 나무를 두 다리 사이에 끼어 죄수를 받쳐주고 있었다. 이것이 없으면 손이 찢어지고 몸이 쓰러진다. 어떤 때에는 조그마한 판자를 발 있는 데 수평으로 붙여 발을 받쳐 주게 하는 경우도 있었다.

예수는 이런 잔인하고 끔찍한 일들을 다 맛보았다. 두 도둑이 곁에서 십자가에 못 박혔다. 사형에 처해진 자의 자질구레한 유물을 늘 얻어 가졌던 집행인들은 제비를 뽑아 예수의 옷을 나누어 가졌고, 또 십자가 밑에 앉아 그를 지켰다.[8] 어떤 전승에 의하면, 예수는

---

5) 『마태』 15:23.
6) 『마태』 27:35 ; 『마가』 15:24 ; 『요한』 19:23.
7) 『누가』 24:39 ; 『요한』 22:25-27.
8) 『마태』 27:36.

다음과 같은 말을 했다고 했다. 이 말은 그의 입술에서 흘러나오지는 않았다 하더라도, 그의 마음속에는 있었다. "저 사람들을 용서하여 주십시오! 저들은 자기가 하는 일을 모르고 있습니다."[9)]

로마의 관습에 따라 죄목을 적은 패가 십자가 꼭대기에 붙여졌다. 거기에는 히브리·그리스·라틴 세 가지 말로 〈유대인의 왕〉이라 적혀 있었다. 이 문구 속에는 무언가 유대 민족으로서는 보기가 거북한 모욕적인 것이 들어 있었다. 그곳을 지나가는 많은 사람들은 이것을 읽고 불쾌히 여겼다. 사제들은 빌라도로 하여금 예수는 자칭 유대인의 왕이었다는 의미만 나타내는 문구를 채택하게 하려 했다. 그러나 이 사건에 골머리를 앓고 있던 빌라도는 이미 쓴 것을 조금이라도 고치려고 하지 않았다.[10)]

제자들은 도망가고 없었다. 하지만 한 전승에 의하면, 요한이 시종 십자가 밑에 서 있었다고 한다.[11)] 이보다 더 확실하게 말할 수 있는 것은 예루살렘에서 예수를 따르고 계속하여 그를 섬겨 온 갈릴리의 신실한 여자 친구들이 그를 버리지 않았다는 것이다. 마리아 글레오파, 막달라 마리아, 구사의 아내 요안나, 살로메, 그 밖의 여러 여인이 멀찍이서 줄곧 그를 바라보고 있었다.[12)] 『넷째 복음서』를 믿어도 좋다고 하면,[13)] 예수의 모친 마리아도 십자가 밑에 있었고, 또 예수는 모친과 사랑하는 제자가 함께 있는 것을 보고, "어머니, 이 사람이 어머니의 아들입니다."라고 말했고, 그 제자에게는 "이 분이 네 어머니시다."라고 말했다. 그러나 이것이 사실이라면, 어찌하여 『공관 복음서』의 기자들이 다른 여인들의 이름은 들고 있으면서, 그 자리에

---

9) 『누가』 23:34.
10) 『마태』 27:37;『마가』 15:26;『누가』 23:38;『요한』 19:19-20.
11) 『요한』 19:25 이하.
12) 『마태』 27:55-56;『마가』 15:40-41;『누가』 23:49;55:24:10;『요한』 19:25.
13) 『요한』 19:25 이하.

있었다고 하면 두드러지게 눈에 띄었을 이 여인은 빼고 있는지 이해할 수가 없다. 아마 예수의 지극히 높은 성격상 이미 자신의 사업에 몰두하여, 이제 오직 인류를 위해서만 존재하고 있는 순간에 그러한 개인적 염려를 일삼았을 것 같지는 않다.

멀리서 위로해주는 이 몇 안 되는 여인들 말고는 예수 앞에는 인간의 비루함과 어리석음을 보여주는 광경밖에 없었다. 지나가는 사람들은 그를 모욕했다. 그는 주위에서 한심스러운 조소를 들었고 또 자신이 고통 속에서 외친 최후의 말이 가증한 말장난거리가 되고 있는 것을 들었다. 사람들은 말하고 있었다: "보라, 이 사람이 바로 하나님의 아들이라고 자칭한 자다!" 또 어떤 사람들은 이렇게 수군거렸다. "남은 살리면서 자기는 살리지 못하는구나. 어디 이스라엘 왕 그리스도가 지금 십자가에서 내려오나 보자. 그렇게만 한다면 안 믿을 수 있겠느냐?" 제3의 사람은 이렇게 말했다: "하하, 너는 성전을 헐고 사흘 안에 다시 짓는다더니 십자가에서 내려와 네 목숨이나 건져 보아라."[14] 막연히 예수의 계시록적 사상을 좀 알고 있던 어떤 사람들은 그가 엘리야를 부른 줄 알고 "엘리야가 와서 그를 구해 주나 봅시다."라고 말했다. 그의 곁에서 십자가에 못 박힌 두 도둑도 그를 모욕했던 것 같다.[15] 하늘은 어두웠다.[16] 땅은 예루살렘 주변이 어디나 그런 것처럼 건조하고 음울했다. 몇몇 이야기에 의하면, 한 순간 그는 기력을 잃었다. 구름이 그의 아버지의 얼굴을 그에게서 가렸다. 그 모든 고통을 받는 것을 뉘우쳐 소리 질렀다: "나의 하나님, 나의 하나님, 어찌하여 나를 버리셨나이까?" 그러나 그의 신적 본능은 다시 이겼다. 육신의 생명이 꺼져감에 따라 그의 혼은 더욱 청명하게 되고 또 조금씩 그의 하늘의 본원에로 되돌아갔다. 그는 자신의 사

---

14) 『마태』 27:40 이하; 『마가』 15:29 이하.
15) 『마태』 27:44; 『마가』 15:32.
16) 『마태』 27:45; 『마가』 15:33; 『누가』 23:44.

명감을 되찾았고, 자신의 죽음에서 세계의 구원을 보았다. 그의 눈에는 발아래서 전개되는 추악한 광경이 보이지 않게 되었고, 또 깊이 아버지와 하나가 되어, 무한한 세기를 통하여 인류의 가슴 속에서 자신이 인도해 갈 신적 생활을 십자가 위에서 시작하였다.

십자가의 형이 특별히 잔인한 것은 가랑이를 받쳐 주는 고통의 형틀 위에서 이렇게 처참한 상태로 사흘이나 나흘 동안 살아갈 수 있다는 점이었다. 손의 출혈은 곧 멎어 치명적인 것이 아니었다. 정말 죽게 하는 원인은 몸의 부자연스러운 자세로서, 이것이 혈액 순환에 큰 장애를 주고 머리와 심장에 무서운 고통을 일으키고 마지막에는 사지를 경직케 하였다. 체질이 강한 죄수는 잠들 수 있었고 그저 굶주려서만 죽었다. 이 잔인한 형의 주된 의도는 죄수를 일정한 상해에 의하여 직접 죽이는 것이 아니라, 손을 마음대로 쓰지 못하게 못 박힌 노예를 뭇 사람에게 보이고 그 형틀 위에서 썩도록 내버려두는 데 있었다. 예수는 몸이 약해서 오래 끄는 이 고통을 겪지 않아도 되었다. 타는 듯한 목마름은 다량의 출혈을 일으키는 모든 형벌에서와 같이 십자가의 처형의 무서운 고통 가운데 하나인데, 이 심한 목마름이 그를 삼켰다. 그는 마실 것을 청했다. 로마의 병사들이 흔히 마시는 포스카(posca)라는, 신 포도주에 물을 섞은 음료가 가까이 있었다. 병사들은 원정갈 때 언제나 이 포스카를 휴대해야만 했고, 형의 집행도 원정의 하나로 간주되었다. 한 병사가 해면을 이 음료에 담갔다가 갈대 끝에 꿰어 예수의 입에 대어 주니, 예수는 이것을 빨아 마셨다.[17] 동방에서는 십자가에 달린 자나 장대에 끼어 죽이는 형을 당하는 자에게 마실 것을 주면 죽음을 촉진케 한다고 생각되고 있다. 많은 사람들은 예수가 그 신포도주를 마시자 숨을 거두었다고 생각했다. 그러나 심장부에 있는 혈관의 갑작스런 파열이 세 시간

---

17) 『마태』 27:48;『마가』 15:36;『누가』 23:36;『요한』 19:28-30.

후에 그를 돌연히 죽게 했다고 보는 것이 사실에 더 가깝지 않을까 한다. 숨을 거두기 조금 전에도 그는 크게 소리 지를 수 있었다.[18] 갑자기 그가 굉장히 크게 외쳤다.[19] 어떤 사람들은 이 외침을, "아버지, 제 영혼을 아버지 손에 맡깁니다."라고 들었고, 예언의 성취에 열중해 있던 다른 어떤 사람들은, "이제 다 이루었다."라는 것으로 들었다. 머리가 가슴 위로 기울고, 그는 숨졌다.

숭고한 선도자여, 이제는 그대의 영광 속에 쉬라. 그대의 사업은 완성되었고, 그대의 신성(神性)은 세워졌노라. 그대의 노력으로 쌓은 건물이 하나의 오류로 무너지지 않을까 다시는 염려하지 말라. 이제 이후로 그대는 붕괴의 손이 미치지 못하는 곳에 있으면서, 하나님의 평화의 높은 곳으로부터 그대의 행적의 무한한 결과를 바라보리라. 그대의 위대한 혼을 건드리기 조차 못한 몇 시간의 고민을 겪고, 그대는 다시없이 완전한 불멸성을 샀노라. 수천 년 동안 세계는 그대를 섬겨 가리라! 우리들의 투쟁의 깃발인 그대는 그 둘레에서 가장 치열한 전투가 전개되는 표지가 되리라. 그대는, 죽은 후로는, 이 세상에서 살고 있던 때보다도 천 배나 더 생명을 가지며, 천 배나 더 사랑 받으면서 인류의 초석이 되어 이 세상으로부터 그대의 이름을 떼어버린다면 세계가 그 근저로부터 뒤흔들리리라. 그대와 하나님 사이에 이제부터는 구별이 없다. 죽음을 온전히 정복한 자여, 그대가 밟아 간 그 어엿한 길로 뭇 세기의 숭배자들이 또한 그대를 따라 걸어갈 왕국을 그대의 소유로 삼으라.

---

18) 『마태』 27:46; 『마가』 15:34.
19) 『마태』 27:50; 『마가』 15:37; 『누가』 23:46; 『요한』 19:30.

제26장 무덤 속의 예수

예수가 숨을 거둔 것은 우리들의 산정법으로는 오후 세 시경이었다.[1] 유대의 한 법률[2]은 형 집행일 저녁이 지나도록 시체를 십자가에 매달아 두는 것을 금하고 있었다. 로마인들이 집행한 형에서는 이 규칙이 지켜졌던 것 같지 않다. 그러나 그 이튿날이 안식일이었고, 또 특별히 성대한 제사를 지내는 안식일이었기 때문에 유대인들은 로마 당국에 이 거룩한 날이 그러한 광경으로 말미암아 더럽혀지지 않았으면 좋겠다는 희망을 표명했다. 이 요구가 받아들여져 죄수를 빨리 죽게 하여 십자가에서 끌어내리라는 명령이 내렸다. 병사들은 이 명령을 듣고, 십자가의 형보다 훨씬 더 손쉽고 빠른 제2의 형인 크루리프라기움(crurifragium), 즉 다리를 꺾는 형을 두 도둑에게 가하였다. 이 형은 노예나 포로에게 흔히 가하는 형이었다. 예수는 죽었기 때문에 다리를 꺾을 필요가 없다고 그들은 생각했다. 다만, 그 중 한 병사가 이 제3의 죄수가 정말 죽었는지 확인하고 아직 숨이 있으면 완전히 죽게 하기 위하여 창으로 옆구리를 찔렀다. 사람들은 피와 물이 흐르는 것을 보았다고 믿었다. 그리고 사람들은 이것을 목숨이 끊어진 표적으로 보았다.

---

1) 『마태』 27:46 ; 『마가』 15:37 ; 『누가』 23:44.
2) 『신명기』 21:22-23 ; 『여호수아』 8:29 ; 10:26 이하.

『넷째 복음서』의 기자는 여기서 사도 요한을 목격자로 개입시키고, 이에 관한 자세한 점에 대해서 많은 것을 주장하고 있다.[3] 사실, 이때 예수가 정말 죽었는지에 대하여 더러 의심이 생긴 것은 분명한 일이다. 십자가의 처형을 많이 본 사람들에게는 십자가에 몇 시간 달려 있었던 것이 그러한 결과에 이르게 하는 데에는 아주 불충분한 것으로 보였다. 십자가에 못 박혔던 자가 적당한 때 내려져서 열심히 치료받은 결과 소생한 경우가 많은 실례로 입증된 바 있다. 후대에 오리게네스는 이렇게 빨리 죽은 것을 설명하는 데에는 기적을 끌어들여야만 한다고 생각했다. 마가의 이야기에도 이에 대한 놀라움이 표명되고 있다.[4] 사실대로 말하면, 이 역사가가 이 점에 관해서 가장 잘 보증하고 있는 것은 예수의 적들의 의심 많은 증오다. 유대인들이 그때부터 예수가 부활했다고 믿어지지 않을까 두려움에 사로잡혀 있었다는 것은 매우 의심스러운 일이다. 그러나 하여튼 그들은 예수가 정말 죽었는지 똑똑히 알아야만 했다. 설사 어느 시기에 고대인들이 법적으로 엄정하게 해두고 사건을 엄밀하게 처리해 두어야 할 모든 일을 아무리 소홀히 했다 하더라도, 이 경우에는 관계자들이 자기들에게 매우 중요한 점에 대해서 어느 정도 잘 돌아보지 않았다고는 생각되지 않는다.

로마의 관습으로는 예수의 시체는 그대로 매달려 있게 내버려 두어, 새들의 밥이 되어야만 했다. 유대의 법률로는 저녁에 형틀에서 내려져 사형수의 무덤으로 되어 있는 불명예스러운 장소에 집어넣게 되어 있었다. 만일 예수에게 겁 많고 보잘것없는 가엾은 갈릴리 사람들 밖에는 제자가 없었다고 하면, 일은 이 둘째 방식으로 처리되었을 것이다. 그러나 우리가 위에서 본 바와 같이, 예수는 예루살

---

3) 『요한』 19:31-35.
4) 『마가』 15:44-45.

렘에서 별로 성공하지 못했지만 그래도 하나님의 나라를 기다리고 있던, 그리고 그의 제자라고 말하지는 않으면서도 그에게 깊은 애착을 느끼고 있던 몇몇 유력한 인물들의 공감을 얻고 있었다. 그 중 한 사람 '아리마대'라는 조그마한 고을의 요셉은 그날 밤 총독에게 가서 유해를 달라고 요청했다.[5] 요셉은 부유하고 존경받는 사람이었고, 또 의회의 의원이었다. 더군다나 이 시기의 로마법에는 사형에 처해진 자의 시신을 청구한 사람에게 내어주도록 규정되어 있었다. 빌라도는 〈크루리프라기움〉의 사정을 몰랐던지라, 예수가 벌써 죽었는가 하고 한편 놀라서, 처형의 형편을 알기 위해서 형을 집행한 백부장(百夫長)을 불렀다. 백부장에게서 예수가 확실히 죽었다는 다짐을 받고 나서 빌라도는 요셉에게 그가 청한 것을 주었다. 시신은 아마도 이미 십자가에서 내려져 있었을 것이다. 이것을 요셉에게 마음대로 하라고 내어 주었다.

이때 예수를 위하여 진력한 것을 우리가 이미 위에서 보았던, 또 한 사람 예수의 비밀의 친구였던 니고데모[6]가 다시 나타났다. 그는 시체 보존에 필요한 물건을 충분히 가지고 왔다. 요셉과 니고데모는 유대의 관습에 따라 예수에게 수의를 입혔다. 시신을 몰약 및 침향과 함께 세마포에 쌌다. 갈릴리 여자들도 그 자리에 있었다.[7] 그리고 슬피 소리 질러 울었을 것이 틀림없다.

밤이 깊어 이 모든 일은 몹시 서둘러 행해졌다. 결정적으로 시신을 둘 곳이 아직 선정되지 않았다. 그런데다가 또 시신을 운반한다면 시간이 더 걸리고 안식일을 범하게 될지도 몰랐다. 그런데 제자들은 유대의 법률이 명하는 것을 아직 충실하게 지키고 있었다. 그

---

5) 『마태』 27:57 이하; 『마가』 15:42 이하; 『누가』 23:50 이하; 『요한』 19:38 이하.
6) 『요한』 19:39 이하.
7) 『마태』 27:61; 『마가』 15:47; 『누가』 23:55.

래서 그들은 임시 무덤을 정했다.[8] 거기서 가까운 곳에 동산이 있고, 그 동산 안에 아직 사람을 장사한 일이 없는 바위에 판 새 무덤이 하나 있었다. 이 무덤은 어떤 신자의 것이었던 듯싶다.[9] 유해를 장사 지내는 동굴은 오직 한 시신만을 위한 경우에는 조그마한 방 하나로 되어 있었고, 안쪽 구석에 벽을 파내 움푹 들어가게 하고 천장은 궁형이었고 그 아래에 시신을 침상에 놓게 되어 있었다. 이 동굴들은 경사진 바위산의 측면에 파여 있었으므로 평지에서 그대로 안으로 들어갈 수 있었고, 문은 쉽사리 움직일 수 없는 돌로 닫혀 있었다. 사람들은 예수를 이 동굴 속에 넣고[10] 돌을 문에 굴려다 놓은 뒤 좀 더 완전한 무덤에 장사 지내기 위해서 다시 오기로 약속했다. 그러나 그 이튿날은 유월절의 큰 안식일이었으므로, 그 다음날 일을 하기로 했다.[11]

여인들은 시체가 잘 놓였나 살펴보고 나서 집으로 돌아갔다. 그녀들은 그 저녁의 남은 시간을 시체 보존을 다시 하기 위한 준비로 보냈다. 토요일에는 모두 쉬었다.[12]

일요일 아침 막달라 마리아를 위시하여 여인들은 아주 일찍 무덤에 왔다.[13] 돌이 문에서 젖혀져 있었고, 유해는 두었던 곳에 없었다. 동시에 다시없이 이상한 소문이 그리스도교도간에 퍼졌다. "그가 살아나셨다!"는 외침이 번개처럼 순식간에 제자들 사이에 돌았다. 애정 때문에 이 외침은 도처에서 쉽사리 믿어졌다. 도대체 어떻게 된 것일까? 우리는 사도들의 역사를 다룰 때 이 점을 검토하고, 또 부활

---

8) 『요한』 19:41-42.
9) 어느 전승(『마태』 27:60)에 의하면 이 매장터의 소유자는 아리마대 사람 요셉이다.
10) 『고린도 전서』 15:4.
11) 『누가』 23:56.
12) 『누가』 23:54-56.
13) 『마태』 28:1;『마가』 16:1;『요한』 20:1.

에 관한 전설의 기원을 찾아보아야 할 것이다. 역사가에게는 마지막 숨을 거둔 것과 함께 예수의 생애는 끝난다. 그러나 그가 제자들과 몇몇 헌신적인 여인들에게 남긴 인상은 그 후도 여러 주간 동안 이들에게 살아 있어서 위안이 될 정도로 깊었다. 누가 그의 유해를 치웠을까?[14] 항상 쉽게 믿는 열정을 가진 사람이 어떠한 상태에서 부활에 대한 믿음을 갖게 하는 모든 이야기를 생겨나게 했을까? 여기 대해서는 반대 사료가 없기 때문에 영원히 알 수 없을 것이다. 하지만, 막달라 마리아의 강한 상상력이 이때 제일 중요한 역할을 했다고 말하기로 하자. 사랑의 신적 능력이여! 환상에 사로잡힌 한 여인의 애정이 부활한 하나님을 세계에 준 성스러운 순간이여!

---

14) 『마태』 28:15;『요한』 20:2 참조.

제27장 예수의 적들의 운명

우리가 채택한 계산법에 의하면, 예수의 죽음은 33년에 있었다. 어떻든 그것은 요한과 예수의 설교가 28년에 시작되었기 때문에[1] 29년 이전일 수도 없고, 또 36년에는 아마도 유월절 전에 빌라도와 가야바가 둘 다 직위를 잃고 있기 때문에 35년 이후일 수도 없다. 더군다나 예수의 죽음은 이 두 사람의 파면과 아무 상관도 없었다. 빌라도는 퇴직할 때 이 잊혀진 일화가 그의 좋지 못한 평판을 아주 먼 후손에게까지 전해 가리라고는 아마 꿈에도 생각지 못했을 것이다. 가야바에 관해서 말하면, 그는 제 처남 요나단을 후계자로 삼았는데, 이 사람은 바로 예수를 고소할 때 주요한 역할을 한 하난의 아들이었다. 사두개교도인 하난의 일가는 그 후로도 오랫동안 대사제직을 가지고 있었고, 또 그 전의 어느 때보다도 더 세력을 떨치면서, 시조에 대해서 시작한 맹렬한 싸움을 예수의 제자들과 그 가족에 대하여 계속하였다. 그리스도교는 이 일가 때문에 결정적으로 수립되었거니와, 또한 이 일가 때문에 첫 순교자를 내기도 했다. 하난은 그 시대에 가장 행복한 사람 가운데 하나로 여겨지고 있었다. 예수의 죽음에 대해서 정말 죄가 있는 이 사람은 명예와 존경의 절정에서 생애를 마쳤다. 그 아들들은 총독들에게 별로 억압당하는 일 없이, 그리

---

1) 『누가』 3:1.

고 번번이 자기들의 과격하고 교만한 본능을 만족시키기 위하여 총독들의 동의 없이 일을 처리하면서 계속하여 성전 주변을 주름잡고 있었다.

안티파스와 헤롯도 얼마 안 가서 정치적 무대에서 사라졌다. 헤롯 아그립바가 칼리굴라에 의하여 왕위에 오르게 되자, 질투심 많은 헤로디아는 자기도 여왕이 되리라 맹세했다. 안티파스는 이 야심에 찬 여자로부터 일가에 자기보다 지위가 높은 사람을 두고 가만히 있는 것은 못난 짓이라는 짜증을 듣고 쉴 새 없이 들볶여서, 천성인 게으름을 누르고 로마로 가서, 39년 자신의 조카가 막 얻은 칭호를 청원했다. 그러나 일은 최악의 방향으로 흘러갔다. 안티파스는 헤롯 아그립바의 모함을 받아 면직되고, 리옹에서 스페인으로 유배지를 전전하면서 여생을 보냈다. 헤로디아도 갖가지 불행 속에 그를 따라다녔다. 이들의 백성 가운데 한 미천한 자가 신이 되어, 그 이름이 이 먼 지방에 다시 나타나서 이들의 무덤 위에 침례자 요한의 살해를 다시 생각나게 하기까지에는 적어도 백 년의 세월이 더 흘러야만 했다.

불쌍한 가롯 유다는 어떻게 되었을까? 그의 죽음에 관해서는 여러 가지 전설이 돌았다. 그는 스승을 배반하고 받은 돈으로 예루살렘 근교에 밭을 샀다고 한다. 바로 시온산 남쪽에 아겔다마(Hakeldama)라는 곳이 있었다. 사람들은 그것이 배신자가 사들인 땅이라고 생각했다. 어떤 전승에 의하면, 그는 자살했다.[2] 다른 한 전승에 의하면, 그는 그 밭에서 곤두박질하여 배가 터져 창자가 다 흘러 나왔다.[3] 또 다른 전승에 의하면, 그는 보기 흉한 일종의 수종병에 걸려 죽었는데, 사람들은 그것을 천벌로 보았다. 유다를 아히도벨과 동류로 치고,[4] 유다를 통해, 『시편』 작자[5]가 배반한 벗에 대해 선언하고 있는

---

2) 『마태』 27:5.
3) 『사도행전』 1:18-19.
4) 『사무엘 하』 17:23.

홍조의 성취를 보여주려는 욕망이 이러한 전설들을 낳았는지도 모른다. 아마 유다는 옛 친구들이 세계 정복을 준비하고 거기서 오욕의 소문을 퍼뜨리고 있는 동안, 아겔다마의 전원에 은거하여 세상이 모르는 평온한 생활을 해 갔는지도 모른다. 또 혹은 그의 머리를 괴롭혀 오던 무서운 증오가 마침내 난폭한 행위에까지 나아갔고, 사람들이 거기서 하늘의 뜻을 보았는지도 모른다.

하지만, 그리스도교도들의 큰 복수의 때는 아직 멀었다. 이 새 종파는 유대교가 이윽고 당하게 될 재앙과는 아무 관련도 없었다. 유대교의 회당이 불관용의 법률을 시행함으로써 자기가 어떤 일을 당하는가 하는 것을 깨달은 것은 훨씬 뒷날의 일이었다. 제국이 자기의 미래의 파괴자가 탄생하지 않았나 염려하게 된 것은 확실히 더 오랜 뒤의 일이었다. 약 300년 동안 이 제국은 인류를 완전히 변화시킬 원동력이 곁에서 자라고 있는 것을 전혀 알지 못하면서 그 길을 걸어갈 것이다. 예수가 세계에 던진, 신정적인 동시에 민주적인 관념은 게르만족의 침입과 더불어 로마 황제들의 사업을 와해시킨 가장 유력한 요인이었다. 한편으로는 모든 사람이 하나님의 나라에 참여할 수 있는 권리가 선포되었다. 또 한편으로는 종교가 이때 이후 원칙상 국가로부터 분리되었다. 신앙의 권리는 정치적 법규에서 벗어나 하나의 새로운 권력, 즉 〈정신적 권력〉을 구성하기에 이른다. 이 권력이 그 기원을 배반한 것은 한두 번이 아니었다. 여러 세기를 통하여 사제들은 군주였고 교황은 왕이었다. 심령을 내세우는 제국이 자신을 유지하기 위하여 고문과 화형을 해 가면서 거듭 끔찍한 폭정으로 군림하였다. 그러나 정교 분리가 열매를 맺을 날, 정신적인 것의 영역이 '권력'이라 불리기를 그치고 그 대신 '자유'라 불릴 날이 마침내 올 것이다. 그리스도교는 한 서민의 대담한 긍정에서 나

---

5) 『시편』 69와 109.

와 민중 앞에서 꽃피고, 누구보다도 먼저 민중에게 사랑받고 찬탄되어, 결코 사라지지 않을 본래의 성격을 지니게 되었다. 그것은 혁명의 최초의 승리였고, 민중 감정의 개가였으며, 마음이 가난한 자들의 군림이었고, 민중이 생각하는 아름다움의 즉위였다. 이리하여 예수는 고대의 귀족주의 사회 속에 만인이 지나갈 수 있는 틈바구니를 열어 놓았다.

　세속 권력은 사실 예수의 죽음에 대해 죄가 없지만, 이 권력은 선고에 부가 서명을 한 것 뿐이다. 그것도 자기 생각에 없는 부가 서명(附加 暑名)을 했지만, 깊이 그 책임을 져야만 했다. 국가는 갈보리 산상의 일을 주관함으로써 다시없이 큰 타격을 받았다. 온갖 무례함이 가득 찬 전설, 법률상의 권력자들이 가증한 역할을 담당했고, 피고가 옳았고, 재판관들과 경찰관들은 진리에 반대해 결탁했다는 전설이 득세하여 세상에 떠돌았다. 극도로 반란적인 수난의 이야기가 수백만의 통속적 회화에 의하여 널리 퍼져, 형벌 가운데 가장 부당한 형벌을 인가하는 로마의 독수리, 형을 집행하는 병사들, 이것을 명하는 총독을 보여 주고 있다. 모든 기성 권력에 대하여 얼마나 큰 타격인가! 모든 기성 권력은 이 타격에서 온전히 다시 일어서 본 적이 없다. 겟세마네의 큰 실책을 의식하고 있는 터에, 어떻게 불쌍한 사람들에게 자신들이 잘못을 저지르는 법이 없는 척 할 수 있겠는가?

제28장 예수가 하신 일의 본질적 성격

주지하는 바와 같이, 예수는 결코 자신의 활동을 유대교 밖으로는 확대시키지 않았다. 비록 그가 정통파로부터 멸시 당하는 모든 사람을 동정하여 이교도들을 하나님의 나라에 받아들이게 하였으며, 이교도의 땅에 머문 일이 한두 번이 아니었으며, 또 불신자와 우정어린 관계를 가짐으로써 사람들을 놀라게 한 일이 한두 번 있기는 했으나,[1] 그의 생애는 그가 출생한 아주 닫힌 조그마한 세계에서 온통 흘렀다고 할 수 있다. 그리스와 로마의 여러 나라들은 그에 관한 이야기를 듣지 못했다. 백 년이 지난 후에야 비로소 예수의 이름이 세속 작가들의 글에 나타나고 있는데, 그것도 그의 교리로 말미암아 일어난 반란적 운동이나 그의 제자들이 당한 박해에 관한 것이 간접적으로 나타나고 있을 따름이다. 유대교 내부에서도 예수는 영속적 인상을 주지 못했다. 50년경에 필론은 예수에 관해서 아무 것도 모르고 있다. 37년에 출생하여 1세기말에 저술하고 있는 요세푸스는 예수의 처형에 관해서는 마치 대수롭지 않은 사건을 다루듯 몇 줄밖에 언급하고 있지 않다. 그는 당시의 여러 종파를 열거하면서, 그리스도교도들을 빼놓고 있다. 요세푸스와 동시대의 역사가인 디베리아의 유스트는 예수의 이름을 말한 바 없다. 다른 한편으로,『미슈나』

---

[1] 『마태』 8:15 이하;『누가』 7:1 이하;『요한』 12:20 이하.

는 새 교파의 형적을 전혀 알려주고 있지 않으며, 또 두 『게마라』의 여러 구절에는 그리스도교의 시조의 이름이 나오기는 하나, 이 구절들은 4세기 이전에 편찬되지는 않았다. 예수의 본질적 일은 자기 주위에 한 무리의 제자를 만들고 이들에게 무한한 애착심을 불어넣고, 또 이들의 한복판에 자신의 교리의 새싹을 심어 놓은 것이었다. 〈죽은 후에도 그를 사랑하기를 그치지 않았던 만큼〉 사람들로 하여금 자신을 사랑하게 한 것이야말로 예수의 가장 큰 업적이요, 또 동시대인들을 가장 놀라게 한 것이었다. 그의 교훈은 전혀 교리적인 데가 없기 때문에 그는 결코 그것을 글로 적거나 혹은 남에게 적게 할 생각은 꿈에도 하지 않았다. 제자가 되는 것은 이것이나 저것을 믿음으로써가 아니라, 그의 인격을 사모하고 사랑함으로써였다. 그가 하는 말을 들은 사람들의 추억에 의거하여 모은 얼마간의 문장, 그리고 특히 그의 도덕적 모범과 그가 남긴 인상, 그런 것들이 그에 관해서 남은 것이다. 예수는 교리를 세우지 않았고, 신조를 만들지 않았다. 그는 세계를 새로운 정신으로 인도하였다. 세상에서 가장 그리스도교도 답지 않은 사람들이란, 한편에서는, 4세기 이래 그리스도교를 유치한 형이상학적 논변의 길로 들어가게 한 그리스 교회의 학자들이요, 다른 한편으로는, 『복음서』로부터 방대한 『대전』의 수천을 헤아리는 조항을 끌어내려 한 라틴 중세의 스콜라 철학자들이었다. 하나님의 나라를 바라보고 예수를 따르는 것, 이것이야말로 무엇보다 먼저 그리스도교도라 불리는 까닭이었다.

  이리하여 우리는 어떻게 순수한 그리스도교가 18세기가 지난 오늘날에도 아직 보편적이고 영원한 종교의 성격을 지니고 존속하고 있는가를 이해하게 된다. 사실 그것은 예수의 종교가 어떤 면에서 결정적인 종교이기 때문이다. 그 탄생 시에 모든 교의적 속박을 벗어버리고, 완전히 자발적인 심령의 운동에서 나와, 300년 동안 양심의 자유를 위해 싸운 그리스도교는 뒤이은 여러 차질에도 불구하고 이 훌륭한 기원의 열매를 아직도 따고 있다. 그리스도교는, 새로워지려면, 『복음서』로 되돌아가기만 하면 된다. 우리가 생각하는 하나님의 나라는 초대 그리스도교도들이 구름 속에 번득이는 것을 보리라고 바라던 초자연적 출현과는 뚜렷이 다르다. 그러나 예수가 세상에 새로이 끌어들인 감정은 바로 우리의 감정이다. 그의 완전한 이상주의는 초탈하고 덕 있는 삶의 최고의 규칙이다. 그는 정결한 마음을 가진 사람들의 천국을 창조했다. 거기에는 이 지상에서 구해도 얻을 수 없는 것, 즉 하나님의 자녀들의 완전한 고상함, 완성된 거룩함, 세상의 더러운 것들의 전적인 제거, 끝으로 현실 사회가 불가능한 것이라 하여 제거하는, 그리고 사상의 영역에서만 온전히 충만케 되는 자유가 있다. 이 이상적 낙원으로 피해 들어가는 사람들의 위대한 주님은 아직도 예수다. 그는 하나님의 나라를 선포한 최초의 사람이다. 그는 적어도 그의 행위를 통하여 "내 나라는 이 세상에 속하지 않는다."고 말한 최초의 사람이었다. 참된 종교의 창립이 바로 그가 한 일이다. 예수 이후로는 다만 발전시키고 풍부하게 할 것 밖에 없다.

그리하여 '그리스도교'는 '종교'와 거의 같은 뜻의 말이 되었다. 그리스도교의 이 위대하고 좋은 전통을 떠나서 하는 모든 일은 열매를 맺지 못하리라. 인류 속에 소크라테스가 철학을 세우고, 아리스토텔레스가 과학을 세운 것처럼, 예수는 종교를 세웠다. 소크라테스 이전에도 철학이 있었고 아리스토텔레스 이전에도 과학이 있기는 했다. 소크라테스와 아리스토텔레스 이후로 철학과 과학은 엄청나게 진보했지만, 이 두 사람이 세운 기초를 토대로 한 것이었다. 마찬가지로 예수 이전에도 종교 사상의 많은 혁명을 거쳐 왔고, 예수 이후에도 큰 정복들이 있었다. 하지만, 예수가 창조한 본질적 관념을 떠나지는 못했고, 또 앞으로도 떠나지 못할 것이다. 그는 순수한 종교를 파악하는 방식을 마음에 정해 놓았다. 예수의 종교는 한정되어 있지 않다. 교회에는 그 여러 시기와 국면이 있었다. 교회는 일시적이었거나 앞으로도 일시적인 것밖에 되지 못할 신조들 속에 들어앉았다. 그러나 예수는 감정밖에는 아무 것도 제외하거나 한정하지 않으면서 절대의 종교를 세웠다. 그의 신조는 고정된 교리가 아니라 무한한 해석을 가할 수 있는 비유이다. 『복음서』에서 신학적 명제를 찾아보려 해도 헛수고일 것이다. 모든 신앙 고백은 예수의 사상의 곡해다. 이것은 중세 스콜라 철학이 아리스토텔레스를 완성된 과학의 유일한 스승이라고 언명하면서 그의 사상을 왜곡시킨 것과 같은 데가 있다. 아리스토텔레스가 만일 이 학파의 논쟁에 참석했더라면, 그는 이 편협한 주장을 거부했을 것이요, 권위를 내세우며 구습을 고수하는 학문에 반대하여 진보적 과학 편에 가담했을 것이며, 또 자기의 반론자들을 찬양했을 것이다. 마찬가지로 만일 예수가 우리들 가운데 다시 온다면, 교리문답의 몇몇 문구 속에 예수가 다 들어 있다고 주장하는 사람들이 아니라 그를 뒤이으려고 힘쓰는 사람들을 제자로 여길 것이다. 모든 위대한 일에서 영원한 영광은 초석을 놓았다는 데 있다. 현대〈물리학〉이나〈기상학〉에는 같은 제목이 붙은 아리스토텔레스의 논문의 문구가 한 마디도 나오지 않을 수도 있다. 그래도 아리스토텔레스는 어디까지나 자연 과학의 창시자이다. 교리가 어떻게 변화하든, 예수는 언제까지나 종교에 있어서는 순수한 감정의 창조자일 것이다. 산상의 설교를 능가할 것은 아무 것도 없을 것이다. 무슨 혁명이 일어난다 해도, 종교에 있어서는 예수의 이름이 그 선두에서 빛나는 지적 및 도덕적 대가족으로부터 우리를 떼어 내지는 못할 것이다. 이런 의미에서 우리가 앞선 그리스도교 전통의 거의 모든 점에 관해서 서로 엇갈릴 때에도 우리는 여전히

제28장 예수가 하신 일의 본질적 성격   399

그리스도교도이다.

  그리고 이 위대한 창건은 바로 예수의 개인적 업적이었다. 그가 그토록 사람들에게 열렬한 사랑을 받은 데에는 필시 그만한 까닭이 있었다. 사랑이란 사랑을 불붙게 해줄 만한 대상이 없으면 생기지 않으며, 또 우리가 아직도 예수의 위대함과 순수함을 긍정하는 것이 그가 주위 사람들에게 불어넣은 열정 때문이 아니라면, 우리는 그에 관해서 아무 것도 아는 바가 없을 것이다. 초대 그리스도교의 신앙과 열의와 불굴의 정신은 그 모든 운동의 근원에 있는 웅대한 조화를 지닌 한 사람을 상정하지 않으면 설명이 되지 않는다. 여러 신앙시대의 놀라운 창조물들을 보면, 올바른 역사 비평에 대하여 똑같이 치명적인 두 가지 인상이 떠오른다. 한편으로는, 사람들은 이 창조물들을 너무 비개인적인 것으로 보려는 나머지, 힘찬 의지와 뛰어난 정신의 소산을 하나의 집단적 행동으로 돌리고 있다. 다른 한편으로는, 인류의 운명을 결정한 이 비상한 운동들의 주동자들을 우리와 같은 사람으로 보려고 하지 않는다. 자연이 그 품속에 간직하고 있는 능력에 대해서 좀더 넓은 관념을 가지자. 세심한 단속을 받고 있는 우리의 문명은 각자의 독창성이 좀더 자유로운 발전의 터전을 가지고 있던 시기에 인간이 얼마만한 가치를 가지고 있었는지에 대해 우리에게 아무 것도 알려주지 못할 것이다. 한 은자가 우리의 수도 가까운 산에 살면서 가끔 산에서 나와 왕궁에 나타나 문지기를 밀치고 안으로 들어가 왕 앞에 이르러 거만한 어조로 자기가 추진해 온 혁명이 바야흐로 터지려 하고 있다고 선언한다고 가정해 보자. 생각만 해도 저절로 웃음이 나온다. 그러나 엘리야는 바로 그런 사람이었다. 티스베 사람 엘리야는 오늘날이라면, 뛸르리 궁전의 작은 문을 타고 넘지는 않을 것이다. 예수의 설교와 갈릴리에서의 그의 자유로운 활동 역시 우리가 젖어 있는 사회에서는 상상하기 힘든 것이다.

우리의 문명의 관습에 매이지 않았던, 세련되기는 하지만 개성을 아주 줄어들게 하는 획일적 교육을 받지 않았던 이 사람들은 행동에 놀라운 정력을 쏟았다. 우리에게 저들은 실재하지 않았던 영웅시대의 거인처럼 보인다. 큰 오류다! 이 사람들 역시 우리의 형제였다. 그들 역시 우리만한 키를 가졌고, 우리처럼 느끼기도 하고 생각하기도 했다. 그러나 그들에게는 하나님의 숨결이 자유로웠다. 우리에게 하나님의 숨결은 저속하고 어쩔 도리 없이 범용하게 된 사회의 쇠사슬에 묶여 있다.

그러므로 인간의 위대함의 꼭대기에 예수의 인격을 두자. 우리를 언제나 초인적 세계에 붙들어 두는 전설에 직면하여 지나치게 의심하고 헤매지 말자. 아씨지의 프란체스코의 생애 역시 기적의 연쇄일 따름이다. 그렇다고 해서 아씨지의 성 프란체스코가 존재했다는 사실과 그의 역할을 의심한 사람이 있었던가? 그리스도교의 창건의 영광은 초대 그리스도교도의 한 무리 전체에 돌려야 하며, 전설에 의하여 신격화된 사람에게 돌릴 것이 아니라고는 말하지 말자. 사람들이 서로 같지 않기 때문에 우리들에게서보다 동방에서 훨씬 더 두드러진다. 동방에서는 일반적으로 아주 나쁜 환경에서 놀라울 정도로 위대한 인격이 출현하는 일이 드물지 않다. 예수가 제자들에 의하여 창조되었다는 것은 어림도 없는 일이다. 오히려 예수는 만사에 제자들보다 우월함을 드러내고 있다. 그의 제자들은 성 바울과 아마도 성 요한을 제외하고는 창의도 재능도 없는 사람들이었을 것이다. 성 바울과 예수는 비교도 안 되며, 성 요한의 『계시록』은 예수의 시(詩)로부터 영감을 받았을 따름이었다. 이런 까닭에 『복음서』들은 『신약성서』의 저작들 중 가장 우수한 것이다. 그러므로 예수의 역사로부터 사도들의 역사로 가다보면 고통스러운 추락감을 맛본다. 우리에게 예수의 모습을 전해 주고 있는 『복음서』 기자들도 그들이 이야기하고 있는 사람보다 그들 자신이 아주 낮은 곳에 처해 있기 때문에 그의 높이에 다다르지 못하여 줄곧 그를 잘못 그리고 있다. 그들의 글은 오류와 오해로 가득 차 있다. 글줄마다 숭고한 아름다움을 가진 원작이 그것을 이해하지 못하는, 그리고 자기들이 절반 밖에 파악하지 못한 사상을, 자기들 자신의 사상으로 대체해 놓고 있는 편찬자들에 의하여 그르쳐지고 있는 것이 엿보인다. 요컨대, 예수의 성격은 그의 전기 작자들에 의하여 아름답게 꾸며지기는커녕 오히려 왜소해졌다. 예수의 참 모습을 재발견하려는 비평가는 제자들의 범용한 정신에서 생긴 일련의 오해를 멀리할 필요가 있다. 제자들은 예수를 자기들이 생각한 대로 그렸다. 그리고 번번이 그를 위대하게 한다고 생각하면서 사실은 작게 만들어 놓았다.

나는 하나의 다른 민족에 의하여 하나의 다른 하늘 아래서 그리고 여러 다른 사회적 필요 한가운데서 형성된 이 전설 속에서 우리의 현대의 여러 원리가 불쾌함을 느끼는 일이 한두 번이 아님을 알고 있다. 어떤 면에서 우리의 취미에 더 잘 맞는 덕들이 있기도 하다. 정직하고 고아한 마르쿠스 아우렐리우스, 겸손하고 온유한 스피노자는 기적을 행할 수 있다고 믿지 않았기 때문에 예수가 빠진 몇 가지 과오에 빠지지 않을 수 있었다. 스피노자는 그의 깊은 모색 속에서 예수가 찾지 않은 유익을 얻었다. 학문에 생을 바친 우리들 모두는 극도로 치밀한 확신 방법을 사용하여, 우리의 절대적 성실과 순수한 이념에 대한 무사무욕의 사랑에 의하여 도덕의 새로운 이상을 세워 놓았다. 그러나 일반 역사의 평가는 개인적 공적에 대한 고찰만을 일삼아서는 안 된다. 마르쿠스 아우렐리우스와 그의 고상한 스승들은 세계에 대하여 영속적 행동을 한 바 없다. 마르쿠스 아우렐리우스는 재미있는 책들과 얄미운 아들 하나와 몰락해 가는 세계를 남겼다. 예수는 여전히 인류에게 도덕적 신생의 무진장한 원동력이다. 철학은 대다수 사람들에게 충분한 것이 못 된다. 저들에게는 성스러움이 필요하다. 기적의 전설을 가진 티아나의 아폴로니우스 같은 사람은 냉철한 이성을 가진 소크라테스 같은 사람보다 더 큰 성공을 거두게 마련이다. 사람들은 말했다: "소크라테스는 사람들을 땅에 내버려두지만, 아폴로니우스는 사람들을 하늘로 데려간다. 소크라테스는 현자에 불과하고, 아폴로니우스는 신이다." 종교가 오늘에 이르기까지 금욕주의와 신심과 경이를 그 일부분으로서 가지지 않고서 존재한 적은 한번도 없었다. 안토니누스 7세 이후 철학을 종교로 만들고자 했을 때 사람들은 철학자들을 성자로 변모시키고, 피타고라스와 플로티누스의 『교화적 전기』를 쓰고, 이들이 금욕과 명상의 덕을 가졌고 또 초자연적인 여러 가지 능력을 가지고 있었다는 전설을 만들어 내어야만 했다. 그러나 이런 것들이 없었기 때문에 백 년 가까이 사람들은 신앙도 권위도 찾지 못했다.

그러므로 우리의 시시한 감수성을 만족시키기 위하여 역사를 훼손하는 일은 하지 말자. 우리처럼 보잘 것 없이 작은 자들 가운데 누가 보통 사람이 아닌 아씨지의 프란체스코나 신경질적인 성녀 테레사가 한 것 같은 일을 할 수 있겠는가? 의학적으로는 이렇게 인간성으로부터 멀리 떠난 사람들을 여러 가지 이름으로 부르고, 천재를 두뇌질환의 하나라 주장하고, 열광과 사랑을 우발적 신경현상의 하나로 분류한다고 해도 상관할 것 없다. 건전하다느니 병적이라느니 하는 말은 분명히 상대적인 말이다. 누가 평범한 사람처럼 건강한 것보다 빠스깔처럼 병드는 것을 더 좋아하랴? 오늘날 광기에 관해서 퍼져 있는 편협한 관념이 이런 문제에서 우리의 역사적 판단을 가장 심하게 왜곡시키고 있다. 의식하고 있지 않는 일들을 말하는 상태, 의지가 사상을 부르지도 규제하지도 않았는데 사상이 생기는 상태에 있는 사람은 오늘날에는 환상에 사로잡힌 자라고 하여 감금당하기가 일쑤다. 옛날에는 이런 상태를 예언이나 영감이라 불렀다. 세상에서 가장 아름다운 것들은 열의에서 나온다. 모든 뛰어난 창조는 균형의 파탄을 가져오게 마련이다. 출산은 자연 법칙상 하나의 격렬한 상태이다.

물론, 우리는 그리스도교가 너무나 대단한 업적이어서 단 한 사람이 이루어 놓은 것으로 볼 수 없다는 것을 잘 안다. 어떤 의미에서는 인류 전체가 협력한 것이다. 아무리 벽으로 둘러 막혔다 하더라도, 밖으로부터 불어오는 바람을 다소라도 받지 않는 세계란 없다. 역사에는 신기한 동시성이 수없이 많기 때문에 피차 멀리 떨어져 있는 인류가 서로 교섭 없이 거의 동일한 사상이나 상상에 동시에 도달한다. 13세기에 라틴인·그리스인·유대인·회교도는 요오크[2]에서 사마르칸드[3]에 이르기까지 거의 똑같은 스콜라 철학을 하고 있었다. 14세기에 이탈리아·페르시아·인도에서는 누구나 신비적 비유를 좋아하였다. 16세기는 성 토마스·바르헤브라에우스[4]·나르본[5]의 랍비들·바그다드의 모테칼민(Motécalle-minus)들은 서로 아는 바 없었고, 단테와 페트라르카는 수피교도를 한 사람도 본 바 없었고, 또 페루기아[6]나 피렌체파의 제자가 한 사람도 델리를 지나가 본 적이 없었는데도, 이탈리아와 대몽고의 궁정에서 거의 똑같은 양식의 예술이 발전하고 있다. 큰 파동이 국경이나 인종의 구별 없이, 마치 전

---

2) 요오크(York) : 영국 북부의 마을.
3) 사마르칸드(Samarkand) : 우즈베크 공화국의 지명. 중앙아시아에 있다.
4) 바르헤브라에우스(Barhébræus, 1226년-1286년) : 시리아의 학자. 부친은 유대인 의사로서 그리스도교로 개종하였다. 몽고군의 침입을 피하여 부자가 함께 안디옥으로 이주하여 동방 교회의 수도사가 되고(1242년), 알레포(Aleppo)의 주교(1252년)를 거쳐 대주교가 되었다(1264년).
5) 나르본느(Narbonne) : 지중해에 가까운, 남프랑스의 마을.
6) 페루기아(Perugia) : 중앙 이탈리아의 도시. 12, 13세기에 지은 궁전과 성당이 많다.

염병처럼 세계를 휩쓸고 있다고 말할 수 있겠다. 인류의 사상의 교역은 오직 책이나 직접적인 교육만으로 행해지지는 않는다. 예수는 석가모니·조로아스터·플라톤의 이름조차 몰랐고, 그리스의 책이나 불교의 경전을 한 권도 읽지 않았다. 그러나 그의 내부에서는 그가 알지 못했지만, 불교·조로아스터교·그리스의 예지에서 온 요소가 적지 않게 있다. 이 모든 것은 비밀의 운하를 통해 인류의 서로 다른 여러 부분 간에 존재하는 일종의 공감에 의하여 이루어진 일이다. 위대한 사람은 한편으로는 자기 시대의 모든 것을 받아들이고, 다른 한편으로는 자기 시대를 지배한다. 예수에 의하여 세워진 종교가 그에 앞서 있었던 것의 자연적 귀결이라는 사실을 중시한다고 해서 이 종교의 탁월성이 감소되지는 않는다. 오히려 이 종교가 존재 이유를 가지고 있었다는 것, 그것이 정당했다는 것, 즉 그 시대의 본능에 또 심정의 요구에 맞았다는 것을 증명한다.

　예수가 모든 것을 유대교에서 얻었으며, 그의 위대성은 바로 유대 민족 자체의 위대성이라고 말하는 것은 보다 정당한 일일까? 극도의 선과 악을 품에 간직하고 있다는 특별한 천성을 타고난 듯이 보이는 이 독특한 민족을 높이 평가함에 있어 나는 누구에게도 뒤지지 않는다. 정녕, 예수는 유대교에서 나왔다. 그러나 그는 마치 소크라테스가 소피스트들에서 나오고, 루터가 중세에서 나오고, 라므내가 가톨릭교에서 나오고, 룻소가 18세기에서 나온 것처럼 유대교에서 나왔다. 무릇 사람은 자기 시대와 민족에 항거하는 때에도 자기 시대와 민족에 속한다. 예수가 유대교의 계승자라고 할 수는 없다. 예수의 사업의 특징은 유대 정신과의 결별이다. 이 점에 관해서 그의 사상이 다소 불명료한 데가 있다고 하더라도, 예수 이후 그리스도교의 전반적 방향에는 그런 점이 전혀 없다. 그리스도교는 더욱 더 유대교로부터 멀어져 갔다. 그 완성은 예수에게 돌아감으로써 이루어지는 것이지,

유대교로 되돌아감으로 이루어지는 것이 결코 아니다. 그러므로 시조의 위대한 독창성은 어디까지나 완벽하다. 그의 영광을 나누어 가지기에 합당한 자는 한 사람도 없다.

여러 가지 사정이 이 놀라운 혁명의 성공에 큰 도움이 되었다는 것은 두말할 필요가 없는 일이다. 그러나 사정이라는 것은 옳고 좋은 기도에만 도움을 주는 법이다. 인류 발전의 각 부문, 예술과 시와 종교는 오랜 시대를 거쳐 오는 동안 특별한 시기를 만나 일종의 자연적 본능에 의하여 힘들이지 않고 완전에 이른다. 그 후로는 아무리 반성적 노력을 해도 이러한 시기에 자연이 몇몇 영감 받은 천재를 통해서 창조한 걸작을 산출하는 데 성공하지 못한다. 그리스의 아름다운 시대가 속계(俗界)의 예술과 문학을 위해서 있었듯이, 예수의 시대는 종교를 위해서 있었다. 유대 사회는 인류가 여태까지 지녀보지 못한 가장 비상한 지적 도덕적 상태를 제공했다. 그때는 허다한 숨은 힘의 협력으로 위대한 일들이 저절로 생기고 아름다운 심령들이 찬탄과 공감의 물결에 의하여 어엿이 서는 신적(神的) 시기들 가운데 하나였다. 세계는 작은 도시국가들의 폭정을 벗어나서 큰 자유를 누리고 있었다. 로마의 전제 정치는 훨씬 뒤에야 하나의 재앙으로 여겨졌고, 또 변두리 지방에서는 제국의 중심에서보다 언제나 덜 고통을 주었다. 정신적인 것들에 대해 형벌보다도 훨씬 더 파괴적인 우리들의 자질구레한 방범(防犯)상의 귀찮은 규정들은 그 당시에는 없었다. 예수는 3년 동안, 우리의 사회에서라면 스무 번이나 법정에 나서게 했을 생활을 그냥 해 나아갈 수 있었다. 무면허 의료 행위에 대한 오늘날의 현행법만으로도 그의 활동을 막기에 충분했을 것이다. 다른 한편으로는, 무엇보다도 불신자였던 헤롯 왕조가 당시의 종교 운동에 별로 신경을 쓰지 않았다. 하스몬 가문 아래서였다면, 예수는 아마도 일을 시작하자마자 체포되었을 것이다. 이러한 사회적 상황에서라면 개혁자는 목숨을 내걸 따름이다. 그리고 그 죽음은 미래를 위해서 일하는 사람들에게는 좋은 것이다. 예수가 하늘의 불꽃을 잃어가면서 엄청난 역할의 필연성 아래서 차츰 지쳐 가면서, 그 신성의 짐을 예순 살이나 일흔 살까지 짊어지고 간다고 상상해 보라! 만사는 특출한 사람들을 돕는다. 그들은 일종의 꺾을 수 없는 유인과 운명의 명령에 의하여 영광으로 나아간다.

지금도 날마다 세계의 운명을 지배하고 있는 이 숭고한 인물을 신이라 부를 수 있겠다. 이것은 예수가 신성의 모든 것을 흡수했다거나 신과 일치했다는 의미에서가 아니라, 인류로 하여금 신을 향한 최대의 걸음을 내딛게 한 개인이라는 의미에서다. 전체로 볼 때, 인류는 좀더 반성적이라는 점에서만 동물보다 나은, 비천하고 이기적인 존재들의 집합일 따름이다. 하지만 이 한결같은 범속성 한가운데에 몇몇 원주가 하늘을 향하여 솟아있어서 보다 숭고한 운명의 증인이 되고 있다. 인간이 어디서 오며 어디로 가야 하는가를 인간에게 가리켜주는 이 원주들 가운데 가장 높은 것이 예수다. 예수 속에는 우리들의 본성의 좋은 것과 숭고한 것이 모두 응집해 있다. 그에게도 과오가 없지는 않았고, 그도 우리가 싸우는 것과 동일한 욕정과 싸워 이겼고, 그에게 힘을 준 하나님의 사자란 다름 아닌 그의 어진 마음이었고, 그를 시험한 사탄은 다름 아니라 사람마다 마음속에 가지고 있는 사탄이었다. 그의 여러 위대한 측면이 제자들의 몰이해로 말미암아 우리의 눈에 띄지 않게 된 것과 마찬가지로, 그의 결점들 가운데 많은 것이 또한 가려지게 되었는지도 모른다. 그러나 지금까지 아무도 예수만큼 자신의 생애에서 인류에 대한 관심으로 세상의 헛된 일들을 이기고 넘게 하지는 못했다. 그는 자신의 사상에 온 마음과 몸을 바쳤던 까닭에, 이제는 우주조차 그에게는 존재하지 않을 정도로 모든 것을 이 사상에 복종시켰다. 그가 하늘을 정복한 것은 이렇게 영웅적 의지가 솟구침으로써였다. 아마 석가모니를 제외하고는 이렇게까지 가정(家庭)과 이 세상의 기쁨과 지상의 모든 염려를 짓밟아 버린 사람은 없었다. 그는 오직 그의 아버지와 숭고한 사명을 위해서만 살았다. 그리고 그는 이 사명을 완수할 자신을 가지고 있었다.

　무능의 운명을 짊어진 영원한 어린이인 우리들, 추수함이 없이 일하고, 우리가 심은 것의 열매를 영영 보지 못한 우리들은 이들 반신(半神)인 사람들 앞에 머리를 숙이자. 저들은 우리가 모르는 것을 알고 있었다. 즉 창조하고 긍정하고 행동할 줄 알고 있었다. 위대한 창의가 다시 나올 것인지, 세계가 이 이후로는 옛날의 여러 시대의 대담한 창조자들에 의하여 열린 길을 그대로 밟아 가는 것으로 만족하게 될 것인지에 대해서 우리는 아는 바 없다. 그러나 장차 어떤 뜻밖의 현상이 일어난다 하더라도, 예수를 능가할 것은 없을 것이다. 그의 종교는 끊임없이 젊어지리라. 그의 전설은 그칠 줄 모르는 눈물을 자아내리라. 그가 당한 고난은 가장 착한 마음을 가진 사람들을 감동시키리라. 모든 세기는 사람의 아들들 가운데 예수만큼 위대한 자가 태어난 적이 없었다고 선포해 가리라.

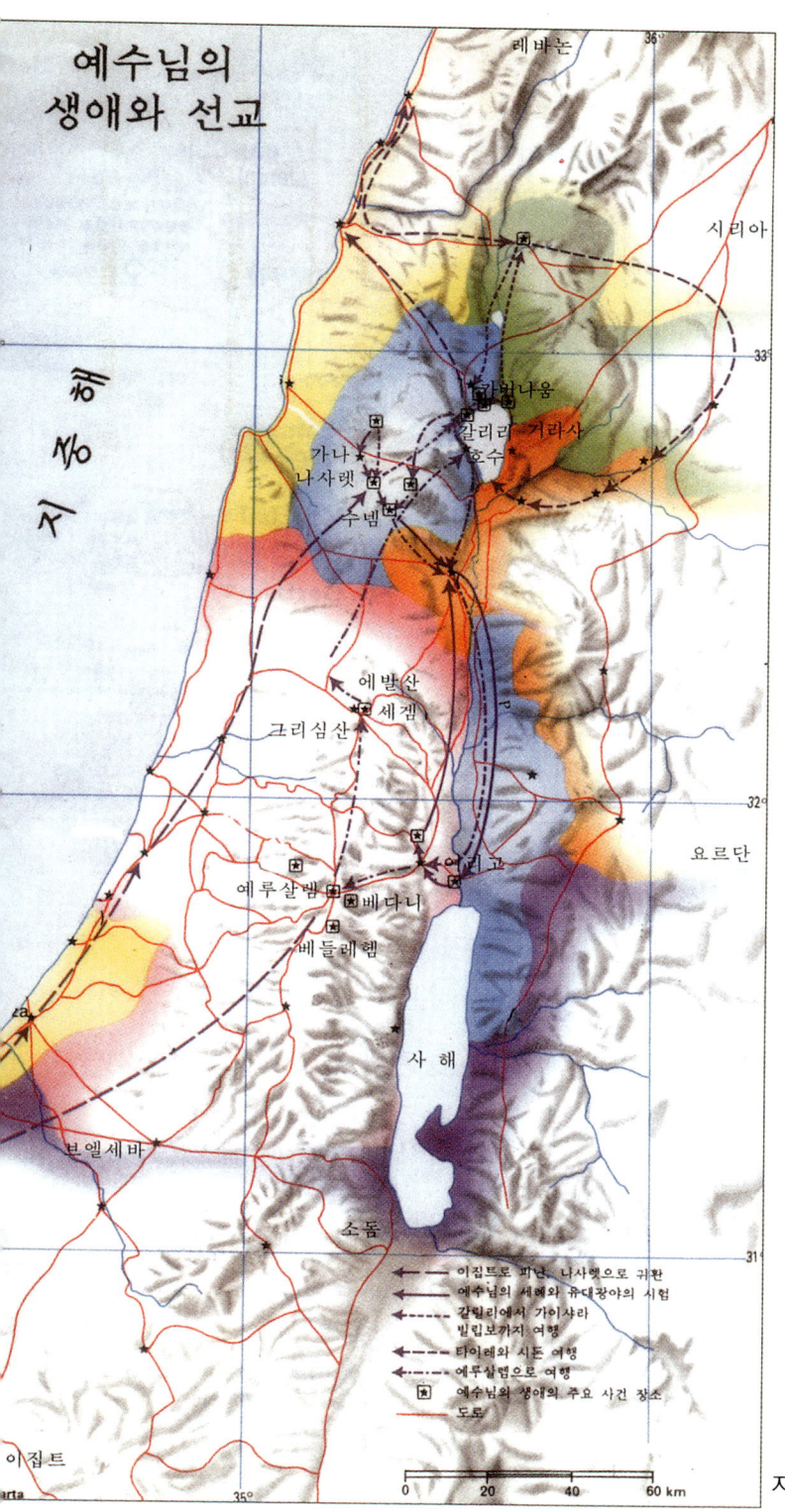

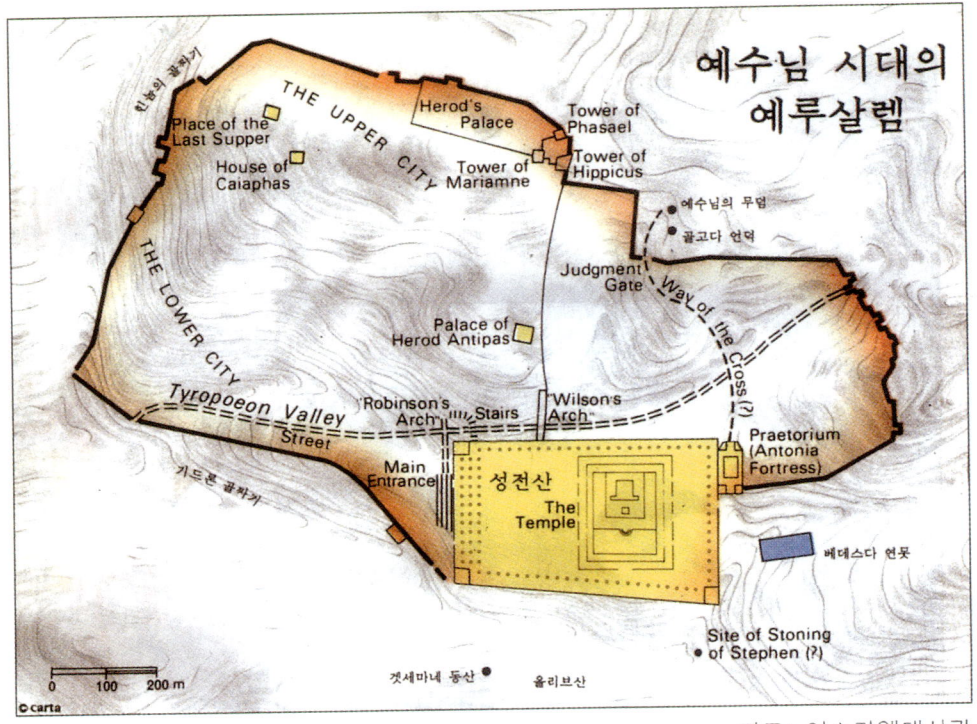

르낭의 『예수의 생애』와 그 국역판

민영규(전 연세대학교 문과대 동양사 교수)

　　알버트 슈바이처는 그의 『예수전 연구의 역사』에서 에르네스뜨 르낭에 대하여 입에 담지 못할 욕설을 퍼붓고 있다. "생-쉴삐스(르낭이 공부하던 빠리 신학교 이름) 광장의 골동상 진열장을 송두리째 훔쳐내온 것 같은" "놀랄 만큼 천박한 취미", "그리고 최악의 의미에서의 기독교 예술"이라는 등이 그것이다.

　　『예수전 연구의 역사』는 1906년에 발표된 것이므로 슈바이처의 나이 31살 때의 저술이다. 6년 뒤인 1913년에 그것은 다시 곱절에 가까운 분량으로 개정되어 나왔지만, 르낭에 대한 악의에 찬 서술만은 조금도 바뀌지 않은 채였다. 슈바이처의 신학을 가리켜 흔히 말하기를 "철저한 종말론적 구상"이며, 19살의 나이로 군무에 종사하고 있던 어느 날 우연히 얻어진 것이라고 전하지만, 솔직히 말한다면, 그의 정신연령이 19살 소년의 나이에서 정지되고 끝내 미성년 단계에서 벗어나지 못했음을 보여주는 좋은 증거가 아닐까 하는 의구심이 든다. 르낭의 세계를 이해하기에는 슈바이처의 정신연령은 너무 낮았다.

　　르낭의 『예수의 생애』는 1863년 6월에 발표되고 석 달이 못 가 8판을 거듭했고, 넉 달째로 접어들면서 6만부를 돌파했으며, 1년 동안에 같은 독일말로 번역되어 나온 것만도 5종을 헤아릴 만큼 많았다.

이웃 일본에서는 늦게나마 1908년에 첫 번역이 나왔고 뒤이어 오늘까지 적어도 네 차례 새로운 번역이 거듭된 것으로 알고 있다.

　물론 한 생각이 책자로 공표되자 나라 안팎 여러 계층의 독자들로부터 칭찬과 욕설, 그리고 감격과 분노가 서로 엉켜서 세기적인 분류를 형성하기에 이르렀다면 그것은 정녕 쉬운 일이 아니겠지만, 그런 사실 하나만을 가지고서 이 책이 지니는 가치를 저울질할 수는 없는 노릇이다. 슈바이처는 "르낭이 죽을 때 국민의 기억으로부터 거의 잊혀져 가는 존재가 되어 있었다."라고 말했지만, 천만의 말씀! 르낭은 이때 이미 환경 철학을 제창한 이쁠리뜨 땐느(Hyppolyte Tayne)와 더불어 19세기 프랑스 사상계를 대표하는 왕자의 자리에 올라 있었다. 뿐만 아니라, 오늘날 프랑스 사상을 대변하는 많은 저술가들이 한결같이 근대 사상의 제일인자로 르낭을 들고 있는 데서 그 대강을 짐작할 수 있다. 1923년 빠리에서 간행된 르낭의 『예수의 생애』가 2백 판을 기록하고 있다는 소식을 어디선가 들은 적이 있다.

　기독교 대한민국은 여러 가지 의미에서 세계적인 기록을 많이 가지고 있다. 세계에서 제일 많은 여학생을 등록시키고 있는 여자대학교는 바로 대한민국에 있다. 기독교 인구에 비례하여 많은 수의 교회당을 가지고 있다는 점에서도 우리나라가 세계 제일의 영예를 차지할지는 모르겠지만, 적어도 동양 제일임에는 틀림이 없을 것 같다. 르낭의 경우에서 뿐일까마는, 그러한 저술 하나만이라도 오늘에 이르도록 우리말 번역이 없었다는 점에서도 역시 우리나라가 세계 제일의 기록을 가진 셈이 된다. 몸뚱이는 자꾸 커져만 가는데 머리 속은 반드시 그렇지도 못해서 남이 키워주는 대로 받아먹기만 하던 우리나라 교계의 생태를 잘 나타내 준다고 해도 좋을 것이다. 최명관 교수의 노력으로 번역 출판된 르낭의 『예수의 생애』를 받아들고 나는 문득 이런 생각을 가져 보았다.

　르낭을 읽기도 전에 어떤 선입관에 사로잡힌다는 것도 우스운 이야기지만, 문장이 너무 평이하다느니 심지어는 소설과 같다느니 하여 손쉽게 넘겨버린다면 더욱 말이 안 된다. 예수의 생애에 대한 역사적인 저술로 D. 슈트라우스(1835)와 E. 르낭(1863)과 A. 슈바이처의 것을 드는 것이 예사인데, 이들 셋은 저마다 특징을 지닌 저술이라 하겠지만(나는 아직 슈트라우스를 읽지 못했다), 그 중에서도 직접 팔레스티나의 광야를 제 발로 걸어보고 예수의 행적을 지척의 거리에서 호흡한 이는 르낭 한 사람뿐이다. 그가 체험할 수 있었던 어떤 감격을, 이를테면 신학대학 세미나에서 보는 것 같은 문헌학적 고증 방법에 호소해서 문제를 하나하나 정리해 나아가기에는 너무도 벅찬 것이 있었을 것이다. 여기에 르낭이 저술한 예수전의 비밀이 있다. 문장이 평이하기 때문에 학술적이 못된다는 견해가 있을지 모르지만, 동서고금에 관절하고 난해한 문장은 바로 우리나라 학계에서 무수히 생산되고 있음을 반성해야 할 것이다. 대체로 난해한 문장이란 그 난해성에 반비례해서 의미가 없는 내용의 것들이다.

　내가 처음으로 르낭의 예수전을 접한 것은 꼭 31년 전의 일이다. 그때 읽었던 몇몇 구절을 어슴푸레하나마 지금도 외우고 있다. 시대와 민족이 서로 다르고 역사적 상황 역시 서로 달라서 나와는 아무런 상관도 없는 것이거니 생각하고 있었던 예수가 갑자기 지척 거리에서 느껴지게 된 것은 르낭 덕분이라고 나는 지금도 감사하고 있다.

　몇 해 전 나 역시 르낭이 그러했던 것처럼 예루살렘 땅을 밟고 돌아왔다. 그리고 내가 구상한 예수의 행적은 르낭의 그것에 비해서 심히 다르다는 것을 알게 되었다. 르낭에서 보는 예수의 행적 하나하나는 꼭 그렇게 되어 있어야 할 내면적인 필연성이 설명되어 있지 않다. 몇 번이고 부딪치는 시련과 좌절의 연속 속에서 하나의 행적과 그 다음에 올 행적 사이에 요구되는 극적인 전환의 연관성도 발견하기 어렵다. 내가 보는 예수는 어디까지나 참되기를 기구하는 구도자의 자세에서였다. 세례 요한과 같은 길을 걷게 된 계기를 찾다 보니 유혹의 산에서의 마귀와의 싸움을 그 앞으로 가져가야 했고, 죽음을 각오하고 최종적으로 예루살렘 입성을 결정한 것을 설명하면서 갈릴리에서 33도 선을 넘어 자꾸만 빌립보의 영지 북쪽으로 쫓겨 가는 예수를 강조해야만 했던 것도 그 때문이다.

　나는 르낭의 장점이자 단점은 『요한』에 지나친 중점을 둔 데 있다고 생각하고 있다. 이 점에 관해 르낭은 자신의 견해를 초판본 서문과 제13판 서문에서 자세히 설명하고 있다. 최 교수의 번역본에서는 이 서문들이 모두 생략되어 있으나, 언젠가 재판될 때 생략된 이 부분이 보완되어 나오기를 간절히 바란다(이번에는 1864년에 나온 제13판 서문을 붙였다. ― 역자). 그것이 르낭의 예수관을 이해하는 데 본문 못지않게 중요한 부분이라 생각되기 때문이다.

(『연세춘추』, 1967. 12. 11.)

예수의 생애(개정판)

2010년 4월 25일 · 개정판 1쇄 발행

지은이 · 에르네스뜨 르낭
옮긴이 · 최명관
펴낸이 · 이규인
펴낸곳 · 도서출판 **창**
등록번호 · 제15-454호
등록일자 · 2004년 3월 25일

주소 · 서울특별시 마포구 합정동 388-28번지 합정빌딩 3층
전화 · 322-2686, 2687 / 팩시밀리 · 326-3218
홈페이지 · http://www.changbook.co.kr
e-mail · changbook1@hanmail.net

ISBN 978-89-7453-156-0　　04100

정가 14,000원

* 잘못 만들어진 책은 <도서출판 **창**>에서 바꾸어 드립니다.

　　* 이 책의 저작권은 <도서출판 창>에 있습니다.
　　　저작권법에 의해 보호를 받는 저작물이므로
　　　무단 전재와 복제를 금합니다.

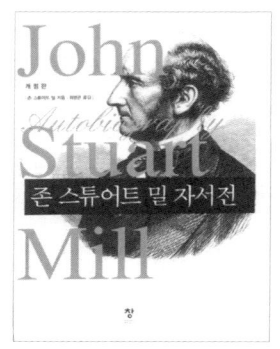

존 스튜어트 밀 자서전

존 스튜어트 밀 지음 / 최명관 옮김

밀 자서전은 19세기 지성사의 가장 중요한 문서 중의 하나이다. 모든 이야기는 그의 정신의 성장과 사상의 발전을 중심삼아 전개되고 있다. 거기에는 19세기의 사회적 정세와 사상적 상황에 처하여 심각하게 고민하고 진지하게 사색한 그리고 인류의 복리를 위하여 분투한 하나의 뛰어난 정신의 모습이 그려져 있다.

소크라테스 영원한 인간상-진리의 첫 시민

코라 메이슨 지음 / 최명관 옮김

소크라테스의 사상에 관해 정확한 역사적 사실로 알려져 있는 것은 극히 적다. 이 책은 코라 메이슨의 ≪소크라테스 : 끊임없이 질문을 던진 자≫(Socrates: The Man Who Dared to Ask)를 옮긴 것이다. 옮긴이가 원서를 처음 번역하여 출판한 것은 1967년이다. 이번에 다시 출판하게 되면서 용어나 표현 등을 현재의 언어 감각에 맞게 우리말로 매끄럽게 다듬었다.

방법서설 · 성찰 · 데카르트 연구

르네 데카르트 지음 / 최명관 옮김

이 책에는 데카르트의 저서 ≪방법 서설≫ · ≪성찰≫의 번역과 데카르트 연구로서 ≪데카르트의 중심 사상과 현대적 정신의 형성≫ · ≪데카르트의 생애≫가 수록되어 있다. ≪데카르트의 중심 사상과 현대적 정신의 형성≫은 필자가 1972년 철학 박사 학위 논문으로 제출하여 1973년 2월에 학위를 받은 것이다. 나머지 셋, 즉 ≪방법서설≫ · ≪성찰≫ · ≪데카르트의 생애≫는 1970년 9월 ≪데카르트 선집(選集)1≫이라 하여 출판되었다.

플라톤의 대화편

플라톤 지음 / 최명관 옮김

플라톤은 특히 초기 작품들을 통하여 소크라테스의 모습을 생생하게 그려냄으로써 영원의 생명을 획득하였다. 여기 그려진 소크라테스의 모습은 역사적 진실이 아닐지도 모른다. 그러나 "시는 역사보다 더 진실하다."라고 하듯이, 그것은 하나의 살아 있는 전체로서의 소크라테스의 인간상을 예술적으로 훌륭하게 그려내고 있는 것이다. 에우튀프론, 소크라테스의 변론, 크리톤, 파이돈, 향연 5편이 수록되어 있다.

니코마코스 윤리학

아리스토텔레스 지음 / 최명관 옮김

인류문학의 최고봉의 하나를 이룩한 B.C. 5세기의 아테나이에서 소크라테스는 고매한 인격을 가지고 깊은 철학적 사색을 끈기 있게 전개하였다. 그의 철학적 사색은 플라톤에 의하여 극적(劇的) 형식(形式)으로 집대성되어 표현되었고, 아리스토텔레스에 의하여 학문적 체계가 갖추어지게 되었다. 소크라테스·플라톤·아리스토텔레스는 그리스 정신문화의 3대 지주이고 원천이었다. 아리스토텔레스 이후로는 그만한 학문적 체계가 13세기 내지 19세기까지 나타나지 못했다. 13세기의 토마스 아퀴나스에 이르러 서양 문화는 다시 한 번 아리스토텔레스의 그것에 못지않은 광범하고 심오한 학적 체계를 얻었다. 또한 아퀴나스는 아리스토텔레스의 철학 정신과 방법을 자기의 철학 및 신학의 기초로 삼았다. 아리스토텔레스의 영향은 그 자신의 시대 이후 지금까지 끊임이 없었다. 이것 은 무엇보다도 그의 철학 속에 여러 가지 학문적 술어의 정의와 구별 및 후대의 과학의 기초를 이루는 신념들이 내포된 때문이다.